從遼寧開始的清代盛世

吳興坤 著

崧燁文化

目錄

園林遼寧

地理遼寧

文物遼寧

宗教遼寧

飲食遼寧

娛樂遼寧

購物遼寧

住宿遼寧

交通遼寧

鄉俗遼寧

名人遼寧

前言

遼寧省地處中國東北地區南部，是中國最北部的沿海省份，是東北經濟區和環渤海經濟區的重要結合部。這裡氣候溫潤，資源豐富，自然環境十分優越，早在數十萬年前古人類就在這裡開始繁衍生息，用他們勤勞的雙手書寫著人類文明的鴻篇巨著，描繪出燦爛輝煌的歷史畫卷，更創造了人類歷史上的一個又一個奇蹟。

悠久的歷史古城，深厚的文化底蘊，純樸的民風民俗，都積澱了遼寧各族人民數千年的智慧與情感。隨著現代社會的迅猛發展，旅遊逐漸成為人們生活的一個重要組成部分，成為一種放鬆身心、養身怡情的生活方式，更多的人希望能夠透過旅遊來獲取豐富的知識，拓展自身的視野，體味別樣的樂趣。從導遊的角度講，充分利用各地的逸聞趣事來充實自己的講解內容，將會吸引更多的旅遊者走到旅遊大軍的隊伍中來。

本書由謝春山、王鳳德編著，參與編寫的還有：湯瀟、張悅、戴曉丹、劉鑫、嶽勝男、李璐芳、王大維、劉春穎、於晶、傅吉新、夏正超、楊力平。郭栩東、文平參與了本書提綱和部分內容的編寫。

本書的各位編寫人員均多年在旅遊行業和旅遊教育第一線，具有深厚的知識積澱和理論修養。他們精心組織調查，認真查閱文獻，謹慎加工篩選，著重突出本書的地方性、知識性、趣味性和真實性，努力將燦若繁星、豐富多彩的遼寧趣聞用流暢雋永的文字呈現給廣大讀者。為便於廣大讀者能夠形象地瞭解遼寧地區的風土人情、景點特色。

本書的編寫參考了大量相關的著作、文獻及眾多的網上資料，恕不一一列出，在此一併表示感謝。由於時間倉促，加之水準有限，本書的缺點和疏漏在所難免，懇請讀者和學界同仁批評指正。對此，我們將不勝感激。本書的編寫得到了出版社丁海秀先生的親切指導，在此亦深表謝忱。

伴隨著歲月的流逝和時代的變遷，總有那麼一些地方，彷彿天生註定就會在人們的生命中留下永遠無法消磨的歲月印痕。而中華文化的精髓與魅力

之所在就在於她深沉厚重的典藏底蘊，就在於她坦蕩雄壯的豪邁情懷，她用細膩與溫柔滌盪著人們的靈魂。編者希望能夠透過我們的努力為廣大讀者送上豐富的精神盛宴。

歷史遼寧

　　找尋歷史的蹤跡，無數生命的印痕向人們訴說著千百年來的欣欣向榮；回眸歷史的昨天，無數先輩的足跡向人們昭示著命脈傳承的生生不息！數十萬年的生命基奠，讓遼寧擁有了令人欣羨的深厚底蘊；數千載的四季輪迴，讓遼寧書寫了令人嚮往的悠長情懷……

▌「遼寧」名稱由何而來

　　遼寧省簡稱遼，位於中國東北地區的南部，地理座標處在東經118°53′～125°46′，北緯38°43′～43°26′之間，東西端直線距離最寬約550公里，南北端直線距離約550公里，是東北地區通往關內的交通要道，也是東北地區和內蒙古通向世界、連接歐亞大陸橋的重要門戶和前沿地帶。

　　遼寧省陸地面積14.59萬平方公里，占全國陸地面積的1.5%；水域面積1萬平方公里，占6.8%；海域面積15.02萬平方公里，占1.56%。遼寧省現有總人口4090萬人，占全國人口總數的3.4%，在各省、市、自治區中居第12位。其中城市人口2130萬人，占總人口的52.13%。

　　遼寧省歷史悠久，古文化源遠流長。早在遠古時代，遼寧地區就有人類勞動、繁衍、生息活動。在營口大石橋南金牛山發現的金牛山人化石及其遺址，距今已有28萬年，是迄今為止遼寧地區發現的最古老的一處人類棲息地。瀋陽新樂遺址是距今7000餘年的遼寧地區新石器時代代表性遺址，顯示了原始社會末期的繁榮景象。朝陽牛河梁紅山文化遺址，距今約5000年，出土的祭壇、積石塚、神廟和女神彩塑頭像、玉雕豬龍、彩陶等重要文物表明，這裡存在一個初具國家雛形的原始文明社會，代表著遼寧地區是中華民族文明的起源地之一。

　　遼寧省雖然在地理位置上遠離中原文化圈，但卻很早就同中原王朝建立了密切的聯繫。據《禹貢》記載，遼寧地區最早屬冀、青二州，夏商為幽州、營州之地，春秋戰國時期歸屬燕地。秦統一，在遼寧地區設置遼東、遼西、左北平郡。兩漢、三國時屬幽州，西晉屬平州，東晉為營州。隋朝時置遼東

郡、柳城郡、燕郡。唐屬河北道，歸安東都護府管轄。遼代為東京道、中京道，金代為東京路、北京路。元代置遼陽行省，明代時為遼東都司。清設遼東將軍，後改奉天將軍，再改盛京將軍，清末改奉天省。民國初年沿襲清制，1929 年，奉天省改為遼寧省，取遼河流域永遠安寧之意。建國初分遼東省和遼西省，後合併、恢復遼寧省，省名至今未變。

▋瀋陽為什麼被稱為東北亞的「龍睛」之地

如果將中國比作一條巨龍，那麼黃河流域就是中華地區的眼睛；如果將整個東方國家和地區比作一條巨龍，那麼中國就將是整個東方的眼睛。而瀋陽，這座有著幾千年文明積澱的古城，從全球「地緣政治」的角度看正是東北亞的「龍睛」之地。

瀋陽位於中國東北地區南部，遼寧省中部偏東，因地處渾河（古稱沈水）之北，故名瀋陽，是東北地區最大的城市，更是中國東北地區經濟、交通、文化的中心。

風景秀麗的天柱山、輝山屏於東部，渾河斜貫市區南部。全市總面積 12915 平方公里。以瀋陽為中心 150 公里半徑的輻射圈內有東部煤都撫順，南部煤鐵之城本溪、化纖之城遼陽，西南部有鋼都鞍山，西北部煤電之城阜新，北面有糧食、煤炭基地鐵嶺。輕紡及港口城市丹東、石油之城盤錦與瀋陽相距甚近，大連、營口、鮁魚圈距瀋陽也超不過 400 公里。

瀋陽是遼寧省的省會，轄九區一市三縣，總占地面積為 1.3 萬平方公里（其中市區面積 3495 平方公里），人口總數 720.4 萬，城鎮人口為 506.6 萬（2001 年人口普查結果）。瀋陽是一個多民族聚居的城市，全市有近 32 個民族。其中漢族占 92%，其它少數民族約占 8% 各少數民族中，超過一萬人以上的有滿族、朝鮮族、回族、錫伯族和蒙古族。

瀋陽屬於北溫帶受季風型影響的半濕潤大陸性氣候。春、夏、秋、冬四季分明，年平均氣溫在攝氏零上 7.9—9.4 度之間，年降水量 700 毫米。冬季的瀋陽是最爽人的季節，萬物沉眠，冰封雪飄，每場白雪過後整個城市銀裝

素裹，封凍的水面冰清玉潔、花團錦簇、冰嘎飛舞、滑冰人形如飛燕，景色優美。

關於瀋陽這座聞名遐邇的古城的故事有很多很多，它有著豐富多彩的旅遊景觀，尤以名勝古蹟居多，如瀋陽故宮、張氏帥府、昭陵（北陵）、福陵（東陵）、九一八紀念館、瀋陽怪坡、新樂文化遺址、瀋陽隕石山公園、太清宮、塔灣舍利塔等。早在 7200 年前，瀋陽人的祖先就在這裡繁衍生息。日積月累的風霜磨礪，古城的舊貌可能只剩下斷壁殘垣，取而代之的是現代化的摩天大廈、霓虹異彩，但就算是斷壁殘垣仍可以登高遠眺。隨著風塵遠去的只是千年消逝的勝景，然而，盛京古城的魅力卻值得我們深深回味，因為她的魅力就在無盡的追憶之中……

瀋陽故宮為何被稱為「關外紫禁城」

瀋陽故宮位於瀋陽老城中心的沈河區瀋陽路 171 號，是清太祖努爾哈赤、清太宗皇太極營造和使用的宮殿，清世祖福臨在此即皇帝位，改元「順治」。始建於後金天命十年（1625 年），建成於清崇德元年（1636 年）。

瀋陽故宮占地 6 萬多平方米，全部建築計 300 多間，共組成 20 多個院落。按其佈局，可分為東路、中路和西路三大部分，以中路為主體，東、西路為兩翼。

中路建築以崇政殿為主體，南起大清門，北止清甯宮，建於皇太極時期。崇政殿又稱正殿，位於瀋陽古城的中心部位上，是皇太極日常處理軍政要務、接見外國使臣和邊疆少數民族代表的地方。正殿為五間硬山式頂，上鋪黃琉璃瓦，鑲綠剪邊，前後有出廊，周圍以石雕欄杆。殿內內設貼金雕龍扇面大屏風和寶座，兩側有熏爐、香亭、燭臺。殿前有大月臺，東設日晷，西有嘉量亭。

崇政殿北為鳳凰樓，原名翔鳳樓，建造在 4 米高的青磚臺基上，歇山式頂，黃琉璃瓦，鑲綠剪邊，為皇太極的禦書房。鳳凰樓也是當時瀋陽城內最

高的建築。鳳凰樓上藏有乾隆御筆親題的「紫氣東來」匾。「鳳樓曉日」被譽為瀋陽八景之一。

　　崇政殿正北面是清寧宮，為皇太極與皇后博爾濟吉特氏的寢宮。清寧宮的兩側有東西配宮。東配宮有關雎宮、永福宮，西配宮有：麟趾宮、衍慶宮。永福宮是順治帝福臨的生母、才智過人的莊妃的寢宮。在崇政殿和高臺兩側各有一組建築，東側的建築主要有：頤和殿、介祉宮、敬典閣；西側的建築主要有：迪光殿、保極宮、繼思齋、崇謨閣。

　　東路建於清太祖努爾哈赤時期，主要建築是大政殿和十王亭。大政殿原名篤恭殿，重檐八角攢尖式，八面出廊，均為「斧頭眼」式隔扇門，下面是一個高約 1.5 米的須彌座臺基，繞以雕刻細緻的荷花淨瓶石欄杆。殿頂鋪黃琉璃瓦鑲綠剪邊，正中為相輪火焰珠頂。殿內有精緻的鬥拱、藻井和天花，殿前的兩根大柱上雕刻著兩條蟠龍，氣勢雄偉。從建築上看，大政殿也是一個亭子，不過它的體量較大，裝飾比較華麗，因此稱為宮殿。大政殿是用來舉行大典，如頒佈詔書、宣佈軍隊出征、迎接將士凱旋和皇帝即位等的地方。大政殿前，八字形東西排列著 10 座方亭，俗稱「十王亭」，為左右翼王和八旗大臣辦事的地方。自北而南，東部依次為：左翼王亭、正黃旗亭、正紅旗亭、鑲藍旗亭、鑲白旗亭；西部依次為：右翼王亭、鑲黃旗亭、鑲紅旗亭、正藍旗亭、正白旗亭。

　　西路建築為清入關後續建，建成於乾隆四十八年（1783 年）。文溯閣是西路建築的主體，輔助建築有仰熙齋、嘉蔭堂。文溯閣建於 1782 年，是專為貯存《四庫全書》所建成的全國七閣之一，面闊六間，內部三層，外觀為兩層重檐硬山式，前後有出廊。閣頂鋪黑琉璃瓦，鑲綠剪邊。閣東有一碑亭，內立乾隆撰寫的《禦制文溯閣記》石碑，記錄了文溯閣修建的經過和《四庫全書》的收藏情況。

　　瀋陽故宮是中國現存的兩座帝王宮殿建築群之一，其歷史價值和藝術價值僅次於北京故宮。

▌「紅燈照」為什麼要加高「女兒牆」

古有花木蘭「代父從軍」的故事，清朝時也有一則扈巧雲「替父修牆」的傳說。這「牆」，就是瀋陽城德勝門的「女兒牆」。

想當年，努爾哈赤遷都瀋陽後，立即下詔擴建新城。按照「周易八卦」之說，新都的城門由原來的四個增加到八個，在每座城門上都建一座城樓，城周共修堆口六百五十一個。可是，還沒等工程竣工，努爾哈赤便撒手西歸了。於是，這座城池只好由其子皇太極繼續修建完工。

令人奇怪的是，六百五十一個堆口唯獨德勝門（大南門）城樓上的六十個堆口比其它七個城門上的堆口少一層青磚，足足矮了二寸多。

原來，努爾哈赤嫌城牆修得太慢，便下令四處抓丁徵伕，結果盛京城方圓百里的男子都被抓來修城。城南六十里外有一對父女倆，父親六十多歲，年老體弱，長年臥病在床。女兒扈巧雲早年喪母，與父親相依為命。這天，徵丁的通知突然傳到扈家，需有一男子前去修城。父女二人驚得目瞪口呆。看著父親唉聲嘆氣的樣子，巧雲暗暗打定了主意：代父親前去修城。她鄭重地將父親暫時託付給熱心的鄰居，自己喬裝打扮成一名男子，假稱是扈家的兒子，加入到修城的行列中，被分配到德勝門城樓上的堆口專管抹灰。

起初，大家對這個眉清目秀的「小夥子」並沒有絲毫懷疑，只是奇怪他竟長了一副「娘娘腔」，且行動有些古怪，晚上從不脫衣睡覺。過了幾天，巧雲邊抹灰邊想起病床上的父親，心中有些放心不下，不知不覺地流下淚來。這情景偏巧被一直站在她身邊的監工頭目發現了。監工頭目早對她觀察了許久，看著她的身形打扮、舉止作派，越來越覺得形跡可疑。當發現她抬頭擦汗，喉間並沒喉結時，頓時心中恍然。

巧雲見被識破真相，只得如實交代了自己女扮男裝的經過。監工頭目連忙報告了總監。總監不敢怠慢，又火速奏明皇太極。皇太極一聽，十分驚奇，當即對她的孝行大加讚揚，但又認為女人修城不吉利，就對總監說：「把德勝門的六十個堆口頂上都去掉一層磚，矮一層，就叫女兒牆吧。」從此，「女兒牆」的名字就流傳開來了。

　　義和團是甲午戰爭後民間自發成立的反帝愛國的武裝組織，當時影響十分巨大。「紅燈照」是其中的婦女組織。相傳在攻打南關天主教堂時，義和團與洋人展開了激烈的交鋒。教堂主教紀隆為負隅頑抗，竟將教堂所有女教士剝光了衣服，五花大綁地推到陣前。就在義和團將士束手無策之時，「紅燈照」勇敢地率先衝進了教堂，義和團將士隨之而入，一舉攻破了教堂。「紅燈照」衝進城內後，登上了德勝門。當時瀋陽「紅燈照」的女戰士們一見這矮人一等的「女兒牆」，頓時怒不可遏，動手就要拆牆。紅燈照的首領林大姐伸手攔住，說道：「我們每個人搬幾塊磚，運幾袋灰，把女兒牆修高，不是更好嗎？」大家紛紛贊成。

　　於是，一桿三角的大紅旗在城樓上獵獵飛揚，上書「奪回奉天城，加高女兒牆」十個大字。近百名紅燈照一齊努力，很快就加高了「女兒牆」。從此，「德勝門」上的六十個堆口就與別處的一般高了。

▍盛京為何成為「清帝東巡」的目的地

　　盛京是清朝的開國都城，既是龍興之地，又為祖宗陵寢之所在，因而清帝在入主中原後，對這一祖宗發祥地給予特殊的關注。自康熙十年（1671）始，聖祖玄燁繼承父志來到盛京，祭祀了坐落在盛京的祖宗陵寢，福陵是他祭祀的第一座祖陵，從而開創了有清一代「東巡祭祖」的定製。

　　盛京作為清朝的發祥地，受到清朝廷的重視，這不僅由於這裡是其祖先生活和創業的地方，更因為這裡修建著埋葬皇室祖宗的陵墓，這就是被稱作清代「關外三陵」或「盛京三陵」的清永陵、清福陵和清昭陵。

　　清朝遷都北京後，共有康熙、乾隆、嘉慶、道光四朝四帝先後十次前來盛京祭祀祖宗三陵，並敬瞻陪都舊宮，由皇帝親自主持舉行的隆重祭祀大典，成為三陵歷史上無以復加的盛事；緬懷祖宗創業這功績，並巡視沿途及北方邊防，行圍習武，考察體會東北的民俗，修葺行宮，擴建祖陵。皇帝及隨行的王公大臣見景生情，留下了大量的題詠詩賦傳世。皇帝前來盛京謁陵是清朝歷史上著名的東巡盛典。

清帝東巡祭祀祖宗三陵是清代最大規模的典禮之一，帝王的蒞臨是盛京地區的興盛之日。清帝東巡始自康熙皇帝，道光皇帝於九年東巡盛京之後，隨清朝統治江河日下、外憂內患，經濟上已無能力再行東巡盛典，清朝皇帝的東巡制度壽終正寢。

▋「九‧一八」歷史博物館的建築上為何「彈痕」累累

瀋陽「九‧一八」歷史博物館位於瀋陽市大東區望花南街 46 號，是在原殘曆碑和地下展廳的基礎上於 1997 年 9 月開始擴建的，1999 年 9 月 18 日正式落成開館。博物館共設 8 個展廳，10 餘個大型場景。主體建築，高 18 米，寬 30 米，厚 11 米，呈立體日曆狀，兩邊對稱，前方有一幾何形的廣場，底座四周為不規則的綠色草坪所圍繞，從平面上看，其形狀是一個巨大的東北地圖。日曆左面寫著「1931 年 9 月 18 日，農曆辛未年十三秋分」等字，右面寫著事變經過。日曆上「彈痕」累累，象徵著瀋陽人民的血淚，告誡中國人民永遠不要忘記「九‧一八」這個沉痛的日子。建築風格獨特，既有現代化特點，又不失民族風格。

1931 年 9 月 18 日夜裡十點二十分左右，日本關東軍將南滿鐵路柳條湖附近的一段鐵軌自行炸毀，反汙中國軍隊破壞，並向中國東北軍的駐地北大營和瀋陽城發動突然襲擊。蔣介石政府把希望寄託在國聯的調停上，嚴令中國軍隊「絕對不許抵抗」，使瀋陽城鄉一夜之間全部被日軍佔領。不久，日軍又相繼佔據了遼、吉、黑三省，自此開始東北地區被日寇的鐵蹄蹂躪了長達十四年之久。

為了讓子孫後代永世不忘日本帝國主義給中國人民帶來的苦難和恥辱，1991 年 5 月瀋陽市政府在「柳條湖事件」發生地南二百米處始建「九‧一八」陳列館，並於同年 9 月 18 日正式對外開放。陳列館的內部共分三層，正廳，黑色大理石上刻著四個大字「勿忘國恥」，它上方的時鐘永遠指著「九‧一八」事變發生的時間：夜 10 點 20 分。二、三樓是「九‧一八」事變陳列展覽，展覽透過大量詳實的史料、圖片、實物全面揭露了日本帝國主義製造

「九‧一八」事變的真相和在東北犯下的滔天罪行，以告誡子孫後代勿忘國恥，振興中華。1999 年擴建後的新館改名為「九‧一八」歷史博物館。

大連名稱之由來

大連這座優美的城市，有著一個漂亮的名字，對於這個名字的由來有很多種說法，漸趨一致的觀點是大連由大連灣而得名。據考證明萬曆年間就已經有「大連灣」的叫法，而正式的官方文字記載則始於近代。1880 年，北洋大臣李鴻章在大連軍港建設方案奏摺中所表述的就是「大連灣」。1905 年 2 月，日本遼東守備軍司令部下令廢止俄國人稱之的「達里尼」，改稱「大連」。1949 年以後大連和旅順合稱為旅大市。1981 年 2 月，正式改稱大連市。由此可見大連名稱來源於大連灣，而大連灣的叫法民間早先就有，官方的用之於後。

關於大連灣的由來有一個神奇而動人的傳說。

從前，有兩個窮苦人家的孩子，一個叫大海，一個叫小妹，大海長得憨厚樸實有力氣；小妹生得柳眉細眼，縫補漿洗是把好手。倆人都給財主家做長工。他們從早到晚，披星戴月，不停地幹活，還要受罵挨打，所受的苦難真是黃連苦膽一般。一天夜晚，疲憊不堪的大海在破草蓆上睡著了，夢中夢到自己有了一塊土地，把它都種上莊稼，勤施肥，勤澆水，勤鋤草，一塊地打的糧食，比財主家的一片地還多。於是倆人趁著天黑，人不知鬼不覺地逃離財主，前去尋找夢中的樂園。

他倆一路上風餐露宿，翻山涉水，來到一個山清水秀的地方，這裡三面環海，一面臨山，大海裡魚蝦跳躍，樹林中野果飄香。兩個人來到一塊平坦的山坡上，見地上放著一些鐵鋤、鐵鍬、石桌和鍋碗，好像特意給他們準備下的，大海和小妹高興極了，慶倖上天賜給他們一個聚寶盆。從此，大海天天拿著鐵鍬上山開荒，小妹也不閒著，挖野菜，采野果，壘石砌牆，可開好荒地卻無種子可種，一時愁壞了大海和小妹。

一天，大海走在路上，忽然一陣海風吹過，迎面吹來一件東西絆住了他的腿，拾起一看是個破褡褳，便隨手紮在腰上。他一邊走一邊自言自語的念叨著「褡褳啊！褡褳！財主的褡褳滿滿的，我的褡褳空空的，什麼時候我的褡褳也能裝的滿滿的？」說著說著，破褡褳突然鼓了起來，只見一些金黃的玉米粒從褡褳裡流了出來。大海不敢相信自己的眼睛，忙跑回家招呼小妹來看，小妹一看高興極了，連說「傻哥哥，這是寶褡褳呢！」她把褡褳緊緊貼在胸口上，嘴裡連連禱告：「寶褡褳啊，寶褡褳！你可救了我們的命了，」從此小倆口再也不用為種子發愁了，只要說一聲「種子」，那種子就會源源不斷從褡褳裡流出來。兩個人開始一片片開荒，一片片播種，勤勞耕作，日子過的幸福甜蜜，大海還帶上山珍海味，去換回豬馬牛羊，並領了一些窮哥們到這裡安家。從此，偏遠山嶺海灘有了人煙，一天天興旺起來。

後來，老財主得知大海和小妹撿到了一個可以自動流出種子的寶褡褳，就急紅了眼，立刻尋上門來索要：「你倆都是我家的長工，這褡褳一定是從我那兒偷來的，把他還給我就算沒有事了，不然的話，就把你們抓回去送官府問罪！」說著就來搶奪，結果把褡褳賺斷了。大海和小妹各抓住半截褡褳飛向空中，越飛越高，褡褳也越來越大，在空中變成兩座大山，轟隆一聲，大山落了下來，把財主和狗腿子壓在下面。褡褳兩頭變成了兩座大山，期間連著一條狹長的陸地，中間環抱著一個大連灣，從此人們就把這個地方叫做「褡褳」，那個海灣就叫做「褡褳灣」，後來叫白了就變成了今天的大連了。

▌旅順的鴻臚井有什麼歷史價值

鴻臚井又稱「金井」，位於旅順口東岸黃金山北腳下，距海邊 50 米左右，是唐代遺留下來的珍貴文物遺址，具有很高的知名度，也具有很高的科學研究和考證價值，因為井邊的一塊刻石記載著東北三省在唐開元二年（西元 714 年）歸入中國版圖的一段歷史。

唐開元元年（西元 713 年），唐王朝遣鴻臚卿崔忻去渤海冊封大祚榮為左驍衛大將軍和渤海郡王，以其屬地為忽漢州，又加授忽漢州都督。崔忻完成冊封使命後，經遼東半島由海路回長安。途徑旅順時，為紀念此次冊封盛

事，特地在黃金山西北麓鑿井兩口，並立石碑一座，上刻「敕持節宣勞靺鞨使鴻臚卿崔忻井兩口永為紀驗開元二年五月十八日。」共 29 個字。這是當時唐朝同旅順聯繫的唯一信物，因崔忻的官位為鴻臚卿，故該井也稱「鴻臚井」。

　　鴻臚井和刻石在黃金山麓靜靜地經過了一千多年，未被世人關注，直到西元 1895 年冬，才被清山東登萊兵備道安徽貴池人劉含芳所重視。經數年的轉戰，當劉含芳再次駐防旅順後，倍加珍視鴻臚井和刻石，修一石亭將鴻臚井覆蓋，又在刻石字左側添刻：

　　「此石在金州旅順海口黃金山陰，其大如駝，開元二年至今一千一百八十二年，其井已沒，其石尚存。光緒乙未冬，前任山東登萊清兵備道貴池劉含芳作石亭覆之、並記。」

　　鴻臚井和刻石為珍貴的歷史文物，它證明旅順口早唐代就與中原和東北建立了海上聯繫，而且同唐王朝與渤海郡有著親密的關係。

　　鴻臚井引起了日本人的極大興趣。1908 年，日本鎮守府司令長官富岡定恭下令將此刻石劫往日本，並將石亭拆除。在原刻石之處另樹一碑，碑陽刻：「鴻臚井之遺蹟」。背面刻：「唐開元二年，鴻臚卿崔忻奉朝命使北末曷，過途旅順，鑿井兩口以為記驗。唐開元二年距今實一千三百餘年，餘蒞於此地，親查崔公事蹟，恐沒滅其遺蹟，樹石刻字以傳後世爾雲。大日本明治四十四年十一月，海軍中將從三位勳一等功四級男爵富岡定恭志。」閱此碑文，日本強盜的醜惡嘴臉猶在眼前。就這樣一塊記載著中國歷史的重要石刻卻被擺在了日本的皇宮裡。

　　現如今，鴻臚井刻石的拓片，珍藏於旅順博物館內。高一市尺六寸、寬一市尺一寸九分。刻石上 29 個字清晰可見。

　　「從某種意義上來說，文物的流失無異於國土的淪喪。」這是原中國歷史博物館館長、考古學家、北大教授俞偉超先生曾說過的一句話。短短數字足以讓所有中國人警醒。中國流失在外的文物數以百萬計，鴻臚井刻石不過是其中之一。

▌為什麼說「一個旅順口，半部中國近代史」

旅順口的歷史綿長悠久，東晉的「馬石津」，唐代的「都裡鎮」，遼金的「獅子口」都是它在歷史上曾經擁有過的稱謂。西元 1371 年，明太祖朱元璋為收復遼東，遣大將馬雲、葉旺率兵從山東渡海，於獅子口登陸。為紀念此行一帆風順，安全抵達，遂取「旅途平順」之意，將「獅子口」改稱為「旅順口」。

旅順口依山傍海，風光旖旎，景色迷人。自然景觀和人文景觀渾然天成，是聞名遐邇的旅遊勝地，國家級風景名勝區。

「海水一泓煙九點，壯哉此地實天險。」旅順地處遼東半島南端，與山東半島隔海相望，為渤海咽喉，素有「京畿門戶」之稱，戰略地位極為重要。

特殊的地理位置和險峻的山海氣勢，使旅順口屢屢被列強們覬覦、踐踏和蹂躪。1894 年 11 月，日本軍隊攻陷旅順口，近兩萬人民慘遭殺害。1897 年 12 月，沙俄打著「友誼」、「保護」的旗號，把軍隊和砲艦開進了旅順口。翌年，旅順口被沙俄霸佔。1904 年 2 月，旅順口成為日俄戰爭的主戰場之一。自 1905 年 1 月沙俄軍隊投降始，旅順口被日本殖民統治長達 40 年之久。

「一個旅順口，半部近代史。」在不到 10 餘年的時間裡，在同一個城市居然打了兩次國際性的戰爭，這在世界歷史上是極其罕見的。旅順口不但見證了近代中華民族所經受的磨難與屈辱，更向世人展示了中華民族的頑強與堅忍。如今，旅順「世界和平公園」的建立，表達了世界各國人民企盼和平、反對戰爭的強烈願望。

▌日俄戰爭為何在旅順爆發

甲午戰爭後，腐朽的清政府同日本簽訂了喪權辱國的《馬關條約》，其中一項重要內容就是將遼東半島和臺灣等地割讓給日本。這極大地妨礙了俄國欲把遼東半島和整個東北劃歸到自己勢力範圍的戰略計畫，於是，俄國便聯合德、法兩國，要求日本退出遼東半島，史稱「三國干涉還遼」。日本由

於剛打完仗，無力與這三個國家對抗，便向清政府要了 3000 萬兩白銀，名曰「贖遼費」，然後撤離了旅順。

不久，俄國艦隊便乘虛而入，開進了旅順港。為了保住旅順這座進一步侵略擴張的橋頭堡，沙俄抓緊在旅順和大連灣等地修建了大量的海防和陸防設施，並把其太平洋艦隊航線從符拉迪沃斯托克經哈爾濱一直修到了旅順港，以備掠奪中國豐富的物產和戰時從本土往旅順運兵所用。

然而日本對遼東半島並沒有死心，經過十年臥薪嚐膽和瘋狂的擴軍備戰，1904 年日本軍隊又捲土重來。於是，兩個列強在中國的旅順又打起了一場狗咬狗的戰爭。

日俄戰爭首先是從日軍對旅順軍港的偷襲開始的。1904 年 2 月 8 日，這一天正是俄艦司令斯達爾剋夫人的命名紀念日，按照俄國人的習慣，這天晚上，俄國海軍軍官紛紛登岸到俱樂部裡參加婚慶典禮，就連停泊在港外錨地擔負巡邏任務的俄艦也只有留下少數水兵值班，而且艦上燈火通明。與此同時，日本一支聯合艦隊正偷偷駛到了旅順口外海域。他們連放了 16 枚魚雷，當時便炸毀了 3 艘俄艦。當海面傳來隆隆炮聲時，海上俱樂部裡的軍官還認為是艦上的士兵為慶祝司令夫人的命名日而放的禮炮呢，所以，他們的舞步跳得更歡了，以致俄艦損失慘重。當晚和次日清晨，日軍共擊毀俄國軍艦 7 艘。2 月 9 日，俄國政府正式對日宣戰。由於開戰之初俄軍疏於防守，日軍很快就奪取了制海權。

在海軍奪取制海權的同時，日本陸軍一路於 5 月 1 日從朝鮮渡過鴨綠江，攻克丹東九連城，然後直插入遼瀋腹地，牽制南下支援旅順的俄軍主力。另一路於 5 月 30 日從金州登河沙登陸，直撲旅順口。日俄戰爭旅順陸地爭奪戰異常殘酷，由於俄軍陸防工事非常堅固，加之俄軍拚死到底，致使日軍死亡慘重，久攻不下。為了在俄艦到來之前結束戰鬥，日軍一方面不斷向旅順增兵，使進攻旅順的兵力達 13 萬之多（俄守軍為 4.5 萬人）。另一方面集中兵力，在密集的炮火掩護和機槍的督陣下，用士兵的身體當「肉彈」，日夜不停的一個一個山頭地攻奪。戰後，一個參加過日俄戰爭的日本人櫻井忠溫在他的《肉彈》一書中寫道：「屍體擠滿地，連下腳空隙都沒有，這是通向

地獄的隧道，如果邁出右腳，會踏上死去的戰友，邁出左腳，又會踏上受傷的戰友……」可見當時戰爭的激烈程度。

日俄旅順爭奪戰共進行了 155 天，隨著最後一個山頭陣地被日軍佔領，俄軍不得不於 1905 年 1 月 1 日宣佈投降。在這場戰爭中，日軍傷亡 6 萬人，俄軍傷亡 2 萬多人。

1905 年 6 月，在英美各國的斡旋下，雙方在美國的海軍基地樸資茅斯簽訂了旨在重新瓜分中國的《樸資茅斯合約》。合約的主要內容是：俄國同意將遼東半島及長春至旅順口的鐵路和所屬的煤礦等轉讓給日本。從此，日本統治大連地區 40 年，直至 1945 年抗戰勝利，大連才回到了祖國的懷抱。

▌金州的名稱緣何而來

金州區位於大連市區的北部，是遼東半島南端一座著名的古城。自漢朝至甲午中日戰爭前，金州在大部分時間裡都是州縣衙門的所在地，無論大連市還是旅順都要受它的管轄，它是歷代政權統治的政治、經濟、文化和軍事中心。金州的地理位置非常重要。古代，從南方和山東過海而來的貨物和人員如果不透過金州城，就無法前往中國東北各地。同樣，東北各地的貨物和人員也必須透過這個陸上的「咽喉」，才能抵達南方和山東各口岸。

提起金州很多人可能都有這樣的疑問，金州為什麼叫「金州」？難道是因該地盛產金子而得名麼？其實，這是誤解。原來在宋代，遼寧地區不是北宋的屬地，而屬契丹人所建的遼邦。遼國為了分散女真人的勢力，讓其大批遷往遼南。然而遼國最終還是被女真人所滅。金州地區自然成了金國的屬地，並於 1216 年改名為金州，其大意就是金國的一個州。

當然，關於金州名稱的由來還有其他的說法，有人說：「金者，禁也」，是金王朝指望金州城能成為抵禦蒙古大軍南下的禁地而命名的。

▋海城仙人洞裡真的住過「仙人「嗎

　　仙人洞位於海城孤山鎮青雲山風景名勝區內，又名「玉洞」，為國家級重點文物保護單位。早在清咸豐七年（1856 年）《岫岩縣誌》中就有對仙人洞情況的記載：「土人結隊籠燭而入，內有萬象羅目的石乳，行數里後抵一河對岸是石門，有光射入，洞內時有惡風鼓盈」。

　　相傳，從前在青雲山附近有個放牛的小童。一天早上，牛童剛把黃牛趕到山上，就見一個小紅孩又蹦又跳地向他跑來。牛童問：「你家住哪裡？」紅孩回答：「家住青雲山洞。」於是，倆人一塊兒來到了山洞，進去一看，裡面通明瓦亮，山莊整潔，特別幽靜。走著走著，遇到一條怪河，可是走到岸邊，河水忽然消失，露出了深深的河谷。待二人到了對岸，波浪滾滾的大河又出現了。牛童十分驚奇，再往前走，便來到了金寶寺。寺院富麗堂皇，正面有一排大小不等的金佛，左側有許多珍珠美玉，右側金磚堆積如山，金光耀眼。看罷，二人出來，牛童見到家裡人，把洞中所見講述一遍，後來，青雲山洞中有寶的消息便傳開了。有一個私心太重的大力士，靈機一動，就想進洞挖寶，於是帶著獵犬，鑽進山洞。結果在過洞中河時，沒等上岸，河水突來，被洪水吞沒。

　　昔日，仙人洞香火鼎盛，四周蒼松翠柏，鬱鬱蔥蔥。洞外有石砌的圍牆和廟宇，洞門兩側木製楹聯，上聯刻：聚仙洞水簾洞仙人洞修真在洞，下聯刻：青雲山臥龍山石佛山面向孤山。每年農曆四月十八廟會，仙人洞前戲臺林立，進香的、討藥的、做買賣的、趕檯子看戲的，人山人海。

　　其實，仙人洞遺址是一石灰岩洞穴，已發現石製品近 20000 件，包括大量的石核、石片與廢片。石器主要是石英加工的各類中、小型的刮削器、尖狀器、鑽具及雕刻器等。裝飾品類有穿孔獸牙與貝殼等，還有晚期智人的牙齒化石發現於下文化層。已發現的動物化石有 27 種哺乳動物，以及魚、鳥類及蚌類等。地層內厚層灰燼及大量燒土與燒骨是早期人類長期居住的結果。豐富的舊石器文化遺存、保存完好的洞穴以及周圍的自然環境，為復原當時人類生活提供了直接的證據，也是認識舊石器時代晚期人類在東北地區發展

歷史的重要材料。原來，人們曾經頂禮膜拜的「仙人」，就是居住在鞍山地區目前所知最早的古代人類——海城小孤山人。

赫圖阿拉城為何被稱為「清代第一城」

在新賓滿族自治縣永陵鎮蘇子河南岸，有一座古城依山而建。雖然早在三百多年前，人們就已知道這是後金第一都城「赫圖阿拉城」，但它真正為世人所熟知，卻是在最近幾年被重新修建，逐漸恢復歷史原貌之後。

「赫圖阿拉」為滿語，漢意為「橫崗」，即平頂的山崗。而事實上，它的確也建在橫崗之上。「潔洞千曲水，盤迭百重山」，站在建在橫崗之上的古城中，手扶城牆垛口，極目遠眺，你不難想像當年康熙皇帝東巡祭祖時來此的那種心境。

赫圖阿拉城由內城和外城組成，其中位於城北的「汗宮大衙門」是全城的「心臟」所在，欲稱金鑾殿，又叫尊號臺，是 1616 年努爾哈赤建立後金政權「稱汗」的地方。整個大殿八角飛簷沖天而起，御座、禦案閃閃生輝，氣勢恢弘宏。殿左側斷崖處有一深潭，面闊水幽，荷花爭豔；殿右側陡坡下是一池塘，清水粼粼，魚蝦競遊，名曰「神龍二目」。這兩處景緻讓人拍手稱奇，流連忘返。

內城中部地勢低窪，形若盆地，有全城唯一的飲水井，井深丈餘，井水充盈，俯身可取。因傳井下之木板框仍是當年努爾哈赤時所為，故名「罕王井」。

赫圖阿拉城西南角建有普覺寺，即關帝廟。寺內雕塑生動，貼金彩繪，姿態各異，栩栩如生。每年農曆四月十八廟會之日，各地進香者、朝拜者如潮水湧來，蔚為壯觀。

出赫圖阿拉城東行約二百米，山崗上有兩處建築群古樸典雅、莊嚴肅穆。這就是被合稱為「皇寺」的地藏寺和顯佑宮。地藏寺為滿族最早修建的寺院，一度為遼東佛教名勝之地，曾經紅火近三百餘年，至今仍長年香煙繚繞，鐘鼓之聲不絕於耳。顯佑宮亦是滿族最早接受漢族文化中道教文化的實物例證。

相傳，清太祖努爾哈赤每遇戰事或重大活動之前，都要入宮進香，祈求神明保佑。宮內有神奇榆樹一株，已歷四百年風雨，仍生機盎然。如今，這兩處建築群已和山下的赫城湖有機地融為一體，成為新興的「滿族風情園」中最獨特的人文景觀。

人們追憶歷史上輝煌的後金第一都城，但卻更喜歡現在古樸自然的老城。雖然城內的古建築都是按歷史原貌恢復的，但畢竟其中有了許多鮮活有趣的景緻。那風韻獨具，異彩紛呈的滿族舞蹈、婚俗表演，那農家小院簡潔樸實、口味獨特的滿族飲食，無不體現出濃郁的滿鄉風情。

▍張作霖為什麼沒有葬在元帥林

在撫順市東部 30 多公里的鐵背山山麓，有一個村子叫高麗營子。此村雖小但名氣不小，這裡不僅存有 1300 多年前唐太宗東征時的遺蹟，在村子南面的山崗上還建有著名的元帥林。

1928 年 6 月 4 日，張作霖自北京返回瀋陽的途中被日本關東軍炸死後，張學良便和張作霖的五夫人尋找理想的墓地以厚葬張作霖。見這裡群山環抱，山清水秀，風光綺麗，便在這塊「背靠鐵背山，渾河三面流」的風水寶地修建陵園，因張作霖生前曾任「安國大元帥」，故墓園被命名為「元帥林」。元帥林的興建因 1931 年「九・一八」事變而停止，又因害怕日本人知道張作霖的遺骨埋葬於此後相要脅，故張作霖的遺骨沒有安葬於此，而是葬在錦縣石山鄉驛馬村西頭的果樹林裡。

雖然陵園未能完全竣工，但是已建成的部分仍能反映其整體風貌。整個園林依照歷代帝王的建園習俗，同時兼有西方陵園的風格。陵園坐北朝南，由方城、圓城和墓室三部分組成，外是方城圍繞，內有圓形寶城環護寶頂。整個方城由於大夥房水庫的建成，全部淹在水底，人們只有在水位低的時候，透過露出水面的殘垣斷壁才能想像它昔日的輝煌氣勢。

1928 年，陵墓開始建設時，張氏家屬曾從北京、河北等地古代陵墓蒐集了大批明代和清代精美石刻。雖然張作霖的遺骨沒有安葬於此，但這些具有

較高歷史、藝術、科學價值的石刻存放於此，擺在墓室外的神道兩側。神道兩側還矗立著約 30 米高的精美方錐形華表。沿 120 級的青石臺拾階而上，就到了圓城正門，可見四尊明代雕刻的文臣、武將石像，栩栩如生。穿過潔白晶瑩的漢白玉牌坊就是整個陵園的中心——墓室。墓室為半球形，頂部彩繪日月星辰，四周築有平臺，檯面以各色小石子鑲成鹿、鶴、猴子等圖案，顯示了當時建築精工之美。

▌撫順戰犯管理所為何吸引眾多遊客

撫順戰犯管理所位於撫順市內渾河北岸，高爾山下。1936 年，日本軍國主義者為鎮壓中國的抗日志士和愛國同胞在此修建了一所監獄，當時稱為「撫順監獄」。日本戰敗後，國民黨政府將其改作「遼寧第四監獄」。1948 年 11 月 12 日撫順解放後，東北人民政府在此設立「遼東省第三監獄」。

1950 年 6 月中國國家司法部根據毛澤東和周恩來的指示，將遼寧省第三監獄改為撫順戰犯管理所，正式接收由蘇聯政府移交給中國的在侵華戰爭中被蘇軍俘獲的犯有破壞和平罪、戰爭罪、違反人道罪的日本戰犯共計 982 人，偽滿洲國戰犯 71 人。之後，又陸續收押了在中國解放戰爭中被人民解放軍俘獲的犯有戰爭罪的蔣介石集團戰犯 354 人。

撫順戰犯管理所舊址是目前世界上唯一保存比較完整的關押和改造戰犯的監獄遺址，因成功地改造日本戰犯而聞名於世。1986 年 5 月，經中國公安部、外交部和中國人民解放軍總政治部報請中國國務院批準，正式對外開放。戰犯管理所內設有綜合陳列館、改造末代皇帝陳列館、日本「中歸聯」活動陳列館，成為對外進行和平教育教育基地。

戰犯管理所院內有一座「向抗日殉難烈士謝罪碑」，係由當年中國政府寬釋放回國的日本戰犯組成的進步組織「中國歸還者聯絡會」集資 500 多萬日元修建的。當年這些日本朋友要將此碑提名為「認罪碑」，中國方面建議叫「紀念碑」，日本朋友不答應，幾經商討後定名為「謝罪碑」。一字之易，體現了中民族的博大胸懷令日本朋友非常感動。這正是「唯有中華胸懷廣，謝罪碑前灑淚歌」。

▌你知道中日甲午海戰遺址嗎

大鹿島渡假區位於丹東東港市大孤山南19海里處，總面積6.6平方公里，四面環海，西海域與莊河、大連相連，東海域與大東港、丹東鴨綠江融匯，與南北朝鮮唇齒相依，海路可通全國和世界各港口，是國家批準的二類貿易口岸。

大鹿島特殊的地理位置使其成為遼東半島的海上據扼要塞。震驚中外的甲午黃海大戰就爆發在大鹿島海面，載有民族英雄鄧世昌及700名將士的「致遠」等4艘戰艦亦沉沒在此。島上有鄧世昌墓和鄧世昌塑像。

大鹿島風景秀麗，氣候宜人，有多情的月亮島，海濱浴場，有二郎石、嘎巴棗樹、滴水湖、老虎洞、駱駝峰、明代將領毛文龍碑、海神娘娘廟、英式導航燈塔以及丹麥教堂遺址等多處自然和人文景觀。有鮮活蝦、蟹、魚、貝等數百種海產品，鮮珍品。大鹿島逐年加大以旅遊服務為物件的基礎設施，現正成為海上渡假旅遊聖地。

▌遼東半島的「大石棚」是作什麼用的

在遼東半島上有許多大家非常熟悉的地名，如「姑嫂石」、「石棚墓」、「大石棚」、「石棚地」等等不一而足。然而，您知道嗎？它們曾是古代祭祀的場所，是中華民族文明起源標誌性的建築。

在中國東北的南部，遼河以東的廣大地區存在著一種「石棚文化」，它是一種利用3～4塊石板或石塊支撐，上覆以石板，外型似棚遺蹟，故有「石棚」之說。又因為「石棚」中經常出土陶器、青銅短劍以及人骨等遺物，故又有「石棚墓」之稱。「石棚」分大中小不同的等級別，其時間跨度大約在3000～4000年之間。

據考古調查，石棚墓的分佈主要集中於今遼東半島地區。另外，在遼寧西部，吉林東部、南部山區，黑龍江南部山區也發現有石棚墓。遼東半島的石棚主要集中在普蘭店和岫岩市的山區，而最大的石棚則在海城市，即海城市東南34公里析木鎮姑嫂石村的「大石棚」。石棚呈長方形，由六塊花崗岩

石板組成，其中四塊大石板為支架，一塊為石蓋，一塊為鋪地石。整體高 2.8 米，石蓋南北長 6 米，東西寬 5.1 米。石棚的六塊石板，均經過了精細的加工。作為巨石文化的一種，析木鎮石棚和朝鮮半島、日本列島的支石墓有著密切的關係。

遼東石棚主要分佈在臨水或臨河的山丘和山頂上。透過對石棚中出土遺物的分析，一般認為這種石棚具有家族或集體墓地和祭祀的性質。從結構特徵上看，在石棚底部用 3～4 塊石板支撐起一塊大石板，恰如漢字的「示」字。據《說文解字》記載：「示」字就是表『桌石』、『靈石』之意。細觀「示」字的結構，下部的「小」字實為代表著石棚墓的三塊積石和石塊，上部的兩橫一為石棚頂部的大石板，另外一橫則為祭祀時所用之物。商周時「示」字做「神」字用，因石桌立於土上，又是原始宗教頂禮膜拜的對象，後來便以「示」、「土」兩個獨立的字合為「社」字，會意為土地之神，也作祭神之處。社者土地之神，能生五穀。

因此，可以推斷，遼東地區的「石棚」，其實就是「示」字的象形字，也就是東北地區原始信仰中的靈石崇拜，它集祭祀、埋葬於一體，顯然是當時有神論的群體所留下的神秘文化的重要遺蹟，是研究東北地區乃至東北亞地區的史前文化的重要實物資料。

▌營口真的出現過「龍」嗎

自古以來，龍在中國文化中有著非常特殊的涵義，它是中華民族的精神像徵，但龍是否真的存在恐怕誰也說不清。然而，在 70 年前，營口卻興起了一次「天降巨龍」的傳聞。

1934 年夏天，營口陰雨連綿，持續下了 40 多天的大雨，遼河水暴漲。大雨過後，生活在遼河北岸的人們卻聞到葦塘內有一股腐臭氣味。一天，一個看管葦塘的人驚奇地發現在蘆葦塘中竟然有一巨大怪物的屍骸，他慌慌張張地拔腿就往回跑，到家後一頭鑽到炕上，從此一病不起。老百姓認為天降巨龍是吉祥之物，為了使困龍儘快上天，人們有的用葦席給怪獸搭涼棚，有的挑水往怪獸身上澆，以避免怪物身體乾掉，僧侶們則每天都為其作法、

超渡。又一次的數日暴雨過後，這隻怪物神秘地消失了。二十多天以後，這個怪物第二次又奇異地出現了在距遼河入海口 10 公里處的蘆葦叢中，此時已是一具奇臭難聞的屍骸。當時據《盛京時報》報導，這個動物不但頭上長兩隻角，而且腹部還長四隻爪子。在它擱淺的位置自己還挖了一個長十七八米，寬七八米的一個坑，在坑邊上還有清晰地見到它當時用爪子挖的印。

2004 年 6 月 16 日，營口 81 歲高齡的孫正仁老人，帶著一件神秘的東西來到了營口市史志辦公室。匣盒珍藏了五塊不起眼的骨片——龍骨。營口立即成立了「龍骨」之謎課題小組。經過認證，專家認為這條「巨龍」很有可能是鬚鯨。成年鬚鯨的長度一般在一二十米之間，而營口「龍」的長度是 11 米左右；鬚鯨的胸鰭腐爛後，暴露出來的刺狀骨像爪子，而營口「龍」在發現時恰有「爪」；鬚鯨的下額骨腐爛暴露出來後，非常像兩個彎彎的「角」，而人們發現營口「龍」的時候，它已經腐爛，是否是它的下額骨因腐爛而與頭部分離，使人們誤以為它是「龍」角。

在讀者見面會上，有人提出如果是鬚鯨的話，為什麼會有鱗片呢？鬚鯨屬於哺乳動物，是沒有鱗片的。在史志辦工作人員的調查，營口唯一健在的目擊者——當年只有 9 歲的肖素琴稱，沒有注意「龍」是否長角，但可能有鱗、有爪。據說，當年有人剛發現「龍」時，鱗片堆在附近，共有兩筐之多。

是否真的存在「龍」？ 70 年前在遼河擱淺而亡的動物是否是「龍」，如今它又在哪裡？至今仍是一個謎團。

▌阜新為什麼被稱為「契丹故地」

契丹族是中國古代北方少數民族之一，從西元五世紀初到十五世紀初，強大、英雄的契丹族在中國歷史上曾經活動了近千年，其中，阜新一直是其主要的活動地區。

從北魏到隋唐，契丹族的活動範圍雖然不斷變更，但大體上還在一定範圍內，就是西拉木倫河南，朝陽以北，以老哈河下游流域為其中心，其中，相當一段時間則在今天的阜新地區一帶。唐代末年，異常強盛的契丹族東攻

女直、渤海，北並奚、室韋，南取營州，其地域遠遠超過了原有的活動範圍。從這個意義上來說，今天的阜新地區是當年契丹人的活動中心，是契丹族的故鄉。

「契丹」名稱最早見諸於史籍是在魏太武帝太延三年（西元 437 年），《魏書》中載：「高麗、契丹國並遣使朝獻。」而從正史中消失則始於《明史》。遼代後族文化表現出多樣化的色彩，逐漸形成有自身特點的有別於遼代其它地區的區域性文化。阜新是遼代建國前後後族蕭氏族家族墓地和後族「頭下軍州」集中分佈區，主要有豪州、成州、懿州、徽州、遂州、順州、閭州、渭州、橫州，此外，阜新地區還有眾多的遼代城址。阜新地區還發現了大量的遼代墓葬。皇族墓有耶律元妻《晉國夫人墓誌銘》、耶律奴、耶律修哥、耶律斡特剌。後族墓葬有蕭圖古辭、蕭僅、蕭旻、蕭延弼、蕭德溫、蕭德恭、蕭知行、蕭和、蕭知微、蕭德讓、蕭令公、蕭相公、蕭慎微。專家們認為阜新及毗鄰地區遼代後族文化內涵相當豐富，從考古發現看，在遼代中期之前，這裡與中原漢族先進文化、西域乃至中亞文化的交流十分頻繁，並因地處東西方交通樞紐地帶，對中亞文化和遊牧民族文化東傳朝鮮、韓國和日本造成橋樑關鍵作用。

專家論證認為，以阜新為中心的遼寧西北部，為「契丹故地」的前沿。在遼代歷史上，應是與「上京」、「中京」等腹地並重的三大政治中心之一。瀋陽東亞研究中心主任、中國遼金契丹女真史研究會理事長孫進己先生，在給《阜新遼金史研究》（第五輯）所寫的序言中，對遼代阜新的地位與作用給予高度評價。他說：「18 年的研究證明了，阜新是契丹族的故鄉之一，阜新是遼代契丹族的聚居地之一，阜新是遼代契丹族的主要統治中心之一。」

▋中華第一村——查海遺址在哪裡

查海遺址位於阜新蒙古族自治縣沙拉鄉查海村西五里「泉水溝」北坡的向陽臺地上，距今約 8000 年，是東北地區發現的時代最早的一處新石器時代遺址。該遺址自 1982 年全省文物普查時發現，到今已進行過 7 次發掘，發掘面積達 7600 平方米，發現有半地穴式房址 30 餘座、墓葬 5 座。遺址中

還出土了大量陶器、石器、玉器等遺物，其中以浮雕龍紋、蟾蜍紋陶片最為珍貴。

查海文化的典型代表是玉文化和龍文化，又稱「玉‧龍文化」。經科學鑒定，所出土的玉器均為透閃石軟玉，其中的「玉玦」做工之精，尤為令人叫絕，是目前世界上發現年代最早的真玉器，堪稱「世界第一玉」。出土的龍紋陶片無論是在外表形象上，還是在鱗狀的表現紋飾上，都已具備中國古代「龍」的形象的基本特徵，比中國先前發現的獸形玉——豬龍還早近 3000年，是更原始的龍的雛形，堪稱「華夏第一龍」。

查海遺址的房址規模較大，呈方形，每座房址內生活用具、生產工具相互配套，排列有序，並表現出每個生活、生產單元的相對獨立性，其連體房址的發現表明當時已出現了原始的祭祀活動。查海遺址的陶器以簡形罐為主要形式，紋飾複雜多變，以壓印「之」字紋、櫛目紋為主，細密整齊，佈局分段而有規律，其中，櫛目紋陶器多見於時代較晚的朝鮮半島新石器時代遺址，且分佈到日本列島的沖繩文化中，表明查海遺址對東北亞古代文明淵源軌跡的研究具有重意義。

著名考古學家蘇秉琦先生認為，查海遺址「有最早的龍紋陶片、最早的玉器，是紅山文化的根系」。玉器、房址、陶器、龍紋反映了社會生產力和生產關係的進步性，這已是中華文明的起步階段。「中國文明起源，北方先邁了一步，查海七、八千年的玉器就是證明」。於是欣然命筆：「玉龍故鄉，文明發端」。

查海遺址博物館於 1992 年 9 月 4 日落成，建設面積 877 平方米，高 11米，由 6 個半地穴式房址組合而成。第一展廳是全景畫館，中央為一個高 1.5米的看臺，四周是一幅再現原始自然風貌的全景畫。第二展廳是細石器室。第三展廳是陶器室。第四展廳是精品室，其中，「龍紋陶片」、玉匕、玉玦特別引人注目。博物館的另一半在室外，係由 30 餘座房址組成的原始聚落房址區。

查海遺址原始自然風貌保存極好，這裡距阜新市區約 25 公里，距阜——沈公路僅 3 公里，交通便捷。當您置身於「中華第一村」這片神奇的土地上時，8000 年前的古老文明會使您產生無盡的遐想。

▌為什麼說鴿子洞遺址是大凌河流域最早的古人類居住遺址

鴿子洞遺址位於朝陽市喀喇沁左翼蒙古自治縣水泉鄉瓦房村西湯山南側，因成群的鴿子居洞中而得名。上世紀 70 年代，考古工作者對該遺址進行了發掘，出土一批石製品、動物化石，並發現了用火痕跡。

鴿子洞系位於大凌河邊高 50 餘米的兩級懸崖陡壁第二級上的天然洞穴，由奧陶紀石灰岩和侏儸紀紫紅色砂葉岩組成。由於地下水的溶蝕作用，洞內有許多大小不等、形狀各異的溶洞。考古工作者將其分為上、中、下三洞，其中下洞又分為 A 洞和 B 洞，A 洞是鴿子洞人居住的遺址。

鴿子洞呈岩廈結構，洞口向東，寬 1.8 米、洞內縱長 15 米，最高處 18 米，最裡面有 20 平方米的「內室」，洞內寬敞明亮，蔽風遮雨。洞前是寬闊的大凌河，河東岸，山低坡緩，構成大凌河二級階地，多灌木叢林，是鴿子洞人的狩獵場所。

洞內堆積可分六層，文化遺物主要集中在二三層，厚達 1.5 — 2 米。其中發現的少量人骨化石，在骨格形態上大致與智人階段的人類化石相當。

鴿子洞兩次發掘出石製品 280 餘件，製作技術較高，工具的類型、規格、修理石器的方法，與以北京猿人為主體的文化內涵有相繼承的關係，說明鴿子洞是北京人向東北地區發展的重要一支。發掘出的哺乳動物化石共計 26 個種屬，表明鴿子洞人類生存環境是處於晚更新紀期間的寒冷冰期階段。

據考古發掘推測，鴿子洞遺址距今約 5 ～ 7 萬年，應是中國舊石器時代中期遺址中最晚的一處，為中國東北地區的一個重要文化類型，也是迄今遼西大凌河流域最早的古人類居住遺址，具有重要的科學價值。

牛河梁遺址為何被稱為「東方文明的曙光」

　　紅山文化是指新石器時代晚期分佈在內蒙古自治區東南部和遼寧省西部廣闊地域內的先民們創造的一種農耕文化，距今約 5000～6000 年。雖然紅山文化因 1935 年首先發現於內蒙古赤峰市東北郊區的紅山而得名，但它的中心區域卻在朝陽市的牛河梁。

　　牛河梁遺址位於凌源、喀左、建平三市、縣交界處，發現於上世紀 80 年代初。1983 年，考古專家們在牛河梁清理發掘時，發現了一個饅頭狀的紅燒陶物。經過挖掘，發現牛河梁南側竟有一座女神廟、數處積石大塚群以及面積約為 40000 平方米的類似城堡或方形廣場的石砌圍牆遺址（大型祭壇），其佈局和性質與北京的天壇、太廟和十三陵相似。此外，還有女神頭像、玉珮飾、石飾和大量供祭祀用的具有紅山文化特徵的陶器等珍貴文物，其中，以女神頭像最為珍貴。這尊頭像是典型的蒙古利來人種，與現代華北人的臉型近似。眼珠是用晶瑩碧綠的圓玉球鑲嵌而成。遺址中出土的玉雕值豬龍、玉雕鴞鳥（貓頭鷹）等，造型古樸神似，令人歎為觀止。

　　牛河梁紅山文化遺址的發現被評為「中國 20 世紀 100 項考古大發現」之一，具有重大的科學價值和意義，在中國外產生重大的社會影響。它不但充分證實了 5500 多年前這裡曾存在著一個具有國家雛形的原始文明社會，還把把中國古代史的研究從黃河流域擴大到燕山以北的西遼河流域，並將中華文明史提前了 1000 多年。牛河梁紅山文化遺址的發現表明，紅山文化不是以黃河流域和長江流域為歷史源頭的華夏文化的一個分支或者是一種長城南北「混合文化」，而具有中華 5000 年文明發源的性質，是東方文明的曙光。

張學良將軍的祖墓在哪兒

　　張氏墓園地處遼寧省盤錦市大窪縣東風鎮葉家村境內，墓園占地面積約 1.6 萬平方米，系愛國將領、千古功臣張學良將軍之祖墓。園內共有墳塋 11 座，張學良高祖張永貴、曾祖張發、祖父張有財、二伯父張作孚均葬於此。133 米長的黑色柏油路面，從大南路向北直通墓園，路的兩側是呈南北走向的兩個大荷花池。墓的園門左右各豎一根 2 米多高的花崗岩石碑，上書「前

人臥一方瑞地，後世出千古功臣」。墓園內豎立的文物保護牌的正面刻有「張氏墓園」四個大字，是張學良將軍晚年親筆所書，是 1995 年夏，張學良將軍的堂侄張通光等人來墓園掃墓時而帶來的張學良將軍的手跡。

關於張氏墓園還有一則傳說，相傳張學良祖父張有財年輕時嗜賭成癖，1888 年，張有財因輸錢不給被打死，因家境貧寒，只用薄棺裝殮，葬於荒鹼灘上，汛期被水沖出四里左右。張有財之子張作霖與堂弟張作孚用繩順水往回拽棺材，拽到水淺之地，已是筋疲力盡，只好回家找人，準備重新安葬。回來時發現水已落，棺材沉入泥土中，於是就地培土成墳。人們說這是張有財自選墳地。1912 年張作孚在鎮安任預警總長，在討匪中陣亡。張作霖將其運回老家東風鎮安葬。經風水先生察看，認為張有財之墓處在「龍脈」上，所葬之處正為「龍脊」，後人定將富貴，即將張作孚亦葬於「龍脊」上，並在墓地四周建了墓地圍牆。之後，張作霖便飛黃騰達，官升中華民國海陸大元帥。此傳說更是增添了張氏墓園的神秘色彩。

「九一八」事變後，墓園被日本人所毀。解放後，東風鎮政府先後兩次共投資 300 萬元，在保持歷史原貌基礎上進行了修繕，重新修建了圍牆、門樓等設施。

▌葫蘆島為何以「葫蘆」命名

如果把中國的版圖比作雄雞，葫蘆島就是掛在雄雞項下的一顆明珠。葫蘆島市位於遼寧省的西南部，轄興城市、綏中縣、建昌縣和連山區、龍港區、南票區 6 個縣（市）區，總面積 10415 平方公里，西接河北省秦皇島市，素有「關外第一市」之稱。

葫蘆島是半島，伸向遼東灣內，因頭小尾大，中部稍狹，狀如葫蘆而得名。該半島西與秦皇島港相對，東與營口港遙遙相望，港口朝南，港闊水深，夏避風浪，冬季結冰微薄，是中國北方理想的不凍良港。

葫蘆島地處東北、華北兩大城市群、兩大經濟區的交匯點上，距瀋陽 240 公里，距北京 310 公里，京瀋高速公路、京哈鐵路、秦沈電氣化鐵路和

國道 102 線貫穿全境。轄區覆蓋了整個「遼西走廊」，被一些專家譽為北京的「後花園」。海岸線長 258 公里，有天然浴場 14 處，港口、碼頭 10 座。

葫蘆島江山多嬌，引無數英雄競折腰。秦始皇、漢武帝在這裡修過宮殿，曹操被這裡的自然景觀所震撼，寫下了「東臨碣石，以觀滄海」的壯麗詩章，唐太宗東征留下了著名的唐王洞，乾隆東巡在這裡寫下吟詠祖氏石坊的詩篇。孫中山在建國方略中為葫蘆島規劃了美好的遠景，張學良在葫蘆島築港留下了不朽的圖強豐碑。

葫蘆島更記載了新中國工業的許多驕傲，新中國的第一桶原油在這裡煉就；新中國的第一塊鋅錠在這裡鑄成；新中國的第一艘艦艇在這裡下水；三峽電站的第一個轉輪在這裡建造；這裡有亞洲最大的煉鋅廠；有亞洲單機容量最大的火力發電廠；有中國最大的海上油汽田；這裡還是中國最大的化工機械生產基地和基礎化工原料生產基地。

關於葫蘆島名稱的由來，有一段美麗的傳說。相傳，很久很久以前，遼東灣有個興風作浪的妖怪，致使出海打魚的漁民常常是有去無回。人們對這個妖怪又恨又怕，但又無可奈何。一年春天，鐵拐李把自己的寶葫蘆籽交給一個叫王生的漁民，告訴他，當這個寶葫蘆長成時，用中指畫多大圈，寶葫蘆就會變多大，拿著它可以降妖除怪。

王生經過九九八十一天的精心侍弄，葫蘆籽果真長出一個溜光的大葫蘆來。一天，蛇怪跑到寶葫蘆旁，一口將其吞下。說時遲，那時快。王生一個箭步沖過去，爬進蛇怪嘴裡，一把抓住寶葫蘆，把寶葫蘆從蛇肚裡搜了出來。他舉起寶葫蘆，「刷」地一聲，只覺得腳下無根，耳邊生風，寶葫蘆帶著他騰上空中，接著又翻身落下，正好把大蛇怪壓在海底了。這蛇怪屍體太大，有五里長，二里寬，橫在海灣上。王生咬破手指，繞著蛇怪用中指畫了個大葫蘆。頓時，海面風平浪靜，海灣出現了一個葫蘆形美麗的半島，這就是今天的葫蘆島，海面上那龍鱗般的怪石，傳說就是葫蘆鎮壓的蛇怪的鱗片。

▌興城古城有何特色

興城古城，是五百年前留下來的一份珍貴的歷史遺產，興城寧遠古城與西安古城、荊州古城（今江陵縣城）和山西平遙古城同被列為中國迄今保留最完整的4座古代城池。興城古城牆是中國4座古城中最小但最完好的一座。

興城古城始建於明宣德三年（1428年），總兵巫凱、督禦史包懷德呈請督造，後毀於地震，明天啟三年（1623年）經明右副督禦史袁崇煥複修。

興城古城略呈正方形，城牆周長3274米，南北長844米，東西寬830米，城牆高8.88米，城基砌條石3層，基寬6.8米，頂寬4.5米。牆體為外條磚內毛石，外設堆口，內設女兒牆，中填夯土。城設四門，東曰春和，西曰永寧，南曰延輝，北曰威遠，四門均建城樓，重檐歇山頂，面闊三間，進深一間。城牆四角設炮臺，城門外有半圓形甕城，城門內左側設馬道，長21米，寬3.1米。

古城的正中心，有一座雄偉壯觀的鐘鼓樓，它凌空飛架，氣勢巍峨，遊人莫不爭相登樓眺望全城風光。鼓樓為戰時擊鼓進軍、平時報曉更辰所用。鼓樓樓高17.2米，分為三層。基座平面為正方形，高如城牆，下砌通向四條大街的十字券洞，東、西、南、北各築拱形通道，上為兩層樓閣。登上鼓樓，古城風光盡收眼底，四座城門動靜瞭然，給人一種和諧對稱的整體美，一種固若金湯的安定感，令人心曠神怡。

城牆東南角有一座魁星樓。樓兩層，八面八角，建築精良，內有魁星像一尊，頭部像鬼，青臉紅發，一腳向後翹起，一手捧鬥，一手執筆，猶如用筆點中應試人的姓名，就是古書中說的「魁星點狀」。魁星樓始建年代無考證，自清乾隆以來此樓已修葺過六次。

古城內南、北、東、西四條大街十字相交。南街保存古蹟最多，中段聳立著祖氏石坊，現在按古時面貌修建了「明代一條街」。花崗岩石塊鋪築的街道兩側，造型各異的仿古建築，青磚青瓦，朱漆抱柱，亭臺樓閣，雕樑畫棟，金碧輝煌，氣勢磅礴，仿古招牌，古香古色。那「麗華祥」百貨商廈的牌匾

由清朝末代皇帝溥儀的胞弟溥傑先生題寫。當您步入此街，彷彿置身於明代的世界，一縷縷思古幽情，不禁油然而生。

興城古城原有外城，周圍長 9 公里。高如內城，也有四門，東、南、西、北分別為安遠門、永清門、迎恩門、大定門。四門設樓，四角設臺，城廓之間為護城河，河深 5 米。外城亦毀於隆慶二年地震，以後一直未修。

現在的古城，已是舊貌換新顏，展現出壯麗、古樸的風姿。

▋秦漢行宮遺址、碣石究竟在哪裡

1982 年，在遼寧省葫蘆島市綏中縣萬家鎮牆子裡村南部沿海地區發現一處規模宏大的古建築遺址。1983 年 12 月，經遼寧省文物部門組織專人複查，根據遺址群的規模、結構及其文化內涵，確認該遺址為秦漢時期的高臺建築群址——秦漢行宮遺址。自 1984 年起，經過遼寧省考古部門十幾年不斷地對遺址進行局部探掘和大規模的考古發掘，這處令世人震驚、規模宏大的秦漢「宮城」之面貌已基本揭示出來。

秦漢行宮遺址，外輪廓呈曲尺形，南北長 500 多米，東西寬 260 多米，占地面積 15 萬平方米。內部以連續的圍牆分成 10 個社區，區內建築呈軸線對稱，主體建築分佈在東南部，兩翼建有角樓，西部多為整齊劃一的院落。整個遺址的大小居室、排水系統、儲備食物的窖井等，均清晰可見。秦漢行宮遺址的發現和發掘，為研究秦代建築、藝術以及科技提供了寶貴資料。秦漢行宮遺址現為國家級文物保護單位，建有遺址陳列館，供遊人觀瞻。

秦漢行宮遺址與歷史上的「碣石」有著密切的關係。據歷史記載，秦始皇是最早登碣石觀滄海的皇帝，之後漢武帝於西元前 110 年「行自泰山，複東巡海上，至碣石」。曹操於西元 207 年征伐烏桓的回軍途中登臨碣石觀海，寫下了「東臨碣石，以觀滄海」、「烈士暮年，壯心不已」的壯麗詩篇。又過了 400 多年，到了西元 645 年，唐太宗李世民率兵出征遼東時，於來回途中亦曾仿效秦皇、漢武，找個目標當作碣石，「臨觀滄海」，並留下了「之罘思漢帝，碣石相秦皇」的詩句。由此可見，碣石在中國歷史上地位實在是

太重要，引無數英雄競折腰。然而，那東臨的「碣石」究竟在哪裡？長期以來，卻一直是不解之密。

現在，這個謎底終於解開了。根據近年來的考古發現，考古學家們最終確認距牆子裡海灘 400 米淺海中矗立在高出海平面 20 餘米的三塊巨大礁石就是當年秦始皇、漢武帝、曹操「東臨碣石，以觀滄海」的碣石。民間傳說此亦為當年尋夫不見，哭倒長城後投海的孟姜女的葬身之處——「姜女墳」。

園林遼寧

　　園林的美貴在凝聚。大自然把它的美點點滴滴地散落於人間，遼寧人與大自然心有靈犀，把這點滴的零散之美化和成一個個鳥語花香、美妙絢麗的園林。這裡花團爭豔、綠草瀰漫、樹叢蒼勁、密林幽深、雀鳥啾啾，生命與大自然完美地交融於一體。

▌為什麼說瀋陽植物園是「人間勝景」

　　瀋陽植物園位於瀋陽市東郊，在輝山風景區和東陵之間，有公路、鐵路相通，始建於 1959 年，距市區 10 公里，園區地形四周高，中間低，總占地面積 200 萬平方米，屬大型植物園。全園以翠湖為中心，已建成各類植物專類觀賞園 20 個，收集各類植物 1200 餘種，其中木本植物 500 餘種，草本植物 300 餘種，溫室花卉植物 400 餘種，是東北地區收集植物品種最多的地方。植物園於 1993 年正式對外開放，對外開放面積 100 萬平方米。

　　園內建有松杉園、杜鵑園、宿根花卉園、牡丹芍藥園、水生植物園、彩葉園、丁香園等 8 個專類園。園內紅松等樹木的森林景觀為全市僅有。園內最值得一提的應該是代表著植物園的 10 多座以「人與自然」為主題的中國古代神話系列雕塑，栩栩如生的雕塑加深了全園的文化內涵，這在全國還是首創，激發了人們濃厚的興趣。除此之外，園內還建有鞦韆橋、好漢橋、同心橋、飛渡橋等三十餘座風格各異的遊戲橋，還有水上自行車、碰碰船等獨具特色的遊藝服務設施，使瀋陽植物園成為瀋陽市民十分喜愛的遊覽勝地。這裡不僅可以陶冶情操，放鬆身心，更是朋友家人遊樂嬉戲的極佳場所。

　　春天是萬物復甦的季節，經過了一個冬天的漫長等待，萬物生靈都脫去了厚重的冬裝，披上絢麗多彩的新衣，以嶄新的面貌迎接春天的回歸。在風和日麗、生機盎然的日子裡，攜眷出遊，聆聽鳥兒的悅耳歌聲，享受大自然的魅力，觸摸春天的跳躍，是何等愜意的事啊？正所謂「春色滿園關不住，人間勝景在沈城」！

▌為什麼說瀋陽國家森林公園是一個人與萬物和諧共生的世界

瀋陽國家森林公園位於瀋陽市東北郊新城子區馬剛鄉境內，南距市區中心40公里，西距沈哈高速公路8公里，東鄰撫順40公里，北靠鐵嶺40公里，屬長白山系吉林哈達嶺南延部分，占地面積934公頃，其中有林面積900公頃，森林覆蓋率達96%。森林茂密，空氣濕度大，負離子含量高，空氣清新怡人，是避暑消夏的最佳去處。1997年被中國國家林業部批準為國家級森林公園。

瀋陽國家森林公園植被種類繁多，植物資源豐富，屬長白植物區系與華北植物區系的交匯帶，還有蒙古植物區系侵入，這裡不僅有天然植物觀光帶，而且有巧奪天工的百果園，二者交相呼應，形成了獨特的植物景觀，色彩斑斕，錯落有致，富於季節性變化。油松林樹齡54年，樹形奇特，冠大而半圓，四季長青，遮天避日，是森林沐浴的理想之地；這裡不僅有獨俱特色的層林盡染的山林，更有獨樹一幟、讓人觀賞的古木，如乾隆古樹，樹齡200多年，形狀酷似兩位智慧老人在向人們講述著石人山的故事。這裡還是一座天然的動物園，有動物11門13綱160多種，百鳥鳴於山林，百獸行於山間，形成了人與萬物和諧共生的迷人世界。

現如今，森林公園已成為擁有觀光農業和生態林業的基地，這裡景色秀麗，風光旖旎，綠水長廊、蓮花池、水上娛樂區、休閒娛樂區、森林浴場、渡假療養區滲透出迷人的魅力，吸引著人們，向人們昭示美好的未來。

▌棋盤山因何得名

瀋陽城外東北五十里處有一座山，很久以前它還沒有名字。山腳下有一個村子依山而建，村裡的人祖祖輩輩聰明能幹，勤勞善良。

那時候在長白山的天池，每逢蓮花盛開之日，各路神仙都到天池沐浴採蓮，遊山逛景。有一年，八仙中的鐵拐李和呂洞賓，在天池邊與諸神告別，正拂袖駕雲馳行，忽然發現腳下有一座奇山如雪，閃閃發光，直刺雙目。眨

眼間，他們騰雲駕霧，來到山崖。只見山石如玉，碧樹似翠。兩位仙人沿石而上忽見一塊平整的巨石，又光又滑，四四方方，猶如棋盤。鐵拐李驚叫道：真是個好棋盤，呂兄，何不暫歇對奕？他們從中午下到傍晚，分不清誰輸誰贏；到了晚上映著明月，接著是你車我馬，也分不出輸贏。

次日，黎明時分，山下村子裡有一個小夥子上山砍柴，只見兩位老者不緊不慢地對奕，禁不住走向下棋的老人，一眼不眨地看起來。也不知過了多久，這年青人覺著肚子餓了趕忙跑下山回到家裡吃口飯，又返回山上。可是下棋的老者已走。他當日回到村裡一說，老人們恍然大悟地說：那可是鐵拐李大戰呂洞賓呀！

後來，一到雲霧天，人們就好像聽見山上有下棋的聲音。晴天去看，山崖上確實有一副棋盤、棋子。石頭棋子橫豎都能走動，可是就是不能拿起。大夥一傳十，十傳百。於是，這座山附近的十里八村的，就都叫它棋盤山了。

▍星海公園為何命名「星海」

星海公園位於大連市南部，星海灣景區的中段，是大連市著名的海濱公園之一。星海公園建於 1909 年，日語叫做「星個浦」公園。

關於星海名稱的來歷，還有一段美麗的傳說。相傳很久以前，現在星海公園的所在地黑石礁一帶，叫做靠海山莊，莊裡的人們世代以捕魚為生。這一帶海域原本是烏魚的家園，但是附近的鯊魚看中了這塊寶地，一直虎視眈眈，妄圖霸佔。一天，鯊魚集合了大隊人馬，向這裡殺奔而來，烏魚倉促應戰，加之勢力又小，幾個回合便落了下風。但是，烏魚們為了自己的幸福家園，怎會輕易拱手相讓，他們一邊迎戰，一邊使出了他們的殺手鐧，噴墨汁。就這樣，一直打了三天三夜，烏魚們就要抵擋不住了，墨汁也快噴完了，附近的礁石都被染成了黑色。天庭中太上老君見實在看不過眼，就隨手搬起一塊煉丹用的青石，砸向在後面指揮的鯊魚王，將其砸死並壓在海底，其他鯊魚見狀倉皇而逃。

巨大的青石有一半現在還露在水外面，巍然屹立，附近居民稱之為「星石」。這塊星石也成了這裡的鎮海之寶，鯊魚再也不敢到這一帶來侵襲了。從此，這裡的海域也改了名字叫做「星海」，被烏魚染黑了的礁石被喚作「黑石礁」。而在靠海山莊興建起來的由海濱浴場和陸地公園組成的海濱公園就叫「星海公園」。

當你從公園海邊向南而望，看到大海深處的那座小島便是那塊神秘的「天外來客」——星石。

▌老虎灘的傳說

大連老虎灘包括著名的虎灘樂園、北大橋、秀月半拉山、菱角灣和虎灘灣，它是集遊覽、觀賞、娛樂、科普、休閒和購物等多種功能於一體的大型綜合樂園。

關於老虎灘名稱的來源有多種說法。一說，很久以前，這裡非常的荒涼，山上常有老虎出沒；也有人說，靠海的地方有一個岩洞，每當半夜大海漲潮的時候，便會發出虎吼一樣的回聲；還有人說，老虎灘一帶的沙灘系由石英岩礫石組成，在大海波浪的推動下，黃色的石英岩砂石在沙灘上來回滑動，看上去非常像風中飄蕩的斑駁的老虎皮。

因為年代久遠，老虎灘名稱的真實由來已經無從考證。然而，面對風光旖旎、如詩如畫的老虎灘，人們在欣賞它的絢麗多姿的同時，常常情不自禁地從正義戰勝邪惡的理想主義角度編織出有關老虎灘的美麗傳說。

據說在很久很久以前，海灘邊的一個漁村裡有個年輕的小夥子叫石槽，以打獵為生。這裡的山上有一隻惡虎，經常下山傷害人畜。有一天，龍王的女兒在岸邊的山坡上採花，被惡虎傷害，石槽聽到遠處的救命聲，馬上揮劍追趕，迫使惡虎丟下龍王的女兒獨自逃走。為了報答石槽的救命之恩，龍王的女兒就與石槽結為夫婦。成親當晚龍王的女兒告訴石槽，這只惡虎是天上的黑虎星下凡，能夠制服它的唯一武器是龍宮裡的寶劍。為了替百姓除害，龍王的女兒決定回龍宮向龍王借劍。

不幸的是，就在龍王的女兒離開的當天，惡虎又下山傷害村民。石槽來不及等妻子借來寶劍，便與惡虎廝殺起來。他一劍砍飛了虎牙，虎牙落到海裡變成了虎牙礁。石槽趁勢抓住老虎尾巴用力一甩，將其甩到了旅順口的港灣裡。最後，被石槽砍掉的半個虎頭，變成了如今的半拉山。可是，善良的石槽也累得口吐鮮血，一頭栽在了大海裡，變成了一塊礁石。當龍王的女兒借劍回來看到這個情景後，悲痛欲絕，守候在丈夫的身邊日夜哭泣，最後也變成了一塊亭亭玉立的礁石，叫做美人礁。如今，濱海路邊上有一個小漁村名叫石槽，據說就是為了紀念為民除害的青年漁民石槽而命名的。

這個美麗的傳說寄予了人們對堅貞不渝的愛情的美好嚮往。當我們站在高處，遠處的港灣就像是一隻老虎，而在那一瞬間，有一種恍惚的感覺，好像我們就是忠貞的龍王女兒，正在深情地注視著她的丈夫。

▌老虎灘的大型虎雕到底有幾隻老虎

大連老虎灘海洋樂園的大型群虎雕塑，是由中國著名美術家韓美林先生在 1981 年用了整整兩年零九個月的時間雕成的。虎雕長 41 米，高 7 米，重 4800 噸。雄偉的虎雕成為老虎灘的標誌性雕塑，是大連市的一處著名的旅遊景觀，多年來吸引了無數的遊人。但是，遊人在感歎於虎雕的雄偉氣勢的同時，也在納悶，怎麼就是數不準到底有幾隻老虎呢？回答這個問題還要從一段傳說中說起。

相傳很久以前，在遼東半島南部有座雄偉的大黑山，山高林密，樹木叢生，方圓數十里，為一方鎮州之山。天庭派了虎家六兄弟駐守山中，並令其不得擅離職守，以保一方平安。可在若干年之後，大黑山之南數十里的南海廣闊平原上出現了災難，毒蛇猛獸肆意橫行，豺狼熊蛇暴虐四方。虎家兄弟聽聞後，非常氣惱，可又不敢輕易出山遠行，因為天條明文規定：虎家六兄弟外出巡山，每日早出午歸，不得超過午時三刻，如果超出時間，立即變成石頭。

海邊周圍情況越來越糟糕，鄉民們紛紛逃離，虎家六兄弟終於忍無可忍，決定出擊。翌日清晨，太陽剛一出來，虎家六兄弟便從東海邊殺到西海邊，

毒蛇猛獸望風而逃。整整奔波了一個上午，正準備回師，忽然看見一群野狼向南海頭的大青峰逃竄。虎家兄弟正殺得性起，豈肯放過，便奮力直追。野狼十分狡猾，他們繞來繞去，與虎家兄弟兜上了圈子，雖然最後還是被虎兄弟消滅了。可這時天也接近了中午，虎兄弟奮力往回便跑，可剛跑到菱角灣，已是午時三刻，立刻化成了一群石頭。雖然化成了石頭，但虎威仍在，從此這裡再也沒有野獸出沒過。

　　現在的這個虎雕就是根據這段傳說雕塑的。由於當時虎家老六還小，所以總是在哥哥們的身後作戰，所以，人們很難發現它罷了。

▌大連東海公園的「十八盤」真的有十八道彎嗎

　　泰山著名的「十八盤」是攀登玉皇頂的通道，而大連的「十八盤」，據說是通向東海龍宮的。

　　相傳，數萬年前，有一個特別喜歡為人類撮合姻緣的老仙人——月老。他的獨門絕技「遁海仙術」能將陸地生靈變作海底生物，使其潛於海中恣意漫遊玩樂。天性和藹風趣的月老，時常拗不過身邊靈獸的哀求，而將這項絕技傳給他們，使之能徜徉在大海之中，享受變成魚兒悠遊水中的樂趣！當然，這也使不少性情大變的靈獸逃往海中，搗亂了海底龍宮的秩序。

　　東海龍王得知此事後，心中很是惱火，立即派出大批蝦兵蟹將，全力緝捕在海中搗蛋的靈獸。可是這海中兵將雖然悍勇，卻鬥不過仙境靈獸的狡詐刁鑽，個個被惡獸玩弄得體無完膚，不得不鎩羽而歸。盛怒之下，龍王前來蓬萊仙島向月老興師問罪。月老雖有通天遁海之能，但是終究孤掌難鳴，無法單憑一己之力收服所有遁入海中的頑皮靈獸，只好派出忠心的靈獸僕人四處找尋願往海底收服搗蛋靈獸的幫手，許諾若有人能完成月老交付的任務，就可以得到月老的祝福，與心上人共結連理。

　　龍王的小女兒聽到這個消息後，極為興奮，當即決定幫助父親和月老來收拾這些惡獸。原來，龍王的小女兒一直暗暗地喜歡蓬萊仙島上一個叫連山

的年輕人。為了能夠和心愛的人常相廝守，小公主提著寶劍在東海到處搜尋、追擊這些搗亂的惡獸。

一日，她追逐一個狡猾的靈獸，從蓬萊一直追到了大連的棒槌島，眼看就要抓住了，可這個狡猾的靈獸左挪右閃，又逃了出去。小公主怎肯輕易放棄，又向前急追了幾步，與惡獸廝殺到一處。在交戰中，公主寶劍上的一條玉帶被靈獸撤了下去，垂落在今天的東海公園附近，化作了一條曲曲折折的盤山險路。

當地百姓說公主與那個靈獸共鬥了十八個回合，所以，這條路有十八道彎。可是誰都沒有真正的數清楚過。當然，那個靈獸也受了重傷，最後被公主擒拿回去向月老交差了。

也有人說，公主的這條玉帶是有靈性的，它很想念公主，所以便一直通向東海龍宮，希望時常能與公主相會。

如今，「十八盤」已經成為東海公園的重要景點，正不斷地引領著無數的遊人領略大連的碧海藍天。

▌金石灘為何被稱為「奇石的園林」

金石灘景區位於大連市東北部的黃海之濱，陸地面積 62 平方公里，海域面積 58 平方公里，海岸線長 30 公里。美麗的「金」石灘，「金」字可能有些誇大其辭，但金石灘卻並非徒有虛名，那裡的石頭真的比金子還要貴重，因為它是中國獨一無二、世界罕見、地球不可再生的。金石灘素有「奇石的園林」的美譽。誕生於 6 億年前震旦紀的岩石散落在綿延不絕的海岸線上，金黃色的岩石、粉紅色的礁石，巨大的花瓣岩石，千奇百怪，形態各異，美不勝收。

金石灘的奇石主要集中在東部的奇石景區，共有四個景區、88 處景點，如形象逼真的大鵬展翅、神龜尋子、刺蝟覓食、恐龍探海等天然奇石景觀矗立在海岸沿線，惟妙惟肖、栩栩動人，堪稱凝固的動物世界。玫瑰園景區有石猴觀海、猛虎回頭、海龜上岸、群鯨登陸、嘯天犬等。龍宮景區有恐龍探海、

相親石，將軍石等。南秀園景區有仙人巨肘、枯木逢春、駱駝臥海等。鼇景區有炎黃子孫、觀音石等。在世界地質學界，金石灘更是聲名顯赫，擁有「海上石林」、「神力雕塑公園」、「天然地質陳列館」等美譽。

「龜裂石」是金石灘奇石中的極品，素有「天下第一奇石」之稱。它形成於震旦紀，是目前世界上發現的塊體最大、斷面結構最清晰的沉積岩標本。龜裂石的外形酷似烏龜的甲殼，上面佈滿了巴掌大的方格，每個方格裡面是紅色的，邊線則呈綠色。龜裂石面積不大，約有 10 多平方米，因自然崩塌而斜立在山體下的沙灘邊，其上有山，其下是海，漲潮時，在朵朵浪花的簇擁下潔白絢麗，遠遠望去，如同一個栩栩如生的的金龜立在那裡，極為有趣。

說它是「天下第一奇石」一點都不誇張，因為世界地質學權威——美國的柯勞德教授來此參觀後，曾多次在世界地質論壇上講，世界上最大、最美的龜裂石在中國大連的金石灘。

這樣一塊世界奇石坐落在美麗的金石灘，不能不說是上蒼對大連人民的厚愛。我們不妨發揮一下我們的想像力，試想 6 億年前的一天，太陽要比現在炙熱的多，這裡沒有一顆石子，只有被太陽曬得乾裂一道道沼澤地的裂縫。這裡實在是太過炎熱了，最深的裂縫竟達到了一米多深，裂縫中不斷地有其他物質掉進並被太陽熔化。這樣，在經過 6 億年漫長的歲月後，便形成了眼前的這塊奇石。

圍繞這塊怪石還流傳著一則神秘的傳說。據當地漁民講，在一個風雨交加的夜晚，一隻返航的漁船迷失了方向，正當漁夫們焦急得不知所措的時候，遠遠的望見這裡發出閃閃螢光，彷彿在為他們引航。於是，在這螢光的引領下，漁夫們有驚無險地靠了岸，可螢光卻消失了，而剛才發出螢光的地方正是這塊龜裂石。此後，漁夫們便將這塊岩石當作神石一樣崇拜。直到現在，很多出海的漁民還每年都來這塊石頭前頂禮膜拜一番，並在石頭上拴上紅布條，祈求平安。

何為「虎狗六兄弟」

到大連旅遊的朋友們，一定要去大連森林動物園看「虎狗六兄弟」。真是不可思議，老虎兇猛可怕，被封為山中之王，小狗溫順可愛，視為人類的朋友。它們在性情上有著天差地別，屬性上也非同一種類，怎麼能由一個狗娘餵養，在一起相安無事的生活呢？

原來，1996 年，在大連的森林動物園裡有一隻東北虎媽媽，生下一對虎兄弟東東與北北後，只顧自己高興地玩耍，也沒有照顧幼子的經驗，嫌兩個小傢伙又髒又小的，就把它們拋棄了。飼養員覺得這一對被拋棄的小兄弟非常可憐，就嘗試著把它們抱到兩隻在當日也生了小狗的狗媽媽那裡，希望兩隻狗媽媽能夠大發慈悲讓這兩隻可憐的虎兄弟吃奶。

真是離奇得很，兩隻狗媽媽非但沒有嫌棄這對虎兄弟，反而安靜地趴在地上讓虎兄弟在它們身邊吃奶。這兩個狗媽媽一個是黑貝狗，另一個是獅子狗，各自生了兩個小狗弟弟。從此，一個新的家庭誕生了，四個小狗和它們的虎兄弟在狗媽媽的精心照顧下一天天地長大，它們和睦相處、互相照顧，感情越來越深，就這樣有了「狗娘養的」「虎狗六兄弟」的佳話。

現在，「虎狗六兄弟」雖然已經「長大成人」，但是還在一起生活，相處非常親密、和諧，跨越了殘忍與溫順的界限，結下了血脈相連的兄弟情意，成為大連森林動物園的一個特色項目。

冰峪溝為何被稱為「遼南小桂林」

冰峪溝風景區位於莊河市北部 40 公里處，總面積 130 多平方公里。景區內奇峰林立、河谷幽深、溪潭澄澈、林茂花繁，英納河、小峪河迂迴其間，終年流水不竭，奇山秀水的有機結合構成了冰峪溝獨有的自然古樸、悠遠靈動的風光佳境，被譽為「遼南小桂林」。

冰峪的山美在奇險多姿。那一座座山峰，或筆直地插入湖中猶如一枚巨大的驚嘆號，或如刀砍斧削般沒有任何鋪墊的奇陡無比。「美女石」、「仙

人柱」……，還有一些叫不出名字的奇峰，光是那迥異的形狀就足以引人遐思，那嶙峋的怪石與異木更是充滿了詭異。

冰峪的水美在清澈無暇。那是讓人一眼望去就無法收回目光的溫潤碧玉，每當秋風吹皺了一湖碧水，或深或淺的顏色就會抓住你的眼球。英納河如一條白色的綢帶，沿著冰峪九曲迴腸，盤旋而去；小峪河則似一根銀線，用道道優美的彎曲，纏繞座座山峰。放排湖中，撐起長篙，攪起一湖碧水，看湖光山色，聽蟬兒長鳴，山之幽，水之柔，天上人間，美景如斯。

賦予美山美水以靈魂是一個個動聽的故事，那「夫妻石」的纏綿淒美，「雲水渡」的奇異曼妙……你會聽得如醉如癡、留戀忘返！

春天山花爛漫、夏天溪水潺潺、秋天霜染楓葉、冬天雪野冰川，四季多變的冰峪，永遠帶給你美妙奇異的感受。

▋九龍川自然保護區為什麼被稱為「天然基因庫」

九龍川自然保護區位於海城市接文鎮境內，距市區 50 公里，總面積 34 平方公里，被大量植被覆蓋，自然資源風光獨特，為遼寧省政府批準設立的省級自然保護區。

傳說唐太宗李世民東征曾經路過此地，見海城地區是一望無際的大海，東徵人馬被海水擋住去路無法前進，便下馬設下香案，祈禱玉皇大帝收去海水現出陸地。玉帝派楊二郎下界用寶鼎罩住海眼，於是海水漸漸退去，出現九座山脈呈一字排列。這九座山脈便是龍王九子龍宮，九龍川之名因此而來。

九龍川自然保護區包括：三家堡和大桃溝、山嘴、花紅峪、東大嶺等村的部分地域，北至東大嶺村，東至岫岩邊界，西至花紅峪村，南靠孤山鎮秦家堡。該區為長白山系，千山山脈的低山區，海拔高度 256.5 ～ 931 米。區內有泉眼 120 多處，水質多為鈣鎂型。據環境監測，區內地表水和大氣品質均達到國家一類標準和一級標準。

自然保護區主要保護對象為海城河源頭水源涵養林，華北、長白植物區系交匯地帶的油松櫟林和落葉闊葉林生態系統。區內有各種野生植物 1900

餘種，其中木本植物 200 餘種，藥用植物 300 多種，園林綠化植物 176 種，國家和省重點保護植物 13 種，山野菜 9 種。野生動物 370 餘種，世界珍貴花卉「天女木蘭」倍受青睞，九龍川自然保護區的動植物物種豐富堪稱一個天然的動植物標本庫和比較完整的基因庫。這裡每年都吸引著大量的專家學者和實習的學生，來此研究動植物的天然分類及生態系統的演變過程，對動植物分類的教學，品種選育等方面具有突出的科學研究價值。此外，保護區優美的自然景觀以及歷次戰爭遺址，古廟遺址，森林浴場，狩獵場，水庫等人文景觀每年也吸引著大量得遊人來此參觀遊覽。

▌滾馬嶺因何聞名

在撫順東部山區的吉林和遼寧兩省交界的群峰之中，有一條高不過千米、長不到 2 公里的山脈，叫做滾馬嶺，是龍崗山脈進入撫順境內的起點。滾馬嶺「群山拱衛，眾水朝宗，為長白山雄風與靈氣所獨鍾」，被譽為長白山的第一驕子！北、西、南三面眾星捧月般圍繞著啟運山、摩天嶺等五十餘座奇峰俊嶺；渾河、蘇子河、富爾江、清河、柴河、柳河、一統河，均發源於滾馬嶺及其周圍的山脈之間。在滾馬嶺一帶林區，生長著長白區系植物 1116 種，野豬、麃子、狼、狐狸、獾子、野兔等動物 196 種，大型真菌 300 多種，可謂種類繁多，數不勝數。

那麼，此山為什麼叫滾馬嶺呢？相傳，唐朝左武衛將軍薛仁貴東征路經此地時，因貪戀眼前的美景戰馬失蹄打滾，便稱此山為「滾馬嶺」。據史料記載，1000 多年前，這一帶的確是唐高宗李治賜給薛大將軍的封地。

站在滾馬嶺上舉目遠眺，這裡林木茂盛、草莽叢生，風景如畫，美不勝收。300 多年前，江南文人楊賓千里迢迢趕往黑龍江寧古塔，看望在那裡被流放多年的父親。途經此地時，被眼前雄奇凜冽、蔚為壯觀的北國原始森林景象所震撼，在其後來以省親見聞寫成的散文集《柳邊紀略》中，對撫順東部山區的原始森林作了細膩而動情地描述：「其中萬木參天，排比聯絡，間不容尺。近有好事者伐山取道，乃漏天一線；樹根盤錯，亂石坑砑。秋冬，則冰雪凝結不受馬蹄；春夏，高處泥濘數尺，低處匯為波濤。」150 多年前，

清朝刑部主事何秋濤，帶著朝廷的使命專門前來東北考察森林分佈情況，共考察了 48 處原始森林。在其考察專著《朔方備乘》中，何主事並特別把這次東北考察的第一站——撫順東部山區原始森林滾馬嶺下那個小山村的名字命名為「納魯窩集」。「窩集」是滿語「森林」的意思。「納魯窩集」意思是「像韭菜一樣茂密的森林」。

如今，那個小小的山村還在，只不過由於人口增多，村子已一分為二了，一個叫「大那路」村，一個叫「小那路」村。

中華滿族風情園有何特色

撫順新賓縣是滿族的故鄉，清朝的龍興之地，保存有眾多的古蹟遺址。現在又新添了一座風景秀麗的中華滿族風情園。它位於赫圖阿拉城東側，毗鄰皇寺水庫，是中國唯一的展示滿族民族發展歷史的綜合性遊覽區，園內有滿族歷史文化長廊、滿族博物館、地藏寺、顯佑宮、商賈一條街、赫城湖、跑馬場等旅遊景點。

滿族歷史文化長廊以清代素面磚瓦亭、榭、樓閣建築有機串聯而成，迂迴曲折、迴旋宛轉、高低起伏、參差錯落。朱漆廊柱環列，雕樑畫棟生輝，壁畫彩繪栩栩如生。整幅畫卷長 540 餘米，由滿族始祖神話及滿族先世、汗王出世、統一女真、八旗制度及宗教祭祀、建國稱汗及誓師伐明、明金之戰、西遷都城與政權建設、太宗登極及建立大清、滿族入關與定都北京、清帝東巡與謁陵祭祖等 10 個部分組成。正史與野史融會貫通，構圖生動、繪畫精湛，故事情節生動感人，令人留連忘返。

滿族老街座落在赫圖阿拉城外，東南長 150 餘米，是後金時期周邊地區商賈與建州女真進行集市貿易的場所。目前是赫圖阿拉城景區內最大的一處集吃、住、行、遊、購、娛為一體的商業活動區。商賈街上滿族店鋪林立，鱗次櫛比，商販熙熙攘攘，叫賣聲不絕於耳。到赫城旅遊不能不到商賈一條街走一走，轉一轉，漫步商賈街不能不選購些滿族商品、紀念品做為對滿族故都深深的戀情和永久的懷念。

滿族博物是中國首座滿族民俗博物館，陳列了滿族的民俗文物和清前、清代的歷史文物及資料，是集收藏、陳列、研究於一體的綜合性民族博物館。該博物館展區分為滿族源流、武備騎射、生產生活、滿族居室、宗教信仰、婚嫁育兒、滿族服飾、陶瓷器皿等展館。其中既有珍貴的滿族民俗文物，也有利用現代的科技手段對滿族民俗進行的展示，使赫圖阿拉城作為滿族的崛起地、後金第一座都城更為全面地展示給觀眾。

啟運書院位於文廟西側，是清朝興京地區第一座官辦學府，也是當時師資水準很高的滿族故都著名學府，為後金及清初時期培養了大批創業精英。歷任主講教師皆為大清名士，如盛京的恆志元、安徽的進人、復州的樵溪等。八旗子弟及漢蒙兒童爭相入學，「生童肄業其間，頗極一時之盛」。

赫城湖位於中華滿族風情園內，面積為 45 萬平方米，蓄水量達 135 萬立方米。游魚繁多，可供遊人垂釣，周邊設有各種特色的滿族小品，景觀怡人。

▎薩爾滸風景區何以聞名

薩爾滸風景區位於撫順市區東 15 公里處，方圓 268 平方公里。這裡山青、水碧、洞古、石奇，於粗獷暢曠中見雄、秀、幽、奇。薩爾滸風景區集雲山淡淡、煙水悠悠的湖泊水鄉風貌和峰巒疊嶂、溪谷縱橫的山嶽景觀於一身，融藍天白雲、綠水青山於一體，更具有得天獨厚的明清歷史文化內涵。

景區內人文景觀有薩爾滸大戰的古戰場及後金界藩城遺址，奉系軍閥張作霖的空塚，清帝東巡謁祖的行宮、禦道、古渡、詩人碑刻。自然景觀有小青島、杲山、蓮花島、德古灣、鐵背山、薩爾滸、營盤、元帥林八大景觀。

大夥房水庫煙波浩渺，水面面積 110 平方千米，是薩爾滸景區的主體。水庫四面山巒環抱，攔河大壩橫臥於兩山之間，汛期一到，開閘洩洪，飛瀑奔騰，蔚為壯觀。

水庫的南面是鐵背山，其西北坡地勢較緩，林下有路直通山巔。這裡有努爾哈赤後金政權的第二個臨時都城——界藩城。至今仍可見界藩古城的多處遺址，有烽火臺、擂石堆、城牆、點將臺等。

1687年，康熙皇帝東巡祭祖路過鐵背山時賦詩稱讚：「城成龍躍竦重霄，黃鉞麾時早定遼。鐵背山前酣戰罷，橫行萬里迅飛飆。」鐵背山的「獅石峰」如一頭雄獅在仰天長嘯，「夾扁石」似刀削斧劈，「一夫當關，萬夫莫開」。攀上絕奇雄險的「一步登天」，但見峰巒疊嶂，水天一色，一幅絕美的山水丹青。山上最為著名的景觀當屬聳立山巔的「晃蕩石」。據當地百姓講，這塊石原本晃蕩不止，後來修建元帥林的時候，張作霖的五太太怕張家的產業不穩，才命人用水泥將該石頭灌住。

▌紅河谷風景區何被稱為「東北小三峽」

紅河谷風景旅遊渡假區距縣城 13 千米，是撫順市清原滿族自治縣的一個重要景區。紅河自龍崗山滾馬嶺逶迤而出，紅河兩岸山勢雄偉，澗水清澈，千回百轉，林海松濤。山花映紅河水，赤橙如霞，故名紅河，素有東北「小三峽」之稱。

紅河谷風景旅遊渡假區森林覆蓋率高達 90%，是天然森林浴場，林下生長著近百種山野菜、食用菌、野生動植物、中草藥及花卉，是天然的「東北生物生態展覽館」。風景區以自然景觀為主，輔以人文景觀，為遊人提供了遊覽、休閒、渡假，娛樂的幽靜場所。

景區總面積 1.5 萬畝，其中水域 800 畝，庫區最深 26 米，集中體現為三個區：第一區為風尾坡上游，稱為世外桃源。主要有水上樂園、滴水砬子、百米金沙灘等項目；第二區為綜合服務區，稱為浪窩聽月及湖山仙境，主要有一、二號碼頭、腳踏、手劃、電瓶、機動船共 36 只、夏令營基地、海島觀音殿、釋迦牟尼石佛像、月牙島、陽關三疊瀑布、渡假村、紅河飯店、怡園飯莊、滑草垂釣等景點設施和項目；第三區為紅河峽谷，稱為濤打龍門的下游，主要有天然浴場及山門等。

景區內總游程達 6 千米，乘船置身於山水湖色之中，舒緩流暢。也可靜觀山水，體驗大自然的情趣。

你知道遼寧省面積最大的自然保護區嗎

老禿頂子山座落在本溪市桓仁縣西部，因峰頂有千餘米方圓寸草不生而得名，海拔 1367 米。老禿頂子山體高大，氣勢磅礴，雄偉壯觀。登上峰頂，極目遠眺，東南的八面崴、五女山、大青頂子、花脖子山諸峰均隱約可見。每當夏秋兩季，從頂峰俯瞰山下，雲海翻騰，氣象萬千。若逢旭日東昇，白雲托日，浮空絮紅，分外妖嬈。

老禿頂現為國家級森林自然保護區，全區面積 7.4 萬畝，每年都吸引著大量的科學研究人員和遊客，前來考察和遊覽。老禿頂子自然保護區，是一座動植物和微生物種資源的寶庫，其中，名貴藥用植物有人參、黨參、貝母、天麻、木通、細辛、東北刺人參等 300 餘種，食用植物如蕨菜、薇菜、木耳、猴頭蘑、榆黃蘑、元蘑等山珍更是豐富多樣。在這裡棲息的野生動物約 40 多種，鳥類 200 多種，魚類 10 餘種。聞名世界的毛皮獸和動物性藥材有梅花鹿、金錢豹、東北熊、獐子、水獺、黃鼬、蛤什蟆等。

老禿頂子是遼寧省自然生態系統保存最完整，保護面積最大的自然保護區。這裡不但動植物種類繁多，而且還保持了原生狀態的完整森林生態系統，是開展科學研究的良好基地。由山麓到山頂，可分為四個不同的自然景觀帶：即闊葉林帶、針闊葉林帶、嶽樺林帶、高山苔原帶。

這裡還有第四紀冰川浩劫倖存下來的世界稀有的古化石植物紫杉（東北紅豆杉）以及聞名中國外的天女木蘭。20 世紀 60 年代曾引起世界植物分類學家和古生物學家極大興趣的雙蕊蘭，也是在這裡發現的。

洋湖溝為何被譽為「紅楓畫廊」

洋湖溝生態遊覽區位於本溪與桓仁兩縣交匯處，屬長白山餘脈的丘陵地帶，至今還保存著原始次生林。茂密的森林植被，遊覽區氣候宜人，山清水秀，是返樸歸真、回歸自然、開發生態旅遊的理想之地。

秋天的洋湖溝最富有感情，也最迷人。公路兩旁的山巒，爭先恐後展示著自己多彩的風姿，就像不斷更換佈景的舞臺。舞臺上的主角無疑是楓，曾林盡染、萬山紅遍的楓！這楓的紅，鮮豔熱烈，極富感染力而又充滿豐富細膩的變化，嫣紅如淡掃胭脂，鮮紅如火焰舞動，紫紅如落霞遮山……

偶爾看到那半樹是紅半樹是黃，則也像是不慎打翻了調色板，無意中留下了韻味無窮。如此壯觀的楓紅烘托下，所有的色彩都變得更為絢麗，所有的景色都更富有情致！

山間一條條金黃色落葉松的樹帶，陽光下美得令人目眩；近處的山居人家，簡樸安靜；山坡上散落的白色羊群，恰到好處地點綴了鮮豔熱鬧的秋山秋色。

來到洋湖溝，在這鋪天蓋地的色彩間穿行，徜徉在濃豔迷人的「紅楓畫廊」之中，每個人都會不由自主地湧動起一種親近大自然的溫情與心動。

天龍洞風景區有哪「三寶」

本溪天龍洞風景區背依天龍山，胸攬湯河，西連本溪水洞，南接關門山、湯溝，東依鐵刹山、五女山，處在六個國家級風景名勝區的中心地帶，交通便捷、風光秀美，真可謂「福地洞天」。

經地質專家測定，天龍洞是本溪水洞的源頭，一條長 6000 米的地下暗河把天龍洞和本溪水洞首尾相接，形成獨特的地質地貌和自然奇觀。天龍洞洞長千米，洞分三層，洞內曲徑通幽，撲朔迷離，有「地下迷宮」之美稱。歷經百萬年而形成的喀斯特地貌，造化了千資百態的鐘乳石筍、石蓬、石花、石崎……「定海神針」巍然屹立，鎮撫茫茫石海；「人間仙境」若隱若現，恰如群仙乘風破浪歸；「金蟾吸水」仰視蒼穹，笑傲世間滄桑巨變。

更叫人拍案叫絕的是那堪稱「天下第一」的鐘乳石龍，天造地設，活靈活現，全長 6.6 米，寬達 0.38 米，龍角、龍眼、龍身、龍尾，栩栩如生，儼如一條呼之欲出的飛龍。每隔九秒鐘，龍吐天漿，被當地百姓奉為「神水」。據專家介紹，鐘乳石龍的形成是非常罕見的地質現象，石崎幾百年才能長一公分，這條石龍，至少在此修行了幾萬年。

天龍洞風景區有三寶，第一寶為天造地設、栩栩如生的鐘乳石龍；第二寶為世界最大的核木寶葫蘆兄弟，「寶葫蘆哥哥」進京為奧運助興，成為奧運之寶；「寶葫蘆弟弟」住進天龍洞，成為鎮洞之寶，寓意福祿綿綿；第三寶為別具特色的中國滿族民俗文化第一村，古樸自然，山花掩映，充滿濃郁滿鄉風情。

龍的故鄉天龍洞，龍的傳人拜天龍，充滿神秘色彩的洞天石龍，吸引了眾多滿懷祈盼的八方遊客。

▌天橋溝為什麼被譽為「天外小廬山」

天橋溝國家森林公園位於寬甸滿族自治縣西北部，距縣城 60 公里，是以林海奇峰景觀為主體，以豐富的生物資源和獨特的自然景觀為依託，以人文景觀為點綴的著名風景旅遊勝地，素有「天外小廬山」之美譽。

天橋溝溝口屹立著一座構思獨特的白字「山」字形山門，清山碧水間，越發顯得雄偉壯觀，由著名詩人藏克家先生題寫的園名使其更加風韻十足。凝神思索間，只見一巨石橫臥在丈許寬的山澗上，銜兩山於一身，儼然一座渾然天成、鬼斧神工的天橋，天橋溝便由此得名。

天橋溝中海拔 1086.7 米的老佛爺座子山，峰巔一奇形碩石突沖雲端，酷似一巨佛端坐雲間。在「天橋」的西面，有一座被稱為「鴿子洞」的天然石棚，可容納二三百人。過石棚向裡走，黎明林場的辦公樓掩映在萬綠叢中。門前，橫臥一條七八米寬的山澗，一直蜿蜒向山頂。澗上被兩邊闊葉林木的枝頭交織遮掩，潺潺流水在石塊、石板間湧流而下。林濤、響水、鳥鳴，構成天地間一曲渾厚蒼勁的交響曲。

天橋溝國家森林公園，現已開發三大景區。景區內修築了石鋪步道，在陡峭、險峻處修建了鐵爬梯、鐵護欄，使遊覽驚而不險。沿林場作業道前行，在兩面山峰石壁間，塊塊巨石或如寶塔聳立，或如人物、動物嵌於石壁，「王母收犬」、「悟空望月」、「壽星岩」、「八卦圖」、「千佛嶺」、「聚寶坡」等奇形怪狀、千姿百態、栩栩如生。

這裡，還流傳著許多關於奇峰異石形成的動人傳說，更增加了天橋構的神秘色彩。哪蛤蟆石的奇異現象，至今仍是一個令科學家感興趣、費猜想的未解之迷。

▌大梨樹景區為何被譽為當代「桃花源」

被譽為當代「桃花源」的大梨樹國家特色旅遊區位於遼寧省鳳城市西南郊10公里處，距沈丹高速公路鳳城出口處僅5公里，總面積21.37平方公里，是首批中國全國農業旅遊示範點和省級風景名勝區，有「遼東第一村」美譽。

景區主要以生態建設、農業觀賞、科技示範、果藥基地為特色，具有濃郁的鄉土氣息和田園風光，是集賞花食果、休閒娛樂、渡假避暑、觀光旅遊、會議接待為一體的新型國家特色旅遊區。

景區由花果山、小運河、農業科技園、農家樂和藥王穀五個區域組成。花果山區總面積2.6萬畝，共栽植桃、梨、蘋果、李子、板栗等果樹上百萬株，成為全國最大的村級集體果園。18公里五味子長廊繞花果山一週，與水簾洞、瑤池和龜山東湖融為一體。遊人可以春賞百花，秋摘金果。小運河全長5公里，內有雙龍湖、龍潭、龜山東湖等景點，穿行其間真是其樂無窮。別墅園和明清一條街，建在小運河的兩岸，為仿古式建築，不但在景區形成了一道小橋流水人家的風景線，還是旅遊產品和中藥材市場的集散地。農業高科技園區彙集了以色列等八個國家和地區的高科技農作物可供遊人觀賞、品嚐和購買。農家樂區，莊稼院，茅草房、籬笆牆、碾子磨、大火炕，地道的農家飯菜可口又實惠。還有文革時代的「青年點」，屋裡掛著毛澤東畫像、金光閃閃的毛主席像章和文革時期的舊報紙、老照片、人民公社時期的各種票證，會令您想起當年的悠悠歲月。藥王谷區總面積500餘畝，是東北地區首家紀

念歷史藥王、藥聖、神醫的景區，人物規模也堪稱全國最大。整個藥王谷樹木遮天蔽日，山路曲徑通幽，可謂是人們修身養性，渡假避暑的仙境。有人說，到了大梨樹必來藥王穀，修身養性取真經，健康長壽伴君行。

大梨樹國家特色旅遊區春天是花園，夏天是公園，秋天是果園，冬天是樂園，藍天碧水讓人遠離憂愁，一身的藥香讓人神清目明，地道的農家飯菜讓人一快朵頤。來這裡感受山水風韻，回歸自然，遠離喧囂，求得閒適和淡泊，將是遊人最佳的選擇。

▌天華山為何被譽為「曠世佳境，萬景奇山」

天華山風景名勝區位於遼寧省東部山區的寬甸滿族自治縣灌水鎮北部，為長白山脈西南麓海拔 1100 多米的高寒林帶區，景區總面積 63 平方公里。「白龍澗」、「青龍澗」、「玉龍澗」、「天華峰」、「西穀頂」五大景區渾然一體，宛若天成，奇峰、怪石、森林、古木、洞峽、幽澗、瀑布、溪水相映生輝，美不勝收，被譽為「曠世佳境，萬景奇山」。

天華山以峰奇、峽險、澗幽、水秀為特色。其雄奇峻拔的天華峰、神采奕奕的毛公峰、坐立雲端的觀音峰、栩栩如生的獅頭峰、高聳九天的禦璽峰、躍上雲頭的海豹峰等十八奇峰構成天華山的雲天景觀。氣勢雄偉，望而生畏，攀而心驚的通天峽和天門風道、龍脊險崖可謂「天下一絕」。三澗六穀清幽幻化，沁人心肺，奧妙天成，實為景觀極品。天華山之水清澈纏綿，瀑布、溪水飄然若動，為這浩瀚的天華山注入了靈性和活力。

天華山春翡夏翠，秋金冬銀，四季分明，各展奇姿。春天，萬木吐翠，花草遍地，生滿苔蘚的巨石有的似獸，有的象蛙，有的如菇，或聳立溪畔，或臥立林間，千姿百態，惟妙惟肖。山崖上的山杏、野桃、丁香、杜鵑為天華山鑲嵌無數個春的花籃。夏天，萬木蔥蘢，青翠如滴，綿綿山雨，使遊人籠罩在霧海裡，溪水喧嘯，飛瀑如雷，三澗處處都可飽覽觀瀑賞水之美。秋天，五花七彩的山巒，如火如荼，那赤紅的楓葉、金黃的白樺、天柏、胡柞，掛滿枝頭的野果子和瀑布穀壑的野菊，編織出萬千幅工筆重彩畫作。冬天，

一夜飛雪掩天華，千樹萬樹似梨花，石如漢白，水如臘象，重疊無際群山呈現出一派金色林帶銀色山，千萬銀蛇舞翩翩的壯觀景象。

美麗的天華山永遠道不完，遊不盡，賞不夠。有人雲：天華山是千首詩，有人說：天華山是萬幅畫，有人言：天華山是一部不解的天書。我說：什麼都不是，天華山就是天華山。

營口蓋州臥龍泉村因何得名

在蓋州東部山區有座海拔 1000 多米高的山峰，名叫綿羊頂山。山的南麓有一條蜿蜒起伏翹頭擺尾的山嶺，酷似一條臥龍，東西兩側的兩泓清溪，猶如長長的龍鬚，曲折迂迴，連接大海。這座山下的村子，因此而得名叫臥龍泉村，這裡面還有一段動人的傳說。

據說，很久以前，碧流河的水又清又甜，河裡的魚蝦成群結隊。一天，一群美麗的鯉魚姑娘與勇敢的鱔魚小夥子們進行了「馬拉松」比賽，它們從碧流河的源頭出發，順流而下，各顯身手。起初，鱔魚扭動著長長的身軀，還能咬住鯉魚姑娘的尾巴，可是漸漸地就被拋在後頭，鯉魚姑娘們游啊、遊啊，終於遊進了浩瀚的渤海灣。

大海是一個迷宮，珊瑚、海藻、貝殼……好奇心驅使著它們忘掉了「馬拉松」的疲勞，它們東遊西逛，盡情觀賞海底風光，不知不覺迷失了方向。正當鯉魚姑娘們驚慌失措的時候，小青龍從南海歸來的途中碰上了它們。

小青龍保護著鯉魚姑娘們回到了碧流河的源頭——綿羊頂山麓的小溪，但小青龍卻從此失蹤了。為此，龍宮裡折騰了好一陣子。老龍王派出兵將四處尋找，得知小青龍在碧流河和紅鯉魚熱戀的消息後，忙把龜軍師叫來商量對策。

這天早晨，小青龍睜開眼睛，身邊的紅鯉魚以及鱔魚、泥鰍、沙鲅魚等都迷迷糊糊，怎麼喊也不醒。小青龍急了，他緊擺龍尾，順流而覓，跑出了很遠一段路，才發現前面有一個大烏魚搖頭晃尾，匆匆行走。他攆上前去大喊一聲：「站住，你往哪跑？」大烏龜嚇得藏頭縮尾，連聲說：「是龍王爺

命令我潛入碧流河來放毒，毒死鯉魚姑娘逼你回龍宮⋯⋯」大烏龜的話還沒說完，小青龍就覺得頭昏腦脹，拚命一躍，從半空中掉下來摔在綿羊頂山下，龍頭向南，龍尾朝北，一直昏睡到現在。

營口仙人島有哪三大特色

坐落在營口蓋州的仙人島以海濱浴場、森林公園、風力發電廠和有趣的傳說而聞名。海濱浴場位於蓋州市九壟地鎮，北起熊岳河口，南至仙人島，海岸線長 3000 米，可浴面積 1.5 公頃。這裡海灣平坦，幽雅僻靜，風格各異的渡假村異彩紛呈。浴場南端還有漁的港盛產海蜇、對蝦及各種貝類，有著獨特的漁民生活習俗和壯觀的海市風貌，是不可多得的旅遊、渡假、避暑的勝地。森林公園位於蓋州市九壟地鎮，該旅遊區擁有 5000 畝海防林。每到春季，槐花飄香，沁人心肺，林中漫步，心曠神怡。風力發電廠，有數十座大型風力發電機組成，場面宏大，猶為壯觀，可以與荷蘭的風車媲美！

關於仙人島名稱的由來，還有一段有趣的傳說。原來的仙人島即不是島也無山，不過是一片平展的長滿蒿草的大沙灘。傳說張果老等八仙在山東蓬萊，把酒臨風，談仙說道，忽見平靜的東海面上隱隱約約，飄飄渺渺，比起蓬萊仙境來更多幾分奧妙。

他們跨海來到此地界，剛收住法術踏上岸，張果老坐驢前蹄突然驚起蒿草中的一隻玉兔，這玉兔一起一蹦，彈起的泥土登時迷了驢眼。這驢一個前張便把倒騎的張果老掀個仰面朝天，張果老身下當即塌陷一片，這就是今天人們叫做太平灣的那片海灘。張果老雖是得道大仙，但也不禁怒從心起，掄起大拐便向玉兔打去。不想第一拐只把玉兔的幾顆門牙打進海中，第二拐才把玉兔打倒在海岸，化做了一座伸向海裡的小山。所以。至今仍有人把仙人島叫做兔島，把山南礁叫兔牙礁。

仙人島有三大特色：一是餘暉灑金，每到退潮時節，千米沙灘露出海面，太陽的餘暉照耀其上，如灑下萬點金珠，蔚為壯觀；二是兔島怒潮，懸崖壁立，垂直入海，臨島下望，驚濤拍岸，動人心魄；三是「風車」林立，島上聳立起的幾十個風力發電機組，葉片迎風飛轉，為仙人島增添了美景。

為什麼說湯河風景區是溫泉渡假的好去處

　　湯河風景區位於遼陽市東南弓長嶺區湯河鄉境內，距城區 39 公里，是以湯河水庫為主體，由十多個自然景點和人工景點組成的綜合性遊覽區，總面積 60.5 平方公里，1983 年列為遼寧省省級風景名勝區。

　　湯河風景區由湯河水庫、溫泉渡假區和龍山風景區三部分組成。

　　湯河水庫距湯河河口 15 公里，建在白石山與墩臺山腳下，因河名而得庫名，總占地面積 60.5 平方公里。她以獨特的山姿、水色、岩洞、珍禽、奇松及水庫大壩、發電站等十個景點，白石山的老虎峰插入庫中，峰巒峭壁，映水倒懸，一派恬靜的自然山林景觀。水庫灌溉面積 43 萬餘畝，每年為鞍鋼、遼化、弓長嶺鐵礦提供工業用水 1 億立方米，養魚 800 萬尾，年捕魚 20 萬斤。水庫四周峰巒峭壁，水天一色，風景秀麗。

　　溫泉渡假區位於距湯河水庫 1.5 公里的一塊小平原上，原名柳河溫泉，是遼寧省著名的溫泉休閒地。在東西長 500 米、南北寬約 250 米的區域內，有熱源井 7 眼，井深約 7 米，自然水溫 72℃，泉水終年不竭，是世界上稀有的氡泉。

　　龍山風景區位於湯河水庫中間的半島上。龍山海拔 390 米，山陡石險，挺拔峻秀，猶如一顆璀璨的明珠鑲嵌在碧水之中，主要景點有「龍門鴻溝」、「鹿鳴翠穀」等。

冷熱地公園有何奇特之處

　　冷熱地公園位於遼陽市弓長嶺區安平鄉姑嫂城村，白碰子山腳下，因有冷熱地奇觀而得名。

　　呈「X」型的冷熱地公園大門，新穎奇特。沿登山階梯甬路拾級而上，翻過山坡便來到 4 道象「門」似的建築。再向前是一座用玻璃罩起來的房子，名為「廣寒宮」。儘管室外驕陽似火，大汗淋漓，進入室內便頓感寒氣襲人，涼爽異常。正面牆壁上是北極的全息畫，冰雪覆蓋，與宮內寒冷氣息相互對應，壁下亂石堆中，人工挖掘四個小方洞，意為冷藏的冰窖，用手觸摸牆壁，

如同觸到冰塊，寒冷透骨。從「廣寒宮」出來，步入「清爽閣」和 100 餘米長的冷熱長廊，頭頂炎炎的烈日，腳踏冰涼冷道，大有清爽宜人之感。

世界之大，無奇不有。同樣的地面山坡，竟然出現冬暖夏涼奇觀，正如門前對聯所雲：「熱熱熱越冷越熱；冷冷冷越熱越冷」。

冷熱地在炎熱的夏季冰棱如玉，寒氣襲人，地表溫度為零下 4℃ 左右。寒冷的冬季冰雪不積，熱氣繚繞，溫度多在零上 5℃ 左右，在石頭縫中可以看見毛絨絨的青青小草。

冷熱地奇觀被髮現多久已無人說清，對於冷熱地成因的解釋更是眾說紛紜，莫衷一是，有凍土說、礦藏說、地穴說、水迴圈說等，使冷熱地奇觀成為大自然的未解之迷。冷熱地遠比瀋陽怪坡還奇特神奇。瀋陽怪坡用科學的方法可以解釋，姑嫂城冷熱地迄今為止還沒有人能說清楚它的成因。

▌清初封禁的「盛京圍場」在哪裡

冰砬山森林公園位於鐵嶺市西豐縣境內，總面積為 2200 多公頃，最高峰海拔 870.2 米，森林覆蓋率達 96%。園區內輻射小、溫差大、風速小，空氣負離子含量比城市高 3 ～ 5 倍。冰砬山曾是清初封禁的「盛京圍場」腹地，是中國人工馴養梅花鹿的發源地。

據史料記載，1619 年，努爾哈赤征服海西、建州及大部分女真部落後，為保住領土基業，決定封禁西豐、東豐、東遼、輝南、海龍等五縣區域，建立大圍場，作為軍隊訓練基地。1644 年，清入關後封圍場為「盛京圍場」。到 1896 年弛禁墾，封禁長達 277 年之久。封禁期間，康熙、雍正、乾隆、嘉慶、道光都統兵到達過大圍場狩獵、演兵。慈禧太后曾在此建立「皇家鹿苑」，促進了養鹿業的發展。

盛京圍場每兩年進行一次捕鹿羔 60 只，每年奉天（瀋陽）守將進貢 3 次，圍場守將進貢 3 次，每年都有皇帝硃批數例，以鹿為例：有幹鮮鹿肉、鹿舌、鹿肚、鹿筋、鹿肺、鹿茸、鹿皮、仔鹿、毛鹿、合子鹿、湯鹿肉、醃腹肉等等。

整個冰砬山森林公園，幾乎全部被森林覆蓋，園中的生態植被基本保持原始自然狀態。茫茫林海中最為壯觀的是落葉松，拔地參天；最古老的是約有幾百歲的古榆、老柞，枝繁葉茂、綠蔭如蓋。冰砬山因石而得名，石奇是冰砬山的一大特色，有將軍石、雄獅鎮關石、臥龍石、金龜石、母子企鵝石等等。山谷中有清澈的小溪，潺潺的流水，水質甜美甘冽，猶如冰鎮的礦泉水。山腰上，冰山湖水映山色，碧波蕩漾，可泛舟、可游泳、可垂釣。山腳下，巨德水庫草豐水美、魚翔淺底。登臨山頂可觀看到奇觀的天文景觀，這裡是朝看日、雲海，夕賞晚霞的絕好去處。

昔日的「盛京圍場」，今日的冰砬山森林公園，將是一個培養人們保護綠色意識的大課堂，是人們休閒娛樂、修身養性的人間勝地。

▌清河旅遊渡假區為何被譽為「遼北明珠」

清河旅遊渡假區坐落於鐵嶺市清河區境內，地處遼河平原和遼東丘陵交匯處，兼具山地和平原的特徵，依山傍水，山、水、城相映成輝，風光旖旎。地理位置十分優越，交通便利，通訊發達，環境優美，功能齊全，素有遼北明珠之美譽。

清河旅遊渡假區所依託的清河水庫為遼寧省第三大水庫，庫區面積54平方公里，水質清澈，水面開闊，湖岸蜿蜒曲折，自然流暢，江島垂釣、碧水盪舟，給人湖光山色之感。水庫四周，群山環抱，動、植物資源豐富，擁有大片保護良好的天然林。

清河旅遊渡假區以其獨特的地貌形成了長蟒鎖穀、青龍吐水、仙橋引渡、回道群亭、碧波輕舟、平湖垂釣、浪拍龜蛇、夕陽漁歸等景觀，並與周邊的風景區形成了旅遊網路，適宜開展森林風光游、鄉村田園遊、工業觀光遊、城市觀光遊、農業生態遊、民俗風情遊等旅遊專案。

清河省級旅遊渡假區，地如其名，遠眺清河水庫碧波蕩漾，青山翠柏，層巒疊嶂。電視劇《劉老根》第二部拍攝基地就建於此。根據劇情的需要，

其建築規模比第一部更加宏大。一座座小木屋，小木樓在山林中若隱若現，與大自然渾然一體，水上的木廊、木橋更使山莊多了一份愜意。

█ 遼北水鳥的天堂在哪裡

歷史上，在鐵嶺曾有過夢幻般的景色，那就是「鴛鴦泛月」。可是隨著時光的流逝和各種因素的破壞，她已如同一幀舊照片，在人們的記憶裡日漸淡卻。如今，「五角湖」村不經意間又成了水鳥的棲息之地，並以其獨有的迷人風姿再現昔日的美麗。

五角湖村，位於鐵嶺縣凡河鎮，村名來源於與村子緊緊相依的一片水面。這片水面曾有一個十分動聽的名字──鴛鴦湖。據說湖名源於明代天順年間華蓋殿大學士陳循謫戌鐵嶺衛時所寫《鐵嶺八景詩》之「鴛鴦泛月」。明嘉靖十六年（1537）本《遼東志》卷首有鐵嶺衛圖，確切地繪出了鴛鴦湖的地理位置，即今日的得勝臺水庫（五角湖）所在地。當年這裡碧波蕩漾，吸引了無數騷人墨客，留下了諸如「小舟如葉泛清波，水面蟾光蕩漾過」等優美、動人的詩句。

鴛鴦湖水面面積達 2200 畝，湖光水色秀麗，生態環境優美，是蒲葦的故鄉。每年春天，清清的鴛鴦湖就成了水鳥的天堂了，數十種鳥類在這裡棲息繁衍，數十畝蒲葦延綿於蕩漾的碧波之中，水鳥翔集、錦鱗游泳。

在這裡水鳥、蒲葦湖和人類和諧相處，說不清的鳥水相依，道不明的鳥水情義。居住在此的居民也酷愛這些鳥類，未曾發生過捕殺水鳥的遺憾。因為人們深深的知道在人類生存環境日漸凋敝的時候，能有這樣一道奇異瑰麗的風景，該是多麼珍貴！要保護鳥類的生存環境，就必須保護濕地，只有保護好有水、有蒲葦這樣一個優美環境，人類才會有幸領略鳥兒美麗的姿態，婉轉的歌聲。因為它們是自然界的精靈，是人類永遠的朋友，保護鳥類就是保護人類自己。

中國平原面積最大的公園是哪兒

湖濱公園地處盤錦市雙檯子區西南部，南靠遼河大堤，總面積 167 公頃，其中陸地面積 100 公頃，水域面積 67 公頃，是中國平原面積最大的公園，為國家 AAA 級景區。公園採用傳統造園手法，設計典雅新巧，充滿著生機與活力，是遊客閒暇休息，觀賞湖濱景緻的好去處。

公園現已建成四個功能區，即遊樂活動區、老年活動區、自然風光區及動物園區。遊樂活動區始建於 1987 年，占地 9.6 公頃，有陸地、空中、水上各種遊樂設施 15 項。1998 年，又增設大型遊樂設施「激流勇進」一座。在這裡可坐各類游車盡情馳騁，可乘轉椅飛機凌空縱覽，可駕輕舟快艇劈波斬浪。此外還有專供兒童遊樂的哈哈鏡、滑梯等多種設施。

老年活動區又稱康樂園，即現在的鶴鄉園，建於 1990 年，占地 6.48 公頃。園中的廳、廊、閣、榭、樓參差錯落，各式雕刻精美，卵石小徑邊綠籬宛轉，明淨池塘岸垂柳婆娑，假山小巧，曲橋臥波，與水中荷花相映成趣。整體部局協調合理，體現出古樸典雅的建築風格，使遊人留連忘返。

自然風光區內曲徑交錯，綠樹蒼翠，草坪成茵，鮮花爭豔，一灣碧水，波光激灩，青蔥蘆葦，隨風搖曳，呈現出生機盎然的幽美境界。在自然風光區的遼河碑林，始建於 1993 年，占地 12 公頃，現已建成四個書法館以及碑廊、碑牆、大門牌樓等景點，成為規模宏大的仿古建築群。碑林薈萃了歷代書法名家墨蹟，是集園林、石刻、建築、詩詞曲賦作品融為一體的藝術大觀園，有著豐富的文化內涵。

動物園建於 1991 年，占地 3.5 公頃。有國家一、二類保護動物和世界珍禽異獸 50 餘種、600 多頭（只），其中的東北虎、丹頂鶴、海豹、斑馬尤為珍貴，無論在種類、數量和規模上均屬遼寧省第三位。

盤錦為何有「百鳥樂園」之稱

盤錦市地處遼東灣北端、遼河入口處，南瀕渤海，境內九河迂迴蜿蜒、縱橫交錯，造就了世界聞名的濕地遼河三角洲。大片低窪沼澤地上生長著世

界上最大的蘆葦田，面積超過 1000000 畝，是鳥類覓食、棲息和繁衍的理想境地。同時，它又恰好位於水禽遷徙路線上，是東北亞——澳大利亞水禽遷徙路線上重要的中轉站、目的地。在國際濕地及濕地生物多樣性保護中居重要位置，備受國際濕地和自然保護組織的高度重視，先後被納入中國人與生物圈網路、東北亞——- 澳大利亞涉禽遷徙航道保護區網路。有 230 多種鳥類在此繁衍棲息，有國家一類保護鳥類四種，二類保護鳥類 27 種，「中日候鳥保護協定」保護的鳥類 145 種，「中澳候鳥保護協定」保護的鳥類 46 種。同時還棲息著足以引起注意的一大批瀕危、脆弱的遷徙種群，如黑嘴鷗、黑臉琵鷺等。

　　如今，盤錦濕地生態平衡，人類與鳥類和諧相處，鳥類棲息環境安寧，在此繁殖的鳥類種群和數量明顯增多，遷徙過路鳥類的停留期也明顯增長了。盤錦的自然保護區已成為遼寧省的鳥類保護宣傳教育中心、珍稀鳥類繁殖馴養中心、水禽遷徙研究中心及國際黑嘴鷗研究基地。盤錦已是名副其實的「百鳥樂園」。

地理遼寧

明代徐霞客探訪神州山川大地，當踏上遼寧這塊土地時，他被這裡的山水、氣候、物產、民眾的生活等深深地吸引。在這塊神奇的沃土上，可仰望翔鶴行雲，臥聽泉聲松濤，飽覽山興水色，領略風土人情，此為人生之快意事也。

在這塊土地上，沃土的神奇與思緒的靈動結合在一起，你會不由自主地心馳神往，情趣盎然！

▌堪稱世界之最的古隕石在哪裡

瀋陽古隕石風景區位於瀋陽市東陵區李相鎮滑石臺村，為遼寧省八大奇觀之一，同時也是瀋陽市十五大旅遊景觀之一。風景區屬長白山脈西南千山山脈，地勢由西向東逐漸升高，海拔高度由 70 米到 160 米，為丘陵區。風景區內水資源豐富，有閒置小水庫數座，地下水資源豐富，70 米以下為 1 億年前形成的地下水帶，山中有數十處泉眼，終年出水不止。植被區系屬長白山植物區系和華北植物區系的過渡帶，植物種類豐富，如落葉松純林、油松純林、刺槐純林、榛子、山楂、懸鉤子、文官果等。野生動物物種繁多，有山雞、石雞、麅子、狐狸、山貓等。這裡四季分明，景色各異，美不勝收！

經考證，這裡的古隕石形成於 45 億年前，19 億年前有一顆巨星隕落到地球，砸入地下 400 米深處，爆炸後形成隕石坑。經過地殼上升和腐蝕作用，將坑內部分物質沖出，由於古隕石比花崗岩堅硬，抗風化能力強，因此露出山頂。古隕石長 100 米，寬 50 米，高 60 米，重達 200 多噸，其體積之大，堪稱世界之最。

古隕石風景區，以自然山水為依託，形成集旅遊、科普、娛樂於一體的帶有極強主題性的風景區。目前，這裡已經建立起一座隕石公園，人們既可以在這裡欣賞到巨型隕石的風采，又可以豐富關於隕石方面的知識，寓教於樂。

瀋陽怪坡為何被稱為「華夏一絕」

位於瀋陽市新城子區清水臺鎮的怪坡風景區，自然景觀奇特，風光優美，主要有「怪坡」、「響山」、「翁頂」、「五嶽」、「三山一湖」等 20 多個景點。其中，位於帽山西麓、面向曠野、背依群山的怪坡，被視為北方奇景、天下一絕。怪坡占地 9 平方公里，是一條長 80 餘米，寬約 15 餘米的西高東低的斜坡。

怪坡發現於 1990 年 4 月，它的怪處在於上坡猶如下坡，下坡猶如上坡，例如：當您把汽車開到坡下熄火停車後，會驚奇的發現汽車非但沒有停止反而自動地向坡頂上滑行。騎上自行車感覺更奇妙，上坡不用蹬，車會飛快地滑向坡頂，下坡卻要用力蹬。

怪坡面世後，吸引了眾多的中國外遊人。這種「違背」了萬有引力定律的現象也引起了眾多專家學者的注意，著名物理學家、諾貝爾獎得主李政道帶著兩個皮球測試怪坡時，風趣地說，「怪坡不是魔術，弄清原因，我還可以獲得一次諾貝爾獎金」。

白雲山為什麼又叫蓮花山

白雲山位於大連市著名海濱風景區——白雲山莊之中。白雲山雖不高，但山中卻林木茂密，花草叢生，一派原始風貌。由於靠近海邊，每逢盛夏時節，海上的水蒸氣被海風吹進山谷，然後沿山脊慢慢升騰，於是便形成了「白雲山下白雲飛，白雲山腰白雲圍」的壯麗景象。白雲山的名稱即由此而來。

「蓮花山」是白雲山另一個更為響亮的名字，這個名字與中國地質學泰李四光的科學發現有關。20 世紀 50 年代，李四光來大連療養時，信步登上了這座山峰。俯看四周，他突然驚喜地發現，自己彷彿站在一朵永開不敗的蓮花蓮蓬上，周圍的山巒酷似一重重蓮花瓣，呈旋轉形，層層環抱著這個「蓮蓬」。瓣與瓣之間溝壑幽深，峭壁陡立。自己所站的蓮蓬似的山頂則是一塊圓形的平地，上面綠草如茵。這個發現填補了中國地質考察的一個空白，李

四光稱其為「蓮花狀構造」，並寫進了他所著的《地質力學概論》一書中。從此，這片青山便又多了一個好聽的名字。

白雲山風景區不但有山，而且還有水，為群山環抱中的一個湖。因為水如明鏡，能映出天上的白雲，而且經常有大雁到此落腳，故而得名「白雲雁水」。神話傳說，白雲雁水是天上九仙女常於夜深人靜時下來戲水的地方。

▌「七賢嶺」之名因何而來

大連七賢嶺在古代是名流雅士薈萃的地方，其名稱的由來，源於一則傳說。相傳，在很久以前，山東蓬萊有七個勤奮的讀書人，他們是非常要好的朋友，經常在一起切磋、鑽研學問。一次，其中的一個讀書人說，聽說在蓬萊的對面有一處人間仙境，山清水秀、人才濟濟，是個讀書寫文章的風雅之地。另外六位聽他這麼一說，便動了想去看看的念頭。幾個人很快打點好行裝，乘船渡海向大連開來。

不久，他們就在一個依山傍海、風景秀麗的地方登上岸。他們在岸邊簡單收拾了一下，搭起棚屋，便開始苦讀詩書。寒來暑往，功夫不負有心人，這一年，七位才子竟然同時金榜題名。當地人很是震驚，就把他們一起讀書的地方稱為「七賢嶺」。

▌您知道亞洲最大的廣場嗎

大連廣場星羅棋佈，海之韻廣場、希望廣場、勝利廣場、華樂廣場、港灣廣場、中山音樂廣場、友好廣場、人民廣場、奧林匹克廣場、蓮花廣場、星海廣場、學苑廣場、海軍廣場……數不勝數，各展奇姿。

星海廣場占地面積 172 萬平方米，其中，中心廣場面積 4.5 萬平方米，為大連自 1899 年建市以來修建的亞洲最大的廣場，於 1997 年 6 月 30 日建成。

星海廣場是一個有紀念意義的工程，蘊涵著深刻的文化內涵。廣場的設計與建造均充分體現了中華民族傳統文化與現代文明的巧妙結合，彰顯了大連人對中華民族優秀傳統文化的景仰。

從星海廣場沿中央大道北行 500 米是會展中心，南行 500 米是無垠的大海，中央大道紅磚鋪地，兩側綠草茵茵，小黃葉楊構成各種優美的圖案，每隔 20 米設一支航標造型的石柱燈，「航向」直通大海，表現了雪洗百年國恥之後，大連人面對大海，走向世界的豁達氣派。

站在星海廣場的中央，背倚現代繁華的都市，面向一望無際的大海，一種超然於世，胸襟開闊的感覺定會油然而生。而沿著廣場大道走到海邊，憑欄臨風，近看世界名船奧麗安娜號，遠眺大海波濤起伏的浪漫與溫馨，更是令人心曠神怡、如醉如癡。

▌友好廣場的標誌性建築為什麼是一個大水晶球

友好廣場建於 20 世紀 50 年代，是大連人民為了感謝蘇聯紅軍解放東北，為中國人民所做出的偉大犧牲和中蘇兩國的友誼而興建的。現在，大連市政府又在這裡建造了一個美麗的水晶球。傳說水晶球有避邪消災的作用，將水晶球建在這裡，就是為了表達大連市人民企盼天下太平、國泰民安的美好心願。

水晶球重 117 噸，直徑 15 米，由 3120 塊鍍膜玻璃圍合而成。球內裝綵燈 7852 只，一到夜晚就能變幻出紅黃綠三種顏色：紅色象徵日子紅紅火火，熱熱鬧鬧；黃色象徵豐收的喜悅；綠色象徵美好的希望。大連市人民衷心祝願水晶球會給全世界人民帶去好的運氣、好的希望。

友好廣場的水晶球是用紅、黃、黑、白、棕五色之架托起的。不過到此的遊客卻很難領會這一構造的真正涵義。有人說大連是足球城，這是五隻腳在爭踢一隻足球；也有人說這是護城之寶。然而更貼近民意的說法應該是：這五色支架與中國古代傳說中女媧補天的五色土相同，代表了五大洲不同的五隻手，預示著五大洲的各族人民友好相處，共同托起世界和平的美好心願。

▌您知道世界最大的極地海洋動物館嗎

大連極地海洋動物館坐落在環境優美，景色秀麗的老虎灘景區。這座號稱「中國第一，世界最大」的極地海洋動物館，總建築面積近 4 萬平方米，從世界各地引進珍稀海洋動物 170 餘隻，各種魚類 5000 餘尾，其中有不少動物是首次來到中國大陸。

長久以來，萬里冰封的極地世界因其神秘莫測一直吸引著人類前去冒險，但對於多數夢想親身體驗的旅遊者來說卻是可望不可及的。大連極地海洋動物館的建立使廣大旅遊者夢想成真，為遊人提供一次揭開極地世界神秘的面紗而步入真冰真雪的世界，親身感覺那海洋奇觀奧妙的機會。

館內的極地動物，風情萬種，各展奇姿，你看那笨重、可愛的巨大海象，舉止儒雅、滑稽逗人的海洋精靈──海獺，那北冰洋「美男子」海獅，還有那被譽為「北極圈之王」的北極熊和極具紳士風度的企鵝……

在眾多的珍稀極地動物中，讓人最喜歡，最感興趣的當數笑容可掬、聰明異常的白鯨，那圓潤的前額，優美的唇部，白亮光滑的肌膚，肥滿可愛的前鰭，還有那奇特動聽的歌喉，真是讓人感歎造物主的神奇與偉大。白鯨不像其他鯨類兇狠可怕，卻十分溫順可愛，願意同人類交朋友。

這些珍貴的極地來客不僅可供遊人觀賞，還能為遊人進行精彩絕倫的高難度表演。在表演大廳，白鯨、海豚、海獅、海獺等極地動物輪番上陣，在熱烈的掌聲中各自表演「絕活」。海豚的集體高空戲球，海獅的飛身大力扣藍，海獺的水上芭蕾，白鯨的鳴唱等等，無不搏得陣陣掌聲，給人們留下難忘的回憶。表演結束後，遊人還可同這些極地動物近距離接觸，如觸摸、親吻或與之共舞，讓您親身體驗極地海洋動物的機敏與可愛。

走進 360 度的龐大水中管道，您便步入了一個如夢如幻的海洋魚類世界。數以萬計的稀奇古怪的魚兒在頭頂和腳下游來遊去，使遊人彷彿置身於《西遊記》中的「龍宮」，怡然自得，遐想不止。或許您還會有機會觀賞到觸目驚心的鯨章大戰，那場面激烈壯觀，令人回味無窮……

老虎灘極地海洋動物館，一個濃縮了極地風光、展示海洋奇觀的神奇世界，為您提供了一個親臨極地的機會，期待著您的到來！

▌您到過老虎灘珊瑚館嗎

大連老虎灘海洋公園珊瑚館作為世界一流、中國最大的現代化大型珊瑚礁生物群落展示館，占地 4000 平方米，全長 220 米，展示著來自西南太平洋海域的 100 多種 2000 多個形態各異的精品珊瑚。

珊瑚館分為珊瑚及珊瑚魚精品區、水中萬花筒、海底實驗室、遊船探寶、科普走廊、潛水表演等六大區域。內部運用聲、光、影像等高科技手段，配以惟妙惟肖的仿生岩石造景，將神奇莫測、絢麗多姿的海底世界生動、逼真、完美地還原到觀眾的眼前。在這裡，人們既能夠看到栩栩如生、名副其實的萬花筒珊瑚、玫瑰珊瑚、香菇珊瑚、綠腦珊瑚、寶石花珊瑚、皮草珊瑚、還百合珊瑚，還可以觀賞到一種極為稀有的珊瑚樹、眾多色彩豔麗的熱帶魚和集中展示的珊瑚毒魚。

建造珊瑚館的初衷是展示自然，普及科學知識。為此，在珊瑚館的海底實驗室區和科普走廊裡針對遊人在參觀遊覽的過程中可能提出的問題，均用簡潔的文字和精彩的圖片以科普展板、電子版本、電子書籍等形式提供了準確的答案，遊人只要輕輕觸摸顯示幕便可一解心中的疑惑，極大地滿足了遊人的求知慾和好奇心。

美麗的珊瑚館，是一個奇妙的世界。您可能不瞭解珊瑚，也可能不願瞭解珊瑚，但您卻不能不看珊瑚，因為它是美的極致，是大海凝固的旋律，是平常難得一見的風景線。

▌大連的北大橋為什麼又叫「情人橋」

北大橋是大連最浪漫的景觀之一，位於大連市濱海路中段，橋長 230 米，寬 12 米，1984 年 5 月 1 日動工興建，1987 年 5 月 1 日竣工。它是一座為紀

念大連市與日本北九洲市結為友好城市而建的近海臨山橫跨山谷的旱橋，屬於現代懸索吊橋。

北大橋橋型雄偉壯觀、新穎別緻，不但便利了大連的交通，還是大連的一座標誌性建築，是大連南部海濱景區重要的一景。當人們站在北大橋舉目遠望，周圍的山海美景盡收眼底，美妙無窮。

然而，大連人似乎並不太在意北大橋的美景，而將它稱為「情人橋」。原來，大連人有個習俗：當青年男女舉行婚禮儀式之後，都要乘車到山海相依的濱海路攝像、拍照，體驗一下海誓山盟的浪漫與溫馨。來到北大橋後，新人們一定要攜手共同走過整個橋面，以示心心相印，白頭偕老，共渡今生。如果湊巧在橋上有同一天結婚的兩對新人相遇，則彼此要贈送手帕等禮品，共同祝願今後的生活幸福美滿，吉祥如意。新人收的手帕越多，越寓意著將來的生活會更加美好。

現在，每到週末或節假日，人們經常會看到一對對新人攜手走過北大橋，共同走向美好的新生活。

▌棒棰島為什麼以「棒棰」命名

棒棰島位於大連海濱風景區南部，距市中心約 9 公里，陸地面積 3.7 平方公里。別看棒棰島景區面積不大，但卻堪稱大連市的國家安全重地，因為在這裡，尤其是在夏季，每年都將接待一些國家領導人來避暑休假。

棒棰島的名稱的由來有兩種說法。一說在棒棰島海域附近有一個 0.03 平方公里的小島，形狀很像古代婦女洗衣服時在石板上敲打衣服的棒槌，故名棒棰島。而另一種說法卻與一個神奇的傳說有關。

相傳很久以前，在海的對面住著一戶人家，母親因過度操勞而一病不起。兄弟二人找了很多大夫來都沒有將母親的病治好。於是，二人便商議揚帆渡海為母親討藥。一天，兄弟二人在海島上找啊找，幾乎找遍了全島，仍然一無所獲。老二疲勞極了，於是就在海邊的沙灘上不知不覺的睡著了。突然，老二被一陣擊水聲驚醒，只見一個身穿肚兜的小孩蹦蹦跳跳地跑到自己的身

邊，關切的問來這裡做什麼。小胖孩得知緣由後，立刻向一座小山跑去，取來幾株淡白色的草根讓他帶回去，用開水泡了給母親服下。母親吃了草根煎成的藥湯後，病神奇般的好了。

　　一心想尋找人參賣掉好娶媳婦的老大聽了老二的神奇經過後，認定那個小胖孩就是棒槌（人參），便心懷歹意，騙老二約小男孩在逛廟會時相見。在廟會上老大趁弟弟和小胖孩交談之機，將紅線系在小胖孩身上抱起來就跑。老二見狀忙解開紅線，救下了小胖孩。氣急敗壞的老大一把將老二推到了波濤洶湧的大海之中，誰知卻被海裡的老鱉精救起，馱上了岸。更奇怪的是，那個跑掉的小胖孩又重新出現在海邊，跑過來搶救昏迷的老二。老大一見，拚命地朝小胖孩撲去，小胖孩扯著老大一起跳進了翻滾的海浪之中。這時，大海裡立刻升起一個像棒槌一樣的小島來，老大被永遠的壓在這個島下面，再也上不來了。當地居民都說這個小島就是那個棒槌小孩兒變成的。

▌黃渤海的分界線在哪裡

　　老鐵山位於旅順市區的西南方，海拔 466 米，是旅順境內的最高山。老鐵山因地處遼東半島的最南端，是東北往南走的盡頭，有東北的「天涯海角」之稱。又因過往船隻無不繞道而行，而被稱為中國的「好望角」。

　　老鐵山有一個突出的岬角，一直伸向海裡，這個角便是黃渤海的分界點。「老鐵山頭入海深，黃海渤海自此分；西去急流如雲海，南來薄霧應風生。」站在岬角的岩石上，只見黃、渤兩海「涇渭分明」：東為黃海，呈深藍色，西為渤海，呈微黃色，中間是一條明顯的交匯線。黃海和渤海從老鐵山兩邊奔湧而來，形成了深達幾米急流漩渦，轟轟巨響，掀起滔天巨浪，蔚為壯觀。

　　關於老鐵山黃渤海分界線的形成，有一段美妙的傳說。相傳，當年玉皇大帝分封渤海、黃海、東海、南海四龍王海疆領域時，東海、南海兩位龍王一直相安無事，而且互嫁龍女，成為兒女親家。唯有渤海龍王和黃海龍王氣量狹小、斤斤計較，雙方巡海的夜叉和龍兵蟹將亦經常為海界之爭大打出手，糾紛不斷。

此事常常鬧到天庭，弄得玉皇大帝大傷腦筋，無奈之餘，只好派太白金星到黃渤兩海上空去巡視。太白金星來到老鐵山前洋，見此處地勢險峻而水色略有不同，又見兩海夜叉龍兵在此氣勢洶洶地爭鬥，遂如實向玉皇稟報。

玉皇大帝立刻召見黃渤兩海龍王，問他們可否同意在老鐵山前洋劃分永久界限。倆龍王起初相互無言，可轉念一想，若長此爭吵下去，也不是個辦法，今由玉帝出面欽定，也算是討了個說法，不如順水推舟，就此甘休得了。於是跪拜謝道「但憑玉皇恩準」。

玉皇大帝當即命令太白金星手持令箭一支投向老鐵山前洋，只見轟隆一聲巨響，濺起萬丈波濤，海底突然生出一道深深的溝塹，同時，渤海變得略黃，黃海反倒湛藍起來。渤海龍王見狀心中不悅。太白金星說道，渤海龍王休要少見多怪，你領海的顏色變黃是因為從黃土高原帶來的沃土養料充足，對海裡的龍子龍孫與魚蝦繁衍大有益處，沒事你偷著樂吧。渤海龍王一聽也高興起來。從此，這一帶就成為黃渤海的自然分界線，而渤海的海鮮水產也由於海洋中營養成分和浮游生物豐富，所以非常鮮美無比。

▌蛇島為什麼蛇多

蛇島位於大連市旅順西北的渤海中，面積約為 1.2 平方公里。蛇島上四周除了在東南角有一處卵石灘之外，其他地方都是懸崖峭壁。由於該島無論在樹枝、草叢，還是在岩縫與石頭上，隨處都可以看到蛇的身影，所以人們便將這個蛇的「王國」叫做「蛇島」。

關於蛇島的形成，傳說孫悟空大戰二郎神時，乘雲駕霧，路過此地，挑著兩個寶島，跨江過海，日夜趕路追太陽。當跨過老鐵山，踏進渤海灣時，不料扁擔斷了，兩個寶島落入海中。他一怒之下，使用了定身法，把兩個寶島定在旅順西海邊。東面寶島為海貓島，西面寶島就是蛇島。據科學考察證實：大約在 1000 萬年以前，蛇島和陸地是相連的，後來，由於受地殼運動的影響，蛇島才與陸地分開。

　　那麼，蛇島上為什麼多蛇呢？原來在蛇島和大陸分離之前，島上就已經有蛇類生存。分離之後，面對殘酷的自然選擇，蝮蛇憑藉適應能力強、隨著環境變化而形成自身的保護色和擬態功能等生理優勢頑強的生存下來，並且不斷繁衍，最終成為島上的主宰。當然，客觀上良好的自然生態環境也是必不可少的一個條件。蛇島上，綠蔭覆蓋，植物茂盛，植被的覆蓋率達到70%，奇花異草到處可見，僅藥材植物就有 30 多種。島上冬無嚴寒、夏無酷暑的氣候條件，十分有利於昆蟲和無脊椎動物的生存和繁衍。另外，蛇島位於遼東半島的西南端，是候鳥南北遷徙途中必經的歇息與覓食之地。如此，島上便形成了蛇吃小鳥，小鳥吃昆蟲，昆蟲吃植物，植物又以鳥糞為養料的生物鏈。從此構成了以黑眉蝮蛇為中心的生態系統。據統計，目前島上生存著約兩萬多條單一種類的黑眉蝮蛇。

▌旅順港為何用「老虎尾」命名

　　說起「老虎尾」，我們還得從老虎灘的故事談起。

　　相傳在很久很久以前，老虎灘那裡有個小漁村。當然，那時它還不叫老虎灘。村子裡有個以打漁為生的小夥子，他和同村一位長髮妹青梅竹馬地一起長大並相愛了，幸福在前面等待著他們。

　　然而，不幸降臨了：一天，附近的一個惡霸偶遇這位美麗的姑娘，頓時心生邪念，就派他豢養的一隻老虎把姑娘搶走了。

　　打漁歸來的年輕漁民發現長髮妹不見了，不禁焦急萬分。在村人的指點下，他帶上斧頭，連夜直奔惡霸家中，決心救回心愛的姑娘。

　　在惡霸門前的那片海灘上，他遇到了那只猛虎的阻攔。於是，年輕人與猛虎大戰了三百回合，最終將老虎打死，救回了長髮妹。從此，年輕人和長髮妹相親相愛地生活在那個漁村裡，而那只死去的老虎則化作了一座山石。因此，附近的村民都將這片海灘稱為「老虎灘」。

　　可是，當人們到旅順旅遊時，卻常常聽說有人將旅順港稱為「老虎尾」，這是為何呢？原來，當時那個青年漁民在打死老虎之後，將老虎砍成幾截，把老虎尾的一段扔向了旅順方向，變成了今天的老虎尾半島。

　　雖然這只是傳說，然而將旅順港稱為「老虎尾」，卻也恰如其分地說明了老虎尾半島與旅順軍港之間的密切關係。老虎尾半島位於老鐵山以東，是旅順口的天然屏障，從南面遮罩著旅順口西港。老虎尾半島東端有一條彎曲的沙嘴，橫臥在港口南面，是一段天然的防波堤，哪怕港外風浪再大，港內也只是細浪慢湧。因此，老虎尾對於港口的隱蔽性和防風性都具有無可替代的作用，沒有老虎尾半島就不可能有旅順軍港的存在。

英那河有一段怎樣的動人傳說

　　英那河水庫可謂是大連市市民的生命之源，因為目前大連市內的生活用淡水主要是由英那河和碧流河供給的。英那河貫穿於美麗的冰峪風景區內，關於它的名稱的由來在當地流傳著一個古老而動人的傳說。

　　據說，當初英那河兩岸是有人居住的。在河的中部，也就是現在雙塔嶺前、英那河水庫攔河壩的東邊，有一戶姓劉的人家。這家老人名叫劉崇，有一身好武藝，專靠打獵捕魚過活，老婆子雖然不會什麼武藝，卻是「上炕剪子下炕刀，推磨壓碾不用教」的能手。老兩口有一個兒子，名叫劉英那，生得虎背熊腰，從小就學會了一身好武藝，漸漸成了一個打獵高手。這劉英那能使一條五股鋼叉，哪裡有狼蟲虎豹出來害人，他就到哪裡去除害。大河兩岸的人們都很感激他。

　　英那家的嶺後，住著一戶姓莊的人家。家裡有老兩口和一個姑娘。姑娘名叫莊秀雲，長得俊俏，跟爹媽學了一套放養柞蠶的手藝。英那上山打獵時，常見到她，稱她為蠶姑。時間長了，兩個年輕人心裡就產生了愛慕之情，只是沒有說出口。雙方父母看在眼裡，而且對兩個孩子都很滿意，就把這門親事定下了。

不久，海裡的一條黑蛟龍，竟遊到了這裡。這條黑蛟龍經常興妖作怪，百姓被害苦了，可又沒有辦法對付它，只好來求劉英那幫忙。英那二話沒說，提叉沖到河邊，同黑蛟龍搏鬥起來。經過幾個回合不分勝敗。蛟龍張開血盆大口，猛向英那撲去。英那也顧不得自己的安危，趁勢猛刺一叉，正好刺進黑蛟龍的咽喉。蛟龍痛得大叫一聲，一爪子把英那的心臟抓了出來。英那倒下去了，蛟龍帶著鋼叉鑽到水裡，掙扎一會也嚥氣了。

英那死後不久，蠶姑憂勞成疾，也離開了人間。人們為了紀念劉英那和蠶姑，便在山上修了兩座石塔，並把山叫做雙塔嶺，這就是如今塔嶺鎮名稱的由來，而那條無名的大河也被稱為英那河。

▌您知道風情萬種海王九島嗎

海王九島位於長海縣長山列島東北端，北距莊河南 15 海里，東至鴨綠江口 60 海里，由疏密相宜的大海王、小海王、瘦龍以及元寶、海龜、井蛙、觀象、雙獅、團賀等 6 個小島組成，是長山群島省級風景區中最為燦爛的一個景區。

海王九島風景區依據自然狀況和遊覽路線，劃分為大海王島、瘦龍島、小海王島 3 個景區。大海王島有海王頂環眺、燈塔山攬勝、望海樓遐思、龍爪獵景和海王灣觀奇；瘦龍島景區包括瘦龍島、海龜島、井蛙島、觀象島、雙獅島和團圓島；小海王島景區包括小海王島和元寶島。

海王九島美，海王九島奇。大自然的鬼斧神工，使海島遍佈著數不盡的奇礁怪石：黑白石、蕎麥礁、獅魔爭峰、大象吸水、刺猥撲食、神龜過海、羅漢醉酒、猴子觀日等等，不勝枚舉，有的像井蛙，有的像羊羔喚母，有的像巨大的元寶，還有的似熊岳的望兒山、雲南的阿詩瑪、桂林的象鼻山……且每一處都有一個美好的傳說。因此，有人讚譽這裡是各地盛景的博覽會。郭沫若曾在這裡留下詩句：「汪洋萬頃青於靛，小嶼珊瑚列畫屏」。

在海王九島的眾多島嶼和海礁中，黑白石無疑是最神奇的。站在海王頂上朝北望去，只見海面上一黑一白兩塊礁石兩兩相望，形成極大的反差。黑

石的兩大塊連成一體，像一頭黑牛橫臥；白石則哩哩啦啦成一隊，中間兩峰高大，前後矮小，就像一位母親攜帶兒女向著黑石的方向趕路，一身霜雪，滿面風塵。大自然的鬼斧神工給了人們無限的想像空間，於是，黑白石給人留下了美麗的傳說，代代相傳。

元寶島的東端高處，就是享有盛名的觀鳥臺。黃海海域內的水鳥在這裡均可見到。鳥群時而騰空翱翔遮天蔽日，時而落地憩息蓋住了島嶼、礁石。海鴨落下，似秋葉紛紛附地，海鷗飛起，如雪片輕盈飄舞，風情萬種，美不勝收。鳥兒在這裡自由翱翔，盡情歌唱，曲調優美，聲律和諧，形成鳥類的「交響曲」。這奇景，常使人如醉如癡，留連忘返。奇妙的是，這裡各種鳥的領地十分嚴格，各占一方，互不侵犯。

▌沉睡千年的古蓮子發現在哪裡

世界上有千年不死的長命種子嗎？有，那就是中國的古蓮子。1951 年在今遼寧省普蘭店市西泡村泡子屯附近的一個水泡子裡的泥炭層中發現了許多蓮子。這一帶多年以來根本就沒有栽種過蓮花為何會發現蓮子呢？

經過科學測定，原來這些蓮子是距離今 1000 多年以前的唐、宋時期的古蓮子。更令人驚奇的是，中國科學工作者用銼刀輕輕地把古蓮子外面的硬殼挫破，然後泡在水裡，古蓮子不久就抽出嫩綠的幼芽了。

北京植物園 1953 年栽種的古蓮子，在 1955 年夏天就開出了粉紅色的荷花。沉睡千年的古蓮子終被人們喚醒了。不少國家的植物園從中國要去了這種蓮花種子，並已栽種成活。

人們忍不住要問：古蓮子的壽命為什麼這樣長呢？經過科學工作者的悉心研究，謎底終於被揭開了。原來，植物種子離開它的「母親」後，就有了獨立生存能力，生命的長短，與種子本身的構造及儲存條件的好壞有著密切的關係。古蓮子外面這層堅韌的硬殼，把自己保護得好好的，又深深地埋藏在比較乾燥的泥炭層裡，這是古蓮子長壽千年的秘密。

▌千山為什麼有「無峰不奇，無石不怪」之說

千山素有「無峰不奇，無石不怪」之說。千山的奇石數量多，形象怪異，著名的有太極石、拴馬石、木魚石、無根石、壽星石、鸚鵡石、金蟬石、載木石、三星石、龜石、五瓣石、蓮花石、玉簪石、馳兔石、石人石、獅子石、睡貓石、五松石、臥龍石、鳳凰石、古池石、缽盂石、煉魔石、鸚哥石、巨人石、白虎墩石、迎額石、銷鑰石、兩半石、石鐘石、石鼓石等 30 餘處。這些怪石都很奇特，大部分還有神奇的傳說。

太極石位於無量觀西南的山坡上，呈橢圓狀。傳說，太極石 60 年翻一次身，意說石已得道，不是凡石，實則因雨水沖刷，石根土剝，年久自然翻倒。

無根石在無量觀西閣慈雲殿後的芙蓉峰上，高約 3 米，上鐫「無根石」三個大字。西北遙視形同人首，南觀如瓶。諸石均為橢圓狀，相依而立，輕風吹來，好似隨風搖動，故名「無根石」。相傳，祖籍遼陽的曹雪芹，在《紅樓夢》中所描寫的那塊很有靈氣的「頑石」，即為此石。

木魚石位於無量觀西閣觀音殿後岩石上，羅漢洞口西南。木魚石是以音響命名，無突出形象，只是上下石徑中間平坦處，用石敲之聞其聲如木魚。龍泉寺的老和尚說，這塊石頭有一段動人的傳說。很早以前，千山一帶曾有一夥土匪經常打家劫舍，對寺廟也不放過。開始時，各寺廟之間都各自為戰，往往寡不敵眾。長此以往，土匪們以為和尚們軟弱可欺，便經常來打劫。後來，各寺廟的方丈們聚在一起商議決定，土匪再來打劫，各寺相約以敲擊木魚石為號，只要一寺受敵，各寺僧侶要速來馳援。這一招果然奏效。土匪們對千山僧侶忌憚三分，再也不敢來騷擾了。從此，木魚石一直和僧侶們相依為命，難捨難分了。久而久之，遊人們對敲木魚石也感了興趣。來此地的人們都想自己親手用棍和石子等敲木魚石，如果再加上些許的節奏感，敲木魚石可就像奏樂一般，正如人們歌唱的那樣：千山裡有一個古老的傳說，神奇的石頭會唱歌。

神女峰為何以「神女」命名

神女峰森林公園位於鞍山市海城市東約 40 公里處，總面積 38.3 平方公里，分為 8 個景區、200 多個景點，有大小山峰 450 座，以奇峰怪石、森林茂密而著稱。

據說，從前香岩寺下面的山溝裡有一座小山莊，莊裡有一個名叫神女的美麗姑娘，她和一個陳家後生相愛。離神女家不遠的一家財主的兒子小霸王看到神女後不禁神魂顛倒，一天晚上硬是把神女搶出家門，準備和她拜堂成親。神女一心想逃走，她在空房中東尋西找，終發現牆下有一個小洞，便從洞口鑽出來，撒腳就跑。可是，她沒跑多遠，就被小霸王發覺了。神女慌不擇路，跑上了香岩寺北面的山峰頂上。見已無路可走，神女心一橫，牙一咬，縱身跳下了懸崖。小霸王追上山頂，看見神女已經摔死，嚇出了一身冷汗，不久便得病而死。

神女的父母在鄉親們的幫助下，把神女的屍體抬到山峰頂安葬，兩位老人哭得死去活來。那陳家後生，更是悲痛萬分，每天都望著北山流淚，一連三年天天如此。這件事感動了玉皇大帝，就命太白金星召采神女的靈魂，命她在每年八月十五日現身，站在山峰頂上的一塊石頭上與親人相見。從此，陳家後生年年八月十五日望著神女的身影，父老鄉親們也都滿眼深情地仰首觀望。年年盼望年年望，不知過了多少年，每年八月十五日現身的神女站在山峰頂上變成了石頭人，日日夜夜與親人和鄉親們相見，後人就把這座山峰叫做「神女峰」了。

神女峰植被良好，果樹繁多。24 億年前的海底礁石和第四紀冰川岩石星羅棋佈，形成了美麗的神女峰，天造地設，鬼斧神工。站在橋頭望此峰，為美麗女子頭像；站在城門望此峰，為英俊男子頭像。回味美麗的傳說，令人遐想不盡。

▌藥山有哪些神奇的景象

　　藥山系千山山脈，位於鞍山市岫岩滿族自治縣北 60 公里處，歷史上曾是遼寧四大名山之一。主峰石花頂海拔 888.8 米，占地 50 平方公里，由觀溝、大寺溝、石花頂、南天門四個景區組成，景點眾多，美不勝收。

　　相傳，西元 645 年，唐王李世民率部東征行至此地，三軍將士因水土不服，多染疾病，士氣銳減。山上眾僧採集中草藥用山泉水煎服，將士疾病痊癒。唐王大悅，賜名「寶藥山」。

　　藥山乃神奇之山，有五大「神奇」，其一是中草藥隨處可見，遊覽路線兩側路邊的中草藥可信手拈來，這在全國風景區也屬少有。藥山因生產藥材聞名遐邇，據不完全統計藥山有各種中草藥材 600 餘種。如人參、何首烏、卷柏、貫眾、細辛、天南星、龍膽草、黨參、山高粱遍佈景區各個角落。其二是空中遊覽索道全長 1100 延長米，但中間無任何支撐，其自然落差最大處垂直高度為 300 米，堪稱中國各風景區遊覽索道一絕。其三是臺灣釋了一和尚在此建造妙峰寺，其寺內玻璃鋼鎏金佛像、大殿水晶燈均為臺灣製造，這在省內眾多寺廟中不為多見。尤其是寺內懸掛的日本仿唐風的乳頭鐘，目前在遼寧僅有兩口。其四是在景區深處的潺潺溪水中有國家二級保護動物大鯢在此遊耍嬉戲，悠閒自得，實屬罕見。其五是天然石佛「普賢菩薩」高 30 餘米，惟妙惟肖，形象逼真，就連菩薩頭上戴的帽子和身披的鬥蓬亦真切如實。更為奇特的是普賢菩薩的坐騎大象依偎在菩薩身後長近百米的整個一面山，鼻子、眼睛、身軀清晰可見，高 40 餘米，實在是神來之筆，巧奪天工。

　　藥山人文景觀歷史悠久，始建於隋唐，興盛於明清，是集佛、道兩教於一山的宗教聖地。歷代興建的寺觀殿宇有清華觀、遙望洞、三清殿、靈官殿、佛爺殿、寶林寺、朝陽寺、觀音閣、碧霞宮、龍王廟、關帝祠、唐塔等，佈局嚴謹，規模宏大，樓閣參差，碑碣林立，雄偉壯觀。

▊「遼寧屋脊」是指哪座山

　　崗山位於撫順市新賓縣新賓鎮東 50 公里處的遼寧和吉林兩省交界地帶，屬長白山支系龍崗山餘脈，海拔 1347 米，是遼寧省最高峰，素有「遼寧屋脊」之稱。

　　崗山俊秀挺拔，巍峨壯觀。峰頂有「水滴石穿」、「馬蹄印」等景點，與奇花異草相依，再加上綠樹掩映，景色萬千，令旅遊者流連忘返。

　　崗山氣候奇特，每年 6 月中旬，當大地春花謝盡，叢林滴翠之時，峰頂卻是一片花海：高粱穗似的紅丁香，如少女嫵媚多姿；襯著滿樹金色毬果和蒼鬱龍鍾的雲杉，紅綠相攜，高低有致，不是仙境，勝似仙境。隆冬季節，銀裝素裹，白雪青松，分外壯觀。

　　崗山一帶野生動物較多。山裡不僅有麕子、野豬，而且還有獾、貉和棕熊等，一度瀕臨滅絕的野生動物也日漸繁殖起來。崗山為響水河子的發源地，山高水涼，水中生長著一種極為名貴的細鱗魚，為清代向宮廷進貢的方物之一。

　　抗日戰爭時期，東北抗日聯軍第一軍楊靖宇將軍，遼寧民眾自衛軍李春潤將軍等都曾以此為依託，建立過抗日遊擊根據地。1936 年，東北抗聯第一師師長韓浩在此與日偽軍進行了浴血奮戰，最後壯烈犧牲。如今山中仍有許多當年抗日聯軍密營地遺址。因此，崗山不僅是一座風景山，更是一座英雄山。

▊您知道永陵寶城內的「神樹」嗎

　　永陵位於撫順市新賓縣境內，為前清「關外三陵」之首。永陵寶城內原有一棵榆樹，高數丈，主幹在離地三尺處分叉，三根枝桿挺拔向上，枝繁葉茂，將永陵寶城籠罩其下。乾隆八年（1743），乾隆帝率文武百官拜謁永陵時，見生長在寶城內的榆樹高大茂盛，便禦製《神樹賦》一篇，稱其非松非柏，接受了天上銀河之水的澆灌，絕非人間可以生長；神樹生長在興王之地，祖宗的寶城之內，此乃上天的旨意，預示祥瑞，將保佑大清江山萬世長存。

從此，榆樹成「神樹」，凡來永陵拜謁的皇帝都要對神樹讚美一番。神樹就成了歌詠神化的對象，神樹的故事就越來越傳奇。

相傳，努爾哈赤起兵前，一次被族人追殺。他背著父母的骨灰匣逃到芳子河畔煙囱山下時，已是筋疲力盡、饑渴難耐，想找個地方歇一歇。來到靜山腳下，他找了一棵長著樹叉的榆樹，解下骨灰匣放在樹叉上，靠在樹下就睡著了。

等他醒來，想拿下骨灰盒，卻怎麼也拿不下來。情急之下，他抽出隨身攜帶的腰刀向榆樹砍去。卻見從傷口處流出鮮血來，傷口瞬間又癒合了。努爾哈赤大驚，認為這是一棵神樹此處乃是風水寶地！於是，便將父母的骨灰安葬於榆樹旁。

同治二年（1863），神樹在暴風驟雨中傾倒，龐大的樹根把寶頂和地宮掘起，樹幹也壓在啟運殿上。此事非同小可，皇上馬上派欽差大臣來處理此事，最後經過勘查磋商，決定在神樹下加墊一梁二柱托住樹幹。但是神樹倒覆得越來越嚴重，樹葉越來越乾枯，最終與大清江山一起倒下。粗壯的樹樁被保留下來，存於永陵的配殿內。

▌「中國北方第一漂」在哪裡

號稱「中國北方第一漂」的紅河谷漂流在渾河風景區上游，從大蘇河鄉沙河子屯起，至腰站溝溝口，全長 12.8 公里，居東北現有漂流專案之首。該河段水量充沛，水質清澈無汙染。漂流區兩岸森林茂密，山勢雄偉，怪石聳立，渾然天成的原始景象讓人歎為觀止。

漂流區河寬 20 ～ 50 米不等，平均水深 1 米左右，落差適中，有緩段和急流段各 20 個，緩段悠閒自在，急段有驚無險。河流順山勢而下，千回百轉，曲徑通幽，大有「山重水複疑無路，柳岸花明又一村」的感覺，風景極其獨特，是中國北方罕見的天然漂流場所，漂流期可達 4 個月左右。

世界上最大的人工挖掘礦坑在哪裡

在中國，「煤都」是撫順的代名詞，已經寫進了中學地理教科書。撫順有亞洲最大的人工挖掘礦坑——西露天礦。

西露天礦位於撫順煤田西部，渾河南岸，千臺山北麓。整個礦坑東西長6.6 公里，南北寬 2.2 公里，總面積 13.2 平方公里，垂直開採深度約 400 米，礦坑裡分佈著有 100 公里長的鐵路網和運輸公路，浩翰壯觀。煤車在坑壁上盤旋行進，彷彿一個巨大的木盆壁上爬行著小小的蚯蚓。

西露天礦的主要產品為煤炭和油母葉岩，煤炭為長焰煤和氣煤，油母葉岩含油率 6% ～ 14%。還有兩種特產，即煤精和琥珀，均為稀有礦物質。煤精可雕刻各種工藝品，琥珀可以製做項鍊首飾等裝飾品。

西露天礦開採於 1914 年，經過近百年的開採，從這裡開採出的煤炭達 2.6億噸，油母葉岩 5 億噸。目前，西露天礦的煤炭資源已經逐漸枯竭，於 2007年關閉。

楓葉紅時，請到本溪來

「蕭蕭淺絳霞初碎，槭槭深紅雨複燃，染得千秋林一色，還家只當是春天」。每當秋令時節，本溪便成了萬山紅遍，層林浸染的七彩世界。

楓樹，為秋葉呈紅色，紫紅色樹種的總稱，在遼東山區則是槭樹科的槭樹，多屬長白植物區系如色木槭、假色槭、檸勁槭等，本溪槭樹多達 12 種。槭樹 9 月下旬至 10 月下旬為葉片泛紅期，漸呈紅、黃之豔，及至深秋正是紅葉滿穀、碎紅撼枝、嬌豔如錦之際。以槭樹為優勢種形成的群叢，組成了色彩斑爛的群落季相組合。

本溪楓葉是本溪山區特有的季節景觀，本溪關門山一帶樹美、花美、水美、雲美，每到 9 月楓葉紅了的時候，漫山遍野的楓葉紅了山，紅了水，紅了天。與著名的北京香山紅葉比，規模更大、數量更多，是東北地區不可多得的植物季節性景觀。七齒的楓葉是普品，九齒的楓葉是上品，十一齒的楓葉是極品，本溪的楓葉上品和極品較多。

▌世界最長的地下充水溶洞在哪裡

本溪水洞原名叫謝家崴子水洞，位於本溪縣東部山區的太子河畔，距本溪市區 35 公里左右。洞口坐南面北，高 7 米，寬 25 米，呈半月形。在洞口上端的懸崖峭壁上刻有博一波手書的「本溪水洞」四個大字。洞內有水洞、旱洞、向外流水洞。三洞合一，各具奇景。

走進鬥拱形的洞口，就能看到寬敞的「紫霄宮」，左接旱洞，右連瀉口銀波洞。一條瀑布從兩丈多高的仙人洞口噴瀉下來，傾入九曲銀河似的水洞恰如飛泉迎客，習習涼風輕拂人面，使人心曠神怡。

旱洞狀如蟠龍，長約百丈，高低錯落，寬窄相間，洞中有洞，曲徑通幽，奇景渾然天成。洞中有與海相通的「海眼」；有香氣飄溢、顏色金黃的「香脂壁」；有觸地接天、縷縷絲絲、涓涓細流積聚而成的「龍涎障」；還有洞頂如萬把尖刀排空欲下的「懸岩峰」等奇妙景緻。

水洞狀如巨龍臥在山中，只見其頭，不見其尾。乘一葉扁舟，沿著被稱為「九曲銀河」的水洞溯流而上，清流靜謐，景色優美。船行五里銀河，繞過十三處轉彎，被巨石攔住，不得不棄船涉水而進。裡邊的水洞或寬或窄，或高或低，水流或深或淺或緩或急，高深莫測，險象環生，遊人不得不驚懼止步。因此，直到今天，誰也不知水洞有多長，尾端在何方；也不知這洞中有多少洞穴，多少泉眼。

據傳，本溪水洞是《封神榜》中洪鈞老祖修築在玉京山（謝家崴子）的宮殿，名叫「紫霄宮」。可是，人們不禁要問，這個道法高深、位居仙班之首的洪鈞老祖，為何不把紫霄宮修在天上，卻找了這個山洞做宮殿呢？原來，他是個修煉成仙的大蚰蜒。蚰蜒土中生土中長，洪老鈞祖道行再高，也不願離開生他的土地。這玉京山，峻峰高聳，水秀山青，是他最喜歡的福地仙山，於是親手在山裡建了這座紫霄宮。

不知又過了多少年，玉京山下的石洞裡，積了一汪粉丹丹的池水，生出了一個天姿絕妙的仙女，名叫太元玉女。她和變成男子漢的洪鈞一見傾心，

同在天地間遨遊，成了形影不離的夥伴，他們生了一個兒子，名叫玉皇；一個女兒，名叫九天玄女。

有一天夜裡，從福地洞天之外傳來了雷聲，九天玄女跑到洞口張望，只見茫茫的大水鋪天蓋地湧來，黎民百姓被捲到波濤裡沉浮，洪鈞見這水又凶又猛，平地成了大海，水還是一個勁地往上漲，眼看就要灌進了紫霄宮門。老祖睜開慧眼，一下子就看明白了：原來是一個多角多嘴的怪獸吐著百十丈高的粗水柱，變著法子殘害黎民百姓。洪鈞舉起拐杖，去敲那怪獸的腦袋，怪獸一邊吐著水，一邊迎戰洪鈞。戰了九萬個回合，還分不出高低。洪鈞喝道：「這造孽的畜牲，你口中的水再多，也裝不滿我的小瓶。」說著，吩咐九天玄女：「快拿我的白玉瓶來。」九天玄女從身後解下一個白玉瓶兒，去裝怪獸噴吐的水流，怪獸狠勁吐了七七四十九天，那水全都裝進了白玉瓶，剛蓋住瓶子底。怪獸不服，又吐了九九八十一天，才有多半瓶水，玉瓶還沒裝滿。怪獸叫了幾聲，震得海浪吼，天欲墜。洪鈞笑道：「我經過三次天塌地陷，你這點招數算個啥！」怪獸服輸了，拜洪鈞為師，願立功贖罪，洪鈞便施法術把噴水怪獸壓在了水洞底下，讓它在洞底下吐水，水湧出了地面。從此，水洞中的水，旱天不乾，雨天不澇，始終一個樣兒！

至今，洞內水流終年不竭，每晝夜最大流量約 2 萬餘噸。洞中仍保留有古井、龍潭、龍涎障等景點。

▍本溪水洞為什麼會有「盲魚」

在本溪水洞清澈的流水中，生活著一種魚，大約有七八公分長，但是它們卻幾乎看不見任何東西，所以人們稱它們為「盲魚」。它們為什麼會成為「盲魚」呢？這還要從本溪水洞的構成說起。

本溪水洞是典型的喀斯特地貌景觀，與桂林山水的成因相同，只是屬於喀斯特地貌的不同類型而已。喀斯特地貌的形成通常受到幾個因素的影響：濕潤多雨的氣候條件，可溶性岩石的存在，地質條件良好，機構鬆散，空隙大，利於岩溶作用的增強以及動植物生長分泌的有機酸和有機物等條件都會加速喀斯特地貌的發育。

　　本溪水洞是四五百萬年前因地殼變遷而被抬升的石灰岩，在適宜的條件下，經過水的溶蝕作用而生成的大型充水溶洞。水洞的最大特點就是洞中有水，洞中石筍、石柱、石鐘乳、石幔等發育良好，洞體蜿蜒曲折，變幻莫測。如今，本溪水洞的溶蝕作用仍在繼續，只是速度非常緩慢而已。

　　而洞中的盲魚由於在水洞中的生活時間特別長，終日見不到陽光，在漫長的進化過程中，視力逐漸退化，幾乎沒有了視覺。所以人們就管他們叫盲魚了。但是，水洞的水清澈見底，水中又沒有其他的生物，盲魚靠什麼生存呢？原來，它們的食物來源於洞中棲息的一種蝙蝠的糞便，靠著這些鄰居的排泄物，它們才得以世代生存下來。

▋為什麼關門山會有「東北小黃山」之稱

　　關門山位於本溪滿族自治縣境內，由關門山森林公園和關門山水庫（紅葉湖）構成，距市區 48 公里，因雙峰對峙，一闊一窄，一大一小，相向如門，故稱關門山，為遼寧省 50 佳景之一。

　　關門山原分「外門」和「裡門」。走進大門，過橋左拐，走進谷地，遠遠望去，只見兩個刀削斧劈般的兩大石砬子如二門框相對，又有一巨大石崖突起如門扇阻遮視線，遙看山封水斷疑無路，近前方知石門半開。關門山即由此得名。如今在關門山「裡門」築有高 58.3 米，長 183 米大壩，堵截小湯河水，成為蓄水量 8100 萬立方米的水庫，正常水位標高 347.2 米，真是高峽出平湖。站在巍巍峨峨的大壩上，看關山湖波光粼粼，望四周青峰如碧秀麗。水映山光，山耀水色，關門山的水色山水更加瑰麗嬌嬈，更為遊人壯行添興！

　　關門山素有「東北小黃山」之稱，景色有五美：山美，山峰奇峭，拔地而起，峰頂松姿綽約，怪石林立，宛若天造地設的巨型盆景。水美，關門山水庫碧波蕩漾，兩崖青山倒映，搖槳划船，其樂無窮。樹美，關開山樹木繁多，千枝競秀，尤以楓林秋色而聞名。花美，天女木蘭花和山杜鵑，漫山遍野，芬芳宜人。雲美，雲、山、霧渾然一體，分外嬌嬈，經年輕霧繚繞，撲朔迷離；

遠處雲蒸霞蔚，織雲弄巧；山峰若隱若現，嫵媚含羞。此時的關門山占盡了黃山神韻，盡得江南的靈秀。

關門山綽號「小黃山」並不虛飾，它不但擁有類似黃山「無峰不奇崛，無石不怪嶙，無松不奇偉，無雲不詭譎」的景色，更有色彩斑斕、繽紛絢麗的四季美景可供觀賞。春天，滿山的杜鵑、映山紅、天女木蘭，還有不知名的各種山花，彼謝此開，爛熳不輟。夏天，雲起雲落，變幻奇妙。秋天，「曉來誰染霜林醉」，漫山的楓葉，層林丹染。冬天，這裡雖一如北國冰封雪飄，卻突然奇崛，胸藏溝壑。總之，關門山恰如冰清玉潔、體態婀娜的少女，不論春、夏、秋、冬著什麼衣裝，卻永遠不失「天生麗質」的神韻情致。

美麗的關門山，一年四季不知陶醉了多少遊人，更吸引了中國眾多的知名畫家和攝影家這裡尋覓題材，啟迪靈性，抒寄情興，創作作品。

▌望天洞為何有「北國第一洞，迷宮世無雙」的稱譽

望天洞位於本溪桓仁雅河鄉彎彎川村東 70 餘米高的山頂上。該洞發育於 20 萬年前，總長 7000 餘米，分 4 大景區，有 100 餘個景點。

洞內的迷宮最為奇特，被稱為「北國第一洞，迷宮世無雙」。此洞兩個洞口並列，中間一道兩抱多粗的石樑。右側洞口有 20 坪，洞口石壁上一隻展翅昂首的大鳥，面向東方，形象逼真，名曰「鯤鵬朝陽」。左側洞口有 35 平方米。兩個洞口酷似一副巨大的眼鏡放在山巔。

沿左側洞口石壁扶鐵欄踏石階經「通天橋」，下行 30 餘米，便是該洞的第一大廳--「聚仙廳」，寬闊高大，面積約 6000 平方米，可納萬人。回首仰望，兩道光柱直射廳中，有懷抱紅日、目接青天之感。若在春冬季節或雨、雪之後，廳內雲霧繚繞，從洞口向上升騰，雲霧與洞口樹木交相輝映，更是妙不可言。

洞內鐘乳叢生，晶瑩剔透，千姿百態，如峰如顛、如塔如佛、如花如瀑、如林如筍，現出萬種風情。「華清池」底平而潔白，水綠而溫柔，一柱鐘乳靜靜立於旁邊，好似為洗浴的少女警衛。「垂簾聽政」則充盈著皇家氣派，

密密的鐘乳如同一層層金簾，而「老佛爺」則端坐其間沉思瞑想。「景泰藍」天生地長，靈瓏小巧，上黃下藍，色彩分明，而藍色鐘乳又形似花瓶，惟妙惟肖。「珍珠壁」的大氣磅礴，巍然壯觀不知震服了多少遊人。

在洞中，道路曲折忽上忽下。最狹窄之處，雖只能容一人透過，但胖者不顯擠，瘦者不顯寬。「迷宮」總長1100多米，分上、中、下三層，洞中有洞，洞洞相通，門中有門，門門可行。入其內，行來走去，難分難辨，卻又都能走出迷宮，令人頓生樂趣。雖然洞內多條道路環環相套，各個類似，而外邊的景象卻各展奇姿，各具風采為世所罕見。

望天洞如同一軸奇異的畫卷，美麗的傳說雕繡其中，飄逸迷離妙趣無窮。

相傳，白娘子被法海和尚鎮在西湖邊的雷峰塔下之後，青兒四處飄遊，欲意尋求一棲身之地，準備好修煉功力，到時再戰法海營救姐姐。

青兒歷盡艱辛萬苦，尋遍大江南北山山水水，也沒尋到理想的棲身之地，心也漸漸地冷了下來。一天，她在空中閒遊時，突然發現一山，隱隱約約見山中有一洞。只見那山霞光異彩，峭壁奇峰，麒麟獨臥，鳳翔鹿鳴。峰頭錦雞起舞，深澗蛟龍騰躍。瑤草奇花秀媚，蒼松翠柏青青。一條銀河煙波內，綠水野雁丹鶴飛。青兒停在空中觀賞多時，便飛下雲頭，來到洞口觀看。只見兩個洞口就像一雙大眼睛直望藍天。洞內紫氣蒸騰，祥雲繚繞，翠蘚掛壁，鐘乳似玉，鮮花不謝，瑞草常青。洞內洞中有洞，洞洞相連，大洞套小洞，迷宮連環，四周是玲瓏玉石垂掛。下有潺潺流水，上有乳窟蓮花，左右柳枝常帶雨，中間蓮上是菩薩。

從此，青兒便住在這洞內，刻苦修煉功力，白天吸太陽之精華，夜晚收星月之靈光。思年姐姐的時候，便透過洞口仰望天空，一十八載日日如此，望天洞因此而得名。

青兒功成圓滿後回杭州大敗法海，推倒雷峰塔，救出姐姐白娘子，家人團聚。從此杭州西湖便名揚天下。而青兒棲身修煉之地也漸漸為人所知。據說它就是桓仁的望天洞，有民間歌謠為證：望天洞府洞望天，晉朝鹹和住過

仙。若問此仙是哪個，青蛇修煉十八年。還有一首詩是這樣寫的：望天洞府洞天望，藏龍青山青龍藏，古今傳頌傳今古，光賞請君請賞光。

世界最小的湖在哪裡

本溪湖位於本溪市溪湖區臥雲山西麓崖下，原名「杯犀湖」、「碑西湖」、「白溪湖」，因湖形外闊內狹，極似犀牛做成的酒杯，故稱「杯犀湖」，諧音「本溪湖」。清雍正年間改稱本溪湖，本溪市即由此得名。

洞內水面 20 餘平方米，是世界最小的湖。湖水冬蟄春生，水質清冽，宜飲宜浴。每年五月，地表水沿岩隙流入洞底，湖水盈溢；入冬後湖水漸少，可秉燭進洞，遠遊二、三里。湖水涼氣襲人，每晝夜流量近二萬噸。洞頂崖壁有「遼東本溪湖」的大字石刻。洞外有建於明代的慈航寺，寺內有塑像和壁畫。

洞中清泉汩汩，不斷注入解放後修建的人工湖。人工湖面稱為二千平方米。湖邊垂柳婆娑，湖中建有拱橋、湖心亭，供有各式遊船。1984 年新建了登山石階、涼亭和文物陳列館，更使本溪湖增添了迷人風采。公園南一華裡山腰間有一石灰岩溶洞，俗稱「龍洞」，長 200 餘米，洞內鐘乳群千姿百態，有的像如來講經，有的像十八羅漢齊集一堂，故又稱「羅漢洞」。

你知道世界上最小的山峰嗎

小華山公園是本溪市最新建設的一座公園，原名「小孤山」。它地處峪明路、富佳大酒店左側，緊鄰太子河畔。它小巧中孕育著錦繡，山雖不高，卻有一種其他雄山峻嶺所無法比擬的靈性。險峻中透出靈秀，柔媚中帶有雄奇。園雖不大，卻似一座別緻的盆景坐落在太子河畔，漫步園中，根雕、奇石、險峰、溪水、飛瀑、古洞無不令人留戀忘返，頓生歸隱之心，真正是鬧市中一塊難得的淨土。

小華山位於太子河畔，是目前世界上最小的山峰。相傳小華山是平頂山的山頂，古時觀音蓮花池中的一條鱒魚，偷取千年蓮子，逃逸凡間，藏於太

子河中，修煉成精，經常興風作浪，使得洪水氾濫，民不聊生。仙居遼東鐵剎山八寶雲光洞的長眉李大仙，得知後便來到了太子河邊，勸說魚精不要危害百姓，然而魚精憑著觀音千年蓮子，非但不聽還與李大仙打鬥起來。大仙見其冥頑不化，決心要降伏魚精，為民除害。

　　正在思索對策之時，忽見南山頂有靈光閃爍，定睛一看，此山形似華山南峰，山頂紫霞蒸騰，神匯太極之精華。於是便將山尖劈下，借華山之危，采全真觀千年香靈，將魚精震住。從此，太子河水域安定下來，風調雨順，百姓安居樂業。於是後人稱南山為平頂山，被劈下的山尖為小華山。

　　小華山公園總占地面積為 1353 平方丈，分東西兩園，東園內殿館樓橋各展其風，木石花草蟲蝶燕，怡然自得；西園內設有各類棋社及華廈奇石館，情趣盎然。名山大川之美，美在自然之浩瀚蓬勃；小華山之美，美在萬物之靈兮。置山川於足下，納崇山秀水於視野，信步小園，別有一番情趣在心頭。

▌趣說鴨綠江

　　鴨綠江是遼寧省的第二大河，發源於中國與朝鮮邊境長白山脈白頭山南麓，為中國與朝鮮民主主義人民共和國的界河。鴨綠江，古稱壩水，秦漢稱馬訾水，隋唐稱鴨淥水，元始稱今名，因水的顏色猶如雄鴨脖頸的瑩綠而得名。鴨綠江流經吉林、遼寧兩省和朝鮮兩江道、慈江道、平安北道，在遼寧省的東溝市和朝鮮龍岩浦附近注入黃海，全長 795 公里，其中在遼寧省境內長達 220 公里，流域面積達 1.66 萬平方公里。

　　鴨綠江可分為三段，各具特點。臨江以上為上游，河谷僅寬 50—150 米，河道狹窄彎曲，水流湍急。臨江至水豐水庫為中游，兩岸山勢逐漸降低，因支流匯入，江面隨之開闊，河谷寬達 2000 米。水豐水庫以下為下游，河床平坦，河道寬闊，水量大而流速慢，多淺灘，沙洲。江中共有島嶼 200 多個，以文安灘島為最大。

　　關於鴨綠江的起源還有一神秘的傳說。相傳，古時大旱，長白山裡的動物大量死亡。一天，老虎聽說天池有了水，就派梅花鹿去引水。梅花鹿到了

天池，不顧勞累饑渴，就去壩上引水。看守天池的獨眼龜問明情況後，假意同情，願幫助引水，便把鹿騙到天池自己的住處，想強逼鹿嫁給它。恰巧這時仙女們來天池洗澡，獨眼龜忙把鹿鎖在屋中去伺候仙女。鹿知仙女心善，就咬斷自己的尾巴讓血由門縫流出，並高聲喊叫。正洗澡的仙女們見水中有血就循聲順血找去，救了鹿。梅花鹿言明真情後，仙女們憐惜之情油然而生，便偷偷在天池水底暗開一洞，讓水流出，這就成了現在的鴨綠江。

這當然是一則神話，仙女洗浴，把天池水染綠；鴨綠江發源於天池，自然它的水也是鴨綠色，但這則神話表達了江邊人民對天池世代流淌著的江水的美好願望。畢竟，天池和鴨綠江是生活在它周圍的人們所崇敬和依靠的生命之水。

鴨綠江支流眾多，在中國境內有渾江、大蒲石河、璦河等，其中，渾江是鴨綠江最大的支流，發源於吉林省渾江市三岔山鎮西北龍崗山脈望火樓山北麓，流經吉林省東南部和遼寧省東北部，在吉林省集安市涼水鄉注入鴨綠江。鴨綠江源頭至河口落差達 2400 多米，水量充沛，為我們提供了豐富的水利資源，以發電為主，兼有灌溉、防洪、航運、漁業、流筏等功能。目前，已建成的發電站有水豐、雲峰、老虎哨、太平灣水電站，年發電量達 100 億度。鴨綠江造橋歷史很早，可上溯至遼代。20 世紀初，鴨綠江上始建鐵橋，現有橋樑有中國集安——朝鮮滿浦、中國上河口——朝鮮清水、中國丹東——朝鮮新義州。

鴨綠江水質清澈，含沙量少，兩岸峭壁嶙峋、林木鬱鬱蔥蔥，風光獨特秀麗，形成了絢麗多彩的自然景觀，兩岸古代城堡遺址、明代萬里長城遺址、近代戰爭遺蹟、現代橋樑和大型水利工程等組成豐富的人文景觀，並擁有獨具特色的民族風情，現已建成鴨綠江風景名勝區，位於鴨綠江中下游丹東市境內，不妨一遊。

五龍背溫泉何以馳名中外

五龍背溫泉位於丹東市西北郊 25 公里，分佈在五龍河的南北兩岸，因地處五龍山背而得名，有「五龍神水」之稱。溫泉四季噴湧，水質純淨，水

色淡綠似玉，細膩如汁，硫磺氣體少，無異味，飲譽全國。水溫高達 69 攝氏度，最高可達 90℃，含有碳酸鹽，重碳酸鹽及少量放射性元素以及鉀、鈉、鈣、鎂、鐵等 40 多種礦物質，對人體的運動系統、循環系統、消化系統、呼吸系統、關節炎、風濕症及皮膚病等都有理想的治療和保健作用。每天慕名而來的海內外沐浴者絡繹不絕，每年猜想至少在十幾萬人以上。

五龍背溫泉歷史悠久，早在唐高宗永徽年間，便漸有名氣。相傳，唐代有個孝順的媳婦，天天到冰河上砸個窟窿，用凍腫的雙手為癱瘓的婆婆洗涮髒衣褲。她的孝心感動了神靈，便使她洗衣服的地方源源不斷地湧出溫泉。婦人見狀大喜，就天天用溫泉水給婆婆洗浴，誰知婆婆的病竟然漸漸的好了。從此，溫泉水聲名大振，人們爭相來此洗浴，以求健康。到清代光緒年間，人們開始建屋築池，開店納客，進行商業化運作和經營。

20 世紀 50 年代初，郭沫若訪問朝鮮歸來途經丹東時特意到五龍背溫泉洗浴，浴後喜不自禁，潑墨揮毫，慷慨賦詩：「煙囱林立望安東，暢浴溫泉誇五龍。東北人民新血汗，化將地獄做天宮。」

▌大孤山的古建築群有何特色

大孤山位於東港市大洋河河口右岸，孤峙於黃海之濱，兼得海山之勝，為遼東著名風景區。大孤山主峰海拔近 340 米，山脊狀如鋸齒，陡峭挺拔。沿山路上行，茂林巨樹遮天成蔭，野草閒花覆坡為錦，景色清幽，引人入勝。

大孤山自唐朝始，經歷代修葺，建成融上廟、下廟、戲樓為一體的古寺廟建築群。寺廟依山勢構築，層層遞升，錯落有致，十分宏偉。整個寺廟分下廟、上廟兩大部分，但上下貫通，連成一體。每個部分都由一個個小寺廟構成，每個小寺廟又都是一個四合院，有正殿和配殿。這種佈局是北方寺廟建築群的典型佈局。

下廟左右翼連。左翼中軸線上，由前至後建有前殿、天后聖母殿；右翼中軸線上，由前至後建有天王殿、地藏殿、釋迦牟尼殿、財神帝、關帝殿。下廟於正殿之外，還有東、西十王殿和呂祖亭等。上廟佈局較散，由前至後

有佛塔、觀海亭、玉皇殿。玉皇殿之左有藥王殿，其右前方並列有龍王殿、羅漢殿、三霄娘娘殿。

大孤山寺廟供奉著儒釋道的創始人和重要的神、佛、仙，如孔子、釋迦牟尼、玉皇大帝、地藏王、藥仙等，是一組典型的「三教合一」建築。整個建築占地 5000 平方米，有 104 間房間，皆為磚木結構，飛簷翹角，畫棟雕樑，十分美觀，是遼東保存最好的古寺廟建築群之一。

登上觀海亭四望，海陸風光盡收眼底，「紫液聖泉」，「半覆神殿」，「祖孫銀杏」，「無字古碑」，「梨園孤樓」，「第一神宮」，「無雙磚雕」，「三教共和」八大奇觀，異彩紛呈，堪稱「八絕」。海上，波濤起伏，風帆點點，獐、鹿二島隱隱可見；陸上，屋宇參差，街道縱橫，平疇沃野歷歷在目，真可謂氣象萬千，風景如畫。

▋「筆鋒插海，天下一絕」的筆架山

自清初以來，錦州就有八大景觀，素稱「錦州八景」，即筆鋒插海、石棚松雪、紫荊朝旭、虹螺照晚、錦水迴紋、湯水冬魚、凌河煙雨、古塔昏鴉。其中筆鋒插海是錦州八景之中的佼佼者。

每當太陽升起，筆架山身披萬道霞光，被流金閃動的大海烘托著，遠遠望去，恰似頂天立地的長毫，被人揮動著，書寫著萬般神奇。這奇觀，便是所謂的「筆鋒插海」。有詩贊曰：「汪洋三萬六千頃，筆架獨峰浸其間。」清翰林院士陸善林也曾經寫詩讚美曰：「筆尖端端聳碧天，峰頭雨後起雲煙，插來倒影汪洋裡，海浪翻波納百川。」所以，筆架山素有「筆鋒插海，天下一絕」的美譽。

號稱「天下第一奇橋」的筆架山天橋其成因歷史上有多種說法，有說是海水潮汐的傑作，有說是人工修築，莫衷一是。在此我們不討論其成因，只想跟大家講述一個遙遠而古老的傳說。

傳說很早以前，上天九霄宮上元仙子每年中元節去承受人間的香火供奉，不巧有一年他因在爐中煉丹未成不能離開，只好讓中元和下元兩位仙子架五

彩祥雲飛下天界，來到渤海灣的筆架山，見這裡海秀山奇、人民純樸，便心生愛意。為回報百姓的供奉，兩位仙子見海島和大陸交通不便，決定修一座海橋連接起來，以造福人間。於是施用移山添海的法力，頃刻間，海橋即將修造成功。

然而，這一切被渤海中的一條兇殘暴戾、常吞噬人畜的黑龍看到了，它大為震怒，便興風作浪，企圖破壞海橋的修造。中元、下元二位仙子與它搏擊苦鬥，又請來金翅大鵬助戰，終於降伏了作惡多端的黑龍。

天朗雲散，明月複照，一條神橋鋪設在海上，溝通了大陸與海島。這條美麗的海橋潮落現出，潮漲隱沒，變化萬千，神奇絕妙，人稱「天橋」。

▌醫巫閭山的「醫巫閭」是什麼意思

醫巫閭山，簡稱閭山，位於錦州市義縣和北寧市的交界處，自東北向西南走向，北高南低，長 45 公里，寬 14 公里，面積 630 平方公里，屬陰山山系松嶺山脈，主峰望海峰海拔 866.6 米，為閭山最高峰。

醫巫閭山，古稱甚多，如：微閭山、無慮山、醫無慮山等，均系中國古代民族東胡族語言音譯，意為「大山」。閭山遠在長城以東，屬東胡族統治，蒙古族統治東胡族後，蒙語「醫巫閭」也是「大」的意思，所以醫巫閭山意為「大山」。

醫巫閭山還有一個流傳很廣的傳說。很久以前，醫巫閭山是一片大海，名叫「閭海」。海中藏著一條惡龍，名叫「醫巫閭」。這條惡龍作惡多端，殘害百姓。人們對它又恨又怕，但也無可奈何。岸上住著一個小夥子，名叫廣寧，他身材高大，力大無比，以打魚為生。廣寧恨透了醫巫閭，下決心殺死它，為民除害。

一天，他家中來了一位白髮蒼蒼的老者，對他說：「欲除惡龍，必須東行，找到劍土，必定成功。」劍土指兩件寶貝，斬龍劍和覆海土。廣寧按照老人的話向東出發，終於在長白山的一個古老的山洞中找到了這兩件寶貝。他帶著寶物，馬不停蹄趕回閭海邊，把覆海土撒入海中，只見海水漸漸退去，

直到露出全部陸地。這時，惡龍再也沒有藏身之地，不禁狂怒，惡狠狠地向廣寧撲來。廣寧手舞斬龍劍，把它殺死，並砍成幾段，自己也因筋疲力盡而身亡。多年後，死去的惡龍變成了一條蜿蜒連綿的大山，橫臥在大凌河北岸，即今天的醫巫閭山。人們為了紀念廣寧，在這裡建立了一座廣寧城，也稱作北鎮。

鮁魚圈裡真的有很多鮁魚嗎

鮁魚圈位於遼東半島中部的渤海之濱，距營口市南端 52 公里處，它是因為營口港而建的一個人口約 30 萬的港口小城，轄設熊岳、蘆屯、紅旗三鎮。鮁魚圈漫長的海岸線成就了鮁魚圈的美名，也因為其獨特的自然風光──山、海、林、泉旅遊帶而令中國外遊客流連忘返。這裡是遼寧省著名的旅遊勝地，其山（望兒山、墩臺山）、海（紅海河旅遊帶、月亮湖旅遊帶、金沙灘旅遊帶、白沙灣旅遊帶、望海龜石灘旅遊帶）、林（仙人島國家森林公園）、泉（熊岳溫泉）構築了獨特的旅遊觀光帶，被譽為中國的「夏威夷」。

鮁魚圈──一聽這個名字便讓人有一種幻想，鮁魚圈裡真的有很多鮁魚嗎？

相傳很久以前，鮁魚圈是個小漁村，海岸不是像現在這樣的月牙形，而是近乎一條直線。一位後生在打魚時因遇海風翻了船。他將避水珠含在嘴裡，可後來一張嘴，避水珠就不知掉到哪裡去了。便乞求鮁魚公主幫助尋找。

公主非常喜歡後生的那只笛子，說：「那你就把笛子送給我吧。」後生一口答應：「行！我保證於八月十五那一天，拿著笛子在海邊上等你。」鮁魚公主將後生背出來，藏在自己的後花園中，然後喊來眾姐妹，在渤海裡撒開人馬，找那顆失落的避水珠。

八月十五這天，後生架著橫笛，一個曲子連著一個曲子地吹。正吹得起勁的時候，一位鄰舍的老漁夫，突然驚喜地喊道：「快看哪，開天闢地。」

後生順著漁夫的手指往海裡一看，滿海的鮁魚背，一個擠一個，黑糊糊，正朝岸上張著圓嘴，大概是高興地隨著笛聲唱歌吧。老漁夫勸後生道：「你把笛子給她們，她們不就遠走高飛了嗎，你千萬別給呀！」說完轉身遠去了。

時間到了，鮁魚公主見後生根本沒有交笛子的意思，很是生氣，便回頭給眾姐妹一個信號，接著便是一陣排山倒海般的怪叫，齊聲咒罵後生言而無信。

後生揣上橫笛，轉身往家走。鮁魚們急了眼，只聽公主一聲令下，「咯吱，咯吱，咯吱」幾百萬條鮁魚一齊吞吃海岸，想追上後生，把後生吞掉。海岸被啃去了一大塊，成為月牙形的海灣，水邊上躺著一條挨一條的鮁魚，形成多半個圓圈。

那個老漁夫走後駕起船，操鮁魚後撒下了網，本想從中發個大財，沒想到魚多力量大，大家一使勁，把網給帶跑了，網拽翻了船，老漁夫亦被淹死在海中。

這以後，每年八月十五那天，鮁魚群總要在這裡鬧騰一陣子。從此，這個半月形的海岸漁村，就被人稱為鮁魚圈了。

金牛山上真的有金牛嗎

金牛山遺址是中國東北地區最早舊石器時代古人類遺址，位於營口大石橋市西南 8 公里的金牛山上。據說，一到吉慶的日子，山頂上就會有金牛出現，這是真的嗎？這裡面有一段傳說。

很久以前，山下有一個財主叫馬三壞，方圓左右的地都被他霸佔著，村裡人只好租種他的地。村裡有個年輕的小夥子，叫柱柱，雖然家裡很窮，為人卻忠厚老實。

有一天，他幹活累了，便睡著了。夢裡，他聽見一個白鬍子老頭對他說：「明天正晌午時，南山會裂開一道縫，裡面有許多寶貝，你可以進去拿。因為你勤勞忠厚，這算我送給你的禮物。」說完，老頭就不見了。第二天傍響，他來到老頭告訴他的那個地方。不一會兒，那山真就裂開一道縫。柱柱挑了

一件不太大的寶貝拿在手裡，心裡想，這就夠我用的了。他出來後，那道縫又合上了。柱柱把寶貝換成了錢，日子過得很幸福。

馬三壞心裡犯疑，汙稱柱柱使用妖術開山盜寶，非要扭送官府不可，柱柱只好講出事實真相。

第二天一大早，馬三壞就帶著準備好的大麻袋上山去了。好不容易捱到晌午，山果然裂開了一道只容一人進去的縫，裡面珠光寶氣、琳瑯滿目。這可樂壞了馬三壞，他把麻袋塞得滿滿的，嘴裡還含一塊，剛退到石縫口，就聽轟的一聲，山又合上了，把他夾死在石縫裡，光露出半個麻袋。

這時山頂上出現了一頭金牛，正向人們哞哞地叫著。從此，人們開始了安居樂業的生活，並把這座金牛顯靈的山叫做「金牛山」。據說，金牛山南坡突出的那塊山包，就是馬三壞背出的半麻袋寶貝變成的。

▍你知道「望兒山」與「望母崖」嗎

望兒山位於熊嶽鎮東兩公里處，高82米，海拔高106米，因美麗的母愛傳說而得名，是以母愛為主題而命名的天下獨有之山，山頂有一藏式青磚塔，名曰「望兒塔」。

相傳很久以前，熊嶽城郊是一片海灘。海邊有一戶貧苦人家，只有母子二人相依為命。母親一心盼望兒子勤奮讀書，將來學業有成。為了供兒子讀書，她白天下地耕種，晚上紡紗織布。兒子也很聽母親的話，決心苦學成才。母子苦熬了十幾年。這年，朝廷舉行大考，兒子決定進京趕考。臨行前，母親對兒子說：「孩子，你安心去考吧，考上考不上，都要早早回來，別讓娘擔心啊！」兒子說：「娘，放心吧，我一定好好地考，一考完就回來，您就等著我的喜訊吧。」

兒子乘海船赴京趕考去了。母親晝耕夜織，等待兒子歸來。但是，一直沒有兒子的音訊。母親著急了，就天天到海邊眺望。一年，兩年，三年⋯⋯南飛的大雁秋天去了，春天又回了。母親的頭髮都花白了，卻不見兒子的身影。七年，八年，九年⋯⋯夏天的烈日火辣辣，冬天的寒風呼呼吹，母親的

臉上佈滿了皺紋，可她每天望見的仍然是煙波浩渺的大海，來去匆匆的船帆。可憐的母親，一次又一次地對著大海呼喚：「孩子呀，回來吧！娘想你，想你呀……」十年，二十年，三十年……年邁的母親倒下了，化成了一尊石像，也沒有盼到兒子歸來。

原來，他的兒子早在赴京趕考的途中，不幸翻船落海身亡了。上天被偉大的母愛感動了，在母親佇立盼兒的地方，兀地矗立起一座高山；大地被偉大的母愛感動了，讓母親灑下的淚珠，化作了一股股地下溫泉，滋潤出無數紅豔豔的蘋果；鄉親們被偉大的母愛感動了，把那拔地而起的獨秀峰叫做「望兒山」，在山頂建了慈母塔，在山下修建了慈母館，好讓子孫後代緬懷母親的平凡而偉大的恩情。

然而，老母的兒子並未罹難。據說他被鄭成功的官船救起並效命麾下，協助其治理臺灣，頗有政績。因思念母親，常抱當年救命之櫓登上臨海之崖遙望家鄉。一天不慎被船槳絆倒，落崖身亡。當地百姓為紀念這一孝順清官，將其落海身亡的山崖命名為「望母崖」。

從此，遼南有個望兒山，臺灣有個望母崖，遙相呼應。

▌遼南最大的溫泉在哪兒

營口市南部地區地熱資源豐富，在蓋州市的熊嶽、雙檯子分佈很多溫泉。其中熊岳溫泉是遼南最大的溫泉。

熊岳溫泉旅遊區位於蓋州市熊岳城東南白旗村，占地面積 1.8 平方公里，以其地熱資源豐富、歷史悠久而聞名全國。熊岳溫泉歷史久遠，早在唐代就開始利用泉水活絡與健身。清光緒三十四年（1908 年）開始修建溫泉浴池，現有各類溫泉渡假療養院 10 餘家。

熊岳溫泉水溫，井水有 83—85℃，泉水有 58℃；水量，井水為 64—100 噸 / 小時，泉水 0.57 噸 / 小時。熊嶽地下熱水為無色透明，PH 值為中性，屬於高溫、低礦化度的氯化物——硫酸鹽礦泉，在礦泉水中固體含量為 1054

毫克升，含有大量的鉀、鈉、硫氟、硫酸根等各種礦物質，對老年慢性，尤其是皮膚病、風濕、類風濕關節炎有良好療效。

遼寧省最多的海水浴場在哪裡

營口市海濱風光帶位於遼東半島中部，東部為千山餘脈，西部為渤海遼東灣，依山傍海，風光旖旎。在北起蓋州角，南至浮渡河的漫長海岸線上有5個海濱浴場同時對遊人開放，為在遼寧省所僅有。

北海浴場位於蓋州市團山鎮，氣候溫和，海灘平緩，水質優良。北海浴場北側有海蝕龍宮一條街，千姿百態的奇礁異石，讓遊人一覽龍宮的奇特風貌。

月牙灣浴場位於營口經濟技術開發區，沿岸宛如彎月。北起鮁魚圈高中路，南至鮁魚圈區政府路，海岸線長 1.5 公里，可浴面積 7.5 公頃。這裡沙灘舒緩，沙質優良，不受潮汐影響。地理位置優越，交通便利，環境優雅，設施齊全，是遼寧省十大著名風景區之一。

金沙灘海濱浴場位於蓋州市熊嶽鎮，北起號房，南至熊嶽河口，海岸線長 1 公里，可浴面積 5 公頃。寬闊的海水浴場河灘平緩，沙粒均勻，海水潔淨，是理想的「黃金海岸」。這裡林靜花俏，田園景色與海岸風光融匯一體，別具一格。

仙人島海濱浴場位於蓋州市九壟地鎮，北起熊岳河口，南至仙人島，海岸線長 3 公里，可浴面積 1.5 公頃。這裡海灣河灘平坦，岸上是海防林帶，幽雅僻靜，風格各異的渡假村（中心）座落其中。這裡有明代的烽火臺，又有「兔島潮吼」的民間傳說。浴場南端有漁港，盛產海蜇、對蝦及各種貝類，有著獨特的漁民生活習俗和壯觀的海市風貌，是不可多得的旅遊、渡假、避暑的勝地。

白沙灣海濱浴場位於蓋州市著名桃鄉歸州鎮。海灘平緩，沙質細膩、晶白，故名「白沙灣」。成片的海防林掩映著一座座渡假新村。遊人可海浴、拾貝殼、剝牡蠣；可垂釣、遊覽果園，海上活動豐富多彩。

▌哪裡被稱為「瑪瑙之都」

　　阜新歷來出產瑪瑙，素有「瑪瑙之都」之稱。阜新縣七家子鄉寶珠營子村發現的一塊重量約有 66 噸的巨型瑪瑙石，備受到中國、外的關注。據說早年十家子鎮也曾挖出過大塊瑪瑙石，有真牛大小，呈臥牛狀，有頭角四肢，因挖的人多，你爭我奪，把這塊「瑪瑙牛」給弄碎了。

　　瑪瑙是石英隱晶質礦物的一種，是石又是玉。瑪瑙質地硬而脆，摩氏硬度為 7，耐磨。顏色美麗，具有蠟狀光澤，半透明，紋帶可形成天然圖形。

　　瑪瑙是火山活動的產物，其化學成分是二氧化矽的隱晶質集合體。距今一億八千萬年至七千萬年前的中生代侏儸紀至白堊紀時代，阜新大地火山活動頻繁，噴發出大量岩漿。其中二氧化矽膠體溶液沉積在岩石裂隙和氣孔中形成瑪瑙。瑪瑙石的形狀和大小取決於岩石空隙的形狀和大小，而二氧化矽膠體中所含金屬雜質的不同，則決定所形成的瑪瑙具有不同顏色的斑塊或紋帶。

　　如果二氧化矽膠體在凝結時包住一股水蒸氣，在冷凝之後又成為液態水留在瑪瑙空洞中，這就是名貴的水膽瑪瑙。水膽中的清水是一億多年前地球上的純淨水，對光亮一照可以看見水膽中的水晃動不止。水膽瑪瑙難尋覓，也難識別，稍不注意就會把水膽弄破。

　　因二氧化矽膠體溶液在岩石空隙中冷卻的時間不同，瑪瑙石常常形成同心帶狀結構，看似一圈一層，實為一體。瑪瑙石從外觀看光滑而完整，但其內部往往有空洞和馬牙石，叫做「樊」，即「樊籠」樣的空洞。有樊的瑪瑙石將大大降低加工利用價值，但在工藝師巧手思索下仍可成為供觀賞的美石。

　　瑪瑙形成後的一億多年間，幾度滄海桑田，隨著阜新大地地殼的升降變遷，有的深埋在火山岩中，有的上升到地表淺層或露出地面。瑪瑙石的分佈分散而無序，不能像煤礦、鐵礦那樣集中開採，只能碰運氣，有時一挖就能採到，有時則白費力氣。

阜新的瑪瑙礦藏主要分佈在阜蒙縣的老河土鄉、蒼土鄉、十家子鎮、泡子鎮、七家子鄉，彰武縣的五峰鎮、葦子溝鄉等鄉鎮，所產瑪瑙多為灰白色（煙色）。

烏蘭木圖山是怎樣得名的

烏蘭木圖山（又名阿麗瑪圖山）位於阜新蒙古族自治縣八家子鄉境內，是縣內第一高山，主峰海拔高度 830 米，方圓 120 平方公里，屬怒魯爾虎山餘脈。山的上部以天然次生灌木林為主，山的腹地以人工油松林為主，盛產五味子、知母等中藥材及松蘑、白蘑等。山上有梯子廟和炮手廟等古刹遺址。

烏蘭木圖山得名於一個美麗的傳說。相傳很久以前，這裡是一個無邊無際的荒野，人煙稀少。原野上有一個土丘，在其北側住著一家「巴顏「（蒙語，意為富人），名叫好必圖。給他放羊的一個剛滿十三歲的小孩，名叫哈達朝魯。哈達朝魯和個患有多年咳嗽病的老母相依為命，過著艱苦的生活。

一天，得知母親想吃大梨，哈達朝魯便像往常一樣，趕著羊群走到後丘上，心裡卻一直想著從哪裡能弄得大梨給媽媽吃的事。他冥思苦想，不知過了多長時間，突然羊群不見了。哈達朝魯又急又怕，他趕忙跑下後丘，見羊群在一個山谷裡吃草。仔細再看，只見穀底邊有一棵大梨樹，碩果累累。哈達朝魯喜出望外，跑上去摘下兩個梨，晚上次家給母親吃了，母親的病竟然奇蹟般地好了起來。

一天夜裡，風雨交加。後丘變成了一個崎嶇險峻的大山。哈達朝魯非常奇怪，趕著羊群走到山的北側，順著一個岩洞的洞口一直走到山的南邊，只見林木翠鬱，奇花異草，桃梨果樹，無所不有。哈達朝魯早已被這奇特的景色給迷住了，忽然聽見有人問道：「這到底是怎麼回事？」

原來，自發現哈達朝魯梨樹那天起，好必圖就盯住了他。今天，又跟到這裡。哈達朝魯心想，這回我非要嚇唬這個為富不仁的傢夥一下不可。便說這個山岩洞叫「婀很烏麥」，好心者隨便出入，作惡者易進難出。好必圖哪裡相信哈達朝魯的話，就跟著哈達朝魯進去了。走著走著，忽然跟在後面的

好必圖發出了一聲慘叫，哈達朝魯回頭一看，好必圖竟真的被「婀很烏麥」夾死了。

後來，哈達朝魯就在這山的一邊修建了一座「阿貴」（廟），叫梯子廟，又修上八十一級臺階，天天上山進香拜佛，母子倆的生活一天天好起來了。哈達朝魯因摘梨治好了母親的病，便稱此山為阿麗瑪圖山，意為有梨之山，後訛傳為烏蘭木圖山。「阿貴」和「婀很烏麥」的風景和洞，至今猶存，景色宜人，美麗無比。現已開發成為烏蘭木圖山旅遊風景區，每年遊人不斷。

「塞北小三峽」在哪裡

堪稱「塞北小三峽」的鬧德海水庫，位於阜新縣滿堂紅鄉境內，始建於1936 年，於 1942 年竣工。水庫大壩雄偉壯觀，是一座用鋼筋水泥築成的空心滾水壩，也是連接遼寧、內蒙的重要通道。

登上大壩，首先看到的是 194.5 米深的大峽谷。峽谷兩岸怪石嶙峋，犬牙差互，石隙中長滿了雜樹山花，景色優美。春夏兩季，兩岸樹木蔥蘢，野花怒放；秋季山裡紅果實成熟，紅光點點，山榆葉經霜殷紅如血，令人賞心悅目，心曠神怡。站在壩頂順峽谷向北眺望，遠處是連綿起伏的沙丘，一簇簇綠色點綴其間，人工林茁壯生長，那就是號稱「八百里瀚海」的科爾沁沙地。

再向東走便是凌駕於峽谷兩岸的空中索道。走上索道，顫顫悠悠，如在雲裡霧中，很容易使人想起「金沙水拍雲崖暖，大渡橋橫鐵索寒」的詩句。當大壩中孔放水時，可以看見兩股清泉從壩中湧出，噴射數十米，飛珠濺玉，經陽光折射後，成為兩道美麗的彩虹，正是長虹臥波的美景。當滾水壩漫水時，洶湧的柳河水從 32 米的高度飛瀉直下，轟然作響，真有「飛流直下三幹尺，疑是銀河落九天」的氣勢。望眼前飛瀑直瀉，看腳下水流湍急，聽水聲如雷貫耳，站在索道上，真有飄飄欲仙之感。

水庫蓄水期（每年的 10 月至次年 5 月）可蓄水 2 億立方米。水面浩浩淼淼，波湧數十里。峽谷處水深 32 米。此時泛舟峽谷，鬥轉蛇行，曲曲彎彎，但忘身居沙荒地，只疑弄舟遊三峽。

▎梅花鹿的人工飼養始於何地

清朝年間，盛京圍場除供皇室狩獵之外，每年均要向朝廷進貢獵物，尤以梅花鹿為主要貢品。據《盛京典製備考》載：「盛京圍場每兩年一次捕鹿羔 60 隻，每年進貢都有皇帝硃批數列。以鹿計，有乾鮮鹿肉、鹿舌、鹿尾、鹿肚、鹿筋、鹿肺、鹿肝等十幾種之多。」光緒二十一年（1895 年），鹿趟獵戶感到年年「窯鹿」（陷阱），野生梅花鹿越捕越少，已難如數進貢。

與此同時，獵戶們卻從捕來的懷孕母鹿在圈養過程中生下仔鹿受到啟發，知道梅花鹿是可圈養繁殖的。於是 48 家獵戶議定派一代表進京面見慈禧太后，稟報了準備人工飼養梅花鹿的想法。慈禧太后不但立即恩準，而且對其進行重賞。另賜養鹿官山地 40 里，撥 40 名騎兵一年軍餉。

隨後，盛京將軍依克唐阿派官兵同養鹿獵戶，在今鐵嶺西豐冰砬山至小四平一帶方圓 40 里作為養鹿官山地，大興土木建造皇家鹿苑。

清光緒二十一年（1895 年）建皇家鹿苑，是中國人工飼養梅花鹿的開端。據國際野生動物保護組織有關專家認定，梅花鹿的人工飼養最早始於「盛京圍場」，即現在的鐵嶺西豐縣冰砬山下的趙家趟子溝。

▎遼西最大的水上旅遊勝地在哪裡

白石水庫坐落在遼寧省北票市大凌河流上游，地外朝陽、阜新、錦州三市中心地帶，交通便利，地理環境優越。水庫總庫容 16.45 億立方米，控制流域面積 17649 平方公里，規模列遼寧第三，遼西第一。

白石水庫庫區內植物豐富，物種繁多。水庫因依當地獨特的白石岩得名。近年來在庫區發現了震驚中外的中生代古生物化石，使白石水庫旅遊資源的開發更具時代意義。

　　登上觀禮臺，遊客可飽覽庫區全景：清晨日出、夕陽西照、春抱凌河、銀鵝戲水。水上樂園興建了以垂釣、浴場、遊船為主的水上娛樂項目。作為遼寧省遼西地區最大的水上旅遊勝地，白石水庫每年都吸引了中國外大量的遊客。

▌世界上植被類型保存完好的最大沼澤地在哪兒

　　雙臺河口自然保護區位於盤錦市境內，距市區約30公里，面積8萬公頃，為綜合性國家級自然保護區。它是目前世界上保存最好，面積最大，植被類型最完整的生態保護地塊，主要保護對象為丹頂鶴、白鶴、黑嘴鷗等世界珍惜瀕危水禽及雙臺河口濕地生態環境。

　　這裡除雙臺河在此入海外，還有大凌河、饒陽河、大遼河等九條河流從該區入海，俗稱為「九河下梢」。由於河水攜帶泥沙的沉積致使海水退卻形成了大面積的灘塗和沼澤濕地。保護區內岸灘的淤進演變過程正是遼河三角洲乃至下遼河平原形成過程的縮影，這在全國具有廣泛的代表性。陸上沼澤環境是蘆葦、翅城蓬等絕對優勢的耐鹽植物群落的天下。翅城蓬單一群落，生長季節一片赤紅，以及由低到高紅綠分明的帶狀植物分佈規律也是中國沿海少見的，都具有極高的觀賞價值和重要的科學研究價值。

　　在生態方面，該區植被除具有淨化水質、降解汙染物外，還有很強的蓄洪功能，是陸地水入海前的一個天然蓄洪水庫，使大量的營養物質和懸浮物在此沉積，既是營養的供應地，又是營養物質的儲積倉庫，哺育了豐富的海洋和淡水漁業資源，是寶貴的物種基因庫。

　　區內地勢低窪平坦，淡水和鹹水相互侵淹、混合，有大面積的淡水沼澤、鹹水沼澤、沙灘和潮汐間泥灘等，形成了適宜多種生物繁衍的河口灣濕地。除了存在大面積的植被外，更是鳥的天堂。它地處中國東部候鳥遷徙的必經之路，每年經此遷飛、停歇的候鳥多達172種，數量在千萬隻以上，其中國家重點保護鳥類有丹頂鶴、白鶴、簑羽鶴、白鸛、黑鸛、白額雁、大天鵝、蒼鷹等達20餘種。同時這裡既是丹頂鶴最南端的繁殖區，也是丹頂鶴最北

端的越冬區和最南端的自然繁殖地，還是珍禽黑嘴鷗在全球僅有的少數幾處重要繁殖地之一。

鳳凰山為何被稱為「遼西第一名山」

「春山吐翠杜鵑紅，夏賞雲海聽瀑聲。秋楓盡染勝錦繡，冬雪冰凌掩青松。」

這是對遼西鳳凰山四季美景的真實寫照。

鳳凰山位於遼西朝陽市城區東部 5 公里處的鳳凰山屬長白山脈，古稱龍山、天柱峰，現名始於清代，占地 55 平方公里，最高峰海拔 660 米。

鳳凰山歷史文化底蘊極為豐富，是遼西的第一歷史名山，早在燕、遼時就是享有盛譽的佛教聖地。西元 342 年，前燕王慕容皝遷都龍城（今遼寧朝陽），不久就在山上修建了迄今為止東北地區最早見諸史籍的佛教寺院——龍翔佛寺，從此，鳳凰山便有了禮佛唸經、降香許願的佛事活動，龍翔佛寺也便成為了東北地區佛教的「祖庭」，被譽為東北佛教第一寺。山上歷代遺蹟眾多，有高聳雲天的遼代塔建之精品摩雲塔，精美峻峭、清泉倒映的大寶塔，在原址恢復的仿古式雷達凌霄塔，石級一脈相連的降香十八盤，古柏蔭翳、小巧精美的延壽寺，以玉石觀音聞名的天慶寺，保存完整、塔寺相依的雲接寺等，除此還有北魏時期的崖佛龕，清代的臥佛古洞等，共同構成了「三塔四寺」的古建築群。

鳳凰山風光秀麗，群峰爭秀，妙趣橫生，融自然美、人文美於一體，交織成一幅天然絕紗、和諧壯觀的中國山水畫卷。新舊景觀渾然天成，新建的人為景觀如，鳳凰山山門氣勢磅礡，西寺暮鼓古樸典雅，九龍壁自然神奇，九鳳壁表現了中國鳳文化的演變序列，歷史文明牆展現了中華文化的源遠流長，這些創意新穎的景點為鳳凰山增色不少。

「鶴鄉」盤錦——人與鶴的共同家園

盤錦多鶴，故稱鶴鄉。作鶴鄉行，必去賞鶴：觀鶴舞，看鶴翔，聽鶴鳴。

　　對於人類來說，盤錦是中國遼寧的一座新興城市。但對鶴類來說，它是驛站，是家園。

　　盤錦境內有九河迂迴蜿蜒、縱橫交錯，造就了世界聞名的遼河三角洲濕地。大片低窪沼澤地上生長著世界上最大的蘆葦田，面積超過 100 萬畝，是一個鳥類覓食、棲息和繁衍的理想境地。同時，它又恰好位於從澳大利亞到東北亞間的水禽遷徙線路上，而鶴正是來往於這條線路上的旅客之一，盤錦因此多鶴。在盤錦的葦蕩中生活著丹頂鶴、白鶴、灰鶴、白枕鶴、白頭鶴、蓑羽鶴等，占世界上現存 15 種鶴類的 2/5。每年春季都有四五百隻丹頂鶴來此停歇，棲息於蘆葦沼澤之中，築巢產卵，撫育後代。要知道丹頂鶴在全世界的數量不過 2000 隻，足見鶴鄉對其吸引力的巨大。

　　為了保護鶴類的生存，1985 年，盤錦市慷慨劃地，在一片水域灘塗葦田基礎上，成立了水禽自然保護區，總面積超過 8 萬公頃。三年後，升格為國家級自然保護區，重點保護鶴類及其棲息環境。在鶴鄉，常常聽到人與鶴之間的動人故事。鶴鄉人曾不辭辛苦在丹頂鶴經常出沒的地方撒食餵鶴。為了保護鶴，有人常年在葦海中寂寞獨處。那些受了傷的鶴，現在也有了專門休養的地方和飼養人員照看。一年 365 天，這些生靈們要在盤錦生活 240 餘天。保護區內有很多明文規定都家喻戶曉，如春季、秋季不許捕魚捉蟹。葦蕩萬頃，鶴鳴聲聲。鶴鄉盤錦已成為人類和鶴類的共同家園。

▌你想觀賞世間奇景「紅海灘」嗎

　　盤錦紅海灘風景區坐落在趙圈河鄉 100 平方公里的葦田濕地內。它以全球保存最完好、規模最大的濕地資源為依託，以舉世罕見的紅海灘、世界最大的蘆葦蕩為背景，是一處自然環境與人文景觀完美結合的綠色生態旅遊系統。

　　「紅海灘」是由生成在遼東灣灘塗上的大片「鹼蓬菜」形成的，這種植物在每年四五月份長出地面，至九、十月間便慢慢地由綠變紅、由紅變紫，像一幅巨大的猩紅色的地毯鋪展在延綿三十餘華裡的平闊海灘上，蔚為壯觀。

這種「紅海灘」只在盤錦的沿海灘塗出現，其他沿海地區尚未發現，而「城蓬菜」在其他地區甚至盤錦境內其他地方也有生長，卻不像這裡的變紅變紫。因此，盤錦「紅海灘」堪稱「自然之謎」、「世界奇觀」。

「紅海灘」一帶還棲息著 230 多種鳥類，其中有丹頂鶴、黑嘴鷗等國家一、二類珍稀野生保護動物 30 多種，是國家級自然保護區。豐富的自然資源和優美的自然景觀使神奇的「紅海灘」被列為遼寧五十佳景之一，成為遼寧省旅遊局對外整體推出的國際旅遊精品。

「紅海灘」的景觀特色及旅遊價值得到了旅遊界人士的高度評價，並被專家學者劃為高級旅遊資源。但是紅海灘的生態保護狀態令人堪憂，目前，專家們正在規劃建設遼河三角洲生態旅遊區，適度開發，保持生態平衡，努力使盤錦紅海灘成為東北地區乃至全中國重要的生態旅遊區。

您知道渤海灣中的第一大島嗎

菊花島位於興城東南距海濱浴場 9 公里的海中，因島上菊花繁茂、四處飄香而得名，面積 13.5 平方公里，海拔 198.12 米。島上地勢南高北低，是渤海灣中的第一大島。

菊花島上自然風光優美，峰秀林翠，鳥語花香。村落、田野錯落有致，山巒、溝壑相得益彰。沙灘邊，貝殼似寶；山腳下，松濤如潮。春夏之際，在青松翠柏之中，山花爛漫、百鳥爭鳴、彩蝶飛舞、蟬聲鼎沸。登山遠眺，天水一色，浩浩渺渺，有「鴻洞吞百谷，周流四無根，廓然混茫際，望見天地根」的宏大氣勢。

在海島南面，有景名為「海滸石雕」、「花崗海琢」，各種形狀的花崗岩石，歷經億萬年的風吹浪打，被剝蝕出奇異的孔洞，宛如能工巧匠精心雕刻的假山是遍佈海灘。

「過海石舫」像一艘精雕細刻的大船，就要揚帆遠航。「黛石浪雕」群裡岩石顏色烏黑，質地細膩，酷似黛玉。被海浪雕刻的動物「熊貓」、「海獅」惟妙惟肖，栩栩如生。在離海面一丈多高的蝗黛石上，還有一個世間奇景，

被海浪雕出了「萬卷藏書」、「百寶入匣」、「梳粧檯」、「照妖鏡」等乳真石像，令人人拍案叫絕。

　　島上有北國罕見的菩提樹和歷史悠久的但至今仍在使用的八角井，島上還有打魚人家世代居住。從捕撈船上買各種剛出海的鮮貨，就可以就地加工品嚐，實為遊者一大樂趣。

文物遼寧

文化的傳承留給我們的不僅僅是書籍的長篇歌詠，更有地上地下保存著十分豐富的文物古蹟。踏上遼寧的大地，觸手可及的是承載著七千年文化的陶缽土碗；攀上遼寧的山峰，納入眼簾的是守衛著歲月變遷的萬里長城最東端；登上遼寧的寶塔，攬入懷中的是鐫刻著古人情懷的碑石對聯……

▌新樂遺址中出土的「木雕鳥」為何成為瀋陽的象徵

新樂文化遺址位於瀋陽市皇姑區黃河北大街，於 1973 年首次發掘，占地面積 178000 平方米，因遺址上建有新樂電工廠的宿舍，故名「新樂遺址」。經中國社會科學院考古研究所測定，新樂遺址距今約 7200 年，為母系氏族公社繁榮時期的村落遺址，屬於新石器時期，由於出土的文物具有獨特的風格和特徵，構成新的文化類型，故命名為「新樂文化」。

新樂文化遺址現建有博物館，展出大量的新石器時代遺物，其中有一些煤精製品，如喇叭形的小碗、圓球、耳環等。這些煤精製品的發現，不但顯示了遼寧及瀋陽地區的獨特之處，而且把煤精雕刻藝術的歷史提前了 7000 多年。還有一件木雕藝術品尤為珍貴，令人歎為觀止。它長 38.5 公分，寬 48 公分，厚 6 公分，樣子很像鳥，由嘴、頭、身、尾、柄 5 個部分組成，形體渾厚，大嘴有氣吞山河之勢，背長使人產生「鵬之背不知幾千里」之感，出土時已斷成 3 截，並因火燒而炭化。

有人說這件木雕製品是鳥，有人說是鷹或雀，也有人說是鵬鳥，說法不一。有專家考證此鳥形狀是新樂民族的圖騰，反映了當時的氏族社會已經產生了圖騰崇拜；也有人認為是氏族首領所用的權杖，但都不成定論。這件木雕藝術品雕工精細，部分鏤空，刀法嫻熟流暢，連鳥身上的羽毛都清晰可見，可稱得上是稀世之物，為研究中國藝術發展史提供了一份珍貴資料。

在 7000 年以前能有這樣精湛的雕刻藝術，這在中國和世界考古史上都是絕無僅有的。如今，以「木雕鳥」為原型的大型雕塑——「太陽鳥」已作為瀋陽的象徵聳立在市府廣場上，向世人述說著瀋陽悠久的歷史和文化……

▌「關外三陵」是哪三陵

「關外三陵」係指清入關前在遼寧境內先後修建的三處帝王陵墓，即撫順新賓的永陵、瀋陽的福陵和昭陵。

永陵，為「關外三陵」之首，滿語稱「恩特和莫蒙安」，位於遼寧省新賓滿族自治縣永陵鎮西北一公里處。永陵是清王朝的祖陵，始建於明萬曆二十六年（1598 年），埋葬著努爾哈赤的遠祖、曾祖、祖父、父親及伯父、叔叔等皇室親族。永陵前臨蘇子河，背依啟運山，有「郁蔥王氣鐘煙靄」之勢。啟運山系長白山餘脈，龍崗山系，在群山眾壑、千山百流擁護之下，由東北方向蜿蜒起伏而來，集結於此，形成一條起伏延千尺的巨龍，首西尾東。「金銀泡」、「懸羊石」、「黑牛石」、「玄石」等天然景觀如同顆顆寶石鑲嵌在陵區周圍。陵區山剛水柔，眾秀呈現，古樹參天，百鳥合鳴，謂天地之靈美，自然之鐘秀。陵寢占地約 1.8 萬平方米，分前後三進院落，院內由下馬碑、前宮院、方城、寶城四部分組成，周圍以繚牆，是中國現存規模較大、體系完整的封建帝王陵寢。建築群以「八景」、「八絕」稱奇，既繼承了漢族文化特點又體現了滿族風韻。1987 年經國務院批準公佈為全國重點文物保護單位。每年都舉行清帝「祭祖大典」活動。

福陵位於瀋陽市東郊，俗稱東陵。福陵是清太祖努爾哈赤及其后妃的陵墓，始建於天聰三年（1629 年），順治八年（1651）年竣工，後屢經改建、擴建。福陵建於丘陵之上，前有渾河，後倚天柱山，由前向後地勢逐漸升高。陵園南向，占地 19.4 萬多平方米，四周繞以矩形紅牆。南面正中為正紅門，門東西牆上嵌有雕著蟠龍的琉璃袖壁。門前兩側分佈著下馬碑、石獅、華表和石牌坊。走入正紅門，腳下是磚鋪的甬路，兩旁整齊地排列著成對的石雕，有華表、駝、馬、獅、虎等。沿「一百零八磴」臺階拾級而上，是一個平整的臺地，正中立著一座重檐歇山式碑樓，內立康熙帝撰寫碑文的「大清福陵神功聖德碑」。碑樓的北面是福陵的主體建築——方城，周長約 370 米，牆高約 5 米，牆上有馬道、堆口和女牆，城的四隅各有一座角樓，均為二層重檐歇山式頂。南面正中辟門，上有三滴水歇山式門樓。方城正中建有隆恩殿，是供奉神牌和祭祀的地方，殿前有焚帛亭，兩側有東西配殿，均為歇山式建

築，帶迴廊。殿後有石柱門、石五供和券門。方城的北面就是月牙形的寶城，寶城前壁的正中有一座琉璃照壁。寶城的正中是寶頂，系用三合土築成，下麵的地宮埋葬著清太祖努爾哈赤和孝慈皇后葉赫那拉氏。福陵現為國家重點文物保護單位，是瀋陽著名的旅遊勝地。

昭陵位於瀋陽市區北部，俗稱北陵，為清太宗皇太極和皇后博爾濟吉特氏的陵墓。昭陵始建於清崇德八年（1643年），竣工於順治八年（1651年），規模宏大，結構完整，仿自明陵而又具有滿族陵寢的特點，是漢、滿民族文化交流的典範。昭陵不依山傍水，而是直接建在平地上，四周護以繚牆（圍牆），極似一座小城。全陵占地18萬平方米，由南至北共分前、中、後三大部分。前部從下馬碑到正紅門，主要建築有華表、石獅子、石橋、石牌坊等。中部從正紅門到隆恩門，主要建築有華表兩對、石獸六對（石獅子、石麒麟、石獬豸、石駱駝、石馬和石像各一對），其中的一對石馬傳為仿皇太極生前最喜愛的兩匹坐騎「大白」和「小白」而造。石獸群北中軸線上有碑亭，內有康熙親自撰文的「昭陵神功聖德碑」。後部從隆恩門到寶頂，主要建築有隆恩殿、東西配殿、隆恩門、明樓、焚帛亭和地宮等。後部是陵園的主體部分。昭陵主體建築都建在中軸線上，由南至北依次為：神橋、牌樓、正紅門、碑亭、隆恩門、隆恩殿、明樓、寶頂。兩側呈對稱佈局，建有輔助建築。1927年，奉天省政府將昭陵闢為公園。建國後，經過不斷維修增建，廣植花木，造湖築堤，增添樓臺亭榭，現在昭陵已闢為北陵公園，成為瀋陽市最大的公園，占地330萬平方米。陵園內樓臺殿閣，氣象軒豁，黃瓦紅牆，綠樹掩映，壯麗輝煌。昭陵是瀋陽著名的景點之一，現已成為中國外遊人來沈必遊之地。

▌清初四塔有何特色

清初四塔是清太宗皇太極敕建的瀋陽城外的東、西，南，北四塔，崇德八年（1643）動工，順治二年（1645）竣工，每塔的下面各建寺廟一座，塔和寺廟同時建成，均為喇嘛廟藏式塔。據寺內碑銘記載：「盛京四面各建莊嚴寶寺。每寺中大佛一尊，左右佛二尊，菩薩八尊，天王四位，浮圖（塔）一座。東為慧燈朗照，名日永光寺；南為普安眾庶，名日廣慈寺；西為虔祝

聖壽，名日延壽寺；北為流通正法，名日法輪寺」。據說，四塔四寺除名稱和供奉的佛像不同之外，其建築規模和造型幾乎完全一致。

四塔今只有北塔法輪寺保存較為完整，現位於洪區北塔街 27 號，占地約 10000 多平方米，有山門、鐘樓、鼓樓、天王殿、大殿、晾經樓、僧房等各式建築共計 42 間。大殿上方懸掛著乾隆親筆御題的「金鏡周圓」匾額，殿內供「天地佛」一尊，左右佛兩尊，菩薩八尊。天王殿內供奉彌勒佛、四大天王和韋馱。

塔位於寺院的東北角，高 21 米左右，由基座、塔身、相輪三部分組成。基座為方形束腰須彌座，有上下框，在四角和每面中間立有兩根石柱，由石柱間隔，每面有三個壺門，雕刻著俯仰蓮、寶蓮花等紋飾。中間的壺門凸出，內置磚雕寶盆、火焰珠，兩側的壺門稍稍內收。基座之上是三層磚砌圓壇座，再往上即是寶塔式的塔身，共十三層，層層內收，塔身頂上為塔剎，由寶蓋、日、月、火焰珠組成，均為銅鑄。

四塔均為塔寺合一，東塔隨永光寺供奉地藏王佛，南塔隨廣慈寺供奉千手千眼佛，西塔隨延壽佛供奉長壽佛，北塔隨法輪寺供奉天地佛。

北塔在 1962 年 1 月北瀋陽市公佈為市級文物保護單位，1984 年國家撥款對北塔進行了維修，並修復了法輪寺的大殿、山門、配殿，舉辦了佛教密宗藝術和盛京古城風貌陳列，新建了碑林，於 1987 年 10 月正式對外開放。東塔，南塔也於 1985 年和 1986 年相繼修復，開闢為公園和景點。

▎故宮「鎮殿侯」的傳說

在瀋陽故宮金鑾殿（崇政殿）西邊，有一座樓房，上有匾額寫著「翔鳳閣」三個字。翔鳳閣裡，供奉著兩具活靈活現的白熊像。傳說，那兩隻白熊，是給清太宗皇太極把守朝門的兩名武士。

相傳，這兩名武士力大無敵，都能橫推八匹馬，拉倒九頭牛，立過不少戰功。皇太極即位後，令其把守朝門。他倆忠心耿耿，盡職盡責。在皇太極

登基的第五個年頭兒，他攻破了明軍把守的大凌河城（今遼寧錦縣），帶兵回到盛京後，文武百官前來祝賀，這可忙壞了守朝門的這兩位武士。

一天，三貝勒莽古爾泰（皇太極第五兄）喝得酩酊大醉，身帶佩刀去祝賀。走到朝門，被攔住說：「請三貝勒入朝留下佩刀。」莽古爾泰罵道：「兩個臭把門的，竟敢管你家貝勒爺？」二位武士賠笑道：「這是朝廷的王法啊！」莽古爾泰大怒道：「當今皇帝也不敢對我這般，你倆真是狗膽包天！」說罷，就抽刀殺了兩位武士。

皇太極以「上朝持刀」論處，革去了莽古爾泰的官職。可說也奇怪，自打那以後，每當皇太極進出皇城時，他離老遠就能看見一對大白熊，站在新換的把守前門衛士的前面，可到了朝門的跟前，卻只有新換的守門衛士。於是，皇太極便令人找來能工巧匠，雕塑了兩隻活靈活現的白熊，安置在金鑾殿自己座位的兩邊。

一天，莽古爾泰同眾貝勒去金鑾殿朝拜皇太極，他見到那兩隻白熊嚇得魂不附體，嘴裡不停地念道；「朝門衛士饒命！朝門衛士饒命啊……」皇太極見此情景，什麼都明白了。當下差人將莽古爾泰送回府去。沒多久，莽古爾泰就病死了。

於是皇太極便封兩隻白熊為「鎮殿侯」。

▋瀋陽中心廟曾經是「私人宅院」嗎

瀋陽故宮大正殿北牆外有一座已經殘破不堪，屋頂雜草叢生的古廟。廟舍只有一間，為硬山式青磚石瓦單簷建築，門窗已不再是原來的模樣。只有山牆壯頭，壓磚石、交柱石等處雕刻的花卉、松、鹿圖案依稀尚存，訴說著往昔興盛的歲月。這便是是沈城著名的「中心廟」。

中心廟主位供奉關聖帝君，左右兩側供奉城隍、財神、山神、土地共五座神像，占地面積「不足半畝」，四周有圍牆。

據說，此廟在明代已經存在。明代瀋陽城辟有東、西、南、北四門，「十」字形街道。中心廟恰好位於「十」字的中心點，這樣使四門不能互見，形成「釘

子路口」，以便於防守。另外，古人認為城的中心點有「鎮制」作用，可以驅魔守福。

中心廟的始建年代已無從考證，據記載，中心廟主持劉維性曾表示，此廟是他家的「私人宅院」。劉維性祖籍江浙，元明之交遷到瀋陽，專職看守瀋陽城隍廟。劉氏為表示「不忘祖宗」，便修建了這座中心廟。從明代直至20世紀30年代，劉家已在此管理數十代。當然劉維性的話不一定完全可信，特別是涉及廟產歸屬問題，有所誇大在所難免，但劉家世代看守此廟大致屬實。

中心廟在清代最後一次修繕是道光元年（1821年），這次工程由守廟道錄劉振聲主持，竣工時曾留下匾額為證。1938年奉天商會以此廟年久失修、殘亂不堪為由，召集中街各主要商號五、六十家，集資修葺此廟，工程於1938年7月興工，歷時兩個月，花費大洋兩千五百元。工程結束時樹碑石一方，以志各家功德及修建始末。

中心廟於1966年改為民宅，1995年修建「東亞廣場」，中心廟周圍明代十字型街道盡被改為廣場。後來經過有關方面的極力爭取下才使這座中心廟得以保存下來。

1998年經瀋陽市文物管理部門批準將其重新翻修，又在其四周建起青色圍牆，整舊如新，並對外開放。

▌瀋陽為什麼要重新修復「魁星樓」

道教把魁星尊為主宰文章興衰的神。唐代大興科舉考試以後，很多地方紛紛開始修建魁星樓，供學子們在進京趕考前頂禮膜拜，以祈求文星高照，金榜題名。瀋陽自然也不例外。

瀋陽魁星樓始建於後金天聰二年（1628），原址坐落於萬泉河北岸、大東區菜市街魁星胡同14號。清道光後曾三次翻修。樓院坐北朝南，為一長方形大院落，入口圓旋門上的青方磚上面刻有「魁星樓」三個大字。

樓院東南側建有魁星閣，高約 20 米。據記載，魁星樓的一層是空閣，為閣的基礎；二層是樓梯；三層供有一個 1.5 米高的檀香木刻魁星雕像，「右手高舉硃筆，左手端一方硯」。傳說在明、清盛行科舉制度時，讀書人每次趕考前都要到此拜一拜，以求中舉，魁星樓的名氣由此越來越大。瀋陽縣誌中記載：「魁星閣高峙城東，夕照晚霞，一望千里。」「星閣晴霞」，為著名的瀋陽八景之一。「文革」期間，魁星樓被毀。

2006 年，瀋陽計畫開展歷史遺蹟游，因魁星閣的「星閣晴霞」為瀋陽八景之一，極具觀賞價值和歷史意義，被列入整修之列。魁星樓等一系列舊址的修復將有利於瀋陽地區文化氛圍的形成，也拉開了文化帶建設和發展的序幕。

小朱山文化遺址的發掘有何意義

小朱山文化遺址位於大連長海縣廣鹿島吳家村西，是新中國東北地區新石器文化的代表遺址之一，是大連地區原始文化編年的重要依據，2003 年被遼寧省政府定為省級文物保護單位。

小朱山文化遺址屬貝丘堆，遺址中遺物豐富，共有上、中、下相互疊壓的三個文化堆積層。其中，最下層文化，距今有六七千年，是大連地區目前發現最早的新石器時代的原始文化。當時人類正處母系氏族社會時期，能夠使用磨製的生產工具，如發現的石棒、石斧、石磨等都可以用來證明。另外，在遺址中還發現了當時居民建造的帶有火灶的半地穴式的房屋。

遺址中的中層文化，距今約有 5000 年，屬於父系氏族社會時期。這一層的發掘物，比下層更為豐富，主要有打製的石刀、石鏟、石網墜等，另外還出土了繪有幾何圖形的彩陶，說明中層文化受到山東大汶口文化的影響。小朱山原始居民當時以農業和漁獵業為主，並出現了家庭飼養業。在房屋建造方面，能夠建造屋內有柱子支撐屋頂、門外有一臺階的半地穴式的房屋，面積縱橫達到約 5 米。

遺址中的上層文化，距今約有 4000 年，屬於父系氏族公社的晚期。這一層發掘物中，除了大量的石器和夾砂陶器以外，還有輪制磨光的黑陶，種類繁多，器形進一步規範，說明受龍山文化影響很大。這一時期，人們普遍學會飼養家畜、紡織、編制和制骨，農耕已經是主要的生產活動，大連地區私有財產和貧富分化開始出現，逐漸產生了階級，原始社會開始走向解體。

大嘴子遺址的出土文物有何特殊的歷史價值

大嘴子遺址位於大連開發區振興路通往大連市區的紅土堆子灣跨海大橋處。該遺址發現於 20 世紀 50 年代末，距今 4000 餘年，是一處具有遼東半島南端特色的大規模的青銅時代村落遺址，因其地形似動物噘起的嘴巴而得名。

大嘴子遺址中出土了很多重要的文物。考古工作者在大嘴子遺址首次發現了遼東半島的石砌建築——石牆，為研究原始社會的建築與社會形態提供了資料。在石牆外還發現了深埋於土堆之下的蠣子殼、網兜和魚鉤等，這在中國考古發掘的歷史上是絕無僅有的，它把中國用網捕魚的歷史提前了四五百年。此外，還發掘出 45 座房址，並發現 6 罐糧食，經專家鑒定是高粱與稻子。遺址出土的高粱是迄今為止東北地區發現最早的一處，它把東北高粱種植的歷史向前推進了 1000 年；而稻子的出土則可能解決了歷史上一個懸而未決的問題，即朝鮮半島和日本的水稻可能是從遼東半島傳播過去的。

大嘴子遺址還出土了大量的石斧、石鑿、石刀、石戈、骨針、貝與骨制的項鍊和及青銅武器等。1993 年大嘴子遺址被大連市政府確定為愛國主義教育基地。

您知道大連營城子漢墓嗎

營城子漢墓坐落於大連市甘井子區營城子鎮幕城驛與沙崗子村之間。這裡背靠群山，前迎渤海，山地豐腴，山清水秀。被國務院定為國家重點保護單位的營城子漢代壁畫墓，是遼南已發現的唯一一座磚砌壁畫墓，為全世界所罕見的。

漢墓為磚砌結構，近似「山」字型，建有主室、套室、前室和側室，中間高，側室低，錯落有致。磚的一端均飾有環狀紋、羽紋、方格紋等圖案，有的磚飾還塗有紅色、黃色或白色色彩，使墓室內富麗堂皇、絢麗多彩。墓室穹頂採取青磚向上內收，交錯疊壓式砌築工藝，線條柔和，結構科學，堅固耐久，至今約兩千年。

壁畫繪在墓室主室內壁和東西兩門外牆面上，是一幅墓主人升天圖。圖中央正中繪有一名男子，著長衣，佩長劍，面向左方，腳下雲霧繚繞。男子前方有一老者，迎接墓主。

漢墓內還遺留一些隨葬的陶案、陶房、陶灶、陶豬、陶燈等器皿，為研究漢代社會構成提供了實物資料。

大連戰國至漢代的海防城堡在哪裡

「牧羊城遺址」位於大連市旅順口區鐵山鎮牧羊村刁家屯與劉家屯之間的丘陵上，西南距渤海約 500 米。

據史料記載：在西漢初期，衛氏朝鮮與西漢保持和好的關係。漢武帝即位以後，衛氏朝鮮國力漸強，開始阻止朝鮮半島其他小國與漢朝來往。元封二年（西元前 109 年），漢武帝曾經派遣樓船將軍楊僕和左將軍旬彘率領 5 萬大軍分水旱兩路討伐衛氏朝鮮。當年，楊僕將軍率水軍渡渤海圍攻王險城之前，曾經在此囤糧駐兵。

「牧羊城遺址」平面呈長方形，南北長約 130 米，東西寬約 82 米，城壁的基部為砌石，其上以土夯實，上面可見清晰的夯層和夯窩。現存的城牆高出地面 2～3 米，其中，北面城壁有一處寬約 12 米的缺口，為古城門的門址。「牧羊城遺址」於 1928 年 9 月被髮掘一部分，在出土文物中，既有青銅時代的石斧、石刀、石紡輪、骨針、夾砂褐陶器等，又有從漢代至戰國時期的鄓刀幣、半兩錢和五銖錢等貨幣，還有銅器、鐵器、陶器、板瓦和筒瓦等。此外，牧羊城遺址還出土了一些令印的封泥，由此我們可以斷定：古時的牧羊城，信使頻繁往來傳遞信函。

根據考古發現和研究證明：牧羊城是建築在青銅時代遺址之上的古代城堡，始建於戰國末年，西漢時期已經發展成為人口稠密、交通便利、經濟繁榮的規模，是漢代重要的海防城堡和中原與東北地區交往的中樞。

▌您到過大連自然博物館嗎

大連自然博物館的前身是日本侵佔東北以後由「南滿洲鐵道株式會社」於 1907 年創辦的「地質調查所」。1926 年，由於展示標本數量、種類不斷增多，收集的地域不斷擴大，遂改名為「滿洲物質參考館」並正式對外開放。1932 年，在展示原有資源標本外，還增加了東北、蒙古等地的民俗陳列內容，並改名「滿洲資源館」。1945 年 8 月 23 日，中國長春鐵路公司接管該館，易名為「東北地方誌博物館」。1950 年 11 月，大連市人民政府文教局從長春鐵路局接管後，將館名改為「東北資源館」，並充實調整了陳列內容。1959 年，為慶祝抗戰勝利 14 週年，館名正式定為「大連自然博物館」，由郭沫若先生親筆題寫館名。

大連自然博物館舊址位於勝利橋北，是一棟具有濃郁俄羅斯風格的建築，原為 1898 年沙俄統治時期修建的市政廳大樓。1995 年，大連市委、市政府決定移址新館。新館位於風景秀麗的黑石礁海濱，與星海公園相鄰，1998 年 10 月建成，為歐式風格建築，是中國唯一擁有 27 萬平方米海域的自然博物館。

大連自然博物館以「自然與人」為設計主題，以海洋生物為重點，重在展示生物物種與生態環境的多樣性，主要展廳有：序廳、地球廳、恐龍廳、巨鯨廳、無脊廳、海藻廳、軟骨魚廳、硬骨魚廳、海洋哺乳廳、遼西化石廳、東北森林廳、濕地廳、物種多樣廳等。

展廳內有許多罕見的標本，如重達 60 多噸的黑露脊鯨巨型標本、40 多噸的抹香鯨，還有中國獨一無二的一窩近 40 具鸚鵡嘴恐龍化石。在展示手段上，充分運用現代燈光音響和多媒體等高科技手段，使自然與人完美地結合起來，成為人們認識自然，親近自然，進行環境科學教育和科普教育的基地。

▌現代博物館為何被稱為「濃縮的大連城市風貌」

大連現代博物館位於大連市星海灣廣場西北側，占地面積兩萬多平方米，建築面積達 3 萬多平方米，是於 2002 年建成並對外開放。

現代博物館採取雄偉壯觀、華貴典雅的西方建築風格，但其黑白相間的主牆又是中國「陰陽學說」的體現，中西結合，整個風格獨特、現代，是大連市 21 世紀的標誌性建築，博物館內廣場的廊柱與正門之間相距正好是 21 米，由此走過，暗喻跨進了 21 世紀。

博物館的地面建築分為大堂和展廳，大堂精美華麗，中間設有「天圓地方」的雕塑，象徵天圓的球體上刻有「同在一個星球，共愛一方熱土」，在象徵「地方」的基座上則刻有大連市榮譽公民的名字。展廳面積為 15000 平方米，以大連百年歷史為縱軸，展示大連城市風情和社會發展的各個層面，分為「城市風貌」、「騰飛的經濟」、「浪漫之都」、「回顧與展望」四個主題展覽，共有 22 展區，近五千餘件展品，從不同角度、不同方面展示了大連市百年來的風雲變幻。

大連現代博物館是中國第一座以「現代」冠名的綜合性博物館。走進博物館，你會發現整個博物館從設計理唸到設計風格，從色彩運用到材質選擇，從燈光效果到音響配合，無不透露著濃濃的現代氣息。

與傳統的博物館相比，現代博物館廣泛運用現代的聲、光、電手段從海底、陸地、天空多角度地再現了大連的過去、現在和未來，使展陳更直觀、更立體，並大量採用影視技術、虛擬實境、多媒體觸控式螢幕等高科技展示手段，調動了觀眾參觀的興趣和熱情。在色彩的運用上以大色塊平面幾何構圖，襯托不同的主題內容，使展區瀰漫著現代的氣息，如老大連館，歷史的沉重感讓它們以淺褐色為主調，表現出歲月的滄桑和勞動人民的喜怒哀樂。燈光作為現代博物館展區的靈魂在布展中匠心巧運：藍色燈光基調暗合著大連的浪漫氣質，將 22 個展館統攝於整體風格之中；而不同色調的局部照明從展品的特性出發，將展品的特點襯托得十分突出。來表示不同的主題。

大連現代博物館是「一部濃縮的大連地方史」、「一部形象的大連百科全書」，如果遊客只在大連作短暫的停留，而又想更深入地瞭解到大連的過去、現在和未來，那麼大連現代博物館將是你的最佳去處，您盡可「一日覽盡大連」。有一種說法：走進大連現代博物館就走進了百年大連，走進了全新的博物館世界。來大連現代博物館參觀遊覽，將是您無悔的選擇。

▌海城有哪「三塔」

塔，是人們的一種精神寄託，從古至今，人們用這種特殊的建築形式表達了對神靈的虔誠和良好願望。鞍山地區的古塔建築，目前尚存最早、最多的當屬遼金時期的古塔，如海城的金、銀、鐵三塔。

金塔位於海城市析木鎮西北 2.5 公里的羊角峪西山腰上，為省級重點文物保護單位。該塔八角十三級，密簷實心磚結構。高 31.5 米。基座是兩層須彌座，每面 4.1 米。上層雕樂舞人物，下層中央雕半身獅子。各角配列仁五力士像，基座與第一級塔身之間雕複瓣蓮花。八個角為磚砌圓柱，柱頂有磚雕鬥拱，輔間鬥拱。塔身佛龕座佛一尊，兩立肋侍。上有四重寶簾，八個角有磚砌圓柱。每面有一拱龕，龕內雕有坐佛一尊，神情端莊，兩旁立脅侍。脅侍人物栩栩如生，披戴瓔珞，腳踏蓮花。龕頂上雕有小寶蓋，龕門上方雕有四垂大寶蓋、蓋上是飛天，飛天形體秀美，體態輕盈活潑。各種圖案佈局合理，構思和諧。根據金塔的整體形制，技藝手法及塔座人像的契丹裝束等特徵，該塔被認定為遼代建築。

銀塔位於海城市東南 25.5 公里接文鄉西塔子溝村北山上，建於金代，1953 年進行修補。系省級文物保護單位。銀塔高約 20 餘米，造型秀美挺拔。塔為六面九級實心密簷磚塔，塔基須彌座每面長 2.8 米，有磚砌仿木圍欄，欄板雕有花紋，還有鷺鷥、虎、荷葉、水草等花紋。塔座與塔身之間雕仰複蓮瓣花紋。第一級塔身六角有磚砌仿木方形柱，上有柱頭，補間四鋪作鬥拱，每面龕內有座佛一尊，兩側有脅侍，上有寶蓋和飛天，塔頂砌有蓮瓣寶瓶。

鐵塔位於海城市東南 20 公里析木鎮西北角，建於金代，系市級文物保護單位。整個塔造型較小，高約 10 餘米，為六面七級實心密簷磚塔，塔基

須彌座早已破壞，座上雕仰複蓮瓣花紋。塔身六角有磚砌仿木圓形柱，有柱頭，補間四鋪作鬥拱，每面有磚雕立佛一尊，高約 1.5 米，上有寶蓋。第二層塔身較矮，每面有磚雕小坐佛兩尊，形態各異，其上各層密簷用磚疊砌，略有收度，塔頂為覆缽式，鐵刹桿插於其上。

海城「三塔」建築手法十分優秀，反映了中國古代勞動人民的聰明和智慧，對於研究遼代、金代建築藝術和民俗風情有較高的參考價值。

▌效聖寺有何神奇之處

效聖寺位於岫岩城南 24 公里的楊家堡鎮松樹秧村臥鹿山的半山腰處，是中國五大奇寺之一，也是省內現存唯一的一座石建築古廟，1988 年 12 月被列入省級文物保護單位。效聖寺始建於唐代，相傳原為三間草堂，清嘉慶年間改建為純石結構，稱「效聖寺」。整個石廟建築「石廟房、石佛像、石鐘樓、石圍牆」，令人歎為觀止。

造型奇特的效聖寺工程浩大，氣勢雄偉。在無起重裝吊的古代，以噸計算的石頭是怎樣搬到山上，石廟又是怎樣建造起來的呢？

據說，早年有個姓崔的銀匠，傍晚路經臥鹿山時聽山腰叢林間有人爭吵。崔某順聲過去，不見人影，卻見三間草房，門上懸一匾「效聖寺」。順原路返回時卻迷了路，於是他跪拜廟前，許願如若歸家，定修廟堂。說完，他驚奇地發現自己已經回到了家門前。

銀匠將所遇之事告訴一姓柏的商人。商人遂會同眾人，於夜間來到臥鹿山。眾人所遇之事果然如崔某所說。於是商人就集資，聘請能工巧匠，重修廟宇。當所有準備工程就緒，即將上樑之時，則因大石柁過重而受阻。

眾工匠正在犯難之際，見一白髮老翁從此路過，忙上前詢問辦法，老翁說：「我都是土埋半截的人了，能有什麼辦法？」話剛落地，老翁就消失了。眾人恍然大悟，用「土埋半截」之法，培土加高，就地舉架，覆蓋殿頂，然後將土撤出，最終將石廟建成。

效聖寺正殿為三間石屋，除門窗為木製外，牆體、廊柱、梁架、屋頂、殿脊、吻獸等均是石製結構。屋頂上前坡共由 18 塊大石板組成，精雕細刻成瓦狀，嚴密合縫，宛如整體。殿內四根石柱頂天立地，棚頂的石樑很是神奇。據說觀看石樑的濕潤程度，可以測定有雨無雨，如石樑重潤則有大雨，微潤則有小雨，不潤則不雨。殿內共有石像五尊，分別為南海觀音、釋迦牟尼、地藏王、如來佛、二郎神。石像造型古樸，個性鮮明。效聖寺東西兩側還建有廊房，為現代仿古建築。東側廊房南側有石鐘樓一座，由四根石柱支撐而起，其建築材料與正殿相同。鐘樓內懸掛著一口古鐘，渾厚的鐘聲隔絕著塵俗之間。

▌張老道家宅為什麼被稱為晚清建築的標本

張老道原名張國文，又名張雲華，清光緒五年（1879）出生，年輕時蓄髮入教，拜北鎮醫巫閭山郎長老為師，後繼承其業。他在原有教義基礎上獨創「咪咪教」，弟子遍及遼寧、山西、黑龍江、吉林等地。張老道歸鄉後置田建宅，家有良田千頃，並在奉天有一商號，在天津開設百貨行，成為當地少有的富紳，但樂善好施，交遊甚廣。

張老道家宅位於臺安縣達牛鎮岳家村，乍看古宅，有些淒涼、破舊，但不失古樸。宅內庭院深深，視野開闊，四周高高的圍牆全部是「磨磚對縫」砌築，這是典型的清代民間建築工藝。其方法是將青磚用豆漿浸泡後，再用小黃米東加石灰砌築，牆身會異常堅固。據記載，這座家宅始建於清末民初，門房四間，正房五間，東西廂房各三間，後院倉房二間，後院生活用房四間，圍牆高聳，四角築有炮臺。今雖僅存正房和門房，但保存下來的建築都比較完好，將清代建築的精湛工藝表現得淋漓盡致。嵌於建築上的各式精美石刻更是令人歎為觀止，無論是窗戶下的枕木，還是房檐下的花、鳥、獸，無一不雕刻的精美絕倫，栩栩如生。

張老道家宅歷經百年風霜雪雨、兵荒匪亂至今保存完好，這在東北地區極其罕見，是臺安縣境內唯一保存最完好的典型晚清風格的建築，具有較高

的藝術價值、歷史價值和科學價值，1996 年 10 月由臺安縣人民政府確定為縣級文物保護單位。

▌一宮三陵的琉璃官窯在哪裡

皇瓦窯遺址位於海城缸窯嶺村北側的山坳中，依山勢呈不規則形分佈，面積約 15.75 平方公里。據考證，中國琉璃官窯發現不多。清代僅有北京琉璃窯（清初在今北京琉璃廠，後移至門頭溝琉璃渠）和盛京琉璃窯兩處，盛京琉璃窯即海城皇瓦窯。

琉璃被用做宮殿建材始於北魏，而封建王朝直接管理琉璃燒造事務則始於北宋。元代正式設置官琉璃窯場並委官督造，明清兩代承襲元制，分別設立了官琉璃窯場。從此，琉璃產品不僅被專用於宮殿陵寢，而且作為皇權的象徵用來標誌級別的高低。

據二十世紀 50 年代尚健在的清末老窯工回憶，海城皇瓦窯琉璃生產工序分為「五做」，即畫做——專門從事琉璃構件的紋飾繪畫和雕塑，承旨依樣，由盛京工部出圖樣，畫做匠師依樣繪製；板瓦做——專事吻、脊、勾頭、滴水及簷磚等各種裝飾件製作；筒瓦做——專事用量最大的普通琉璃瓦；燒窯做——為生產緊要環節，燒窯火候的穩、急、老、嫩直接關係產品品質，成敗在此一舉；釉做——為最重要的技術工序，極其保密，所用材料、配比、調製方法等除專掌人一人之外，任何外人不知，調釉時也不能讓外人看見。上釉方法為塗、蘸、吹等，上釉後再入窯低溫燒成。

由於工藝繁瑣，釉料昂貴，加之人工和運輸費用，故琉璃成本很高，無論大小，每塊合白銀一兩（銀元 1.39 元），由戶部按數支付。琉璃成品，全用馬車運往盛京各地，路程遙遠，晝夜兼行，至今海城析木一帶流傳當年侯振舉躍馬揚鞭「千里送琉璃」的故事。

海城皇瓦窯作為中國清代僅有的兩座琉璃官窯之一，其歷史作用不可低估。遺址中出土的「昭陵角樓」、「清甯宮」、「大清門」、「永陵」、「啟運殿」、「北鎮廟大殿大脊」、「賢王祠山門」等帶有文字標誌的琉璃構件，

雖然字跡潦草，歪歪扭扭，但這些出自窯工之手的寶貴文字，無可爭辯也證明了瀋陽故宮、關外「三陵」乃至努爾哈赤最早的「金鑾殿」（遼陽八角殿）等清代關外所有的皇家建築，其使用的琉璃建材均來自海城皇瓦窯。

赫圖阿拉城的老井為什麼叫汗王井

赫圖阿拉城中部低窪，形若盆地，最低處有全城唯一的飲水井。井深丈餘，井水充盈，俯身可取，清澈見底，清爽甘甜，嚴冬不封，酷暑清涼。自古以來，城內軍民皆飲用此水，這就是被譽為「千軍萬馬飲不幹」的汗王井。因努爾哈赤在此城「建元稱汗」，故得名「汗王井」。

汗王井略呈長方形，以色木、柞木成井字疊壓，自井底至地面，井內徑 1.1 米，枷木直徑 20～30 公分，井口以四塊木板圍成長方形井裙 1.21×1.3 米，高出地面約 30 公分，裙板厚約 8 公分，是迄今為止中國十分罕見的一眼古代木構泉水井。

關於此井有諸多神奇傳說。相傳，努爾哈赤當年打井前在這裡徘徊多時。那時這裡是一棵枝繁葉茂的老榆樹，榆樹四周是鬱鬱蔥蔥的毛樹雜草。聰明的汗王判斷這裡水質充盈，決定打井。井很快打了出來，老城的人們結束了出城到河裡挑水喝的歷史。

幾百年來，汗王井一直是這裡人們的生命之源，飲水思源，儘管人們如今早已吃上了自來水，但人們依舊愛著這口老井。雖然經歷了數百年的風雨變遷，但這口井內的水依然湧溢不斷、清醇甘冽。

薩爾滸山城古遺址今何在

清河和蘇子河像兩條美麗的玉帶在鐵背山西端交匯成渾河，其南方約 5 公里處有一半島，三面環水，這便是著名的薩爾滸山所在。「薩爾滸」為滿語，漢意為「木櫥」之意，形容山上森林繁茂。

薩爾滸山高約 70 米，形勢險要。山上有薩爾滸古城遺址，透過那漫山遍野的樹林，人們不禁發思古之幽情，彷彿能聽見 300 年前那震耳的廝殺聲。

後金天命三年（1618 年），努爾哈赤大規模進攻撫順城。第二年，又親率八旗大軍進攻薩爾滸山的明軍大營，殺死統帥杜松，殲滅明軍將士 40000 多人，這一戰對清王朝的建立有著重要作用。乾隆四十一年（1776 年），清帝東巡至此，為紀念薩爾滸大戰的勝利，在山腰建立了《薩爾滸山之戰書事》碑一座。乾隆帝親自書寫碑文，督造黃琉璃瓦碑亭護之。

薩爾滸山城建立於天命五年（1620 年），是努爾哈赤在薩爾滸大戰後建立的臨時都城。山城順山勢起伏，分內外二城。外城比內城大四倍，東西長約 1500 米，南北長約 900 米。兩城城牆主要用土壘築，部分砌以石塊。

1958 年大夥房水庫建成後，古城移在半島之上，有的戰場和村落淹沒在湖底。《薩爾滸之戰書事》碑亭已移至瀋陽故宮大政殿東側保護。

廟後山遺址有何歷史價值

廟後山位於本溪滿族自治縣山城子村東，距本溪水洞 15 公里，也是遊關門山和湯溝溫泉的必經之地。這座古人類遺址，自 1978 年發現，至 1982 年，國家、省和市考古工作者在這裡先後進行了四次重點發掘，出土了大量古生物化石、石器和用火痕跡。考古學家認為，這遺址大約和北京猿人同期。在遺址中，還發現兩顆人牙，一段小孩股骨，兩塊幼兒頂骨和一根小孩橈骨。

在 A 洞堆積物中，還有大量哺乳動物化石，現已鑒定出 76 種。主要有師氏中華河狸、腫骨鹿、三門馬、李氏野豬、碩獼猴、劍齒虎、中華縞鬣狗、更新獐、洞熊、葛氏斑鹿等。同時還發掘 60 餘副有人工打製痕跡的石製品，如石斧、石鑢、石球、石鑿、石網墜和石紡輪等。兩副骨器是骨針、骨刀。石器原料主要為安山岩，石器文化雖然同華北舊石器時代文化有很多相似之處，但又有其自身顯著的特點，故命名為「廟後山文化」。在遺址中還發現有炭粒、灰燼及燒骨。另外，在 B 洞上層堆積物中還出土大量的磨製石器和陶器等文化遺物。

廟後山遺址經科學研究部門進行年齡測定，其地質時代為中更新世中、晚期（距今約 40 萬年前），文化時代為舊石器時代早期，絕對年齡最早可達 33 萬年左右。

廟後山遺址是中國重要的舊石器文化遺址之一，為研究遼東地區古人類分佈和發展以及古地理、古氣候等方面提供了寶貴資料。遺址出土的文物表明，在舊石器時代早期，我們的祖先就已分佈到本溪這塊土地上，用勤勞的雙手為中華民族的遠古文化創造出光輝燦爛的篇章。

高句麗王城、王陵及貴族墓葬為何被列為世界遺產

高句麗是中國古代邊疆少數民族與漢族聯合建立的地方政權，漢元帝建昭二年（西元前 37 年）由扶餘貴族朱蒙在西漢玄菟郡高句麗縣（今遼寧省新賓縣境內）建國，後建都於紇升骨城（今遼寧省桓仁縣境內五女山城）。西漢元始三年（西元 3 年），遷都中國城，同時築尉那岩城（均在今吉林省集安境內），至北魏始光四年（西元 427 年）遷都平壤。西元 668 年，高句麗政權被唐和朝鮮新羅所滅。作為中國古代東北地區最具特色與影響的地方政權之一，高句麗曾經創造了輝煌的歷史。其主要的歷史遺蹟大量地存續於中國的吉林省和遼寧省，成為該段歷史無可替代的實物見證，具有重要的歷史文化價值，其中的王城，王陵和貴族墓更彌足珍貴。

在王城中，五女山山城是高句麗政權創建的第一個都城，規模宏大，體系完備，保存也較為完好。五女山山城承襲了中國北方構築山城的傳統，但在選址佈局、城牆築法、石料加工等方面，具有很大的突破和創新，從而形成了一種不同凡響的山城形式，是中國東北和東北亞地區山城建築進入劃時代階段的標誌。在東北古建築史上，具有里程碑的意義。從這裡開始，高句麗政權逐步擴大活動領域，歷經 700 年。中國城、丸都山城（始名尉那岩城）是高句麗早中期（西元 1 － 5 世紀）的都城，其特點是平原城與山城相互依附共為都城。在東北亞地區中世紀時代的城址中，中國城與丸都山城是都城建築的傑作。中國城是為數不多的在地表仍存有石築城牆的平原城類型都城遺址，保存下來的城牆依然堅實牢固而又不失美觀莊嚴，風範猶存。丸都山

城的佈局因山形走勢而巧妙構思、合理規劃，完美地實現了自然風貌與人類創造的渾然一體。中國城與丸都山城是高句麗政權延續使用時間最長的都城。

洞溝古墓群位於中國城與丸都山城城外群山環抱的平原中，現存近 7000 座高句麗時期墓葬，堪稱東北亞地區古墓群之冠。它不僅從不同側面反映了高句麗的歷史發展進程，也是高句麗留給人類彌足珍貴的文化、藝術寶庫。古墓群中以將軍墳、太王陵為代表的十幾座大型陵墓以及大量的墓室壁畫，是東北古代建築藝術高度發達的一個縮影。矗立於太王陵東側的好太王碑，其鐫刻的隸書碑文是高句麗時期保存至今最長的一篇文獻資料，對於研究高句麗的歷史、文化與社會風俗具有重要的意義。2004 年高句麗王城、王陵及貴族墓葬被聯合國教科文組織列為世界文化遺產。

▍中國唯一的一座「八卦古城」在哪裡

桓仁是遼寧東部一座山川秀美的小城，建縣百餘年來，她遠離塵世的喧囂，靜臥於長白山蒼茫的餘脈中，是中國繼安徽省「八卦村」之後發現的唯一的一座「八卦古城」。更為神奇的是這座八卦城還與天然太極圖形緊密相聯。桓仁城區位於渾江與哈達河交匯處，從五女山上俯瞰，可以清楚看到兩條河流依山勢在山間婉蜒盤桓，形成天然的太極圖形，而桓仁城就建立在這陰陽魚的陽極上。

據記載，清光緒二年（1876）河南祥符人章樾受命協辦建縣前的懷仁（今桓仁）墾務。當時清王朝規定，在 5 年內將人口增至 5 萬人，方可設縣任知府。但建縣前的桓仁經過了 200 多年的封禁，全縣面積 6000 多平方公里，僅有違禁潛入墾荒者 2.6 萬人。光緒三年（1877）懷仁終於被批準建縣，並由章樾負責建縣之事。

相傳，章樾最初將縣城選址於渾江西岸六道河子荒溝門，但因一日章樾出巡，登上五女山遊覽，在五女山點將臺俯瞰渾江、哈達河時，看到了兩條河流交匯形成的天然太極圖形，便將城址移至渾江東岸，在太極圖的陽極中建成八卦桓仁城。城高 1 丈 3 尺、厚 1 丈，基深 5 尺、寬 1 丈，城周 1.5 公里，牆形八角八面似八卦。東、西、南三面設門，分稱為「賓陽」、「朝京」和「迎

薰」。據稱，東朝陽寓東方之意，西面京城為敬君之意，北面則依山而無門。城四面設城樓，四角設炮臺。城內府衙、監獄、學堂、武廟、寺觀等佈局均與明清京城宮外六部相似。

八卦城竣工之際，知縣章樾在他所撰寫的《初建懷仁縣碑記》中寫道：相度形勢，覽擇斯土，兩江帶環兮，氣聚風藏，五柚屏到兮，原蔽形固，城像八卦，以宣八風，門開三光，以立三才。這裡既提到了章樾根據山列水還的形勢建八卦城的初衷，也表達了他以此來接日月星辰，培育和樹立天地人三才的希望。據說縣城建成後，桓仁風調雨順，國泰民安，人丁興旺。

雖然八卦城垣經自然坍塌和城建需要已經全部拆除，目前僅城西南處還保留著一段 20 米左右的城牆原貌，但古城的格局卻依然保持著八卦的形狀。從航拍照片上可以清晰地看到完整的八卦圖形，而且東南西三條大街一直向外延伸，惟獨沒有從市中心向北的大街。另外，城內八條獨有的斜巷，亦是八卦城的產物。

▍萬里長城的東部起點在哪裡

虎山長城位於丹東市城東 15 公里的鴨綠江畔，江邊的幫山臺是萬里長城的東部起點。虎山長城始建於明成化五年（1469），為當年「遼東邊牆」第一雄關。虎山長城遺址的發掘，使《明史》關於長城「東起鴨綠江西至嘉峪關」的記載得以證明，也使中國萬里長城由山海關向東延長了 2000 餘華裡。

虎山長城景區內環境優美，為早年「安東八景」之一，也是鴨綠江風景名勝區的一個重要景區，與朝鮮民主主義人民共和國的於赤島和古城義州隔江相望。經國家批準修復後的虎山長城依山就勢，蜿蜒北去，猶如一條巨龍橫臥在山巔，展現了萬里長城東端起點「第一雄關」的宏偉風采。虎山主峰海拔高 146.3 米，萬里長城的第一個峰火臺就建在主峰之上。站在峰火臺上，環顧四周，朝鮮民主主義人民共和國的義州城、中國的馬市沙洲和連接丹東與新義州的鴨綠江大橋均清晰可見。

虎山長城特殊的地理位置，使其成為兵家必爭之地。女真族進攻明朝、中日甲午戰爭、日俄戰爭都在虎山長城發生過激戰，抗美援朝時期，虎山是中國人民志願軍的前哨陣地，現留有遺址及美軍飛機投彈炸出的彈坑。

虎山長城景區山勢起伏，綠水縈繞，環山湖中遊艇穿梭，直通鴨綠江，綠樹山花與湖水相映，風景如畫。景區內還有漢、唐、遼、明代許多珍貴遺址、遺蹟及臥佛、一步跨等極有特色的景觀，每年吸引著無數的遊人。

▌宜州化石館為何備受地質古生物學家的關注

中國宜州化石館位於義縣城內南關街，因義縣古稱宜州而得名。義縣地區中生代地層出露廣、發育全，動植物化石十分豐富，主要有魚類、鳥類、爬行類、昆蟲類和植物類，距今約 1.2—1.5 億年，且數量豐富，保存精美，大多分佈在義縣大定堡鄉、頭臺鄉等七個鄉鎮的 22 個自然屯，大約占地面積 238 平方米公里。

1942 年，日本學者遠藤隆次和鹿間時夫記述了義縣棗茨山的一件蜥蜴化石，並定名為細小矢部龍。該化石在相當長的一段時間內代表了中國熱河動物群中唯一一件蜥蜴類化石，但遺憾的是該正型標本在抗日戰爭時期下落不明。2001 年，在義縣金剛山發現一件保存完好的蜥蜴類化石，該標本為細小矢部龍，且與同種的正型標本在大小、形態特徵等方面幾乎完全一致。金剛山與棗茨山毗鄰，兩者的化石層位完全相同。由於棗茨山細小矢部龍的正型標本已丟失，所有義縣金剛山的標本作為了該種的新型標本，為蜥蜴類化石發展與演化方面的研究造成了很大的推進作用，該標本現保存在義縣宜州化石館。

宜州化石館建於 1995 年，是東北地區最大的古生物化石博物館。館內展出的恐龍、龜、鳥、各種魚、各種昆蟲和各種奇花異草，形態各異，活龍活現，栩栩如生。這些化石在研究地質發展史、古生物、古氣候的演化方面具有重要的科學研究價值，備受地質古生物學家的關注。化石同時具有很高的觀賞和收藏價值。

全國唯一的私人古生物化石展館在哪裡

距今約 1.4 億年前，遼寧西部一帶氣候溫暖潮濕，地形起伏，河溪縱橫。發育有較大的淡水湖泊。陸地植物與水生植物茂盛，為包括鳥類在內的各類動物創造了良好的生存環境。區內火山的頻繁噴發，一方面造成大量生物死亡，一方面給植物生長提供了養分，在火山間歇期植物茂密生長，自然環境更新變換，使動物界得到更大發展。正是這樣的古生態環境，使遼西地區成為化石資源之「寶庫」。

遼西豐富的化石資源造就了全國唯一一傢俬人古生物化石展館——錦州市文雅博物館的誕生。博物館藏有杜文雅先生花費多年精力收集的數百件化石珍品，以距今 1.4 億年中生代侏儸紀遼西化石為主。這裡藏有在地球中生代盛極一時的爬行類動物化石，如龜、部龍、鸚鵡嘴小恐龍等；有魚類、兩棲類、昆蟲類和植物類化石；還有舉世聞名的國寶級標本——杜氏孔子鳥化石。同時，杜文雅先生還把收集到的南方寒武紀三葉蟲化石精品、泥盆紀鴞頭貝化石、侏儸紀恐龍蛋化石等展示給您。

漫漫地球史，悠悠滄桑變，參觀文雅博物館，會把您帶到 1.4 億年前的新奇世界，會讓您領悟到地球上生命進化的奧秘，也會感謝大自然留給人們的無價之寶。

東北最早的海防工程在哪裡

西炮臺原名營口炮臺，坐落在遼河入海口左岸、營口市渤海大街西端，因地處營口市西郊，俗稱「西炮臺」。西炮臺始建於 1882 年，是清末東北的重要海防要塞，也是東北最早的海防工程之一。1963 年被列為遼寧省第一批重點文物保護單位。

西炮臺呈扇面形，築有炮臺 3 座，炮臺四周加築圍牆作掩體，高 2 米，圍牆下有暗炮眼 8 處，圍牆外挖成長壕溝環繞。炮臺內設有軍械庫、火藥庫、水洞、蓄水池、吊橋、哨樓、防潮壩等，形成堅固的軍事防禦工程。據說炮臺上的圍牆是用煮熟的黃米摻入沙石、白灰、黃土裡，經夯實而成，至今殘

牆仍很堅固。當時，西炮臺有各種火炮 52 尊，其中口徑 10 公分炮 4 尊，口徑 15 公分炮 4 尊，口徑 21 公分炮 2 尊，洋裝炮 36 尊，三楞銅炮 6 尊，這些炮有中國人製造的，也有當時北洋大臣李鴻章委託英國人李泰國從德國克虜伯軍火廠購買的。

西炮臺歷來為兵家必爭之地。在 1894 年的中日甲午戰爭中，日軍進犯營口，欲奪炮臺，海防練軍營管帶喬幹臣率兵 500 人發炮猛擊，使日軍未能得逞。營口失守後，炮臺、房舍均被日軍破壞，僅存臺基。1900 年，沙俄軍侵佔營口後，又將西炮臺在甲午戰爭後添置的巡船，盡數搗毀。

為祭祀在 1900 年庚子之戰中陣亡的將士，練軍營管帶劉芳山倡議建立昭忠祠，得到營口漁業局總辦李龍章等人的支持和贊助，於 1910 年始建，營埠紳士趙祖蔭等督工監修，1913 年建成，遺址在揚武門練軍營一側（今西市區桃園裡）。所有陣亡將士名單均列祠中。

營口西炮臺雖經過戰火的洗禮和百多年滄桑，至今仍保存完好。其猶如守邊老將屹立於渤海之濱，晝夜守衛祖國海疆。現為遼寧省級愛國主義教育基地。

▋營口石棚有哪些未解之謎

營口石棚屬「巨石文化」遺蹟，是新石器時代晚期和銅器時代早期的一種墓葬建築，歷經幾千年至今仍完整無損，是不可多得的寶貴文化遺產。

營口石棚有兩處，一是位於大石橋市，被稱為石棚峪石棚，是遼東半島保存比較完整的石棚之一，1988 年被列為遼寧省文物保護單位。石棚峪石棚為青銅時代的巨石建築，石棚用經過加工磨製的巨大花崗岩石板構築，東西向。壁石套合整齊，有側腳。東壁石殘，南北壁石伸出西壁石外。蓋石方正，長 4.3 米，寬 4 米，厚 0.44 米，延出壁石，形成棚簷。

另一處位於蓋州市，被稱為石棚山石棚。清代這座石棚曾被當作廟宇，因此又名「古雲寺」，1963 年被列為遼寧省文物保護單位。石棚山石棚棚蓋倚石撐起，棚簷四展，如凌空翱飛，極為壯觀。它的覆頂石蓋南北長 8.6 米，

東西寬 5.7 米，厚 0.7 米；立壁石高 2.4 米，均為花崗岩石。內壁和頂部皆繪有彩畫，雖年代久遠，但仍依稀可見。石棚山石棚與附近的龍潭瀑布、望兒天橋、饅首石磴、兔島怒潮、喇嘛古洞、張果老橋等被稱為「熊岳八景」。

　　兩處石棚的牆壁打磨得如此平滑，真難以想像是如何加工的，要知道每塊石板都有近十噸重。石棚的棚頂和牆壁的結合嚴實合縫，更絕的是為一整塊巨石的石棚「地板」與四壁的結合竟然也是毫無縫隙，其難度比頂棚還要大！石棚所在的山崗都是一種紅色的風化岩，而石棚所用的石料均為花崗岩，也就是說石棚的石料一定是從別處運過來的，那麼三千年前的採石場在哪裡？又是如何運輸的？或許，時間會將這些謎底一一解開。

▌營口小紅樓因何得名

　　老營口人都知道營口有個「小紅樓」。1905 年，由營埠鉅賈王煥瀛出資，效仿北京廣和樓戲園建成「天成舞臺」，因其舞臺、門窗、支柱等設施皆塗朱紅色，故俗稱「小紅樓」。當年戲曲界曾流傳：要在奉天（今遼寧）立得住，先進營口小紅樓，若能打炮把臉露，唱遍東北不犯愁。

　　小紅樓是一座具有相當規模的大戲園，頗具梨園特色。整個戲園建築面積近 2000 平方米，樓長 55 米，寬 30 米，高 10 米。伸出式舞臺，寬 11.5 米，深 10 米，高 9 米。門上方高懸大字匾額「小紅樓」，匾額下懸小字金匾「天成舞臺」四字。舞臺下埋有 16 口大缸，以增強共鳴效果。園內樓下設茶座、池座、臺耳、兩廊；樓上三面設包廂，包廂前設木凳長座，全園可容納 1200 餘人。修建小紅樓所用木材均由英國輪船運來的「美國松」。當時小紅樓在營口戲園中堪稱一最，是東北之名戲園。

　　1906 年，第一代評劇藝人成兆才、孫鳳令（藝名開花炮）等人來營，在小紅樓戲園與營口李子祥的共和班合演《老媽開嗙》等劇碼，被譽為開花炮炮打營口，從此該劇團一鳴驚人。1921 年，著名京劇演員周信芳（藝名麒麟童）首次來營獻藝。他在小紅樓演出的「麒派」代表戲《四進士》、《蕭何月下追韓信》等，傾倒了營口觀眾。當時，京劇界素有「營口碼頭戲難唱」之說。凡是來營口演出的名角，都注重演好第一場「打炮戲」，炮打響了，

天天滿座，炮沒打響，戲園冷落，只好「打馬出營」。於是，小紅樓自然形成了名角演出的舞臺，南北馳名。

1951 年，中國京劇四大名旦中的尚小雲、荀慧生先後率團在小紅樓演出。尚小雲首次來營則把拿手好戲《昭君出塞》《梁紅玉》等獻給營口觀眾；荀慧生這位「活紅娘」，初登小紅樓舞臺，則獻上《紅娘》《金玉奴》等代表戲。名角登場，場場爆滿，兩大名旦的演出為小紅樓戲園增輝添彩，也使營口的票友們大過戲癮、大開眼界。

1957 年人民政府撥款在遼河大街西段將小紅樓戲園拆除的部分磚、木料用於新建劇場，初名「營口小紅樓劇場」，後改名「人民藝術劇場」，但至今仍有人把「人民藝術劇場」稱為「小紅樓」。

遼陽白塔建於何時

遼陽白塔位於遼陽市白塔公園內，原稱廣佑寺寶塔，因塔身塗有白堊，俗稱「白塔」。塔高 70.4 米，八角十三層，為垂幔式密簷磚塔，自下而上分為塔基、須彌座、塔身、塔頂、塔剎五部分。

塔基高 6.4 米，周長 80 米，直徑 35.5 米，分 2 層。下層塔基高 3 米，每邊寬 22 米；上層塔基高 3.4 米，每邊寬 16.6 米。須彌座高 8.6 米，向上漸縮，外面青磚雕有鬥拱、俯仰蓮，鬥拱平座承托塔身。塔身高 12.6 米，八角柱形，每面置磚雕佛龕，高 9.375 米，寬 7.55 米。龕內坐佛高 2.55 米，其中頭部 0.5米，身 1.15 米，蓮花座 0.9 米。兩側磚雕脅侍高 3.25 米，寬 0.97 米，足踏蓮花，雙手捧缽，或持蓮合十，神態可掬。龕上寶蓋，瓔珞四垂，左右上角，飛天一對，長 1.6 米，飄然平飛。正南鬥拱眼壁，橫陳木製匾額 4 方，高 0.5米，寬 0.4 米，上面雕刻「流光壁漢」4 個楷書大字。塔身上部為密封塔簷，高 26.1 米。一層簷下有木質方棱簷椽，椽上斜鋪瓦壟。第二層至十三層逐層內收，各層均有澀式出簷，每兩層之間置立壁，壁懸銅鏡，共鑲 96 面，映日生輝。八角外翹，飛椽遠伸，椽頭下系風鐸，共 104 個，迎風清響。塔頂為磚砌覆缽及仰蓮，高 6.8 米，上栓 8 根鐵鍊，每根長 14.15 米，分別於八角垂脊寶瓶相連。塔剎上豎剎桿，高 9.9 米，直徑 0.9 米，中穿寶珠 5 個，

火焰環、項輪各 1 個。寶珠鎏金銅質，周長 2.94 米，高 0.8 米。寶珠下系火焰環，周長 2.3 米，相輪在 2 至 3 寶珠之間。剎桿帽為銅鑄小塔，巍然雲天。

關於白塔的始建年代，從塔頂上重修廣佑寺寶塔碑記上有二說。一說始建於唐。明萬曆十八（1590 年）碑載：「遼陽城外西北隅有塔，考諸古傳雲：『始建於唐貞觀乙巳』（645 年），中間歷宋遼金元，因環增葺，代不缺人」。另一說始建於遼。明永樂二十一年（1423 年）七月十五日所立塔上銅碑記載：「該塔自遼所建，金及元時皆重修」。

遼陽白塔是遼陽古文化的豐碑，是遼陽古城的標誌性建築。1988 年 1 月 13 日，經國務院批準，定為國家級重點文物保護單位。

曹雪芹紀念館為何建在遼陽

「滿紙荒唐言，一把辛酸淚。都雲作者癡，誰解其中味？」

中國文壇奇才──曹雪芹紀念館座落於遼陽老城區小什街吳公館舊址。院內有清代平房 21 間，灰磚合瓦，明柱重檐，雕樑畫棟，曲徑迴廊，實為思古探幽的好去處。

曹雪芹紀念館的主體陳列分為四部分，一是「曹雪芹生平」，二是「曹雪芹祖籍遼陽」，三是「曹氏望族」，四是「著書黃葉村」。這裡陳列的「五慶堂曹氏宗譜」、清宮秘藏的曹家奏摺，山西、浙江等地方的官修志書，以及遼陽歷年發現的《大金喇嘛法師寶記》、《重建玉皇廟碑記》和有曹振彥題名的重要刻石，無不證明曹雪芹祖籍是遼陽。正如中國紅學會會長馮其庸所述：雪芹祖籍遼陽，家傳所載，宗譜所記，文獻可考，碑石可證，雖萬世而不移也！

曹雪芹紀念館還運用各種陳列手段，透過實物、圖片、沙盤、美術作品等，描繪了曹氏家族自遼陽「從龍入關」後，由盛到衰的歷史過程，探索了《紅樓夢》這部宏篇巨著的生活淵源。為了使觀眾瞭解《紅樓夢》的成書過程，紀念館版本展室陳列了《脂硯齋評石頭記》、《脂硯齋重評石頭記》、《蒙古王府本石頭記》、《蘇聯列寧格勒藏鈔本石頭記》等珍、善本書籍，並有

清代中晚期至民國初年的木刻、石印本以及解放後海內外出版社的各種版本共五十餘種，充分地展示了《紅樓夢》在中國乃至世界的深遠影響。

曹雪芹紀念館為清代四合院式建築，展室裝修及室內陳列皆力圖體現清代書齋風貌，以使紀念館能與曹雪芹的生平時代及《紅樓夢》所反映的歷史內容一致起來。

▌為什麼說朝陽北塔是「塞外第一寶塔」

朝陽原來有三座塔，分別位於舊城的南、北、東三方，分別命名為南塔、北塔和東塔，這三座塔一直佇立在朝陽市內，直到清代。但今天僅存南北二塔了。

朝陽北塔坐落於朝陽市的北塔街，1988 年 1 月 13 日被國務院公佈為第三批全國重點文物保護單位。

朝陽北塔原為方形的空筒式密簷磚塔，共十三層，通高 41.8 米。一層的塔身南面原闢有一座券門，透過券門可以進入塔內，後在塔座及一層的塔身外面又包砌了一個外殼，將原有的券門封閉在塔殼之內。

於是乍一看，整座塔顯得從二層塔簷以上急劇內收。包砌後的塔身四面，各有一尊浮雕坐佛，像端坐在每面的中央，另有二菩薩，屈膝相對。再旁邊有浮雕的小塔，上有陰刻的楷書塔名。佛、菩薩之上還有寶蓋、飛天等。這些雕刻的主題，合起來是密宗的五方如來、八大菩薩和八大靈塔，這是遼代佛塔上常見的一種裝飾主題。塔的南面有一壺門，東、西、北三面雕刻有假門。塔身以上密簷疊起，層層內收，所以塔身顯得挺拔秀麗，雄偉壯觀。

北塔始建北魏孝文帝太合年間，是北魏文成明皇后馮氏在三燕龍城宮殿舊址上，為其祖父北燕王馮弘祈壽冥福弘揚佛法而修建的「思燕佛圖」（十六國的前燕、後燕和北燕均曾建都於龍城，因此朝陽有「三燕故都」之稱），為木構樓閣式塔，後毀於火災。隋文帝仁壽年間詔命在其臺基上重建成密簷式磚塔，稱為寶安寺塔。唐天寶年間曾修飾一新。遼初和遼重頤十三年兩度維修，更名為延昌寺塔。因此形成了以三燕宮殿夯土臺基為地基、「思燕佛

圖」為臺基、隋唐磚塔為內核、遼塔為外表的朝陽北塔，其獨特的「塔上塔」、「塔包塔」的構築形式以及「五世同堂」的悠久歷史，十分罕見，成為名副其實的東北第一塔。

　　1984 年至 1992 年國家文物局撥款 200 多萬元，對北塔加固修繕，維修期間發現了天宮、地宮，出土了上千件奇珍異寶。其中兩顆佛祖釋迦牟尼真身舍利面世，是繼 1987 年陝西法門寺後佛教考古的又一重大發現，轟動了海內外。相傳，當年在對天宮文物進行登記時，當時的市博物館保管部主任於麗清從瑪瑙罐中取出文物。看到 5 顆比黃豆稍大的鎏金珍珠，另外還有 2 顆高粱米粒大小的佛舍利。其中一粒為乳白色，一粒為紅褐色。當她將佛舍利倒在手上時，一股涼氣從掌心傳遍全身，隨即全身發麻。這一奇異的發現引起佛教界的關注。一些高僧不遠千里來拜舍利。在他們眼中，舍利就是佛祖，拜舍利就是拜釋迦牟尼真身。另據介紹，央視記者拍攝北塔舍利時，從顯示幕上看到舍利周圍有明顯的光暈。市區先後有 2 人手捧舍利留影，照片洗出來後，看不到舍利，卻看到一尊盤坐的佛形光暈。按佛教經典說法，舍利為「戒、定、慧三學薰修而成。」大小如米粒，堅硬如鋼，晶瑩透明，發光，顯瑞相。

　　歷史上朝陽曾有高僧到印度取經，具備帶回舍利的機會。隋文帝從小在寺院長大，印度高僧曾送給他一包佛祖真身舍利，稱帝后他將舍利分賜天下 33 個州，當時朝陽為營州，也有機會獲得舍利。陝西法門寺佛指舍利和北京西山佛牙舍利均為遺骨舍利，與之相比，朝陽北塔舍利與佛教經典的描述更為吻合，應為佛門至寶。

▌摩雲塔建於何時

　　摩雲塔坐落在朝陽市城東南鳳凰山雲接寺內。該寺位於鳳凰山主峰東坡一平坦的山脊地段，海拔達 550 多米，周圍地勢險峻奇特，景觀壯觀，常雲霧繚繞，嵐氣蒸騰，彷彿連接天上雲，故名雲接寺。雲接寺建築雅緻有序是古建築中的精品，1963 年 9 月被列為遼寧省文物保護單位。

摩雲塔因山上、山下均有寺塔，又稱為中寺塔。該塔建於遼代，為方形十三層密簷式實心磚塔，高 37 米，分為塔座、塔身、塔簷、塔剎四個部分。

塔座為須彌式，四面各有一假門，兩側各雕有三個壺門，壺門內雕有佛和菩薩，兩側配有伎樂人、蓮花、淨瓶等圖像，四角柱上雕金鋼力士像，其上為雙層仰蓮座，中間一週刻有密宗法器金剛杵、法輪。

塔身四角為圓形倚柱，四面正中各雕坐佛一尊，盤褪端坐於蓮花寶座之上，座下為馬、孔雀、金翅鳥和象四種生靈。塔身上的佛像統稱為五方五智如來佛。坐佛兩側有菩薩、飛天侍奉，並刻有八大靈塔及塔銘，依次為淨飯王宮生處塔、菩提樹下成佛塔、鹿野苑中法輪塔、給孤獨園名稱塔、曲女城邊寶階塔、耆者崛山般若塔、庵羅衛林維摩塔和娑羅林中圓寂塔。塔銘實為釋迦牟尼一生主要事蹟的概括。

塔身上為十三塔簷，由下至上逐層收斂，各層塔簷束腰處鑲嵌青銅寶鏡 104 塊，簷角出梁懸有 52 個風鐸。塔頂仰蓮覆缽，串四顆寶珠為塔剎，今已毀圮。

摩雲塔與朝陽市區的北塔均為佛教密宗金剛界之舍利塔，具有較高的藝術價值，其造型挺拔雋秀，氣勢雄偉壯觀，雕刻工藝精美，為遼代佛塔藝術的精品傑作。

▍清代喀喇沁右翼蒙古王府的陵墓在哪裡

喀喇沁右翼王陵位於建平縣三家蒙古族鄉新愛裡村東北 1.5 公里處龍旦山下，是「清代喀喇沁右翼蒙古王府」的歷代劄薩克及宗族之陵園，始建於清康熙四十三年（1704），當地俗稱「王子墳」。

王陵群山環抱，景色宜人，在蒼松翠柏中，一字排開分為東西兩院。東院陵墓葬喀喇沁右旗十三代王子，南北長 130 米，東西寬 127 米，前正門為明堂，明堂兩側各有一側門。穿過明堂，在蒼松翠柏掩映下是一座三進式石拱牌坊，古樸精美，正中鐫刻康熙御筆「藩屏世澤」四個大字，牌坊頂部立有四隻石刻望天吼，經歷了三百多年的風風雨雨，似乎仍在仰天長嘯。

過了牌坊是五間佛殿，佛殿後是三間享殿，陵寢在享殿後較高處。享殿內供奉喀喇沁先王的靈位，正中為第一代喀喇沁右翼旗世襲紮薩克多羅杜楞貝勒固露絲奇布的陵墓，陵墓形製為磚砌寶頂。以下各代呈人字形左右排開，共有墳頭十三座，分別建有祭亭。

西陵園是喀喇沁祖陵和鎮國公敏珠爾拉布坦、鎮國公羅卜藏車布登及後人的陵園。由於歷史原因，西園早已蕩然無存。

整座陵園現已破敗不堪，只有那一千多株蒼勁挺拔的古松，斑駁的石雕印證著歲月的滄桑，記錄著歷代紮薩克親王及王室的榮辱興衰，觀之令人感歎不已。

▌遼寧最大的一件近代歷史文物發現在哪裡

在盤錦市湖濱公園深處，一艘鏽跡斑駁但木質完好、桅杆聳立的舊戰艦十分引人注目。它就是沉沒在遼河三角洲的盤錦市盤山縣古城子鄉境內遼河故道中近 90 年的沙俄海軍的「勇敢號」艦艇。它是在中國發現的最為完整的外國古戰艦和遼寧省至今發現的最大一件近代歷史文物，它的出土填補了盤錦市近現代歷史文物的空白，是研究「日俄戰爭」海戰史的難得實物資料。這艘飽經戰爭創傷的古戰艦，已被確立為國家二級文物。

1904 年 2 月，歷時 20 個月的日俄戰爭爆發。在一次海戰中，沙俄第七艦隊的「鎮海侯號」和「勇敢號」運輸艦在旅順口被日艦打得逃下陣來，從渤海遼東灣誤入大遼河，逆流行至三岔河口時擱淺於河中。俄軍看守數日後，因日軍追殺，便將主艦「鎮海侯號」炸毀沉沒，然後又將副艦「勇敢號」壓沉，俄軍則從蘆葦蕩中逃跑。

1942 年前後，日本佔領東北時期，曾對「鎮海侯號」進行了兩次盜掘，1958 年 8 月，盤山縣組成 500 人的工業抗旱隊伍，對「鎮海侯號」進行挖掘，打撈出黃金、烏金等多種物品，因為當時環境，「鎮海侯號」沒能保存下來，河灘地下只剩下了一艘「勇敢號」。當地於 1994 年 7 月獲準對「勇敢號」進行發掘，出土後運至盤錦市湖濱公園存放。

「勇敢號」是一艘鐵木結構的船隻，船身長 22 米，船寬 4 米，重約 60 噸，為燒煤的蒸汽機驅動，雙螺旋槳驅動，船頭右舷標註的俄文「勇敢號」字跡清晰可見。船的製造工藝精良，造船所用的木質堅硬而光滑，所有鉚釘都嵌伸到木質內，再用木楔加封，吃水線下為銅板裝甲。船的門窗折頁全用青銅製造，出土時沒有鏽斑，活動正常。據專家判定，這艘保存完整的艦艇，其造船技術處於當時先進水準，對於研究百年前的造船工業、航海科技等具有很高的研究價值。

遼河碑林為何被譽為「中華第一碑林」

遼河碑林位於盤錦市雙檯子區湖濱公園內西側，始建於 1993 年。碑林由古代館、近現代館、毛澤東書法藝術館和當代館組成，力求將中國的書法藝術與園林、石刻、建築以及詩、詞、歌、賦、奇文、趣聯等藝術融為一體，精品薈萃，文化底蘊深厚，是取之不盡的文化寶庫和用之不竭的藝術源泉。

孔子第 77 代傳人——臺灣著名學者孔德成先生為遼河碑林欣然命筆，題曰「中華第一碑林」，可謂當之無愧。第一，它是全國第一個從古至今不斷代的書法碑林，上啟新石器時代的陶文符號，下至當代名家的書法精品，歷時五千年。第二，遼河碑林占地 13 公頃，總建築面積 7200 平方米，收藏了中國從文字符號、甲骨文到歷朝歷代的書法大家的各種書體精品碑刻 2000～3000 千塊，居全國第一。第三，它是全國第一個收刻歷史上正反兩方面人物書法精品的碑林，不論是誰，只要是字好，都可以入選，選選取的標準是真正的「書法名人」而非「名人書法」。第四，它是全國第一個收刻遠古文字符號、甲骨文、漢代竹簡文字（長沙馬王堆出土）的碑林。第五，它是全國第一個專設「毛澤東書法作品碑刻館」的綜合性碑林等等。

東北最大的仿金建築群在哪裡

青磚、灰瓦、土城牆、高大的門樓、仿古的建築，置身於這樣一個環境中，人們彷彿又回到了 800 多年前。不要以為這是什麼拍攝基地，它是東北最大的仿金建築群——鐵嶺調兵山市兀朮城。

調兵山地區遼金時期的文物、地名、傳說、遺址非常多，這都表明了在當時調兵山一帶曾經有過繁榮的景象和燦爛的文化，金國元帥兀朮曾在此調兵遣將的傳說尤為吸引人。為此，調兵山市自 2001 年起便開始修建金代建築群，兀朮城自然成為這些建築群的首選。

兀朮城占地 12 萬平方米，耗資 5000 萬元。整體設計由來自天津、遼寧的歷史建築專家進行，著名國畫家範曾為其題名。兀朮城東西兩座城門高達數十米，城內建築古樸、逼真，再現了遼金時期的建築風貌。

調兵山市這一獨具特色的新景區的出現，將大大滿足旅遊者對新、奇、特旅遊景觀的需求。

▋祖氏石坊位於何處

興城市內南大街（延輝街）**矗**立著兩座宏偉壯觀的石坊，雖歷經 360 年的風雨剝蝕，仍保存完整。其雕刻之精美別緻、手法之細膩逼真，令人讚歎不已，堪稱中國石雕工藝之精品。

兩座石坊一為祖大壽石坊，一為祖大樂石坊。祖氏均為興城人，祖大壽為大樂堂兄。祖大壽石坊正面刻有兩塊橫匾。上為「忠貞膽智」；下為「四世元戎少傅」；背面橫書：「廓清之烈」。最上層殿頂下方立匾上刻「王音」二字。祖大樂石坊正面橫匾額「登壇駿烈」，楹聯為「桓糾興歌國依干城之重，絲綸錫寵朝隆銘鼎之褒」；背面橫匾為「元勛初錫」，楹聯為「松檟如新慶善培於四海，琳瑯有赫貢永譽於千秋」。刻字全部為陽文。楹聯與牌匾多為歌功頌德的溢美之詞。

兩座牌坊均為岩石料雕琢而成，造型都是仿木結構，四柱三間五樓式單簷廡殿頂，柱高樓小，顯得高架凌空，竣嚴**矗**立，氣勢雄偉。中柱和邊柱下端南北兩側下蹲大小石獅兩對，造型生動逼真，弓背昂首，雙雙微作互相欲視之態。

當地有風俗，每到正月十五夜晚，男女老少傾城出動，聚擁在石獅子旁，以求摸到獅子的哪一部位，自己身體中的那部位的疾病就會痊癒。據說這樣

做可以消災、避邪、治病。人們把這些石獅看成遇難呈祥、逢凶化吉的象徵。這兩座石雕藝術瑰寶猶如一首凝固的文化，其優美的旋律時刻迴盪在古城內外，給人以美的享受。

▎綏中斜塔為何被稱為「怪塔」

提起斜塔，人們腦海中首先會閃現出義大利比薩斜塔的形象。比薩斜塔雖然知名度很高，但並不是世界上傾斜度最大的塔。位於葫蘆島市綏中縣前衛鎮的前衛歪塔，其傾斜度超過了比薩斜塔和中外任何一座斜塔，是名副其實的「世界第一斜塔」。

關於前衛斜塔的建築年代，一些宣傳材料上說建於北魏。但文物專家們則予以否定，認為從塔的建築風格來看應為遼代所建。由於缺乏史料依據，又無碑碣出土，前衛歪塔的具體建築時間至今仍是個謎。專家們只能大體判斷其是遼代中前期所建，距今約 1000 年左右。遼代的來州來賓縣縣城就在今天的前衛鎮，元代在該地設置瑞州，因此前衛斜塔又被稱為「瑞州古塔」。

由於建築年代無法考證，前衛斜塔傾斜的真正原因，恐怕也將成為千古之謎。有學者經過遍查史書和多年調研，大膽推測其傾斜系地震所致。因為歷史上遼西走廊是地震活躍地區，明隆慶二年（1568 年）曾發生大地震，寧遠衛城（今興城古城）的城牆被震塌，寧遠、前衛城中很多房屋被震得面目全非，前衛塔很可能是那時傾斜的。當然，也不能排除地下水侵蝕、風力等因素影響。

前衛斜塔的規模不大，是一座實心密簷式磚塔，石築塔基，磚砌塔身，分三級呈八角形，塔身有磚刻佛像、花紋、獅子頭等圖案，刀法精湛，線條極其清晰。歪塔為單頂，頂部原有頂蓋，現已塌陷殘缺。塔身上原有的飛天磚雕和塔身佛龕中的佛像都已經被盜毀無存。前衛歪塔現存塔高約 10 米（頂部殘缺），據《綏中縣誌》介紹，早在 30 多年前的測量結果是，塔身向東北方向傾斜 12 度，塔尖移位 1.7 米。

　　數百年來，雖然幾經地震與洪水侵襲，該塔始終斜而不墜、歪而不倒，因而素有「怪塔」之稱。如今當人們站在塔旁仰視，會感覺斜塔似乎要迎面倒下，著實讓人驚心動魄。

宗教遼寧

感受遼寧的宗教，需要靜心聆聽神廟古剎的悠遠鐘聲；體味遼寧的宗教，需要真誠觸及虔誠教徒的三叩九拜；欣賞遼寧的宗教，需要用虔誠的心靈觸摸、回味、思索……

▌清甯宮「跳薩滿」是咋回事

瀋陽故宮崇政殿後高臺上的內廷中共有七座宮，兩側是六座配宮，正面居中而建、坐北向南的是中宮清甯宮，即太宗皇太極和皇后哲哲居住之處，為整個宮殿的核心。

清甯宮除召見官員和筵客之外，其西側四間也作為宮內舉行薩滿祭祀的場所，因此，也有人稱之為「神堂」。薩滿教是一種以信奉「萬物有靈」為特點的原始宗教現象，也是滿族自氏族社會就有的信仰習俗。薩滿教的祭祀分為在山林田野中進行的「野祭」和在住宅內進行「家祭」兩類。過去在滿族人家住房的西牆正中常常安設祭祀神位，民間稱之為「祖宗板子」，即祭神祭祖的供位，清甯宮內也是如此。在室內西炕中間的牆壁上，設有前掛黃幔的「揚手架」，即是供神之處。

皇太極時清甯宮內的祭祀，可分為「常祭」和「大祭」兩類，其中大祭是比較隆重的。在民間多是在春秋兩季各舉行一次，也有只在秋冬季節舉行的。在宮廷中，由於不受物質條件的限制，則要更頻繁一些，除每月的祭祀外，逢元旦（正月初一）或在大軍即將出征作戰之前時，也都要祭祀，以求得神靈的保佑。

具體的祭祀禮儀比較複雜，大致分為朝祭和夕祭兩個步驟，其供祭的對象，朝祭是釋迦牟尼、觀音和關羽等神佛；夕祭則是本氏族的部落神和祖先神等傳統神靈。清甯宮祭儀的主持者是愛新覺羅皇族的「家薩滿」，他（她）們被視為能在神與人之間進行溝通的使者，熟悉祭神的儀式，會演唱神歌和表演請神、酬神的舞蹈。祭祀時，他們戴神帽、紮神裙、繫腰鈴，手持神刀神鼓，頗具原始時代的遺風。

其祭祀的過程是先在西炕前的供桌上擺好祭器和糕、酒等供品，由皇帝和其他參加祭祀的家族成員上香行禮，隨後是「領牲」儀式，即殺豬獻祭。所用的必須是由自家飼養、黑色無雜毛而且無疾病的公豬，將豬綁四腿放在供案上，由薩滿用酒或涼水灌進豬耳，如豬搖頭，便認為是被受祭之神接受，眾人歡喜叩頭，這個儀式便稱為「領牲」。如一次不成，則要繼續灌酒水或者換豬，直到成功才能進行下面的程式。領牲之後，便可以殺豬煮肉灌血腸。清甯宮內南側的鍋灶即是供褪豬時使用的，而北側兩口更大的鍋則是用來煮祭肉的。第一次煮肉是把豬按部位卸成幾大塊，煮好後再按豬的原型擺到供案上，俗稱「擺件」，再從每個部位割下少量的肉放在碗內，俗稱為「拿件」，由薩滿邊唱邊跳邊獻祭，皇帝等諸人隨之行禮叩拜，隨後再把肉切成三四寸的「方子」，用木盤端上。參加祭祀的人坐在炕上，用自己攜帶的解食刀切片食用，而且既不放桌也不許蘸作料，很顯然是沿襲狩獵民族野外就餐的習慣。由於這些肉在觀念上已是神賜給眾人的，所以稱之為吃「福肉」。

這種祭禮，在滿族人看來特別重要，所以清朝入關後，皇帝帝也將其帶到北京宮中，為了適應祭典的需要，順治年間還特意按照清甯宮的格局，將北京宮殿的中宮坤甯宮進行了改造，直至 1925 年溥儀離開故宮之前，坤甯宮的薩滿祭祀始終沒有間斷過，足見其影響之深。

▋愛新覺羅家族為何舉行「堂子」祭祀

「堂子」一詞來源於滿語，是清朝皇族愛新覺羅家族的薩滿祭祀場所。清入關前，努爾哈赤時期便在興京赫圖阿拉、東京遼陽建堂子以祀神。天命十年（1625），遷都盛京後，又建堂子於大東邊門外。皇太極稱帝后，明確規定：「凡官員庶民等，設立堂子致祭者，永行禁止。」這樣，就結束了愛新覺羅家族以外的異姓滿洲官民可以擁有堂子的歷史，確立了堂子祭為國祭的地位。

堂子祭祀，首先要立桿。一般情況下，於春秋兩季立桿。神桿取材，必須取於潔淨山中的松樹。取材標準為，桿長 2 丈，徑 5 吋，樹梢留 9 層枝葉（象徵九重天）。神桿請來之後，立於堂子前石座上，立神桿需進行立桿祭

祀。立神桿的祭祀需在堂子內進行。祭祀時的祝辭為：「上天之子，佛及菩薩，大君先師三軍之帥關帝聖君……」，其後便根據祭祀主人的意願而編念所祈求的事宜。

立完神桿的堂子祭祀，分為朝祭與夕祭兩類。諸神神位必須於元旦之日安放在堂子中。朝祭神有三位，即釋迦牟尼、觀世音、關帝聖君。此為客神，系受中原漢族文化影響所致。夕祭神為阿琿牟錫、安春阿雅喇、納丹岱琿、拜滿章京、喀屯諾等多位滿族本家神。其中納丹岱琿為七星神，喀屯諾為蒙古神。此外，還須祭祀柳枝求福之神，佛立佛多鄂謨錫瑪瑪神（意為像柳樹一樣堅毅的子孫娘娘）簡稱佛多媽媽。滿語佛多 fetuo，漢意為「柳」，是女真人原始宗教崇拜的女神，系掌管人丁興旺的福神神靈。佛多媽媽的神位既可朝祭，亦可夕祭，並可附帶祭。由於佛多媽媽是一位掌管人間生育的女神，又為裸體形態，因此，在對她進行祭祀時，皆不顯露神像，只設神位。夕祭時需背燈祭祀。

在清初的堂子祭祀中，為保五穀豐登，滿族人常常祭祀尚錫神靈。滿語中尚錫神，漢意為「苗神」，是掌管禾苗的神靈。當遇有蟲害時，對尚錫的祭祀必須為夕祭、月下祭，只有這樣，尚錫神靈才會滿足人們的祈求。

在堂子祭祀中，朝祭釋迦牟尼、觀世音、關帝聖君時，先祭前二者。因為釋迦牟尼、觀世音為佛教神靈，按教規不食肉類，以香碟、淨水、糕、果等祭品奉供。祭關帝聖君時，乃進牲肉加以祭祀。其餘神靈，在祭祀時，均可以用牲肉加以祭祀。祭祀完結後，牲肉可分食，但必須將柳枝等祭祀用品拿到堂子外燒掉。

綜觀堂子祭祀，從神位的安放到祭祀程式的排列，都屬於薩滿教的範疇。堂子祭祀所供奉的滿族本家神靈，皆濫觴於女真人早期生活中的原始崇拜，而供奉的釋迦牟尼、觀世音、關帝聖君等神靈，則是中原文化北移的結果。

▌瀋陽關帝廟的傳說

瀋陽關帝廟的數量在各類廟宇中遙遙領先，僅《奉天通志》記載的專門的關帝廟就有 40 餘座。在廟會期間，特別是四月十八日瀋陽周圍百餘里的人們都趕到瀋陽城逛關帝廟，當時景象熱鬧非凡，給人們留下了很多記憶和傳說。

相傳，唐貞觀年間，太宗李世民接到邊關來報，遼東地區陰謀做亂，履履犯邊。西元 636 年唐太宗親點十萬大軍征遼東，這一征就是十年。為儘快結束戰事，太宗逐和軍師徐茂功商議對策。徐茂功低頭不語，是夜，夢見關羽前來告知息戰之策。第二天，徐茂功秉明太宗：「青龍星」葛蘇文二年可滅，但該星千年之後，必將重現，不可避免；「赤龍星」可選一龍脈修關帝廟鎮之，即可列為護國寺。太宗大喜，即令監軍尉遲恭在二檯子現址建護國寺即關帝廟一座。誰知正當護國寺正殿、偏殿完工之時，元帥張士貴因攻打摩天嶺失敗，懼怕皇帝治罪，竟與女婿何宗憲謀反作亂。太宗急命薛禮率兵追討之，並召尉遲恭速速帶兵御前。兵至遼陽時，尉遲恭突然想起護國寺還沒修山門，恐皇上怪罪，隨即命兵將在遼陽修護國寺山門。因此才有了二檯子護國寺是天下「第一大寺」之說。也有了千年後「青龍」從現，稱帝統治中原，即清朝的興起。

明崇禎年間，遼東地區乾旱無雨，當地士紳為祈告求雨，遂告知百姓萬民五月十三關公將單刀赴會與百姓萬民在廟前祈雨。為了慶祝這一日子，士紳們請來戲團隊，搭臺唱戲。當唱到關公斬蔡陽武打一場時，關羽的木刀竟真的將蔡陽的頭砍了下去，臺下愕然。一時之間「二檯子唱戲，頭一刀」之說遂流傳開來。此後，再也沒人敢在關帝廟前唱關公斬將戲了。

▌大佛寺中真的有口深井嗎

大佛寺位於瀋陽市沈河區大南街三段慈恩裡 14 號，因寺內佛像高大而得名。傳說始建建於唐朝，明萬曆四十二年（1614 年）重修大佛寺，發現了寺內殘存的法器和遺碑，經考證認定為唐代遺址。清代又多次重修。1929 年，常慧住持與常智法師再次主持重修了山門、中殿和大殿。1979 年，中國政府

撥款重新修繕了地藏殿、正殿和東西配殿。大佛寺現有房 13 間，占地面積 534 平方米。

關於這座唐代初建延續至今的古剎還有一段鮮為人知的故事。據說這座寺廟裡原來供奉有金面佛像三尊，在中間那尊金面佛像座下面有一個大石盤，石盤底下有一口深井。這可不是一般的井，井的外面露出了一條碗口粗的鐵鍊。

有一天，幾個小夥子很好奇，於是到了井邊合力將鐵鍊拽出兩丈多長，突然，只聽見井裡面傳出了猛獸怒吼的聲音，緊接著冒出臭氣熏天的黑水。小夥子們都被嚇壞了。說來也巧，這時來了一位身穿黑衣的跛腳和尚，他在寺內大作法事，又把隨身攜帶的黑禪杖拋入水中，霎時禪杖變成了鐵鎖鏈，捆住了井中的猛獸。從此，進水清澈，百姓安居樂業。

後來聽老人們說，這口井是黑海的泉眼，井底有一條黑色的巨龍，時常噴出臭不可聞的黑水或黑氣，殃及百姓和路人。多虧了那位跛腳和尚才制服了這禍害一方的惡獸。所以，在乾隆年間重修寺院的時候就把這口井給掩上了。

重修後的大佛寺是兩進院落。現存建築有山門、天王殿、大雄寶殿、東西配殿等，現在的大佛寺院內每天的佛聲、誦經聲不斷。

大法寺為何變成「八王寺」

八王寺原名大法寺，位於瀋陽市大東區八王寺南里 1 號，始建於明代永樂十三年（1415 年），清代後多次重修。

相傳，清太祖努爾哈赤的第十二個兒子阿濟格被封為多羅武英軍王，從鳳凰城回盛京，途徑大法寺，見到寺院殘破不堪，年久失修，於是施捨銀兩重修廟宇。崇德三年（1638），大法寺煥然一新。當時阿濟格與八位世襲王子分別住在城內的王府中，他們來往頻繁，相處甚歡，大法寺的主持便誤認為阿濟格是八王之一，便在寺院的左側又修建了一座八王祠。從此，大法寺

漸漸成為了阿濟格的家廟，附近的老百姓也就隨之稱大法寺為「八王寺」，漸漸地原寺名也就被「八王寺」所取代。

八王寺占地 20000 平方米，殿宇雄偉，雕樑畫柱，極為壯觀。寺院坐北朝南，三層院落，占地三十餘畝。前為山門，門楣上懸掛「大法禪林」匾額。山門內塑有哼哈二將，面貌猙獰，形體高大，甚是威猛。東西兩側建有鐘樓、鼓樓。中為天王殿，內塑四大天王巨像，後為大殿供奉釋迦牟尼、菩薩諸佛。配殿供奉千手千眼佛及魔家四將。寺內古松蔥鬱，大殿三層，古蹟甚多，頗有保存價值。

寺院東南 50 米處有一眼古井，井口以青石壘成，井水甘冽，有「奉天第一泉」之稱。清乾隆嘉慶年間，八王寺井水曾經作為進貢之水，頗受皇帝讚賞，被稱為御用之水。1920 年始建八王寺汽水廠，八王寺汽水係今遼瀋地區的馳名產品。

▌塔灣舍利塔緣何而建

塔灣舍利塔的全稱叫「無垢淨光舍利塔」，位於瀋陽市皇姑區塔灣街 45 巷 15 號，因建於塔灣崖頭之上，故名「塔灣」舍利塔。舍利塔建於 1044 年，為一座十三層密簷八角形磚塔，高約 33 米。整體分為五個部分：即地宮、塔座、塔身、塔簷、塔剎。地宮在基座下麵的地下，是珍藏「舍利」等遺物之處；塔座為八角形須彌座，高 1.7 米；塔身份為上下兩個部分，下半部有「仰覆蓮」形狀的須彌座，束腰中間設一壼門，內有石雕伏獸。上部分為八角圓形倚柱，每面正中各闢一券拱形佛龕，內有坐佛一尊，兩旁有「脅侍」。

相傳，古時此地鬧風災，大風颳了幾天幾夜，河水斷流，井水乾枯，莊稼絕收，百姓無法安生。這時，來了一位和尚，他告訴百姓們：這是天上「黃龍」下凡造成的災難。百姓們聽說後，懇請和尚制服「黃龍」，救黎民於水火。和尚遂即在龍頭（塔灣）搭起高臺，作法祭天，最終將「黃龍」鎖住，使百姓們又過上了太平日子。為感謝這位和尚，人們在龍頭上修築了這座塔。

1985 年重修此塔時，出土了一件石函，石函的文字揭開了舍利塔的真實來歷。原來，遼代佛教風行，上自皇帝下至百姓，人人崇佛信佛，修廟、建塔、樹石經幢之風很盛。當時，塔灣的鄉民為了廣修功德，在鄉首的發動下，共同出資建造佛塔，以祈求「風調雨順、國泰民安、萬民樂業」。由於修地宮時，在裡面藏了 1548 顆「舍利子」，所以又稱「舍利塔」。

皇太極為何要建實勝寺

全稱為「蓮花淨土實勝寺」的實勝寺，是瀋陽歷史最久、規模最大的喇嘛寺。1635 年，清太宗皇太極西征蒙古林丹汗大獲全勝，蒙古喇嘛教皈依大清後獻給皇太極大批珍寶，如「元傳國璽」、「金字藏經」、「瑪哈喇嘛金佛」和「圖圖巴」等。皇太極為感召蒙古各部能夠長久歸順大清，便命在都城瀋陽興建喇嘛寺，專門用以供奉瑪哈喇嘛金佛像，取名為「蓮花淨土實勝寺」。由於實勝寺乃皇太極下詔所建，故又稱皇寺。

作為東北地區最著名的佛教寺院之一，實勝寺氣勢宏大、建築雄偉。從山門往裡走，迎面看到的天王殿是單簷硬山式建築，面闊三間，殿內供奉四大天王。鐘樓和鼓樓位於山門和天王殿之間。過了天王殿再往裡走看到的是建在高臺之上的大殿。殿內供奉釋迦牟尼、阿難、迦葉、彌勒、無量壽和巴達桑哇等佛像。值得注意的是，位於天王殿和大殿之間的兩座碑亭，專門用滿、漢、蒙、藏四種文字在上面記錄了瑪哈喇嘛金佛的鑄造和建寺過程。在寺院西北角的一座佛樓上供奉了瑪哈喇嘛金佛。

喇嘛教是佛教的一支，屬藏傳佛教，也稱為黃教，所以實勝寺也稱黃廟。皇太極在位時，每年正月上旬必到皇寺拜佛。乾隆皇帝四次東巡也都到此拜佛。因為受到皇家的青睞，實勝寺的香火一直很旺。令人可惜的是，某年寺院旁的一家木器店失火殃及了實勝寺，燒燬了牌樓和山門。緊接著金佛亦離奇地失蹤，至今下落不明。

▌紅學家為何關注長安寺

長安寺位於瀋陽市沈河區朝陽街長安寺巷 6 號，是瀋陽市古剎之一，有「先有長安寺，後有瀋陽城」之說。從寺內碑文來看，寺院創建於明代以前，明清時期曾多次修繕。長安寺坐北朝南，為三進院落，呈長方形，占地面積約 5200 餘平方米，建築面積 2000 餘平方米。自南向北有山門三間，山門內有東西配殿、鐘鼓樓，北面正中央為天王殿，面闊三間，進深一間，小式硬山造，灰瓦頂，殿內露明造。天王殿兩側有一磚牆與二進院相隔，從角門進入，便是二進院落。

緊接天王殿後壁建有戲樓一座，兩簷相連成為一體，戲樓小於天王殿的面闊，呈正方形一大間，為卷棚式屋頂，灰瓦。天王殿和拜殿東西兩側與東西配殿的空間建有迴廊四座，把二進院內的建築連通一起，頗具特色。與戲樓相對正北為長安寺的主要建築——大殿和拜殿。

大殿為單簷歇山大式結構，灰瓦頂，保留著明代建築風格，面闊五間，進深三間，檁枋均有彩畫。緊接大殿前簷建有拜殿，為卷棚屋頂，灰瓦，面闊三間，進深一間，檁枋上亦有彩畫。拜殿前東西兩側建有配殿各五間，均為硬山前廊式，卷棚屋頂，灰瓦。

三進院內的主要建築是後殿，為單簷歇山頂，灰瓦，面闊五間，進深三間，檁枋均有彩畫。後殿前東西兩側建有配殿各三間，硬山前廊式，卷棚屋頂，灰瓦。後殿西北角建有方丈室一座，面闊三間，進深一間。

長安寺內共存有明、清碑刻六方，其中以明成化二十三年（1487）《重修瀋陽長安禪寺碑》為最早，碑文不僅記述了重修長安寺的歷史，還提到明天順二年（1458）瀋陽中衛指揮曹輔，碑陰又有成化二十三年瀋陽中衛指揮曹銘的銜名。經考證，曹輔、曹銘都是《紅樓夢》的作者曹雪芹之上世族祖，這是研究曹雪芹家世出身的又一件極其重要的碑刻史料，備受紅學家關注。

太清宮因何而建

太清宮位於沈河區西順城街 16 號，是道教全真派在東北地區規模較大的一處宮觀，也是東北地區道教活動的中心。

太清宮又名太清叢林，始建於清康熙二年（1663 年）。全院坐北朝南，南寬北窄呈梯形，占地面約 5000 餘平方米，建築面積 1600 餘平方米，共有各種殿堂房屋 102 間。

當初，太清宮的規模很小，經過乾隆三十二年（1767）的擴建和改建才有了現在的規模。相傳有一年盛京地區久旱無雨，禾苗乾枯，官府貼出求雨告示，許諾對能求得大雨者賞銀三千兩。正在本溪鐵刹山修煉的道教龍門派第八代宗師郭守真聽說這件事後，下山直奔盛京城揭了告示，表示願意為盛京求雨。他在盛京西北角搭起一座高高的祭臺，在臺上施展法術，最後果真求來一場大雨，解決了盛京地區的旱情。當盛京將軍烏庫裡向他贈銀時，他卻婉言謝絕了，只求官府能在他求雨的地方建起一座宮觀作為修行之所，於是便有了今天的「太清宮」，當時取名為「三教堂」，乾隆四十四年（1779）重修擴建後改今名。

太清宮共有前後四進院落。一進院落內，南為靈宮殿，東側為方丈堂，西側是雲水堂，正北為關帝殿，歇山式，青瓦頂，面闊三間，進深三間，殿內木雕暖閣，中間是關羽塑像，左有關平，右有周倉。

二進院落內，東側有客堂、省心室；西側有執事室、經堂；北面為老君殿，殿內有垂花式木閣，中塑老子座像。

在三進院落，東側有齋堂、呂祖樓，西側有善功祠、丘祖樓。北面的正殿是玉皇閣，供奉道教最高神明玉皇大帝。

四進院落內，原有郭祖塔、碑樓和碑石，北面中間是法堂，碑樓內放有《郭真人碑記》一方，法堂前兩側樓牆內嵌置《太清宮特建世系承志碑》、《玉皇閣碑記》石碑各一方。這些碑刻記載了太清宮創建歷史及前後各監院接替始末，這一組建築和石碑今已無存。

▌您去過瀋陽的般若寺嗎

般若寺，位於瀋陽市沈河區大南街永德里 6 號，始建於康熙二十三年（1684 年），創始人為高僧古林禪師。寺院占地面積 2389 平方米，建築面積 2037 平方米，坐北朝南，是兩進院落的歇山式建築。

走進般若寺，首先映入眼簾的是寺院中央矗立著的 1984 年仿製的鐵質萬年寶鼎，顯得特別雄偉壯觀。寶鼎分為上下兩層，每層有 6 個龍頭懸掛著 6 個小鐘。底座鑄有「般若講寺」四個黃金大字。

往裡便是天王殿，殿中央塑有彌勒佛，後面是手持金色降魔杵護法的韋馱護法神，左右供奉有四大天王，他們有的手抱琵琶，有的手持尚方寶劍，有的手拿寶傘，有的手托一條蜃，很是威武莊嚴。

再往前走是正殿，也就是大雄寶殿，「大雄寶殿」四個金光大字高懸於殿門上方，莊嚴肅穆。殿中供奉折釋迦牟尼及其弟子迦葉和阿難像。西側為藥師佛，東側為阿彌陀佛。殿內東西兩側畫著十六尊者畫像。大殿後的迎風壁上為觀世音菩薩、文殊、普賢菩薩降福人間的彩繪，栩栩如生。

大雄寶殿的後方是祖師堂，裡面塑有釋迦牟尼及其弟子的尊像，還塑著達摩祖師和切蘭菩薩尊像，所有尊像全部貼金，大殿兩側是絢爛多彩的壁畫，展現了生動逼真的佛教古典藝術。

▌瀋陽現存最大的佛教寺院是那一座

慈恩寺位於沈河區大南街慈恩裡 12 號，是瀋陽市現存最大的佛教寺院，也是遼寧省內較有影響的寺廟之一。該寺始建於後金天聰二年（1628 年），清順治元年（1644 年）建成大殿、韋馱殿、兩廊。慈恩寺自創建開始，歷經 46 代，至清末，廟宇破爛荒蕪，僧人所剩無幾。

光緒二十六年（1900 年），有一個名叫沙霽的和尚來到瀋陽，他與當時千山中會寺的法安和尚關係密切，兩人商量在瀋陽建一座大寺廟。這一設想還得到了當時魁星樓僧錄司（管理佛教事物的官吏）張深海的支援，於是便在原來的簡陋寺廟舊址上重新修建了規模宏大的慈恩寺。

　　寺院坐西朝東，占地約 12698 萬平方米。正面是山門 3 間，門內有鐘、鼓二樓，往西寺院的建築共分為三路。中路最前面是雄偉的天王殿，次為透明龍脊的大雄寶殿，大殿後方是歇山式建築比丘壇，即為本寺講經傳戒的場所，是寺內最高大莊嚴的殿宇。壇後是雙層建築的藏經樓，一樓是接待外賓用的，二樓收藏「三藏」經典並供奉釋迦牟尼像。

　　寺院南路為如意寮（病房）、司堂、齋堂、慈恩佛學院、佛經研究室等。北路有客房、庫房、唸佛堂等。整個寺院共有房屋 135 間，青松翠柏，氣勢雄偉，是一座獨具中國建築特色的寺院。

南清真寺為什麼建在瀋陽城西

　　瀋陽市共有三處清真寺，即南清真寺、北清真寺和東清真寺，都坐落於回族聚居的沈河區小西路一條僻靜的小巷內。目前，南清真寺保存完好，是瀋陽地區最大的一座伊斯蘭禮拜寺院，也是全國有名的伊斯蘭教大寺之一。

　　南清真寺始建於後金天聰年間，寺院創建人的《鐵氏宗譜》記載：「先祖鐵魁清初有軍功，官拜騎督尉，封顯將軍、光祿大夫，熱心教門事業，門匡顯，施捨家資而建南清真寺於小西關回民聚居地區，擴大寺址始具規模。」回族信仰伊斯蘭教，做「禮功」（即念、禮、齋、課、朝五功之一）時，都是面西而拜，加之當時的盛京古城裡不準許建寺廟，而城西恰好又有荒地，於是瀋陽城的回族就在城西建立了清真寺。

　　南清真寺創建之初，規模較小，經康熙、乾隆、嘉慶年間的增建，方形成今日規模。寺院前後共分三進院落，主要建築有禮拜殿、望月樓、南北講經堂、男女沐浴室、茶房、靈臺、教長室和外賓接待室等。

　　禮拜殿在第二進院落的正中，東西向，磚木結構，殿內上方懸掛著古蘭經句，為大阿訇、經文書法家趙銘周用阿拉伯文寫的，殿前兩旁分列栽種有 200 多年的梧桐樹，與樹前兩池丁香相映成趣，具有典型的伊斯蘭風格。寺內最高的建築望月樓高 30 米，平面呈六角形，又稱六角樓，樓頂端的銅質鎏金彎月仰空，是伊斯蘭教的標誌。

南清真寺現為瀋陽地區穆斯林活動中心，有阿訇主持教務。每逢伊斯蘭教節日如古爾邦節、爾代節，寺內便熱鬧非凡。這裡還經常接待巴基斯坦等伊斯蘭教國家的外賓。南清真寺已被列為市級重點文物保護單位。

▊南關天主教堂重建於何時

南關天主教堂位於瀋陽市沈河區小南街南樂郊路 40 號，始建於清光緒四年（1878 年），光緒二十六年（1900 年）被義和團焚燬，當時的主教紀隆也被當場打死。現今的南關天主教堂是 1912 年用清朝的賠款和法國教會集資重建的。

整個建築分成東、西兩個院落，教堂在東院的北端，南北長 66 米，東西寬 17 米，高 40 米，建築面積 1100 平方米，可同時容納 1500 人。教堂整體建築格局沿襲了歐洲文藝復興時期的建築形式，屬於典型的哥德式建築，青磚素面，頂部為兩個方錐形的尖頂，裝飾著十字架。教堂前面是三扇拱門，兩側有成排的小窗，內有二十四根石柱支撐，穹窿頂鑲嵌著巨大的花紋。教堂的西院有一座四層建築，是 1926 年修建的主教府。教堂內有堂宇 120 間，其規模之大，是全國屈指可數的。教堂週邊，高牆環繞，整體給人以幽深靜謐之感，莊嚴肅穆。

瀋陽是東北地區的天主教中心，因此，南關天主教堂也在東北地區的天主教建築中佔據著重要的地位。從 1838 年到 1949 年的 100 多年間，瀋陽教區的七名主教都是法國人，中國神甫處於附屬地位。1949 年 9 月 20 日羅馬教廷首次任命中國人為瀋陽教區主教、東北教區總主教。瀋陽天主教堂 1988 年被列為遼寧省文物保護單位。

▊響水寺為什麼將后土、女媧、觀音供於一堂

大連市金州區大黑山的響水寺中有一個天然洞穴——「瑤琴洞」，深 40 多米，其狹窄處僅容一人側身透過，寬敞之處有如廳堂。一股泉水自洞的深處流出，從洞前彩龍的口中飛瀉而下，落在放生池中的臥蟾口中，叮咚作響，故名「響水」。響水寺的大殿名為后土殿，殿中將道教中主宰大地山河的尊

神后土與傳說中人類的始祖女媧娘娘和觀音菩薩供於一堂。這三位神仙本不是一個門派，在這裡為什麼被供於一堂呢？

這還得從瑤琴洞中的泉水說起。古時候，這一帶曾經非常缺水，年年鬧旱災，莊稼歉收，百姓苦不堪言。一天，山裡來了一位年輕貌美的白衣女子，隨身帶了一把黑色的古琴。她坐在這山洞口日夜不停地撫琴，琴聲悠揚，似天上的仙樂一般。伴隨著美妙的琴音，山洞中湧出一股股泉水，順溝而下，流向了乾旱的土地。人們驚喜萬分，紛紛感激這白衣姑娘，並親熱的稱她為琴姑。

可是沒有多久，琴姑就要走了。琴姑離開山溝那天，鄉親們難捨難分。琴姑告訴大家，她的這把琴是伏羲所造，名為瑤琴，能給人們帶來幸福，她把瑤琴留給了鄉親，藏在洞內誰也到不了的地方，說完琴姑就不見了。送走琴姑後，人們來到這座山洞邊，只見山洞裡泉湧如初，潺潺流出，聲若琴韻。從此，這泉水就再也沒有乾涸過。

為了表達對琴姑的感激之情，鄉親們決定在洞旁立廟祭祀。可是，琴姑究竟是誰呢？人們紛紛猜測：有的說是大地的母親后土，有的說是勇於扶危救難的女媧，還有的說是大慈大悲的觀音菩薩。最後沒有辦法，只好塑了后土、女媧和觀音三座雕像，一起供奉。

▌為什麼在「天后宮」的原址上修復的卻是「普化寺」

佛教傳入大連的時間大概是在唐朝的貞觀年間（627～649 年），經近一千多年的發展，到 1945 年初，大連地區有佛教寺廟 315 座。解放後，佛教寺廟數量銳減，1966 年初有 35 座，到 1998 年僅有 10 座寺廟和 2 處簡易的經堂。這其中，較大的寺廟要數位於莊河市青堆子鎮青海路的普化寺。

普化寺始建於唐朝，其寺名取「普度眾生、教化萬民」之意。普化寺占地面積約 3000 平方米，建築面積 800 平方米。明朝永樂年間（1403～1424年）曾經對其進行過較大規模的維修，清乾隆八年（1743 年），在普化寺的

後面又修建了天后宮。由於天后宮和普化寺的地勢不同，人們將地勢較高的天后宮稱為「上廟」，而把地勢較低的普化寺叫做「下廟」。

在文革期間，「上廟」和「下廟」均遭到了破壞。1978 年以後，人們準備重新修繕普化寺和天后宮，經過佛教代表們的商議，大家一致認為，普化寺和天后宮雖有一牆之隔，看似兩個廟宇，但實為一體，教徒們認為天后宮內所供奉的「海神娘娘」就是觀音菩薩的化身，因此，天后宮實際上也是一座佛教寺廟。

由於普化寺歷史悠久，影響較大，佛教代表們建議在毀壞的天后宮的原址上修復普化寺。此建議徵得了廣大信徒的同意，最後付諸實施。新修繕的普化寺占地面積約 1700 平方米，寺及房屋建築面積 1200 平方米。

▋「般若洞」為什麼被稱為「仙人洞」

仙人洞位於莊河市北部山區龍華山天臺峰上，是中國遼南地區遠近聞名的一處香火勝地。相傳仙人洞本是一處佛家道場，名叫「般若洞」，可佛家的「般若洞」為何被稱作「仙人洞」呢？這話還得從頭說起。

據說，明朝初年，浙江有個武舉人名叫王洪真，父母下世，家境不富，娶妻數年，膝下無子。每逢武試之年，王洪真都要湊足盤纏，佩戴寶劍，進京比武。一年，王洪真又一次比武不中，心生懊惱，匆匆回家。沒想到，半夜居然看見妻子朱氏與一個漢子在屋內廝混。王洪真大怒，提著寶劍就要闖進去殺死這對狗男女。可轉念一想，妻子跟隨自己過了這麼多年的苦日子，自己卻怎麼也考不中，也真難為了她。於是，轉身長歎，將隨身佩帶的一塊玉珮解下掛在門上，悄然離去。

且說這王洪真，灰心喪氣，漫無目的地隨意而行，腰中的盤纏已經花得一乾二淨，腹中饑餓難耐，正在發愁之際，猛然間看見前面一間古剎攔住去路。王洪真驚喜萬分，趕緊敲開寺門，討了口齋飯充饑。吃著吃著，王洪真想起了自己的遭遇，頓時悲由心生。心想，自己今後也沒有什麼出路了，不如就在這古剎中隨著大師誦經唸佛，出家為僧。於是，他便把自己的經歷

一五一十地告訴了寺院主持。方丈聽後，說道：佛法只渡有緣人！遂收了王洪真做弟子，又說：「出家為僧，便再不準提你姓王，洪字也不合佛門法度，從今日起你的法名就叫宏真吧。」從此，宏真便在這寺院內終日誦經，苦練修行。

轉眼，三年過去了。一天，大師將宏真叫到座前道：「海北荒蕪之地，急需大施教化。若有佛門弟子前去廣施教化，普渡生靈，將是一番無量功果。」宏真聽了，雙手合十：「阿彌陀佛！弟子願去。」大師又道：「海北正需你去，你可到龍華山般若洞奠基久居，功果無限。」

宏真一路化緣雲遊，不出半年便來到了龍華山下。只見這裡峰巒疊嶂，古木參天，景色奇幽，果然是一處修行的好處所。宏真沿小路上山，見到一洞，名為「藏君洞」，便遵師命，將其改名為「般若洞」，在此宣揚佛家經典，感化眾生，香火漸漸興旺起來。

多年後，宏真在此圓寂，可這裡的香火卻一直沒有斷下。不過，不知何年何月一個叫鄒教海的道士標榜他是宏真的大弟子，並把宏真說成道士，佔據了般若洞。當地百姓不明所以，也就以訛傳訛了，又傳說宏真成仙了，便把般若洞叫成了仙人洞。

▊「猛虎聽經」是怎樣來的

宏真到仙人洞主持修建好寺廟後，便天天到一個石窟中，打坐唸經。據說，每天他一開始唸經，在仙人洞、冰峪溝方圓130多平方公里的範圍內，都能聽到他那細若蟋唱、粗似洪鐘的聲音。所以，一到宏真高僧誦經的時刻，該叫的鳥不叫了，該爬的蛇不爬了，該跑的獐子也不跑了。在這些聽經的生靈中，有很多都得以修成正果。

一隻老虎深知自己罪孽深重，又想痛改前非，便從長白山跑過來，變成了一個小和尚，叩求宏真收他為徒。宏真一眼便看出它是隻老虎。便緊閉雙眼，說：「你如今還是畜道，我還不能收你為徒。你要真有心修煉，就到人間去行善積德，每天在山頭聽我誦經。」老虎謝過宏真便下了山。

一年過後，老虎又回來求宏真收他為徒。宏真說，你在這三百六十五天裡，共做了三件善事：去年三月二十日辰時，將一個小姑娘從狼口中奪下來，救了她一命；去年六月初七，你又趕跑了狐狸，救了一隻野兔；十月十九中午，你化作僧人，將化來的齋飯送給了一個餓昏了的老翁，並將他送回了家。這些我都知道了。老虎一聽，連忙倒地叩拜，心想這宏真高僧也真夠神了，我做的事情他居然都知道。宏真說道，你現在做的善事剛好能彌補你以前的罪惡，要想讓我收你為徒，你這一生都要皈依佛門，終生不悔，電打雷劈，佛心不移。你先回去修煉，三個月後再來見我吧。老虎聽後，滿心歡喜。

第一個月的最後一天，老虎正在山頭聽經，突然黑雲壓頂，風雨大作。老虎一動不動，在大雨中足足淋了半個時辰，一直到宏真的經誦完為止，不過這時雨也停了。

第二個月的二十八，老虎又在山頭聽經，從西南天上飄來一塊烏雲，到達老虎頭上的時候，忽然一陣電閃雷鳴，閃電就像幾條閃光的蛇纏繞在老虎的頭上頭下。老虎一直閉著眼睛聽經，彷彿這電閃雷鳴，山搖地動沒有發生一樣。他聽完了，天也晴了。

第三個月的二十六日，老虎正在聽經，忽然一道道火舌向老虎竄來，呼啦一下，整個山頭頓時都陷入了一片火海。可是聽經已經聽得入迷的老虎根本不知道自己已經在一片火光之中了。

四天後，老虎去叩見宏真，一進門就喊師父。宏真說，好，今天我就破格收你這個畜道的徒弟。不過，你要再到那山上聽我再念一次經。老虎聽罷，轉身跑回山上恭恭敬敬地開始聽經。不一會只見一道紅光在老虎頭上繞了三圈後便竄入仙人洞廟中，紅光之後，從廟中走出一位虎頭虎腦的年輕僧人，見到宏真，倒頭便拜，連稱師父。宏真說，我見你求佛心切，雷打不動，火燒不移，現換你八百年前的原身，將你的老虎軀體固定在那個山頭，讓天下眾生靈以你為楷模，修成正果，早日度出畜道。

據說，宏真羽化後，這位虎頭虎腦的年輕僧人也隨即圓寂，隨侍宏真左右，只有他那被點化而凝成石頭的猛虎軀體，仍然在那個山頭上聽經，直到永遠。

您知道「千山彌勒大佛」的傳說嗎

1993 年 4 月人們在千山上發現了由一座山峰自然形成的天然彌勒巨佛，被稱為「千山彌勒大佛」。大佛身高 70 米，臂寬 46 米，高 9.9 米，頭寬 11.8 米，耳長 4.8 米，五官清晰，法相莊嚴，由山洞形成的佛臍可容兩人，胸前形成的佛珠隱約可見，大佛呈坐姿，左手五指分開置於膝上，右手握拳壓在右腿上，肩負布袋，面西而坐，可謂「佛是一座山，山為一尊佛」。

關於這尊彌勒大佛，還有一些史書未予記載的神秘傳說。唐貞觀十九年（西元 645 年），唐王李世民征東途中駐蹕遼東千山大安寺英烈觀。這時，唐王軍師徐茂公的舊年好友、浙江靈隱寺高僧悟覺法師東遊到此。一天早晨，旭日東昇，悟覺法師與徐茂公一同登高觀賞千山景色。但見松蒼柏翠、穀幽山奇，二人各自覺得心曠神怡。正在欣賞之時，忽見近處一座山峰上空出現一道彩虹；一會兒，彩虹上面又出現祥雲環繞；又過了一會兒，祥雲為兩朵：一朵祥雲變幻成一尊彌勒佛，坐在彩虹之上，另一朵變幻成一尊觀音菩薩，站在彩虹之上。

悟覺法師驚喜萬分：「阿彌陀佛，這不是我佛彌勒、觀音嗎？」他馬上跪倒膜拜，徐茂公也跪倒同拜。拜完起身，望著彩虹上的彌勒、觀音還未離去，悟覺法師還要再去二佛面前朝拜，而徐茂公由於軍務在身，未能同去。悟覺走到彩虹近前，剛要跪拜，突然彩虹消失，觀音菩薩化為一縷祥雲進入懸崖洞內（此洞後人稱為觀音洞）；彌勒佛化為一朵祥雲降隱在懸崖對面的山峰之中。悟覺法師再看這座山峰已化為一尊彌勒大佛：坐姿，面西，高 21 丈，五官端正，左手五指分開，自然放在膝蓋上，右手握拳，手臂壓在右腿上……（這就是後來被髮現的千山天然大佛）。悟覺見狀再次跪倒膜拜。

後來，悟覺法師年歲漸高，回到靈隱寺，不久圓寂成佛西去。臨終前，法師曾留下一首詩，以示後人千山有一尊天成大佛：「千柏萬松翠，山奇谷幽美。一峰化巨佛，遊人沐祥輝。」靈隱寺的眾僧揣摩這首詩，終於悟出這首藏頭詩的隱意。他們都想到遼東千山雲遊，看看一峰化成的巨佛，沐浴一下佛的祥輝。據千山龍泉寺記載，唐宋時期掛單寄住的外寺和尚，以浙江靈

隱寺的僧人為多。可惜，這些僧侶們都因與千山大佛無緣，誰也沒有發現這尊彌勒大佛。

千山有哪「五大禪林」

　　寺、庵、堂是佛教佛事活動的場所一般稱謂，禪林一般指規模較大的佛寺。祖越寺、龍泉寺、中會寺、大安寺、香岩寺是千山著名的「五大禪林」，分別位於千山風景區內的風景優美之處。

　　祖越寺位於千山北溝緊鄰無量觀西山，原為靈岩寺，相傳始建於唐代，宋代頗具規模，有 17 個建築群，有近 70 幢廟宇，是現在的祖越寺的幾倍大。今存建築系明清時期所建，現有釋迦殿、韋馱殿、客堂等 7 幢建築，面積為 394.9 平方米。

　　龍泉寺位於千山北溝龍泉谷內，是千山風景區內最早的寺廟之一，素有「龍泉仙境」之譽。唐代龍泉寺已具雛形，現存其建築群主要有大雄寶殿、彌勒殿、毗盧殿、藏經閣、西閣、鐘鼓樓等 19 幢 54 間建築，面積為 1000 平方米。全寺整體建築風格和主體結構佈局都是明代建築風格和特色。

　　中會寺位於千山中溝五老峰南山坡上，其主要建築有山門、禪堂、千佛殿、精舍、藏經閣、配殿、鐘鼓樓、山門等殿宇建築，計 16 幢 90 多間，建築面積 2000 平方米。唐朝時建，隆慶年間遇到劫火，大殿已被燒空，明清以後屢毀屢建，尤其在 20 世紀 80 年代後多次重修擴建，才形成現在的規模。

　　大安寺位於千山南溝文殊、普賢二峰間，海拔 500 多米，素有「高山古刹」之稱。相傳該寺建於魏晉時期，主要建築有：大雄寶殿、韋馱殿、禪堂、客堂、配殿、齋堂等 33 間，面積 866.6 平方米。其山門為山式建築，磚石結構，山門兩側是石砌斷崖，門外兩旁有青石雕獅一對，置於須彌座上，造型很是生動逼真。正殿大雄寶殿面積有 133 多平方米，煞是雄偉。

　　香岩寺位於千山南溝仙人臺西香岩穀內，始建於隋唐之前，分前、後兩院。前院有接引殿、雲水堂、客堂、齋堂等；後院有大雄寶殿、選佛場、禪堂等 12 幢 42 間，面積 737 平方米。現存多清代或近代仿古建築，全寺彩繪，

金碧輝煌，大雄寶殿為硬山式結構，前有迴廊，殿內 16 羅漢是獨一無二的燕尾造型。香岩寺名勝古蹟與自然風光相交織，構成了香岩寺獨特的景觀，使人流連遐想。

佛寺是中國古代文化藝術的寶庫，它提供的古代藝術主要是佛寺建築和造像雕塑繪畫等。

▋無量觀為什麼是道教全真派的代表性建築

無量觀，又稱老觀或無樑觀，在千山東北部，系千山八大道觀中最大的廟宇。道教建築有「宮」、「觀」、「廟」、「院」等名稱。祀神之所為「宮」，候神之所為「觀」，供神之所為「廟」。「廟」、「宮」、「觀」的建築群落，一般規模都很大，而「院」的規模最小。

據傳，千山有天然古洞，名「古羅漢洞」。康熙初年，有高道劉太琳、王太祥來居此洞修煉，因洞無磚石土木構造，因之稱為「無樑之觀」，後改稱「無樑觀」、「無量觀」。後人在天然山洞周圍依山勢構建宮觀，殿堂成階梯狀層層高升，雖高低交錯，但緊湊嚴整，甚為壯觀。主要建築有老君殿、三官殿、慈航殿，還有道教勝蹟「一閣」、「一臺」、「三塔」等。

老君殿祀奉「太上老君」。三官殿祀奉「天官」、「地官」、「水官」，稱「三官大帝」，殿房脊雕有六條盤旋的龍，技藝精湛。慈航殿祀慈航真人。「一閣」，名西閣，其南有鐘樓和南天門。「一臺」即聚仙臺。「三塔」即八仙塔、祖師塔、葛公塔。

千山山勢威猛、峭拔而又飄逸，景色幽麗、深邃而又險奇；無量觀依山隨景而立，氣象崇宏；觀下山路蜿蜒，濃蔭夾道，古木參天，清幽秀麗；更有亭、閣、奇石、古塔點綴其間，真可謂人間「仙闕蓬萊」。後據道家經典釋義，無量之意有三：「一為諸天尊慈悲，度人無量；二為大道法力，廣大無量；三為諸天神仙，無量數從。」取其意而用之為名，即無量觀。

無量觀是道教全真派的代表性建築，佈局自由，建築精巧，高度體現了道教所提倡的「天道自然」、「天人合一」的思想。因受地勢所限，無量觀

的佈局沒有採用中國古代宗教建築的中軸線對比的建築原則,而是依山造勢,任其自然,只在小局部採用中軸線。無量觀的建築造型小巧、秀美,與山體景色渾然一體,輝映成趣,猶如一幅立體山水畫,美妙動人。

「釋道同源」因何而來

羅漢洞是千山無量觀主要遊覽勝地之一,此洞洞徑深邃,系由一個天然石洞稍加穿鑿而成。洞南北相通,長約 17 米,寬 4 米,高近 4 米,分為南北兩級,中有隔門,南北洞口均有門,北口石壁上刻有「羅漢洞」三個字。

羅漢洞十分古老,相傳在唐代就有此洞。明代嘉靖年間進士薛廷寵曾寫詩道:「羅漢洞天一徑通,煙叢林杪放行蹤。海螺捧出雲千疊,錫杖飛來閣幾重。石澗長鳴曇雨落,香風不動法門空。蓬萊未必能勝此,飄渺笙歌繞梵宮。」看來早在明代羅漢洞就有了名氣。洞中有 2 排羅漢像,共十八尊,塑像各具特色,笑怒坐仰,神態逼真,在十八羅漢中間塑有真武大帝。

佛道兩家本來供奉不同,十八羅漢為佛教供奉,真武大帝為道教尊者,兩家神像本不能塑於一洞,和尚和道士也不能一起燒香訟經。因此,幾百年來,人們對道佛兩家佛像神像同時供奉於此洞頗有異議,古人曾作詩質疑「釋道環居一洞中,花開花落幾春風,牟尼莫漫玄真問,貝葉黃庭解不同」。

原來,創建無量觀的劉太琳成為開山祖師後,感到在他的觀內供奉羅漢有失大雅,就想把羅漢像毀掉,但又礙於輿論,遂採取一個折衷的辦法,將洞內正位的觀世音菩薩像毀掉,改塑成真武大帝,變成「道居正位,佛列兩旁」。為此曾引起紛爭,後來各派言和。劉太琳為了緩和矛盾,在南洞口親筆題刻了「釋道同源」四個字,以自圓其說。

現在,「釋道同源」已經成為千山一奇,這些傳說,也為千山這顆明珠增添了許多神秘色彩。

玉佛閣為什麼體現了濃郁的佛教文化

玉佛閣是鞍山玉佛苑的主體建築——高 33 米，取佛教三十三重天之意，至吻高 35.2 米，是中國最高的古典式建築之一，閣寬 66 米，進深 58 米，總建築面積 3646.6 平方米，其規模之大在全國同類型建築中名列前茅。

玉佛閣為雙重檐歇山式結構，上覆紅色琉璃瓦，層次分明、雄渾壯觀。大型藻井上刻有 24K 貼金的九龍護寶珠圖，在華燈映照下，金壁輝煌，體現了濃郁的佛教文化。

玉佛閣的內部結構分三層：一樓為展佛大廳，大廳中央是 2.2 米高的淺浮雕二級漢白玉須彌座，上面端坐著世界最大玉佛。二樓為觀佛臺，在這裡可以從不同角度觀賞玉佛。三樓為觀景平臺，登臨覽勝，鞍山市貌盡收眼底。

玉佛閣有 12 根蟠龍玉柱，均用整塊漢白玉雕刻而成，分立在大殿四周。玉柱高 7.2 米、直徑 0.9 米。以高浮雕手法雕刻而成的蟠龍玉柱，兩根為一組，呈對稱式，每根柱上雕有兩條巨龍，為升龍和降龍組成的「二龍戲珠」。其中大殿正面中間的兩根，雕有兩條大龍、一條小龍，小龍在一條大龍吐出的雲氣中飄然升騰，最上面一條大龍腑視著飛騰著的小龍，寓含著「望子成龍」之意。

玉佛閣的門窗都是仿古宮廷式，選用上乘的紅松木精雕而成。一樓四周的 32 扇大門，是根據佛教中的「法門龍象」之說，在每扇大門都上雕有「二龍戲珠」和「子母象」的圖像，稱「龍象雕花門」或「雲龍雕花門」。其它門窗則是採用的傳統的「六方菱花」的形狀，以瀝粉帖金的工藝裝飾，顯得金碧輝煌。

在玉佛閣一樓大廳四周，有八幅高 5.36 米、寬 3.34 米的鎏金釋迦牟尼佛壁畫，介紹佛祖的生平。一樓外側有 34 幅壁畫，為百佛圖，內容是佛、菩薩、羅漢講經、說法、修行的故事。三樓外側有 30 幅壁畫，內容是佛教《妙法蓮華經‧觀世音菩薩普門品》中的觀世音菩薩 32 化身、觀音救七難、觀音救七難重頌和文殊、觀音、普賢三大士圖。作品線條流暢，形象生動，引人入勝。

▌「三學寺」為何命名「三學」

　　三學寺位於海城市內西南角，相傳唐世宗年間由佛教中山府盧派（淨土宗）所建，歷史悠久，聞名中外，為中國三處「三學寺」之一，至今香火鼎盛。

　　「三學」是佛教用語，指學佛者修持的戒、定、慧。戒即戒學，戒律，防止身、口、意三不淨業；定即定學，禪定，修持者思慮集中，觀悟佛理，滅除青魚煩惱；慧即慧學，智慧，能使修持者斷除煩惱，達到解脫。三學概括了佛教的基本內容。寺名取其義而為之。

　　三學寺山門為硬山式結構，由中開門洞步入寺內，兩側各立有兩尊威風凜凜、栩栩如生的佛像：金鋼密跡、金鋼慧跡。迎面的彌勒殿（又稱天王殿）是寺內保存最為完好的建築，與千山龍泉寺大殿並為鞍山僅存的兩處明代建築。大殿屋頂九脊，大木架結構，彼此牽制，自成體系，山牆壓在山面額之下，重檐飛出，巍峨壯觀。殿內正中供奉彌勒菩薩坐像，倒背供奉韋陀菩薩立像，兩側為四大天王立像。

　　彌勒殿之後為氣勢雄渾的大雄寶殿，係 1982 年大火後重建，為三學寺的主要建築。大殿面闊五間，進深三間，建築形式為三楹二暗，殿簷下鬥拱裝飾較為突出，鬥拱上有精美的雕刻，別具一格。大殿的正脊上雕刻著彩色的龍，兩頭有大吻，斜脊上雕刻著跑獸。前有迴廊及燕尾木雕，建築高大寬闊。

　　大雄寶殿後面的藏經樓，為木質二層樓，在整個寺院中可算是別具一格。步入藏經樓，看著整齊擺放於書櫃上的中華大藏經，彷彿聽到古代僧侶蕩滌靈魂的頌經之音。

　　複修後的三學寺，巍峨壯觀，雕藝精美，色調明快，重現古代藝術之風彩。

岫岩為何建有清真寺

遼寧回族先民大多是在元末明初陸續從全國各地遷來的，至今已有六七百年歷史。遷徙到遼寧來的回民，主要有四種情況：一是軍政官宦避難來此；二是因自然災害逃荒至此；三是移民；四是謀生。

關於回民來遼寧的路線，根據現有資料分析，主要路線是陸路，從水上來的也有，但為數很少。陸路主要是經過山海關，遼西地區的葫蘆島、錦州等，再到遼北、遼東、遼南各地。從河北來遼寧的回民，也有取道喜峰口、承德到朝陽等地的。

清乾隆末年和嘉慶年間，遼陽、海城、蓋縣等地回民逐漸向岫岩、鳳城移居。回民定居地最明顯的標誌，就是在回民較集中的地方建有清真寺，用以進行宗教儀式活動，也是回民群眾聚會議事的地方。

岫岩古清真寺的建築風格類似於清代建築，青磚綠瓦，古色古香。二百多年來，這裡一直是回族人民進行宗教儀式活動的場所。據碑文記載，該清真寺建於乾隆五十一年（1786 年），由岫岩回民集資建成，有大殿、講堂各三間。1795 年北講堂從三間擴建到五間，並新建沐浴池三間，門房三間。1930 年建成四層望月樓一座，為清真寺的標誌性建築物，供阿訇觀月看時辰決定開齋封齋時用。

二百多年來在歷屆阿訇和地方鄉老的共同努力下，，岫岩清真寺已成為當地回族人民信仰的活動中心。1979 年和 1985 年，岫岩滿族自治縣人民政府兩次撥款，對清真寺建築進行翻修。如今的清真寺建築門房和講堂為青磚灰瓦；大殿仍保持原有建築風格，牆身為青磚，屋頂為綠色琉璃瓦。

赫圖阿拉城有哪些道教廟宇

赫圖阿拉作為清朝的龍興之地，道教廟宇眾多，主要有關帝廟、顯佑宮、城隍廟等。

關帝廟位於赫圖阿拉城南門里路北偏西 20 米左右，始建於明萬曆四十三年（1615），是清代第一座關帝廟，也是赫圖阿拉城現存的主要古建築群之

一。廟垣東西寬 35 米，南北長 51 米。二進院落，原建築由前至後依次為馬殿（山門）、鐘鼓樓、關帝殿、東西配房（講經堂、廚房、客堂）、佛殿、東西禪堂 9 座建築，建築面積 593 平方米。它反映了滿族人的宗教文化內涵及建築、繪畫、雕塑等方面的特徵，具有較高的歷史、科學、藝術價值。據說，努爾哈赤在青少年時期就熟讀《三國》，崇尚關羽，起兵後又多次得到關羽神靈的佑護。因此建造了關帝廟。清初的關帝廟，殿中僅塑有關羽中坐像及關平、周倉的站立神像，山門中塑有關羽的坐騎赤兔馬。後來隨著宗教活動發展，廟宇的規模不斷擴大。

　　顯佑宮位於地藏寺之西側，是清代遼東地區著名的道教宮觀，內有玉皇閣、龍虎殿、三官殿、敕建碑、香亭等等，是二進式建築群，建築古樸典雅，神氣充盈，彩繪輝煌。初建時名為玉皇閣，順治十五年（1658）重新敕建，更名為顯佑宮。龍虎殿（山門）內塑有道教護衛神孟章神君（青龍神）和監兵神君（白虎神）神像，是守衛道觀山門的神靈。中殿為三官殿塑有三官神像。正殿玉皇閣內塑有三清神像。道教以青龍、白虎、朱雀、玄武為護衛神靈，被稱作四方四神，廣泛用於軍佇列陣，視為軍隊的保護神。努爾哈赤建造此宮，就是想祈求神靈庇佑他的八旗部隊，攻無不克，戰無不勝。所以清代的帝王東巡必拜顯佑宮，以答謝神靈的保佑之恩。當年當乾隆皇帝東巡至此曾御制詩一首，詩為：「顯佑為天佑，亦由人和天。設無開創德，莫作觀覦先。絳節朝群宿，金容侍列仙。瓣香泯別祝，綏履福農田」。由此可以看出清代帝王對顯佑宮神靈佑護的感激之情。

　　城隍廟位於赫圖阿拉城城南門東側，是道教主祭城隍神靈的廟宇。道教的城隍廟，源於南北朝時代。唐代中期，城隍廟被正式列人國家祀典。清初，努爾哈赤將城隍神視為赫圖阿拉城的保護神，並按明制，參照衙門的營建形式，建造了城隍廟廟宇。城隍廟內，除塑造城隍的神像外，並附塑了判官及眾衙役的神像，使廟宇內充滿了兇神惡煞的恐怖感。此後，城隍神靈又具有「剪惡除凶」、「求雨、祈晴、禳災」等多項「神功」，祭祀規模日益擴大。

赫圖阿拉城為何建有「地藏寺」

地藏寺是清代遼東地區著名的佛教聖地,為地藏菩薩的香火之地,也是赫圖阿拉城第一座佛教寺院。地藏寺中供奉許多菩薩,地藏菩薩是最重要的菩薩之一,寺院因此得名。

當年,努爾哈赤要統一女真,就難免征戰沙場,兵刃相交。頻繁的戰爭給北方民族及遼東漢人帶來了極其深重的災難。利用宗教來撫慰人們心靈上的創傷是封建社會中行之有效的策略。於是,努爾哈赤審時度勢,大力宣導佛教的因果輪迴說,以使廣大百姓忠誠地為努爾哈赤的統一戰爭服務。地藏寺由此應運而生,並成為努爾哈赤家族專用的寺院。

地藏寺主要建築有山門、中殿、後殿和東西配殿及鐘樓、鼓樓等。中殿為「大雄寶殿」,正中供奉釋迦牟尼,左為文殊菩薩,右為普賢菩薩。釋迦牟尼前下方左為迦葉,右為阿難。東西塑十八羅漢。地藏菩薩供奉於後殿,其左為道明,右為閔公,東西為十殿閻君及牛頭馬面。東配殿為延壽堂,內供藥師佛,是吉祥如意、修德延壽之堂。西配殿是功德堂,內供阿彌陀佛、觀世音菩薩和大勢至菩薩,是超度亡靈之所。

地藏寺在赫圖阿拉城的建立,使後金社會的宗教文化產生了巨大的變化,對維護統治者的地位具有一定的意義。據說,當時的地藏寺晨鐘暮鼓,終日香火不斷。

清代第一座孔廟建在何處

赫圖阿拉城的儒教文廟是努爾哈赤在萬曆四十三年(1615)修築的前清「七大廟」之一,位於內城東南,俗稱孔廟,也是清代第一座孔廟。

努爾哈赤為加速後金政權封建化的進程,採用宗教手段,廣泛地吸收融合中原漢文化。他對儒教漢文化推崇備至,赫圖阿拉城建城不久就在內城東南隅高阜上修建了文廟。當年的文廟規模宏大,雄偉壯觀,其建築模仿中原文廟建築格局,又有滿族風格特點。

文廟建有東西廡各三間。東廡祀有左子丘明、梁穀子赤等先儒。西廡祀有公羊子高、伏子勝等先儒。還建有先賢東西廡各三間。主殿大成殿為三間建築，是文廟的主體建築，內祀至聖先師孔丘，配祀複、述、宗、亞四聖及閔子損、冉子雍等十二先賢。院內建有狀元橋，並建有魁星樓一座，以祀魁星神靈。赫圖阿拉城對文廟的祭祀典制完全沿用中原漢制，「歲以春秋仲月上丁致祭」。

當年，這裡鐘鼓齊鳴，香煙燎繞，善男信女拜謁不絕。不過，當年的文廟毀於戰火，今存文廟是 2002 年在原址上按原貌重建的。

▋東北道教的發源地在哪裡

鐵剎山坐落於本溪滿族自治縣東部的田師付鎮，距馳名中外的「本溪水洞」36 公里。鐵剎山屬長白山脈的一部分，最高峰海拔 912.9 米，山有五頂，即北峰真武頂、南峰靈寶頂、東峰玉皇頂、西峰太上頂、中峰原始頂，因從東、南、北三面仰視均見三頂，道家取其「三三見九」之意，故名「九頂鐵剎山」。

鐵剎山山中森林茂密、古木參天，眾多的摩崖石刻以及峰岩洞穴等景觀無不流露出濃重而悠久的歷史文化色彩，處身其中，頓感山之靈秀、境之清幽。

鐵剎山的歷史傳說相當久遠，相傳商周時期的長眉李大仙在此開山佈道，並得道成仙。古代小說《封神演義》《金陵府》都有關於鐵剎山的記載。《封神演義》第四十五回「燃燈議破十絕陣」中大破風吼陣的定風珠就是從此山的「八寶雲光洞」中借得，因而有「鐵剎三千年」的勝名。

鐵剎山是東北道教的發源地，其道教歷史先於遼寧的千山、醫巫閭山、鳳凰山。自道教龍門派第八代祖師郭守貞在此山收徒佈道開始，東北道教始興。鐵剎山道教至今已經傳至二十五代，道教歷史近 400 年。

鐵剎山悠久的歷史、豐富的人文景觀、濃厚的道教文化色彩以及森林、峰岩、氣象、季象等自然景觀，使其成為一座聞名遐邇的東北名山。

廣濟寺和廣濟寺塔何以聞名

廣濟寺位於錦州市內古塔區北街，是塔寺合一的古代建築。廣濟寺、廣濟寺塔均建於遼代清寧年間（1055～1064），寺內除大殿基座部分構件為遼代原物外，餘者均為清道光年間所建。廣濟寺塔屬典型的遼代佛塔，為八角十三級密簷式實心磚塔，塔高 71.25 米，1996 年按原貌進行全面維修。廣濟寺塔高而不憨，給人以壯美之感。塔上磚雕細膩逼真，堪稱藝術珍品。舊時夏季黃昏，日落西山，在晚霞餘輝映襯下，有成群鴉雀繞塔翻飛嬉戲，給古城增添了一派生機，別有情趣，成為錦州的舊八景之一「古塔昏鴉」。如今鴉去燕來，不減當年情趣，「古塔朝暉」被評為新十景之一，成為重點文化旅遊場所。

天后宮位於廣濟寺西側。清雍正年間，江、浙、閩等地客商把媽祖文化從福建湄州祖廟傳到錦州並建宮以祀。錦州天后宮可稱得上是北方最大的，名冠江南，特別是宮內磚、石、木雕刻精美異常，顯示出豐富的文化底蘊。廣濟寺東北隅建有錦州昭忠祠，系清光緒年間為中日甲午戰爭陸戰中所犧牲的毅軍將士而建。廣濟寺前建有觀音閣，明代始建，清代多次維修，建築佈局精巧玲瓏。

廣濟寺古建築群，實為五組建築，體現出不同類型的文化內涵，它們各自為政，又渾然一體，向人們昭示著古城錦州的歷史和文明。

為什麼將北普陀山稱為觀音洞山

遼西走廊，錦繡之州，有一座脈脈含情，與南海普陀山遙相守望的人間勝境，這就是聞名遐邇，響播京華的關外第一佛山——錦州北普陀山。

北普陀山位於錦州城西北七公里處，大勢大美，具有夢幻般的神奇。她既有天然的美麗景觀，又與佛門結緣，那彷彿臥佛一般的山勢，宛若盛開蓮花的三十三座山峰，恰應觀音菩薩三十三法身之數，酷似南海普陀山的地形地貌，使之成為觀音菩薩在中國北方的道場。

　　聲名遠颺的北普陀山，群峰逶迤，怪石嶙峋，鳥語花香，流水潺潺，風光瑰麗，氣象萬千。每當梅雨時節，雲遮霧罩，煙雨朦朧，群山山籠罩於輕紗般的雲霧之中，更增添了這關外第一佛山的神秘色彩。

　　北普陀山古稱老母山，有著悠久的開山歷史。早在 1400 多年前的盛唐開國之初，就有大德高僧在這裡肇建諸端古寺。從此，這裡晨鐘暮鼓，佛號梵音，祥雲喜雨，龍光清嵐，使北普陀山成為遼西著名的佛教聖地。

　　相傳，遼代天顯初年，遼太子耶律倍為逃避其弟耶律德光的追殺，承蒙觀音菩薩搭救，隱居山中老母洞。數年之後，遼太后耶律氏親臨此山拜謝觀音菩薩，見此山形似南海普陀山，經大德高僧德韶奏請，將此山定名為北普陀山，改稱老母洞為觀音洞，將耶律倍隱居之所賜名為「紅雨山房」。

　　後因觀音洞名氣日漸增大，人們便忘記了山的真名普陀山，而稱山為「觀音洞山」，一直沿襲至今。寺廟建於山中，幾經修葺，元代取名石堂道院。明正統二年（西元 1437 年），重修後的古寺改名普陀寺，清代又多次擴建，觀音洞逐漸興盛起來。

▌崇興寺雙塔有何特點

　　崇興寺雙塔位於北鎮市廣寧鎮古城內東北隅，因雙塔北面有明代修建的崇興寺而得名，是中國現存寶塔中最壯觀、保存最完好的大型雙塔，佔地面積近 30000 平方米。

　　崇興寺雙塔始建年代無確切記載。根據雙塔的造形風格，磚作和細部雕飾推斷，建築年代當在遼代晚期，距今約 900 多年。

　　中國佛寺採取雙塔並立佈局，且高大雄偉，以崇興寺雙塔為最早。雙塔以崇興寺為中心，東西對峙，東塔高 43.85 米，西塔高 42.63 米，兩塔相距43 米，巍峨壯觀，氣勢非凡，古稱「雙塔幻景」，又稱「禪塔雙標」。

　　崇興寺雙塔形狀、結構基本相同，均為磚築，八角十三層，實心密簷式。其磚雕座佛、斜侍菩薩、飛天、負重力士栩栩如生，蓮花、平座、鬥拱勾欄、

寶蓋造型獨特，塔頂有蓮花座、寶瓶及刹桿、寶珠、相輪等，構成一組完美的古建築群。

肅穆莊嚴的雙塔與塔北寺院交相輝映，形成一處塔寺並重的旅遊勝地，也是遼寧省的主要宗教活動場所之一。

▌「七佛同殿」的佛寺在哪裡

奉國寺坐落在錦州市義縣城內，始建於遼開泰九年（1020），因殿內塑有七尊大佛，俗稱「大佛寺」。

奉國寺由山門、牌坊、無量殿、鐘亭、碑亭、大雄殿、西宮禪院等古建築構成，占地 30000 平方米，是一座宏偉壯觀，保存較為完整的古代寺院。

大雄殿位於中軸線的北端，面寬 9 間，通長 55 米，進深 5 間，通寬 33 米，總高度 24 米，建築面積 1800 多平方米。它是遼代遺存的最大木構建築，其大雄殿面積巨全國之最，堪稱中國寺院第一大雄寶殿。

大雄殿塑有遼代七佛彩色塑像，自東而西分別為迦葉、拘留孫、屍棄、毗婆屍、毗舍浮、拘那含牟尼、釋迦牟尼，精美絕倫，栩栩如生。據《長阿含經》載：釋迦牟尼之前已有六佛，以其成佛先後排列，通稱「過去七佛」。在中國早期石窟造像中如雲崗、龍門，均有此題材的雕像，一般是刻在側壁或閘門楣上，而現存寺院中以「過去七佛」為主尊供奉的實例尚屬罕見，在中國外佛教界具有特殊的影響力和知名度。

奉國寺內文物眾多，珍品薈萃。這裡有中國極為罕見的遼代建築彩畫實例——梁架上 42 幅遼代彩繪飛天；有元明兩代所畫的精美壁畫——十佛、八菩薩、十一面觀音、十八羅漢；有遼代所塑 14 尊脅侍菩薩、2 尊天王；明代所塑中國罕見的男像倒坐觀音以及金、元、明、清各代所建碑記 11 塊。均屬古代藝術珍品，考古專家、美術家則稱其是藝術珍品中的極品，令人歎為觀止。

1961 年奉國寺被國務院公佈為全國重點文物保護單位。作為旅遊勝地，奉國寺先後被評為「全國著名景區三百家」、「遼寧五十佳景」、「錦州十佳景」等，聞名中外。

東北地區規模最大的石窟群在哪裡

萬佛堂石窟位於錦州義縣萬佛堂村大凌河北岸的福山上，分為東西兩區，共存窟（龕）20 餘個，雕像 430 尊，是中國東北地區年代最早規模最大的石窟群，具有很高的歷史價值與藝術價值。

據碑刻記載，西區是北魏太和二十三年（499）平東將軍營州（今朝陽）刺史元景為黃室祈福而開鑿，現存 9 窟，分上、下兩層，下層為 6 大窟，上層為 3 小窟，另有部分壁龕。保存較完整的是第一窟和第六窟。第一窟最大，東西北三壁各雕三佛。窟中心方形塔柱上部的佛像及供養人像，都是北魏的珍貴遺蹟，下部四尊佛像為後代補雕。第六窟主像為交腳彌勒，高 3.5 米，波狀髮髻，細眉長眼，高鼻薄唇，是典型的北魏造像。元景造像碑刻在第五窟南壁上，書法價值很高。康有為譽之為「元魏諸碑之極品」，梁啟超評為「天古開張、光芒閃溢」，歷來為書法家所珍視。

東區是北魏景明三年（502）尉喻契丹使韓貞聯合駐地官兵開鑿的私窟，現存 7 窟，造像多已風化無存。其第三窟中的千臂觀音和二脅侍菩薩為清代密宗泥塑，生動別緻，為他處少見。韓貞造像碑刻在第四窟南壁上，史料價值很高，是研究中國北方民族史及邊疆史極為珍貴的寶物資料。東區有明成化十年（1474），驃騎將軍王鍇為其母祝壽而建的圓形小塔一座。

萬佛堂石窟是一處融人文景觀與自然景觀於一體的風景區。石窟鑿於懸崖峭壁，下臨寬闊的大凌河水，隔河望去是一片廣漠的田野，遠處輕煙漫籠，近處綠柳成行，不時還有覓食的羊群點綴其間，宛若人間仙境。

營口現存較為完整的民國時期寺院是哪一座

　　楞嚴禪寺，取楞嚴經之意而得名，位於營口市新興大街，始建於 1922 年，1931 年竣工。據傳，當時浙江寧波觀宗講寺倓虛法師來營口宣講佛經，產生在該地建寺的構想，即與眾人商討，遂在此修建禪寺。楞嚴寺占地面積約 10000 平方米，建築面積為 2500 平方米，共有佛殿 99 間，是遼寧省現存較為完整的民國時期大型寺院建築群之一。楞嚴禪寺歷史悠久、規模盛大、影響深遠，被譽為東北「四大禪林」之一。

　　寺院分為三進院落，青磚圍牆，規模宏大，氣勢壯觀。山門、天王殿、大雄寶殿、藏經樓南北一線排在寺院中軸線上，兩側有鐘鼓二樓和東西配殿。

　　山門為雙層重檐歇山式建築，面闊三間，左右各有一耳門，內泥塑哼、哈二將。

　　第一進院落，鐘鼓二樓坐落於院前東、西兩側，皆為歇山雙層飛簷樓閣式。鐘樓正樑懸掛一獸首環鑄鐵大鐘，重約二噸，鐘上鑄有「營口楞嚴禪寺」銘文。正面為天王殿，硬山式頂，殿堂正中為彌勒佛，兩側供奉四大天王神像，彌勒佛神像為韋馱站像，造形生動。

　　第二進院是大雄寶殿，為楞嚴寺的主要建築，是人們進香拜佛的主要殿堂，座落在寺內中心位置。其結構為木構架硬山式頂，殿脊正中設火明珠一顆，殿身高於天王殿。大雄寶殿內正面並坐神像三尊，釋迦牟尼居中，左為藥師佛，右為阿彌陀佛。釋迦牟尼神像後有觀音菩薩畫像一幅。殿內兩側有銅鑄十八羅漢神像，是東北地區現存較完整的一組，神態各異，栩栩如生。

　　第三進院落正中的藏經樓系 1975 年遼南地震毀損後重建，歇山式頂、四面迴廊樓閣，珍藏有《龍藏》、《大藏經》各一部。

　　寺院內還有配殿四座位於院落兩側，佈局嚴謹，排列有序，形成一組完整的寺院建築群。該建築群的獨特之處是各殿均是用磨製的花崗岩條石砌築臺基，用青磚磨磚對縫砌成牆壁，施工極為精巧、別緻。

楞嚴禪寺是營口地區廟會活動的重要場所，每逢舊曆四月十八，遠近百里的僧俗人士不計路途遙遠會於廟內，是時寺內香煙繚繞，誦經之聲不絕於耳。1979 年，楞嚴禪寺被遼寧省人民政府列為省級文物保護單位。

▌上帝廟為何供奉玄天上帝

上帝廟位於蓋州市，原名玄貞觀，因廟內供奉「玄武大帝」，即「玄天上帝」，簡稱「玄帝」，它是道教所信奉的北方之神。清康熙年間，因避諱聖祖愛新覺羅・玄燁之「玄」字，故改名元貞觀，俗稱「上帝廟」。

上帝廟始建於 1382 年，是遼寧省現存元代寺廟建築中保存較好的一處。雖歷經 600 多年，至今仍保留著古樸典雅的建築意境，宏偉可觀，負有盛名。

關於玄貞觀的建築，歷來有很多傳說。據說上帝廟建築技術登峰造極，出類拔萃，但在架最後一根平梁時，出現差錯。眾人一籌莫展，生怕功虧一簣，幸而魯班趕到，不費吹灰之力即刻完成。

上帝廟正殿面闊五間，長 15.3 米，進深四間，寬 9.7 米，建築工藝高超，全部是木構架結構，廡殿式頂，飛簷起翹，上覆青瓦，雄偉壯觀。正脊前後有行龍雕飾，中間置一「玄天上帝」立額，殿內有八根金柱，前金柱下有覆盆式柱礎兩方。上帝廟中彩繪的各種珍禽異獸、仙花和仙草觸之欲動，在全省現存古建築彩畫中屬較早的一組。殿脊上的跑獸大有奔騰馳騁之勢，層層疊起的鬥拱不施一銅一鐵而經久不撼。擎起的四角如巨大的傘蓋遮住殿身，真是「廊腰縵迴，簷牙高琢，各抱地勢，勾心鬥角」。

上帝廟在中國古建築中佔有非常重要的地位，極具研究價值和觀賞價值。中國著名古建築專家羅哲文以及國家文物局相關負責人多次到上帝廟視察。1992 年修復工程全部竣工，玄貞觀以它獨特的風姿，向中國外遊人開放。

▌大石橋迷鎮山娘娘廟供奉著哪三位娘娘

迷鎮山位於遼南重鎮大石橋西南一公里處，海拔 163.8 米，方圓周長 4.75 公里，現屬大石橋鄉夏家屯村。歷史上曾把它視為群山之首，清代改名為「迷鎮山」。因山上有娘娘廟，使得該山名聞遐邇，因而又被稱為娘娘廟山。

娘娘廟中供奉的是《封神榜》中姜子牙封神的瓊霄、碧霄、雲霄三位娘娘。相傳，很久以前，雲、碧、瓊三霄娘娘，雲遊北方，遠望耀州（大石橋）一帶，有一山峰突起，雲霧繚繞，風景獨特，三位娘娘一商量，不如去那勝境接受人間香火，施善保民。

一日清晨，三星沒落，有一輛載鹽的花鈷輻車由南向北趕來。車重馬弱，緩緩而至，趕車的老闆是箇中年漢子，似睡非睡地坐在車轅上懷抱鞭子，任車搖擺，忽見路上有三個姑娘，直奔大車而來，並搭話要乘大車捎個腳，便遲疑一下謝絕道：「三位大姐別見怪，這鹽車挺沉的，牲口腰又不好，這些都強拉，如果你們姐仨再坐上，恐怕趕不上早市了。再說男女授受不親，傳揚出去，我們都不好。」

三位姑娘諾諾稱是，趕車老闆又抱起鞭子，打起瞌睡。這時，雲遮霧罩，伸手不見五指，只感到馬蹄疾馳，耳邊生風。車同駕霧一般向北馳去。待趕車老闆回頭看時，三位姑娘已經跳下車，詭秘地一笑：「謝謝你，我們姐妹已到地方了」。從此娘娘下駕的地方，便稱「下駕屯」了，後來演化為「夏家屯」。

娘娘廟坐落在迷鎮山主鋒，依山做基，就岩起宇，分前、中、後三層殿。第一層為「天王殿」，第二層為「大雄寶殿」。第三層「聖母殿」為整個娘娘廟的主殿。大殿正中端坐樟木雕塑金身的三位娘娘，中間是老三碧霄，東側是老二瓊霄，西側稍偏臉不高興的是老大雲霄，神態逼真，栩栩如生。據說，娘娘廟中的三位娘娘經常顯靈，幫助百姓消災解難。

每年的農曆四月十八日是娘娘廟會日，屆時迷鎮山上人山人海，盛況空前。

▊瑞應寺為什麼被稱為藏傳佛教的「東方中心」

　　瑞應寺位於阜新市西，東、西、北三面有白音化山、查干哈達山、阿貴山環抱；南面之伊瑪圖河波光粼粼，流水潺潺。在山環水繞的山谷開闊地上，恢宏的廟宇建築群，掩映於松柏榆槐之中，煙霞繚繞，氣象萬千。

　　瑞應寺，蒙古語名為「葛根蘇莫」，漢語稱「佛爺喇嘛寺」，簡稱「佛寺」。寺院始建於清康熙八年（1669）。後因一世活佛桑丹桑布出面調停皇帝姥爺家達爾罕旗的不安定局面有功，恩準其擴建廟宇。到康熙四十三年（1704）形成了相當規模的寺廟建築群。同年，康熙皇帝親賜金龍鑲邊，用滿、蒙、藏、漢四種文字雕刻了「瑞應寺」為該寺立匾。從此，瑞應寺就為世人所敬仰了。

　　寺廟群中，以大雄寶殿、活佛宮殿、五大紮倉（僧院）為主建築。其整個建築格局，自北向南，中央突出，周圍僧舍密佈，鱗次櫛比，協調有致。大雄寶殿為中心建築，是全寺最大的殿宇。活佛宮有房舍999間，七道院落，樓臺殿閣，錯落其間。

　　五大紮倉為傳授佛教哲理的參尼（因明）僧院；「瓊田育仙草、澤雨普天下」的曼巴醫學院；研究佛教真言秘訣，修持修煉密宗的阿克巴僧院；專司天文曆法的丁科（時輪）僧院；華閣緣雲，尺陞凌虛的德丹闕凌僧院。

　　除中心廟宇建築外，還有幅射四方的白傘廟、護法殿、舍利廟、綠度母廟等等。山門在數里之外。整個寺廟建築，遠近高低，佈局合理。圍繞全寺四周的「環寺路」，周長20華里，道路崎嶇，沿路林立石浮雕佛像，有萬尊之稱。

　　瑞應寺佛學理論精深，它的出現與發展，歷經三個世紀，產生了極為深遠的影響，成為東部蒙古地區喇嘛教和研究發展醫學、文化、天文曆法的中心，被譽為藏傳佛教的「東方中心」，聞名遐邇。

▎海棠山摩崖造像有何特色

海棠山摩崖造像（俗稱喇嘛洞）位於阜新市東南，坐落在阜新縣大板鄉境內，距市區 22.5 公里。海棠山造像以其獨特的民間藝術風格被譽為中國一大奇觀。

海棠山遊覽區山勢險峻、怪石嶙峋、古松參天，奇花異草與精美神奇的摩崖造像交相輝映，別有情趣。

摩崖造像種類繁多，從山間到山嶺，在大小不等的花崗岩石上，到處雕刻著千變萬化的佛像。現保存完好的佛像有 260 多尊，最高為 5 米，造像最低處僅 0.3 米，多為明末清初所造，距今已有 300 多年歷史，為中國藏傳佛教東方中心的現存典範。這些佛像有的 10 尊為一組，最多一組群像達 26 尊之多，被稱為「集仙石」。

造像採用陽刻浮雕、龕內浮雕和陰刻浮雕等多種造像手法，雕功細膩，使花崗岩上的佛像如泥塑般的柔和、豐滿。摩崖造像形態各異，千姿百態，有的面含微笑、慈眉善目；有的圓睜怒目，威風凜凜；有的雙手合十，雙耳垂肩；有的眉細眼長，表情柔和；有的頭梳高髻，衣帶飄逸，面目清秀。有些造像佛龕上下左右還刻有藏、滿、蒙、梵和漢文字。有的塗有彩繪，雖經歷 300 多年的風吹雨淋，卻色彩依舊如故。

在眾多的佛像中，以釋迦牟尼、觀音菩薩、彌勒佛、紅度母、綠度母、金剛力士、歡喜佛、千手千眼佛、天王佛、三頭六臂佛、阿修羅等佛像為代表。其中藏傳佛教黃教創始人宗喀巴的造像雕刻在一塊高大凸起的岩石上，特別醒目。

海棠山摩崖造像無論工藝、刀法，還是造型、彩繪，都具有極高的藝術水準，是民間藝術的傑作，有極高的欣賞價值和歷史研究價值。

▌聖經寺為何被譽為「小布達拉宮」

聖經寺為蒙古族喇嘛教寺廟，位於阜新市彰武縣大四家子鄉紮蘭營子村，東北與康平、東南與法庫居鄰。始建於清朝道光二十一年（1841）。坐落於龜山山脊之上，四周八山環繞，景色優美有「小布達拉宮」之譽。

寺廟為一世信持喇嘛——包甘曹紮蘭畢（朝陽人），秉承施主賓圖郡王旨意，奔走四方，募化資金籌建，先後建成正殿、後殿、山門、齋房和配院等殿宇，占地 20000 平方米。原計劃建 81 間，後因故只完成 78 間。廟建成後，取名紮蘭廟。

正殿屬方形三層樓閣式，基石長 31.56 米，寬 22.15 米，高 1.3 米，樓閣通高 21.75 米。大殿內部，所有的四壁均有精美的壁畫，有形象各異的神、仙、佛、鬼像，像下寫有藏文。殿內所有的梁、柱、棟、鬥拱上均繪有各式圖案，有座蓮花提、十八層地獄等佛釋圖若干，其中青牛白丫圖為遼西所罕見。

光緒 27 年（1901），寺內二世喇嘛包甘曹圖格傑，幾經籌畫，在廟北邊緣處又建白塔 2 座，各高約 6 ～ 7 米。二世喇嘛廣存經卷，遂將廟更名為聖經寺。當時，正殿、後殿、山門、齋房和配院等殿宇與山門前的一對石獅和旗杆及兩座白塔，形成了一個完整的三層閣樓式藏式宗教寺廟。

寺廟全盛時，是遼北一帶最負盛名的寺廟，存經浩瀚，有喇嘛 500 餘人，殿內終日香煙繚繞，木魚聲聲，誦經琅琅。如今，白塔被毀，殿內已無佛像經卷，但殿內繪畫保存完好。正殿和一對石獅子風采依舊，殿後三棵古柏蒼蒼翠翠，彷彿在向人們訴說著古刹的昔日雄姿……。

▌為什麼說廣佑寺是東北地區最大的佛教道場

遼陽廣佑寺，是佛教傳入中國後最早出現的寺院之一，金元明清各朝幾經重建，鼎盛時期佔地 9 萬平方米，廟宇 200 間，是東北地區最大的佛教活動道場。

廣佑寺氣勢恢宏，雄偉壯觀。山門前的青石牌坊寬 34 米，高 16 米，五門六柱，形體高大，雕刻精細，是中國石牌坊中的傑作。山門兩側各有一銅塑，左為車馬出行，取材於兩漢時期墓葬壁畫的車馬出行圖，作品以遼東官員乘輿疾行的生動場面，形象地展示了古襄平獨領東北一隅的漢魏之風。右為駕鶴升仙，取材民間關於遼東地方官丁令威駕鶴升天的傳說。兩組銅塑雕得都那麼栩栩如生。

廣佑寺主體建築大雄寶殿，建築面積 11472 平方米，通高 41.7 米，面闊 11 間，73.78 米，進深 7 間，49.8 平方米，為三層拱簷前後抱廈樓閣式建築。整個建築集遼金與明清風格於一體，磚木結構，其體量大大超出一般廟宇。殿內供奉的大佛，據說是世界上殿內佛身最高、體積最大的木質釋迦牟尼坐佛像，總高 21.48 米，佛身高 17 米，僅佛面就有 28 平方米，垂耳長 3 米，張開的手掌可站 8 個人，一根手指的長度就相當於一個人的身高。佛像採用傳統的「木雕漆金朱金」工藝，共用香樟木 600 立方米，黃金 24000 克。佛祖端坐在蓮花寶座上，神態凝重、莊嚴、祥和，右手輕拈一隻金婆羅花，儀態不凡。

圓通禪院是廣佑寺的一個配殿，「圓通」是觀世音菩薩的別號，故該殿專門用於供奉觀世音菩薩。千手千眼觀世音菩薩通高 6.2 米，殿內東、西兩側 1.2 米高的須彌座上，對稱排列著觀音為教化眾生而變化的 32 個人物形象，稱「三十二應身」。千手千眼觀世音落成大典之際，香港佛教協會副會長永惺大法師親奉佛骨舍利移駕遼陽廣佑寺。如今，佛骨舍利就供奉在圓通禪院殿內。據說，佛舍利是釋迦牟尼火化後的堅固晶體，目前中國僅有 19 處舍利塔供奉佛祖的真身舍利。

逛廣佑寺，還有一古塔不可不看。此塔位於廣佑寺西面，是全國六大古塔之一，國家級文物保護建築。因塔身、塔簷的磚瓦上塗抹白灰，所以俗稱白塔，為古城遼陽的標誌性建築。

█「山海關外第一刹」位居何處

　　清風寺風景區位於遼陽縣首山鎮內，地理位置優越，交通便利。首山為千山第一山，是一座歷史名山，自古以來就是歷代兵家必爭之地，歷史上很多重要的戰事如司馬懿征公孫淵、唐王東征高句麗、日俄戰爭等多發生在這裡。

　　南山坡上的清風寺號稱山海關外第一刹。遼陽縣誌記載，明朝隆慶五年（西元 1571 年）在千山之首首山南麓的唐代舊址上重建清風古刹。乾隆 44 年（西元 1779 年）、咸豐 7 年（西元 1857 年）各重修了一次，寺廟共有37 間建築，分前後兩院，左右各有配房，東西均有跨院，建築面積 2638 平方米，占地面積為 3418 平方米。清風寺山門、正殿、後殿和東西配殿等現存殿房均為明清時建築，也是全省境內保存比較完整的古建築群。

　　山門兩側分別建有鐘、鼓樓各一間，尖頂卷簷，樓角高翹，型似鵬鳥展翅，美觀大方。正殿三間，單簷歇山式木架結構，是省內現存明代殿宇建築的典型代表。門上匾額，「秦夢漢覺」、禪室門匾「曇花香遠」、對聯「登大路一遠瞻高山卓爾，叩禪關而徐步禦風凌焉」系遼陽鄉賢太師太保王爾烈之墨寶。殿內有鼎足大香爐、供具、石刻、水刻、泥朔彩繪及銅製神佛。牆壁上是鯉魚臥蓮，牧笛橫吹等古畫，後殿三間，但簷硬山式木架結構，頂覆小瓦，滴水兒貓頭，籬吻跑獸脊，門窗皆朱紅色。清朝時僧人多達幾十人，佛像近百尊，並有大量經書和器皿，進寺誦經焚香者絡繹不絕。

　　幽靜的清風寺，雨季溪水潺潺，夏季花木繁茂，蒼松翠柏綠四季，玉欄朱楣壁生輝。殿窗掩映，鐘磬悠揚，處處玲瓏剔透，畫棟雕樑，為一紅塵不染之仙境。清風古刹、首山樵唱、文殊寺與觀音閣、首山墩臺、勒石記功、首山門、將軍定石、首山擎月等首山八景更是今日遊人觀光的好地方。現為省級文物保護單位。

七鼎龍潭寺因何得名

　　龍潭寺位於鐵嶺開原市威遠堡境內，座落在龍潭山的山坳中，距清河省級旅遊渡假區 30 公里，是省級重點文物保護單位和省級森林公園，為遼北一處重要名勝古蹟。

　　龍潭寺周圍自然環境十分神奇，其山屬長白山支脈哈達嶺的延續部分，共有七峰，拱抱如環，唯東有一小小山口，為入寺必經之地。七峰各有其名，自東面山門以北，依次為桂月，凌霄，拂雲，疊翠，觀瀾，蓮花，一拳，龍潭寺就座落於其中，因寺周圍七峰環拱如鼎，故名「七鼎龍潭寺」。寺前有二泓潭水，東西並列，常年不枯，一池荷花、一潭菱角，二物相移栽，命不長矣。據民間傳說，有兩條龍潛藏其中，自扶其水，故名龍潭。

　　相傳龍潭寺建於清乾隆初葉，演智大師開山於此，至今已有 250 年歷史。又傳，山西五臺山高僧心澈來到哈達嶺下，忽見由七座山峰圍成的山坳正中間，一汪潭水深不見底，潭邊有一井，井水水面高出潭水三尺有餘，不由大驚。他夜觀天象，見一青龍自天而降，潛入潭中，噴雲吐霧，佛光閃現，便於此處開山建寺，取名龍潭寺，任第一任主持，這就是今遼北有名的七鼎龍潭寺。龍潭寺的邊上有一條河叫寇河，是因清太祖努爾哈赤平定葉赫部落而得名。山北面便是葉赫河，歷史上的葉赫部落就生息繁衍在這崇山峻嶺之間。靜靜地流淌著的葉赫河，彷彿在向人們傾訴著一個氏族的榮辱與興衰。

　　龍潭寺內建有天王殿，大雄寶殿，觀音閣，伽藍殿等建築，氣勢恢宏，香煙繚繞，是東北著名的佛教勝地。每逢法事、廟會期間，有數十萬遊客來此參觀禮拜。

鐵嶺白塔建於何時

　　鐵嶺白塔，原名圓通寺塔，位於鐵嶺市內銀州貿易城東南側，古鐵嶺城西北隅，是遼北現存最早的古塔。

　　關於白塔的修建年代，目前尚存在爭議。據圓通寺石碑刻《重修圓通寺塔記》記載該塔建於唐太和二年（828）。但有學者認為，鐵嶺白塔不具唐

塔特徵，建塔所用之磚考古稱為溝文磚，遼以前沒有這種磚，唐代不可能用遼磚來修塔，故石碑所刻年代，不足憑信。也有人認為此塔為金大定年間（1161〜1189）建，但無論如何此塔不會早於遼代。

鐵嶺白塔在明代即已破敗不堪，明萬曆十九年（1591），遼東總兵李成梁夫人出資，予以修繕。白塔為八角十三級實心密簷式，塔身為青磚壘造，略成錐形。塔頂刹桿有銅盤和寶珠，塔座八面嵌有「風調雨順，國泰民安」八個大字，八面各有浮雕佛像一尊，並飾寶蓋。第一級塔身南部是神佛像，塔簷下部有磚雕鬥拱，塔基和塔身有磚雕裝飾。每層塔簷都懸掛銅鏡和鈴鐸，塔身塗白，故稱白塔。

此塔當時為鐵嶺城中的最高建築，《志書》記為「二十里外能望而見之」。每當陣雨過後，塔高雲低，雲飄塔間，有「白塔橫雲」之美稱。古人曾用「山雨過城頭，雨晴雲未散；忽見白塔尖，鑽入青天半」的詩句讚美白塔的秀麗景色。

▌東北現存規模最大的喇嘛廟在哪裡

惠寧寺位於北票市下府鄉，始建於 1738 年，是東北現存規模最大的喇嘛廟。寺廟南北長 192 米，東西寬 63 米，占地 12000 多平方米，現存建築 16 座，共 170 餘間。其中有 7 間殿，已闢為蒙古族近代著名的文學家和史學家尹湛納西紀念館，館內陳列著他的文房四寶、手稿、餐具、寢具及其他遺物等。

相傳惠寧寺是土默特旗貝子欲叛清獨立而建的金鑾殿，後因被出身於清王室的妻子告密，唯恐被誅，遂急塑佛像，改為一座大喇嘛廟。

歷經 260 年的風風雨雨，惠寧寺至今保存基本完好，它是漢、蒙古、藏三個民族建築藝術風格巧妙結合的產物。寺廟模仿北京金鑾殿和雍和宮的建築風格，匯金、銅、木、石、泥像為一堂，氣勢宏偉，彩繪華麗，雕塑精美。它採用古代傳統的建築形式，自南而北依次為山門、天王殿、大殿、藏經閣、

七間殿（又稱捨得殿），兩側建有配殿、鐘鼓樓等。寺內松柏參天，壯麗的殿宇掩映在蒼松翠柏之中，景緻十分幽雅。

三層樓閣式大殿（也稱誦經堂）建於高臺之上，高大宏偉，為該寺的主要建築，占地 900 多平方米，共有 81 間。前廊面闊五間，進深一間，折腳廊柱漆朱紅色，柱頭和簷口裝飾有龍和幢幡紋圖案。屋內明柱林立，共 30 根，漆紅塗彩，面闊七間，進深六間，共 42 間，中間兩根通天方柱直達屋頂。殿內後部及兩側原供奉佛、菩薩、羅漢諸像，中間可容納數百喇嘛誦經，殿內滿掛綵色幡帷，在幽暗的光線中更增強了神秘氣氛。二層建築平面呈回字形，四周廊房相通，與中央方殿間有漫道相隔。從二層踏木梯可登上三層，居高臨下，四周瞭望，遠處山青水秀，眼下古剎幽冥，別有一番情趣。門上九龍罩匾，兩側雲龍大柱雕刻逼真。厚厚的白牆和仿白瑪草式油浸塗紅荊條束帶，以及異形柱、溜金頂、法輪等藏族佛教密宗裝飾，與漢族傳統的歇山式青瓦頂、鬥拱、吻獸等組合，樣式新穎，結構複雜。

經堂後面是藏經閣，廡殿式面闊五間、進深三間，漆紅廊柱繞殿一週。該殿之後為七殿。該寺引人矚目的還有山門前月臺上的一對石獅，連座通高 3 米，如此高大雄健，雕刻精細的石獅十分少見。

▌佑順寺為何屢受皇恩

佑順寺位於朝陽市老城區，是北京白馬寺喇嘛卓爾濟奉康熙皇帝之命興建的一座喇嘛教寺院，故稱「喇嘛廟」。該寺始建於清康熙三十八年（1699），康熙皇帝賜名「佑順寺」，並賜檀香佛教像一尊。佑順寺在清代屢受皇恩，據說乾隆皇帝在去盛京祭祖途中曾在此駐蹕，並為寺院題寫匾額「真如妙覺」。

佑順寺占地面積 10000 多平方米，現存 3800 平方米，除原鐘、鼓樓被拆毀之外，其餘保存尚好。佑順寺建築佈局為中軸線對稱五進院式，共六層殿閣，結構嚴謹，裝飾典雅。其主體建築自南向北依次為山門、天王殿、經閣、大雄寶殿、更衣殿、後殿（七間殿）。其他建築則東西兩側對稱分列，自南

向北依次為東西環房、戲樓與關帝廟、鐘樓與鼓樓、東西配房、東西配殿、東西經堂等。山門前有影壁及牌坊。

　　佑順寺的建築形式包括廡殿式、歇山式、硬山式，各殿房樓閣或門簷俊翹，雕樑畫棟，或階直柱挺，灰圍紅櫺，建築結構嚴謹，裝飾古樸典雅。

　　位於經閣之後的大雄寶殿，是寺內最大的主體建築，面闊、進深皆五間，面積達 600 平方米。殿內的天花藻井、梁枋鬥木皆繪以彩畫，殿外朱紅牆圍上嵌有栩栩如生的石雕，其四角簷下各置角柱，柱基則為四蒂形臥獸石礎。殿正脊兩端飾大型鴟吻，中置銅質鎏金葫蘆形小塔。其他諸如旗杆上的蟠龍浮雕、門楣上的佛教圖飾及石雕圍欄、楹聯等，都反映出中國佛教建築的傳統風格和清代早期的文化藝術特點。

　　寺內原有石碑六通，皆蟠龍首，長方體，龜趺座，其上分別以蒙漢兩種文字刻載著建寺始末等。據傳，原寺內各殿供有大小不一、神態各異的偶像神佛達萬尊、內藏珍稀經卷 400 多部，並備有門類齊全的鼓、鑼、號、笙、管、蕭等樂具法器。鼎盛之時寺有喇嘛教 300 餘名，每年農曆六月十五日廟會期間，寺內戲樓鼓響鑼鳴，山門外頻舞「布紮」（一種驅凶祈吉的傳統舞蹈），藝客民商雲集一處，觀遊坐賣終日繁喧，熱鬧非凡。

飲食遼寧

遼寧物產豐饒，美味多多，歷史悠久，風格獨具，本章有關「吃」的文字即有精神的還原，也有感情的佈道，將邀您來遼寧攬月品酒（道光 25）；憑海臨風，嘗蟹品鮑（大連海鮮）；圍爐而坐，品位家常（亂燉）；踏古尋幽，幸品禦食（滿族小吃）……

▍大醬——遼寧人不解的情結

說到東北的吃，大家首先想到的就是豬肉燉粉條、酸菜血腸。雖說家常，但東北人常年累月供在飯桌上的卻是大醬。

大醬是山東人「闖關東」時帶到關外的，眾多的山東人後裔在東北肥沃的黑土地上種植了一眼望不到邊的大豆，並把山東人愛吃的大蔥蘸大醬的習俗發揚光大，不僅蘸大蔥，籮蔔、辣椒、茄子、馬鈴薯、白菜……無所不蘸，生吃熟吃無所不能。近年傳入東北的南方蔬菜名目繁多，但東北人雷打不動的吃法就是：蘸醬。就像山西人家家儲備一缸老陳醋一樣，東北的農家必定有一缸兩缸的大醬，這也是富裕與否的標誌之一。農村人家中的大醬是有專人照看的，晴天時要暴曬翻攪，雨天時要加蓋，還要及時加紗網防蟲蠅。正宗的農家大醬香氣撲鼻，還有著一層亮晶晶的油，摘一把地頭的新鮮蔬菜蘸上大醬咬一口，那才叫爽脆香甜。

大醬發揮作用的範圍是廣泛的。比如說做魚，在關內，在南方，那裡的人從不使用大醬，即便是家徒四壁，落魄江州，也不會想到用大醬烹魚以果饑腹。但在東北，「大醬烀魚」幾乎成了尋常百姓之家的一道絕妙的風味菜。做蛤蟆也是如此。南方人烹製田雞與牛蛙，雅俗兩界，斷乎不會用大醬來做，但在東北，做蛤蟆，做林蛙當然是人工飼養的，唯有用大醬燉才會消其腥味，味道才十分的鮮美。除此之外的做法，吃起來便沒滋沒味，是一臉的無奈。再比如，吃春餅，吃麵條，吃煎餅，蘸、卷、拌，也須得有大醬佐之才為最佳亦最妙。還有一種滿族人喜歡吃的「乏克」，就是我們說的飯包，或包兒飯，

這種菜葉兒包飯的吃法，除了其他作料之外，其中也必須得有大醬。當然，不用大醬也可以吃，總覺得不是那麼痛快。

東北大醬的做法是多姿多彩的。常見的有雞蛋醬、肉末醬、鮮青椒辣醬、蔥醬、小魚兒醬、茄子丁醬、馬鈴薯丁醬、蘿蔔丁醬、芥末炸醬以及加蔥的黃色滿醬等等。它們各有各的用場，各有各的滋味，各有各的組合方式，各有各的魅力所在。但最普通的，就是純大醬，任何作料也沒有的本真大醬。在飯桌上，純大醬被吃客特別重視的時候，是吃蘸醬菜。在東北，原始而又絕對綠色的蘸醬菜是最火的。東北人一旦口上無味，腹中生火，那就一定要吃蘸醬菜了來根治了。蘸醬菜屬於組合菜，其中包括生白菜心、生紅心蘿蔔等，富裕的人甚至用那種五六塊錢一斤的白蘿蔔蘸大醬吃。生黃瓜條、鮮生菜、鮮辣椒以及焯過的菠菜，吃起來非常煞口，痛快。

就像川湘人離不開辣椒，江浙人離不開白糖，山西人離不開老陳醋，東北人的大醬情結只怕是一生都無法解開了。

▌遼寧家常菜——亂燉有理

遼寧人大大咧咧，遼菜也秉白山黑水的豪闊氣概，興之所至，天上飛的，林中跑的，水裡遊的，樹上結的，地裡種的，大凡可以吃的，都逃不了一片亂燉。其實，除了鹽分重之外，這種燉菜，最大程度上保留了食物的營養，還真值得提倡。東北菜是中國各菜系中最能體現「家常」精髓的菜式，大鍋炆肉，大碗盛菜，量多，實在，價位不高，消費低。

酸菜白肉血腸：滿族傳統食品，舊時亦為祭品。酸菜、白肉、血腸，東北家常菜中的三劍客，堪稱無敵組合。

小雞燉蘑菇：名副其實的山珍野味，也是東北菜中少數可以發展成為與其他高檔菜系相媲美的家常菜之一，幾乎成為東北菜的代名詞。

乾豆角燉排骨：四季皆宜的家常菜，做法簡單，可以添加多種其他配料，如馬鈴薯、茄子、粉條等，味道絕美。

雪裡紅燉豆：東北的優質大豆，造就了東北水嫩嫩的大豆腐，可與雪裡紅同食，可炒可燉，白青相間，一軟一硬，入口張馳有度。

牛腩燉柿子：牛腩一般與蘿蔔搭配，與番茄是一對奇怪的組合，但顏色漂亮，味道略甜，主要是喝湯。

來到遼寧，您一定要嘗嘗家常亂燉，因為亂燉有理啊。

▌過「年」亦要「粘」

東北人過年講究個「年味」。一進臘月門兒，這「年味兒」便一天濃似一天，殺豬、宰羊，做豆腐、蒸豆包，整個臘月被蒸得熱氣騰騰，熏得馥鬱芬芳。而粘豆包是東北農民最好的一口兒，我們稱之為粗糧細做，是一種極具東北特色的食品。

粘豆包的製作充分體現了東北人粗中有細的個性。把藦子磨成黃麵，並要摻上苞米麵，這樣做出的豆包才能又粘又筋道。這兌麵絕對是個學問——摻多了麵粗，失去粘性；摻少了，粘勁是有了，可是沒了筋骨。但是東北大媽大嬸們總能掌握好這個尺寸。麵粉兌好了，和麵可是諸多程式中最累人、最講究技術的了。把兌好的面放到一個圓形的笸籮裡，和麵的水必須是剛開的，拿大水瓢一舀，倒在麵粉上，和麵的人就試探著一點點地揉搓，隨著水慢慢地變涼，面也就差不多了。和勻的面統統裝在大缸裡，放在熱炕頭上發酵。

面有了，該說餡了。餡是一種紅色的飯豆做的，把豆淘洗乾淨了，旺火煮爛，一揭鍋蓋滿屋子饞人的豆香。再用菜刀一刀一刀剁成豆泥，和上白糖，那味絕對比商店裡的豆沙好的多。每每這個時候小孩子們嘴裡吃著香甜的豆餡，還忘不了唱童謠：紅豆豆，綠豆豆，吃到嘴裡甜妞妞；紅豆豆，綠豆豆，包進豆包吃豆豆……

包粘豆包的時候大家都喜歡找來老姐妹、好妯娌一大炕，團團圍住炕上的方桌，一起做，鍋裡的豆包是粘乎乎的，女人們的家常也拉得粘乎乎的。

揭開鍋蓋，清洌的酥葉香與糯糯的米香一齊擠進鼻子！那香啊，浸得男人女人都醉了。吃豆包時才叫美哪，用筷子往溜透了的豆包頂部一夾，灌進些豬肉，再塞進些白糖或是把豆包壓扁，用油煎得兩面焦黃再灑上白糖，呵！那個好吃呀，簡直絕了！怪不得世代的東北人怎麼吃也吃不夠呢！

遼寧人過的「年」，在我看來便是粘豆包的「粘」，把親人啊、朋友啊像粘豆包一樣一個個都粘起來，粘乎乎、團圓圓、樂呵呵！想體味一下嗎？到遼寧來過年吧，我敢保證遼寧人的熱情，一定會趕走冰冷的冬天，一定會把你融入濃濃的年味兒中。

年年複年年的農家菜──殺豬菜

殺豬菜，原本是東北農村每年接近年關殺年豬時所吃的一種燉菜。現在在遼寧許多地方都開設殺豬菜，形成東北飲食一大特色。

提殺豬菜就必須要從殺年豬說起。殺年豬是中國許多地方的傳統習俗，在遼寧至今許多農村仍保留這一習慣。進了臘月，大部分人家都要殺豬，為過年包餃子、做菜準備肉料，民間謂之「殺年豬」。東北童謠中說「小孩小孩你別哭，進了臘月就殺豬」，「小孩小孩你別饞，過了臘月就是年」，可見人們盼望殺年豬吃肉的心情。

殺豬在東北農家算是一件大事，因為一般人家每年也就是一兩次，幾乎相當於過節。每個村屯裡都有擅長殺豬的人，由他們「掌刀」，不僅幹得乾淨麻利，而且不「糟踐」（浪費）有用的東西，把豬的肉、頭、蹄、下水（內臟）、血、骨頭等各部分收拾得井井有條，分門別類，各取其用，拿民間的話說是「能多殺出來五斤肉」。當然，請這些殺豬的「把式」也要給一定的報酬，通常是把頭蹄下水中的一部分贈送其為酬資，殺豬者也並不推辭，因為這是約定俗成的慣例。

殺年豬是為過年做準備，所以大部分肉是按血脖、里脊、硬肋、後鞦等部分分解成塊，和灌製的血腸、粉腸等一起，放進大缸裡冷凍貯藏備用。由於民間有正月初一到初五不能動刀前的習俗，一般在除夕前就把這幾天要用

的肉料按用途切好剁好，放在缸內的盆碗裡，到用時拿出來「緩」（解凍融化）一下就可以加工了。東北冬季寒冷，年豬肉從臘月存放到二月初也不會變質。精打細算的人家就會把這些肉按「計畫」使用，則民間視為「過年」的整個正月裡，都「不斷肉吃」。

過去，在農村殺年豬是一件大事，無論哪家殺年豬都必定要把親朋好友請到家裡來吃殺豬菜，這後腰腿的都是好東西，剩下的肥肉下水怎麼吃？這就有了殺豬菜了：自家醃的酸菜做的血腸再加上肥肉原料就齊了。要好吃大肥肉不能膩，要切成片放進過鍋裡煮了過油，然後和酸菜、血腸一起燉。這種習俗在東北農村至今還保留著。那時，人們沒有條件講究什麼配料、調料，只是把剛殺好的豬肉斬成大塊放進鍋裡，加入水，放上鹽，然後邊煮邊往裡面切酸菜，等到肉爛菜熟後，再把灌好的血腸倒進鍋內煮熟。上菜時，一盤肉，一盤酸菜，一盤血腸，也有的是把三者合一，大盆大盆地端上桌來。

如今，遼寧各地的餐廳酒樓將其製法加以改進，加入更多的配料和調料後，使得殺豬菜的內容更加豐富，口味更加鮮美。

▋登大雅之堂的「小豆腐」

小豆腐，又叫菜豆腐，是老東北窮苦人吃的食物，建國後一直在民間延續。在中國改革開放之前，它都算不上什麼好嚼穀。（好嚼穀：好吃的。東北地方語）可如今，它搖身一變，成為一種美食和保健食品，登上了城市、鄉鎮的酒樓、餐廳等大雅之堂。

製作小豆腐的由來，據傳是滿族先祖居住的地區，食鹽和鹵水很昂貴，做小豆腐不用加鹵水，久而久之，這種吃法便成為滿人的習慣並延用至今。

小豆腐其實不是豆腐，它不像大豆腐（水豆腐）和乾豆腐那樣，用鹵水或石膏把煮熟的豆漿點製成腦，再裝進模型箱擠壓成型的那種真正意義上的豆腐。小豆腐是將大豆磨碎，加入適量乾菜煮熟，然後團成團放室外冷凍，用時拿一團放入鍋內加熱，拌醬而食。

小豆腐也可用豆麵或用泡發的黃豆加工成糊，摻上剁碎的芥菜纓、蘿蔔纓、白菜幫或山野菜，在鍋裡煮熟，尤其以芥菜纓製作的小豆腐最為正宗。也可把蘿蔔纓子、白菜疙瘩洗淨切碎，放在鍋裡，撒上黃豆糝子和鹽，加火煮至菜爛、豆熟，把裡面水分煨乾，即可食用了。

小豆腐現在是酒店裡常見的家常菜，配菜從最初的蘿蔔纓到山野菜，再發展到昨天在一家店裡吃到新推出的海鮮小豆腐。肥美的海蠣子混在小豆腐裡，別有一番鮮美的滋味。

小豆腐各地都在吃，各地的人都對自己家鄉的吃法讚不絕口，認為自己的吃法才是最合理、最科學、最好吃的——正所謂一方水土養一方人嘛。自家吆喝自家的，在此，最後還要大聲吆喝一聲，遼寧的小豆腐，地道！

▍油鍋裡的幸福「美食」——油餅饊子

饊子是遼寧的美食之一，把發麵用兩根棍兒抻成細長的麵條，放在油鍋裡慢慢搖動，漸漸的，麵條就變硬了，這個時候抽出木棍兒，饊子就一團一團地盤在鍋裡，隨著滾燙的油翻動。炸到金黃色的時候就可以出鍋了，一根根金燦燦的，吃起來脆響，就如同電視廣告裡面美味的蝦條一樣咔嚓響。整個正月裡家家都是饊子咔嚓的響聲，一直要吃到農曆二月初，春天到來的時候。

遼寧的農村幾乎年年都要炸很多油餅和饊子。平常日子裡親戚朋友都忙碌於經營自己的日子，很少往來，但到了年關，不但是親戚之間，就是鄰里鄉親之間，也要互相串門拜年，所以總要準備一些東西來招待這些客人，油餅和饊子就是最常見的了。整個正月裡家人和前來拜年的親戚朋友要吃掉很多東西，光是油餅和饊子就能吃掉好幾大缸。

大媽大嬸們的手藝好，做出來的油餅和饊子很香，秘訣在於在醒好的麵粉裡加上菜籽油、雞蛋、蜂蜜、香豆，聞上去都香噴噴的。先把一團麵擀成圓餅，在中間用擀麵杖的一頭杵兩個洞，就可以下鍋了。油餅在鍋裡翻一個

跟頭，就變成了黃色，香味四起。儘管現在的飲食講究綠色、清淡，但饊子的誘惑是抵都抵不住的。

無論是做還是吃饊子、油餅都是一種滾燙的幸福。

▌街頭閒食——「燜子」

如果說，大連有一種街頭小吃文化，那麼其特色就是——閒韻。其知名代表首推「燜子」。用平底小鍋細細煎炒過的「燜子」稍微有點焦，然後淋上蝦油、醬油、醋、麻油、香油、芝麻醬等調料，撒上蔥末、蒜末等，用細瓷小碟盛了，熱騰騰地端上來，悠哉遊哉地用鐵絲撐成的小叉，一塊一塊叉來，放入口中，又有筋道，又有味道。佐以和知心好友有一句沒一句的閒聊，看著街邊林林總總走過的風景，不知不覺間，時光就踢踏著舞步過去了。可謂一種「精煉」的、別具風情的休閒食物。

燜子是由一種特殊的涼粉炒制的，這種涼粉是用地瓜粉熬製的，通常是墨綠色的，並不透明，看上很厚重的樣子，切成大塊擺在案前。炒燜子用的是直徑大大的而又扁扁的平底煎鍋，用油多少是影響味道的決定性因素之一。油不能太少但絕不乙太多，太少了容易糊鍋底，而油放多了會使燜子四面都是膩膩的，而且不會上嘎（指燜子兩面煎好後那層焦焦的、黃黃的、酥酥的、香香的東西）。熟練的炒手一般都用一個小扁刷均勻地把油塗勻，然後拿起一大塊生燜子放入鍋中，用鏟子把它邊鏟邊壓碎成小塊，塊越小越好。

炒燜子的火候也是一大關鍵。火決不能太大，時間決不能太短，否則燜子容易炒不透，外面看著好了，但裡面是實心的，味道大打折扣。最好是用燒煤的大爐子滋潤著炒，等炒到燜子從內到外都變成淡黃色，通體晶亮透明，軟軟的，糯糯的，上下都已結了一層黃燦燦的嘎，一陣陣異香撲鼻而來。

別急，還有一項至關重要的東西呢，那就是調味料。吃燜子必不可少的調料只有兩樣，一是用兌好鹽的蒜汁，二是芝麻醬。小桌上林林總總地放著香菜、蔥花、辣椒油、花椒油、味精等，可依據個人口味添加，燜子的清香

和芝麻醬的濃香混合在一起，被蒜汁的鮮辣一沖，怎麼形容呢，一句話說得最妙了「慢點，慢點，小心別把舌頭吞下去！」

怎麼樣？您來嘗嘗？！

▌冬天裡的溫暖——東北酸菜

東北酸菜，酸而香，這種香與眾不同，像東北人一樣，帶著粗獷的氣息。酸菜可燉、可炒、可涼拌，還可以包餃子、包包子、作湯。到了冬天，東北人一天三頓離不開酸菜。我們最愛吃的是燉酸菜，把酸菜切成細絲，加進粉條、凍豆腐、薄薄的大肉片（最好是帶點肥的），燉出來的酸菜香味撲鼻越吃越香。現在，聰明的東北人，利用現代工藝，經過加工包裝，使東北酸菜進入市場成為人們餐桌上的佳餚，讓東北人無論是冬夏都可以吃到美味可口的酸菜。

每到秋季，大白菜一收，摘去大菜幫，去掉黃菜葉，然後洗淨，用大缸醃起來，過一段時間菜就會發酵，變酸。

醃酸菜很有講究，也很有意思。首先要挑好菜，尤其是要實心的菜。醃的方法有兩種：一種是生醃，一種是熟醃。

生醃比較麻煩，白菜洗淨後，根部朝缸壁一層一層排好，壓在大缸裡，菜要壓得結結實實，不留空隙，壓滿之後，上邊還要再壓一塊大石頭。碼菜時每層要適當撒上一些大粒鹽，然後倒進生水，水不能漫過石頭。缸要放在通風的地方。溫度太高不行，葉子會爛，溫度太低也不行，缸會凍裂。這樣安頓好，一個月後酸菜就成了。

如果想要醃得快一點兒，就要熟醃。醃時先燒一鍋開水，把洗淨的白菜在鍋裡燙一下，然後晾乾再放進缸裡。

酸菜酸而香，全然沒有了白菜味。那種香與一般的香又有不同，是一種粗獷的，帶著東北平原泥土味的芳香。

酸菜「吸油水」，所以燉酸菜的肉一點都不膩；酸菜還有一個特點，如果這頓吃不完的話，下頓可以燉燉再吃，越燉越好吃，越燉越有味。凡是宴

席，請人吃飯，都離不開酸菜，漬菜粉、白肉血腸都是典型的東北菜。白肉血腸是將白肉、血腸，還有東北特有的寬粉條一起和酸菜燉，燉的時間越長，味道越鮮美。

吃正宗的豬肉酸菜燉粉條，是要受季節限制的，春夏秋三季不行，只有進入了臘月天，它才會伴著寒風，熱騰騰地端上飯桌。

酸菜是經霜的東北高棵大白菜淹漬出來的，切成火柴梗粗細的絲，幫呈淺白，葉染黃綠，千鍋萬煮，始終脆而不糜。而粉條的取料，也很有講究，上品應為東北馬鈴薯粉，以油筆芯粗細為宜，易熟又耐煮，柔軟而不斷，少點些醬油，出鍋黃白亮豔，挑起是春柳倒掛。最關鍵的，要數豬肉的選取和高湯的添加，它決定著這道菜的正宗度。肉應選帶皮的「五花肉」，切成寸寬薄片；湯則取殺豬時煮肉和骨頭的老湯。一應材料備齊，柴灶旺火，肉片下鍋爆炒起捲出油，再下酸菜。煨燉二十分鐘左右，一道香而不膩的豬肉酸菜燉粉條，便香繞屋脊了。

▎「渤海與黃海」的驕傲——對蝦

對蝦，也稱大蝦、明蝦或斑節蝦，是一種營養豐富、口味鮮美的海珍品。屬甲殼綱對蝦科。因為它主要產於中國渤海和黃海兩個海域，被人們視為「渤海與黃海」的驕傲。遼寧省沿海地區均有出產。

對蝦體型側扁、個大。透明的甲殼薄而光滑，呈青藍色或棕黃色。它的頭部有一柄上下邊緣都有鋸齒的「額劍」。其尾節末端尖如錐，5 對步足的前兩對為鉗狀，後兩對為爪形。由於中國北方市場上歷來習慣以「一對」為單位出售這種大個的蝦，漁民也常以「對」來統計勞動成果。久而久之。對蝦的名稱就約定俗成地流傳了下來。

對蝦怕強光而喜弱光，常群居於海底以獵食為生。小型的甲殼動物、貝類和環節動物都是它的珍饈美味。對蝦獵食時異常謹慎，總是先用鉗足去試探一下，倏地後退；再試再退，直到確認沒有危險了才放心就餐。

　　作為一種洄游性蝦類，對蝦世世代代都在渤海和黃海這兩個海域之間定期洄游。每年三四月間，在黃海南部越冬場過冬的對蝦，接到不斷上升的水溫所傳遞的資訊後，紛紛結隊奔赴山東半島南端的石島一帶集結，然後全軍向渤海作「產卵洄游」。4月中旬，集體返歸故里的蝦群分散開來，在渤海灣各河口安家，生兒育女。產卵後的對蝦由於營養損耗、體力衰竭而大部分死亡，只有少數殘存。因此，一般對蝦的生命只有 1 年。

　　新生的小蝦尚沒有游泳能力，只能隨波逐流地飄浮。淺海區食餌豐富，小蝦長得很快。大約在體長長到 8 公分時，它們就由淺海區移居到深海區去了。蕭瑟秋風吹拂海面時，當年生的小蝦已長得與它們的父母一般大了。11月份，渤海灣的水溫降到 10 度以下，對蝦又集結起來，戀戀不捨地告別出生地向黃海越冬場作長達 2000 里的「越冬洄游」。對蝦洄游時，總是雌蝦在前，雄蝦在後，在沒有標的物的茫茫大海中以每天 50 里的速度準確地按固有洄游路線抵達目的地。對蝦春秋兩次洄游被人們稱為「春汛」和「秋汛」。汛期是漁民捕蝦的黃金時節，往往一網就可以捕到幾萬對大蝦。

　　近年來，遼寧沿海在積極捕撈的同時大力推廣對蝦的人工養殖技術。東溝、莊河、瓦房店、營口、凌海、興城等地的對蝦養殖發展尤快。對蝦養殖有港養和精養之別。港養即把天然港灣圍起來建成港養圈養殖對蝦；精養則是建成標準養蝦池飼養對蝦。對蝦養殖週期短，收益大。當年放養，當年即可得利。精養一畝水面的對蝦抵得上種幾十畝糧田。

　　對蝦以肉嫩味美、營養豐富著稱於世，可做成名貴菜餚。對外出口，換匯甚多。對蝦能配製多種中藥，有壯陽補精、強身延壽之功能。對蝦的殼可以製成可溶性甲殼素，對造紙、印染、紡織、人造纖維、木材加工業都有很大用途。

▌「關外米仁」——薏薏種仁

　　米仁為喬本科植物薏薏的種仁，也稱薏仁。因其種仁及根可入藥，而植株又形似玉米，一些產區又稱薏薏為「藥玉米」。遼寧東部山區及北部平原

地區所產的薏薏種仁，量雖不多，但品質精良，素有「關外米仁」之美稱，為遼寧地方名產之一。

遼寧薏薏為一年生或多年生的宿根性草本植物，性喜溫暖、濕潤的生長環境。其根系發達，株高可達 1.5 米左右。粗而直的莖稈生有分枝，線狀披針形的葉片上有粗而厚的中脈。葉寬 1.5 至 3 公分。這種雌雄同株的單性花植物，總狀的花序或發自葉脈之間，或長於枝的頂端。花序基總為雌，小穗，或有柄或無柄，橢圓形穎果色淡褐而有光澤。

關外米仁的特點是顆粒飽滿，色白質淨，入口軟糯，含有豐富的澱粉、蛋白質、脂肪、鈣、磷、鐵及維生素等營養成分，為滋補美食。除食用外，亦可用於釀酒。據介紹，米仁歷史上曾被列為貢品。

薏薏通身是寶，其莖、葉可以造紙，根和種仁可以入藥。中醫認為，米仁性微寒，味甘，有健脾胃、利小便、消水腫、寧神安眠、滋補強身等多種功能，其根則能清熱利尿，可用於肝炎，腎炎等病的治療。

▎水果冰淇淋——凍秋子梨

辭舊迎新之際，中國東北地區最受歡迎的水果大概莫過於凍秋子梨了。這種地地道道的東北梨是將普通白梨冰凍變成烏黑色，硬邦邦的，砸到地上，也不會有絲毫損傷。只要你牙好耐得住涼，洗淨之後，就能吃了。凍梨的硬勁，讓你覺得吃的時候是那麼的費勁，只能是一口一口啃了，啃上一口，純白、甘甜的梨肉和那份清涼，讓人直皺眉，冰得牙都會打顫，冷得從心裡哆嗦一下……那份冷到心窩的感覺，讓人有種無法形容的迷戀。

凍秋梨，北方冬天裡儲存或稱之為加工而成的水果。把秋天的梨在入冬時，置於乾燥、陰涼、通風處，每天都往梨上面澆（最好是噴灑）些水，使之日日凍結，但不要澆水太多，凍成一個坨不行。那樣裡邊的梨凍不透，就會腐爛掉，再加上凍成坨沒法翻弄，因為凍秋梨既要每天澆些水，還要每天用鐵鍬（最好是木鍬，以免翻梨時將梨碰掉皮）翻弄至少兩遍。冬天的天氣越冷越好，那樣就可把梨快些凍透。最後，那秋天下樹的梨，從裡到外都凍

成了冰，成黑褐色（只有梨核處有一些灰黃色）的冰蛋蛋———冰梨，這就是凍秋梨。

冬日裡，人們樂此不疲地日日侍弄摘下的梨（指不是自然成熟而被採摘下來的果實），為的是冬日裡，尤其是春節三十的晚上有水果吃。凍梨一般是由花蓋梨、秋白梨、白梨、尖巴梨冰凍而成，食用時，將凍梨置涼水中浸泡，待化透後撈出可食，化透的凍梨，甜軟多汁，清涼爽口，飯餘酒後，吃上幾口，頗為愜意。

吃凍梨時要有耐性的，如同心急吃不了熱豆腐一樣，若心急也一樣也品不出凍梨味。如果梨子們沒有被化開，咬在嘴裡的那塊梨便像是塊冰一樣的了，在嘴裡含也不是，咽也不是，嚼也不是，吐也不是。吃凍梨要小口小口地咬，細細地品，慢慢地咽，這樣即能感覺到那凍梨的脆，又能嘗到它的鮮。可不能吃太多喲，要不然只能像吃冰棒那樣了。

能耐住這份涼的人，總是會啃個沒完，而啃到後面，隨著梨的慢慢解凍，越吃越暖和。還有一種吃法就是，把幾個凍梨放在水盆裡化凍，東北人把「化凍」叫成「緩」。凍梨「緩」的時候，常常是周圍結出了一圈冰包圍著梨，然後幾個梨周圍的冰凍到了一起，成了個整體，要緩就要緩透了，才好吃，捏碎包圍著的冰，凍梨已經軟了。咬上一口，冰涼清甜的汁順著口腔流入，然後順著第一口的痕跡，吸裡面的汁，每一口都那麼甜絲絲，冰冰涼的。吸幹了凍梨的精華，整個乾癟了的梨肉沒了水分，就不怎麼好吃了。

除夕之夜，許多一邊包餃子、一邊守歲的東北人家都要分享一盆凍秋子梨。凍梨入水浸泡片刻，果實外即結出一層冰殼。掰掉冰殼即可取食，其汁水四溢，酸中帶甜，食之爽口，令人大開脾胃。人們說，遼寧的凍秋子梨已經成為東北人不可缺少的年貨之一。

▋指捏即破的紙皮核桃

核桃又名胡桃，久有「木本油料王」之譽，在遼寧已有近 300 年的栽培歷史，遼南、遼西均有分佈，而以朝陽、綏中、瓦房店為多。

核桃屬胡桃科為年生落葉喬木，樹高可達 30 米。《酉陽雜俎》說它「花如栗花，穗蒼黃色，結實如青桃」。9 月熟時，漚欄皮肉取核內仁為果，以殼薄仁肥者為佳。

核桃味美而營養豐富，既可生食、炒食，也可榨油或配製各種糕點和糖果。核桃於人有強腎補腦之功。中醫認為它是一種滋養強壯藥，能「令人肥健、潤肌、黑鬚髮」。故此又有「長壽果」之稱。

核桃木質堅硬，紋理秀麗，為工業器械用材；核果殼可制活性炭，樹皮、果皮可提煉栲膠，核桃是高極食油和工業用油。

遼寧栽培的核桃品種甚多，其中最負盛名的是薄皮核鴨，其特點是殼薄光滑，種仁易取，出仁率高達 50%，與馳名中外的河北石門核桃不分伯仲。近年選育而成的「遼核一號」、「遼核二號」、「遼核三號」等新種薄皮核桃更是青出於藍而勝於藍。它殼薄如紙，指捏即破，故稱「紙皮核桃」。紙皮核桃出仁率高達 65% 以上，核仁出油率達 50%。紙皮核桃不僅品質甚佳，且比普通核桃結果早 6—8 年，因而比薄皮核桃更受歡迎。

▋一次栽植多年受益的大扁杏

遼寧特產大扁杏是「龍王帽」、「一窩蜂」、「白玉扁」、「油仁」、「豐仁」等優良甜仁杏的總稱，以其仁大而扁得名。大扁杏堪稱仁用杏中之佼佼者，遼寧境內不少山區都有栽培。

「五沃之土，其木宜杏。」大扁杏原產於大陸性氣候的乾燥地區，在遼西、遼南乾燥向陽山坡分佈較多。大扁杏發達的根系能充分吸收土壤深層的水分和養料，因而抗旱力強，耐瘠薄，一般天然降水就能滿足其生長需要。

大扁杏圓形的杏仁扁平肥大，營養亦很豐富，含有大量的脂肪、蛋白質、糖分以及人體所需要的磷、鈣、鉀、鐵等多種營養物質。《格物叢話》載：「杏實味香於梅而酸不及，核與肉自相高，其仁可以入藥。」另外由大扁杏仁製成的營養滋補劑，有潤肺、驅風、散寒、清瀉等療效。既可生食亦可製成杏仁糕、杏仁露等多種風味獨特的食品和飲料。大扁杏仁的出油率約為 50%，

油色微黃透明，氣味芬芳，不僅是優良食用油，也可用做精密儀器和軍事工業所需的高級潤滑油和和除鏽劑，還可做生產化妝用品及高極油漆的原料。

大扁杏品質優良，仁肉兼用。它的果肉可製成杏乾、杏脯、杏醬和杏罐頭，也用來造酒或製醋。有資料表明，常食杏乾可收防癌之功。

▋滿族人春節的吃與做

滿族過春節，在時間上基本與漢族一致，從農曆臘月二十三「過小年」到新一年的農曆二月二日「龍抬頭」。

滿族人的節日食品主要有：粘豆包、粘火勺、薩其馬、白肉血腸、豆麵卷子、蘇子葉餑餑、大黃米乾飯、火鍋等。滿族喜飲喝的酒，主要是自己用大黃米釀造的「米酒」。客人來家拜年，喝的飲料是用炒糊的大黃米、高粱米沖的「糊米茶」。

臘月二十三：滿族人過小年，要做粘豆包、豆麵卷子等粘食。粘豆包逐漸被漢族接受，豆麵卷子就是大家所俗稱的「驢打滾」。

除夕：滿族人除夕要做傳統糕點———薩其馬，張貼對聯、窗花，掛箋（按八旗所屬，分別貼紅、黃、蘭、白色）、福字，互贈繡有「歲歲平安」的荷包。薩其馬系用精粉、雞蛋、糖、芝麻、青紅和瓜仁等原料製做而成，色美、味香、可口，是人們喜愛的具有獨特民族風味的節日佳品。

除夕下午要擺供、祭祖。不常打開的祖宗龕，年三十中午打開。把擦得錚亮的錫供器擺上五件，主食擺上兩摞饅頭，一摞五個，豬頭擺在正中間，豬鼻孔插上大蔥，還有乾飯五碗。供菜更有特點：第一碗是煮熟的「豬肉方子」；第二碗是過油鯉魚；第三碗是炸粉花；第四碗是素菜大蔥；第五碗是豆腐方塊。供方子肉為四時吉慶；供魚為吉慶有餘；供粉花是保佑後輩發家；供大蔥要剪去蔥根，紮成一把，代表著本家後輩聰明伶俐，光宗耀祖。這些擺上桌案的祭品，祭祀之後由家人分吃。

除夕，要接神，接神後在大門口放一橫木以阻擋鬼魅進來。受漢族風俗的影響，滿族人除夕也掛門神，以驅邪避鬼，門神分為「將軍門神」、「福

祿門神」、「判子門神」、「娃娃門神」等。今瀋陽故宮藏有宮廷門神。除夕夜分發「神紙」，其後，晚輩男子到族內各家「辭歲」。

新年夜子時，家家吃餃子，還要把幾枚銅錢暗放餃子中，吃到者則「終歲大吉」。然後接神、辭歲要燃放鞭炮。家家院內豎燈籠竿，高挑紅燈。

正月初一：滿族人家家皆早起，穿戴新衣帽，互相拜年，恭賀新春。不過，過去滿族婦女要等到初六，才可以出門拜年。

正月十五：上元節，又稱元宵節、燈節。滿族家家除吃元宵、掛綵燈外，還製作「冰燈」，張燈三日。早年有舊俗，在瀋陽市四平街（今中街）舉行燈市，商家預製各式綵燈、懸於門際，有人物、瓜果、禽獸、魚蟹燈等，爭奇鬥豔，各展奇姿，還雜陳龍燈、獅子、高蹺、旱船、秧歌、燈官等劇碼，士女遊觀，填溢街巷。

▌風味各異的滿族小吃

滿族的語言現在很少有人知曉，可是滿族的飲食文化卻是大行其道。人們對滿族小吃的喜愛大大超出了美食家的預料。作為清朝的龍興之地遼寧，滿族小吃可謂絕對地道。滿族小吃的製作比較費時，品滿族小吃更要有耐心。那就先做一下熱身運動，聽聽我的介紹吧。

黑菜餃子：夏天裡的蔬菜晾乾後，用報紙包上，防止其破碎。等到了冬天把乾菜用水泡開、洗淨，用手攢碎了，放在燉肉的肉湯中燉。直到燉乾，這時的乾菜已經變成菜泥，就可盛出做餃子餡了。據說，這道「黑菜餃子」與「白菜餃子」一起，是滿族旗人過年時吃的，從夏天做到冬天，很費工夫，您若想嘗其美味，可得做好長期「作戰」的準備哦！

乾炸丸子蘸老虎醬：乾炸丸子做好之後要蘸作料吃，現在人們一般是蘸椒鹽，過去也有蘸老虎醬吃的。據說老虎醬是慈禧吃過的，現在很少有人會做。它的原料有西瓜汁、黃醬、芝麻醬。做法是將黃醬與生芝麻醬和在一起，為了使之不乾可以點入一點兒高湯，然後加一點西瓜汁，如果沒有西瓜汁也

可以用涼茶。講究些的，吃時還要準備蒜末，把丸子先蘸上點老虎醬，再蘸蒜末。

「滿洲餑餑」是滿族風味糕點食品的統稱。在中國烹任史上佔有重要地位，素有「滿點漢菜」之說。滿點即指滿洲餑餑。在清朝、民國年間，因滿族各家家境不同，滿洲餑餑可分兩大類。一類流行於普通平民及農家，主要有以下數種：水煮餑餑（水餃）、搓條餑餑、打糕搓條餑餑、豆麵餑餑、清明餑餑、高麗餅、酸棗糕、淋漿糕、豆麵剪子股、五花糕、盆糕、粳米豆包、發糕、金銀卷、蜂糕、瓦壟、爐酥餅、粘糕等。另一類盛行於殷實之家，主要有薩其瑪、芙蓉糕、太陽糕、切糕、涼糕、撒糕、打糕、鳳梨葉餑餑、蘇子葉餑餑、椴樹葉餑餑、酸餑餑、炸角子等。滿洲餑餑的原料主要是白麵或粘米麵，製作工藝則多為烘、烤、蒸、烙。由於其歷史悠久、經濟實惠，已成為滿族人的傳統食品。

「粉面子核桃仁糖角」可是道地的滿族風味小吃。粉麵子，是東北對澱粉的俗稱。正月裡農閒時，坐在炕上用錐子摳著核桃仁，然後拌上葷油、白糖，用粉面子包成糖三角，蒸出來一鍋鍋的晶瑩剔透，又好吃又好看。粉面子糖角得趁熱吃，因為涼了就變硬了，不能吃了。這些原材料不算太稀奇，但老少皆宜。

「撒糕」是滿族傳統風味麵食，亦為舊日大祭時之供品。製法是把小豆磨成豆瓣，用水漂出豆皮後蒸熟製餡，將糯米面用適量水拌勻入籠蒸，俟屜內氣滿撒入鋪平，並置豆餡於上。俟蒸氣複滿，再將米麵撒在豆餡上至蒸熟。一屜撒糕在食用或充祭品時多切成 7 吋見方的塊。如在正月制撒糕時，豆類採用紅色，取喜慶之意。

「薩其瑪」為滿語諧音，意為「油炸條」，是滿族傳統風味食品。清代及民國年間風行於北方各地，現改進後的製法是：將雞蛋打入精粉中和勻，製成麵條狀，下鍋油炸，再將清水、白糖、奶油、蜂蜜熬製成稠汁，與炸好的麵條攪拌均勻，倒入鋪有青紅絲的木槽內壓平待涼。食用時用刀切成長方塊即可。該食品清香鬆軟、甜膩適口，是中國著名的糕點之一。

「喜果兒」是指桂圓、紅棗、栗子、花生等 4 種乾果。滿族姑娘待嫁前娘家為其做裝新鋪蓋時，須將這 4 種乾果縫入被褥之四角，也有將喜果兒撒入新房炕上四角的。其意是取乾果的諧音以圖吉祥，寄託父母的美好祝願。桂圓是取團圓之意，棗兒是取早生貴子之意，栗子是取立志之意，花生是寓以兒女雙全之意。

「白肉火鍋」為滿族風味菜餚。白肉亦稱白片肉、白煮肉。火鍋，多銅製，鍋壁多掛錫，鍋身下部為燃炭之處，中部為加湯之處，上部則為煙囪，兩側配有提環。製法為先將豬肉切成大塊，入鍋煮熟，涼後用刀切成長條薄片；再將長酸菜切成細絲。將肉、菜整齊碼於火鍋中，加入清湯（多為雞湯），湯沸後陸續添入粉條、蘑菇、蝦仁、鹽等。熟後可佐以蒜泥、韭菜、花醬、辣椒油食之。一家人環桌而坐，談天說地，邊煮邊食，美味佳餚，其樂融融。

精緻典雅的滿族宮廷小吃

小窩頭：1900 年，八國聯軍入侵北京時，慈禧倉惶逃往西安。途中，有一天慈禧餓極了，叫人去找吃的。當差的找來一個大窩頭。慈禧幾口便把窩頭吃完了，連說好吃。慈禧從西安回到北京，有一天又想起窩窩頭，就讓御膳房給她做窩頭吃，御廚不敢給她做大窩頭，於是把玉米麵用細籮篩過，加上白糖、桂花做成栗子大小的小窩頭。慈禧吃了說，正是當年吃過的窩窩頭。

豌豆黃：民間的糙豌豆黃兒是典型的春令食品，常見於春季廟會上。例如在三月三蟠桃宮，「小棗糙豌豆黃兒」便是時令鮮品，小販們一聲"噯這小棗兒豌豆黃兒，大塊的來！"好像是給人們報出了春訊，帶來了暖意。

藝豆卷：有一天，慈禧在靜心齋歇涼，忽聽大街上有銅鑼聲。慈禧問是幹什麼的？當差的回答說是賣豌豆黃、藝豆卷的。慈禧讓當差的把那個人叫進來，那個人說：敬請老佛爺嘗嘗這豌豆黃、藝豆卷，香甜爽口，入口即化。慈禧嘗過後說好吃。於是就把這個人留在宮中，專門為她做小吃。

肉末燒餅：相傳有一天夜裡，慈禧做了個夢，夢見吃夾了肉末的燒餅。第二天早膳時，果然上的是肉末燒餅。慈禧一看和夢中吃的一樣，心裡非常

高興，說是給她圓了夢。問是誰做的燒餅，當差的說是御廚趙永壽。慈禧當即令人賞給趙永壽一個尾翎和二十兩銀子。從此，肉末燒餅作為圓夢的燒餅流傳了下來。

地道舔嘴的「酸湯子」

在遼寧的東部，有一種特別的飲食，那就是酸湯子，這種食品由本溪地區興起，延長至寬甸、新賓、通化，直至長白山一帶地區的主食，後來不但滿族人喜愛吃，而且漢族等民族也都吃起來了。不過可不是誰都能品味了的喲。

酸湯子，顧名思義其特點是以酸而得名。韌性好、滑溜、細膩的湯子面再加上發酵後獨特的酸味，正適合東北人愛吃酸口。酸湯子是純正的滿族食品，是一種粗糧細作的精加工美食。

酸湯子面的做法比較麻煩，以前只有勤快人家才做湯子面。而現在做酸湯子已經成為調劑生活或者品償風味了。酸湯子製作過程：先燒開半鍋水，再把湯麵搓成幾團放到水裡輕微煮一下，撈出來，準備工作就算做好了。先炸鍋（爆鍋）味湯，湯開後，將湯子面放在雙手裡，將湯子套（一薄鐵片捲成一小鐵筒，一寸半長，大頭比手指略粗，小頭比手指略細）放於拇指與食指之間，將面用力擠到鍋裡，擠一下，躥出一條，面全擠完後再下些嫩白菜或菠菜之類蔬菜，加鹽和調料煮熟。不過，要想得到又長又勻的湯子卻是一個技術喲。現在這酸湯子不僅在滿族的莊戶人家能吃到，到城裡的滿族風味飯店裡也可以點到這種食品。吃慣了大魚大肉，冷不丁吃頓酸湯子再就點小鹹菜或者青菜什麼的，那滋味絕對會讓你叫好。

吉祥滿族——波羅葉餑餑

波羅，又作「波勤」、「波離」，即柞樹，亦稱「橡子樹」。滿語「波羅」，其義為「米」或「米穀」。

傳說滿族人的先祖是靠打獵為生，在打獵收穫不足以充饑時，也採集橡子樹的果實吃。當時，他們稱橡子樹為「波羅木」，稱橡子果實為「波羅」。後來，山上的野獸越來越少，打獵越來越困難，滿人的祖先就學著漢人的樣子，慢慢地學會了農耕。

然而，由吃野獸肉改吃五穀雜糧，滿族人總是感到肚子不適。特別是到了夏天，總是腹瀉。一拉肚子，便渾身無力，不要說上山打獵，就是耕地種田也做不了。這樣一來，地也荒蕪了，人也憔悴了，眼看著整個部落的人都要完了，可人們一點辦法也沒有。

正在萬分焦急、走投無路的時候，一天晚上，大家不約而同地做了一個相同的夢：一個異常美麗的女子，自稱是王母娘娘七仙女中的老三，反覆向他們說著一句「別忘了舊波羅」的話。誰也記不住她說了多少遍，等仙女上天時，大家也都醒了。第二天，大家說出昨夜的夢，都感到奇怪。「舊波羅」是指什麼呢？誰都解釋不了。

這樣的夢，大家一連做了三天，雖然知道這是仙女在指點他們，但都苦於不解其意。第四天，全部落的人聚在一起，研究這個夢究竟預示著什麼。大家你一言，我一語，說什麼的都有，但就是得不到一個滿意的答案。最後一個白鬍子老者乾咳了一聲，慢條斯理地說，我思索著，這是仙女在拯救我們。現在我們把穀米叫做「波羅」，但我們的祖先是把橡子樹叫做「波羅木」，把橡子叫做「波羅」的。仙女告訴我們不要忘了「舊波羅」，是不是告訴我們要治好大家的拉肚子病要用橡子樹呢？橡子果實不好吃，我們不妨試試用「波羅葉子」包餑餑吃，看看靈不靈。

大家覺得老人說的有理，就派人採了些波羅葉子，包在餑餑的外面，蒸熟吃。吃了幾天，大家的腹瀉病慢慢地好了。從此以後，波羅葉餑餑成了滿族人非常喜歡的食品。為感謝仙女的指點，他們還做成各種各樣的波羅葉子餑餑祭奠她。

滿族人一般在農曆四、五月間，上山採集嫩而大的波羅葉子，回家洗淨待用。將糯米或黃米以水浸泡數日，磨成面，擀成薄餅煮熟，再以小豆煮爛搗成豆泥包於其中，把波羅葉內面塗一層油裹於其外，蒸熟後去葉食用。另

一種作法是：將高梁米或苞米碴子浸泡磨面，浸幹成麵糊狀，再把麵糊抹在波羅葉的正面，包韭菜、豆角、豇豆之類時令鮮菜切成的餡，蒸熟後去葉食用。波羅葉餑餑略帶柞葉的清香，食之頗具風味。

到了遼寧，您可一定要嘗嘗這吉祥的波羅葉餑餑呦！

▌營養零食──小米飯和小米鍋巴

千百年來，種穀子是滿族農家的傳統。雖然穀子產量不高，而且從小苗兒長一指高就要拔草、間苗，女人和老人們一天天地低頭蹲著累斷腰，但穀子脫粒後，黃澄澄的小米卻是不可多得的好東西，小米飯成為滿人農家的主食。在沒有農機具或農機具很少的過去，農家全靠牲畜拉犁拉車拉磨推碾子，而穀草又是馬、驢的主要飼草，穀草價格不菲。所以，滿族人種穀子，可謂收穫多多。

滿人農家的小米飯以好吃、做法多、飯樣多而聞名。小米粥香甜柔潤，人人愛喝。生小孩兒坐月子的產婦在未下地走動之前，小米粥是主食，差不多一天三頓。主要是因為產後產婦胃腸功能不好，小米易消化，營養容易被吸收。煮小米粥時打幾個雞蛋臥在粥裡，再在粥碗裡放點紅糖，給產婦增加營養「補身子」，對其恢復體力大有裨益。

用柴禾燜小米乾飯，是考驗一個滿人農家婦女做飯本領的大事。淘多少米，大鐵鍋裡放多少水，往灶裡添柴禾，火大火小，甚麼時候撤火，都大有學問，不易掌握。水放少了一點，多添了幾根蒿草，說不定就會串煙做糊了，廢了一鍋飯。如果小米品質好，掌握好米量、水量、火候，小米乾飯揭鍋前，從門前窗下走過就會飯香撲鼻。盛到碗裡端上桌你看吧，一粒是一粒，粒粒開花。進到嘴裡柔軟爽口，幾乎不須咀嚼就可嚥下。

燜小米乾飯還有一個副產品──小米鍋巴。燜得是火候的小米飯鍋巴，只有薄薄的一層，焦而不糊，香而酥脆，是農家孩子們的美食。小米飯鍋巴還可以做成一道菜一道湯。把鍋巴掰碎，用油鹽蔥花熗鍋，澆上點水炒三五分鐘，或者用熗好的幾勺湯澆在碎鍋巴上，澆汁鍋巴或炒鍋巴滿屋飄香。也

可在炒鍋巴時放些水，滾幾個開之後盛到湯碗裡，點上幾滴香油，就是一碗經濟實惠又香酥可口的香油鍋巴湯，又是飯又是湯菜，老少皆宜。

滿人農家做的小米乾飯還有一絕叫小米蒸飯，具體做法是：用大鐵鍋，把淘好的小米煮到七八成熟，用笊籬把飯撈到飯盆裡，把鍋裡的米湯盛出（不扔掉，另有大用處），重新放清水。清水上分開並排放上兩根指頭粗的樹棍（必須是一頭有兩根杈的，插到鍋壁上牢靠，不滾盆），把裝好小米飯的盆放到樹棍上，蓋好鍋蓋，燒開鍋蒸，滿人農家把這種蒸法叫做「把飯沏一下」。大約十分鐘左右，飯就「沏好了」。這種小米乾飯特乾爽，幾乎沒有水分，柔軟如面。並且在炎熱的夏天不會餿，放上兩天也不會變質。可以放進竹筐裡送到地裡給幹活的人當午飯。過去小麥種得不多，難得吃饅頭之類的麵食乾糧，這種便於攜帶的小米蒸飯也算一種方便食品了。

▌老邊餃子，天下第一

俗話說「好吃不如餃子」，餃子是中華民族的傳統美食，有著數千年的歷史。古往今來，餃子的流派無數，唯老邊餃子以獨特的煸餡、濃郁的風味特色，加之不斷創新，成為融精美造型與醇厚口味於一體的有著深厚文化底蘊的餃子精品。在瀋陽，人人都知道老邊餃子，娶媳婦要吃餃子，辦生日也要吃老邊餃子，外地朋友來瀋陽，問道有什麼地方特色的美食時，瀋陽人也一定會把您領到這老邊餃子館裡。不少生活在外地的「老瀋陽」，回到瀋陽最想吃的還是這老邊餃子。

話說清朝時期，河北省河間府任丘縣邊家莊有位叫邊福的老漢一直在開餃子館。道光八年（1828 年），當地多年鬧災荒，官府卻加緊收租收捐，老百姓只好背井離鄉，四散逃亡。邊福老漢一家人逃向東北。一天晚上，他們投宿在一戶人家中，恰巧這家在為老太太祝壽，於是這家人給邊福老漢一家每人一碗壽餃充饑。邊福老漢覺得這水餃清香可口，其餡肥嫩香軟而不膩人，於是就虛心向這家人求教。主人看邊福老漢誠實厚道，便告訴了他其中的秘密。原來這家人為了讓老太太吃起來舒服，在做餃子時就把和好的餡用鍋煸一下再包，如此做出來的餃子便又香又軟，而且不那麼油膩了。邊福將此記

在心中，輾轉到瀋陽小東門外小津橋護城河岸邊住下後，便在小津橋上搭了一間馬架房，開起餃子館，由於自己姓邊，便立號為「邊家餃子館」。

邊福最初的做法基本上同被人家告知的相類似，將絞碎的豬肉煸炒後，用油煨制，並加入時令鮮菜拌成餃餡，以摻入適量熟豬油的開水燙拌後或煮或蒸而成。由於此項工藝新別出心裁，並且餃子餡是精心製作，使得邊家餃子風味獨特，特別是水煸餡的蒸餃聞名遐邇，深受人們歡迎。邊家餃子因為肉餡是煸過的，所以又叫煸餡餃子，但由於主人姓邊，所以人們都習慣稱之為老邊家餃子。

說到這裡，有一個人不能不提，那就是邊福的兒子。此人非常聰明，為了多出餃子餡，他把油煸餡改成了湯煸餡，這一改可非同小可，它徹徹底底地讓老邊餃子出了名，也讓老邊餃子的招牌紅火了 170 年之久。據說當年其火爆的程度已經達到了買餃子要憑票，而且用餃子票能換汽車。為了在激烈的競爭中立足，從創始人邊福開始，其煸餡的秘方便傳子不傳妻，於是每天閉店等夥計離店、妻子入睡後，老邊家的兒孫們才開始煸餡。這一招雖然狹隘，但也使得老邊餃子成為獨樹一幟的瀋陽名吃而流傳甚久。由於它選料精良，造型別緻，小巧玲瓏，百餃百味，一餃一格，其中「禦龍鍋煮小餃」曾為皇家御用珍品。

老邊餃子早在 1911 年，就曾獲國際博覽會獎章。老邊餃子館先後在瀋陽開了三家分號，由邊氏後裔——邊躍、邊義、邊霖弟兄三人分別經營，其餃子的味道也越來越好。老邊餃子由於皮薄肚飽，柔軟肉頭，餡鮮味好，濃郁不膩，深受世人的讚譽。當年鄧小平同志到瀋陽視察時，親自品嚐了邊霖包制的餃子，吃後非常高興地說：「老邊餃子有獨特之處，要保持下去。」著名藝術大師候寶林來瀋陽品嚐老邊餃子後，餘興未盡，便揮毫寫了八個大字：「邊家餃子，天下第一」，盛讚老邊餃子。

老邊餃子最獨到之處便是調餡和制皮。調餡時先將肉餡煸炒，後用雞湯或骨湯慢喂，使湯汁浸入餡體，使其膨脹、散落、水靈，增加鮮味。同時，按季節變化和人們口味愛好，配入應時蔬菜製成的菜餡。和麵制皮時用精粉摻入適量熟豬油開水燙拌和制，這樣能使劑皮柔軟、筋道、透明。

經過歷代傳人不斷的研製和精心的改進，老邊餃子現以研製出適用於「煎、煮、烤、烙、炸、蒸」等百餘種不同餡心、不同口味的餃子，並研製出一系列的餃子宴，其中，一種具有15餘品種的吉祥餃子宴，更集中體現了飲食文化的一種昇華。

▌瀋陽名吃──馬家燒賣

燒賣在中國土生土長，歷史悠久。最早的史料記載，在元代高麗（今朝鮮）出版的漢語教科書《樸事通》上，就有元大都（今北京）出售「素酸餡稍麥」的記載。該書關於「稍麥」的注說是以麥麵做成薄片包肉蒸熟，與湯食之，方言謂之稍麥。麥亦做賣。又雲：「皮薄肉實切碎肉，當頂撮細似線稍系，故曰稍麥。」「以面作皮，以肉為餡當頂做花蕊，方言謂之燒賣。」如果把這裡「稍麥」的製法和今天的燒賣作一番比較，可知兩者是同一樣東西。

到了明清時期，「稍麥」一詞雖仍沿用，但「燒賣」、「燒麥」的名稱也出現了，並且以「燒賣」出現得更為頻繁。如《金瓶梅詞話》中便有「桃花燒賣」的記述。《揚州畫舫錄》、《桐橋椅棹錄》等書中均有「燒賣」一詞的出現。清代無名氏編撰的菜譜《調鼎集》裡便收集有「葷餡燒賣」、「豆沙燒賣」、「油糖燒賣」等。

時至今日，各地燒賣的品種更為豐富，製作亦更為精美。如河南有切餡燒賣；安徽有鴨油燒賣；杭州有牛肉燒賣；江西有蛋肉燒賣；山東臨清有羊肉燒賣；蘇州有三鮮燒賣；廣州有蟹肉燒賣、豬肝燒賣、牛肉燒賣和排骨燒賣等等，都各具地方特色。

而我們要說的馬家燒麥最早流行於瀋陽地區，由馬春師傅創製於1796年，因其製作工藝以家族形式代代相傳，故稱「馬家燒麥」。目前馬家燒麥在北京、天津地區都非常有名，尤為當地穆斯林群眾所稱道。

馬家燒賣的美食特色是：用開水燙麵，柔軟筋道，用大米粉做補面，鬆散不粘，選用牛的三叉、紫蓋、腰窩油等三個部位做餡，鮮嫩醇香。製餡要

求嚴格，須將牛肉剔淨筋膜後剁碎；用清水浸煨，加調料拌勻不攪，呈稀疏狀的傷水餡，攏包時不留大纓，形如木魚，成熟後皮面亮晶，柔軟筋道，餡心鬆散，醇香味好。其外形猶如朵朵含苞待放的牡丹，令人望而生涎。

▌龍吐天漿——老龍口

「老龍口」是遼寧人的驕傲，特別是瀋陽人的摯愛。作為瀋陽最悠久的釀酒老字型大小，老龍口有百年品牌、百年窖池、百年石磨盤，已經成為一種代表，一種文化。

在能喝酒的東北人面前，提起老龍口，很多人會說它爽口而醇厚。雖然老龍口深受人們的喜愛，但對於老龍口的來歷許多人還是知之甚少。

相傳，1662 年，山西一位名叫孟子敬的客商，來盛京城看望舅舅，見市面繁華，便買下小東門外的一塊空地，興建了一家釀酒作坊。可是，在他的作坊院內深井中的井水又苦又澀根本不適於釀酒，孟子敬不覺犯起難來。說來也巧，這時有一位受過他的恩惠自稱出身風水世家的敖公子來訪。來到作坊門前，敖公子說：這裡東臨天柱山，乃長白山之尾脈。長白山是大清皇室的發祥地，當用「萬隆泉」作字型大小。另外，此處是盛京城東邊口，乃龍口也，就用「老龍口」作牌號吧！又來到深井前，敖公子煞有介事看了看，說：這明明是口甜水井嘛，待我舀碗水你們嘗嘗！說完縱身躍入井中，忽聞井中一聲巨響，接著一股水柱噴湧而出，直衝雲霄，漸漸化作一朵白雲，雲端立著敖公子，向西北方向飄蕩而去。這時，從空中飄下一條緞帶，上書：「東海三太子，遼河小龍王，感恩脫劫難，報以萬隆泉」。見到此景，孟子敬才悟出：敖太子乃龍種，其「萬隆泉」乃「龍吐天漿」也！從此，苦水井變成了甜水井，「老龍口」便世世代代用這甘甜的井水來釀酒了。

拋開傳說不談，「老龍口」的傳統釀造工藝從 1662 年「義隆泉」燒鍋創建以來，始終由山西人相傳經營，保留了獨特釀造工藝，直至現在，仍然保持著這種傳統的原始釀造工藝。憑藉精湛的釀酒技藝和甘甜的水質釀出的「老龍口」的確稱得上是酒中上品，芳香爽口、醇厚怡人。在清朝初期，所

釀白酒多貢奉朝廷與軍隊，素有「大清貢酒」之稱，曾獲「飛觴曾鼓八旗勇」的讚譽。

老龍口擁有東北建造最早、規模最大、保存最完整、連續燒酒時間最長的老窖池群。這個窖池群從清初建成至今一直在連續使用，從未間斷，堪稱「關東第一窖」。目前的老龍口擁有五大系列，四種香型，五十多個品種，極大地滿足了消費者不同的消費需求。

「老龍口酒博物館」，座落於瀋陽市大東區珠林路 1 號。博物館主題鮮明、展示內容豐富多彩，集文物收藏、保護、陳列展覽、科學研究於一體，既展示了中華民族傳統酒文化，又是集欣賞性、宣傳性和教育性於一體的知識殿堂。

「老龍口」豐厚的文化底蘊，神奇的地下古泉，源源流長，風格獨特的傳統釀酒工藝，精湛一流的現代化釀酒設備，使其酒質以其獨特的風格韻味，名揚四海，享響關東內外。

古今白肉那家館

提起東北菜，自然少不了白肉血腸。據說白肉血腸起源於滿族的祭祀活動，為滿族傳統食品，有燈碗血腸、白肉血腸、蒜泥血腸等幾個品種，而且很多白肉血腸都是取當日豬血，配以 30 餘種中藥材熬製的藥料，灌進新鮮豬腸內製成的。其白肉是用新鮮帶皮五花肉經煮制而成，而湯是用新鮮豬骨、老雞等煨製成的老湯，回味無窮。

據說它是從古代帝王及族長祭祀所用的祭品演變而來的。據《滿洲祭神祭天典禮·儀注篇》中記載，滿族長期以來信仰薩滿教，他們在祭祀過程中，以豬為犧牲。每逢宮廷舉行祭祀時在「神肉前叩頭畢，撤下祭肉，不令出戶，盛於盤內，於長桌前，按次陳列。皇帝、皇后受胙，或率王公大臣等食肉。」他們把這種肉叫做「福肉」即「白肉」。而其所謂的血腸，即「灌血於腸」，二者加在一起通稱「白肉血腸」。清代瀋陽和吉林地區開設的白肉館，都兼營血腸，成為遼寧和吉林滿族特有的傳統名菜。但是，白肉血腸產生的準確

時間，是由何人創的，已難於考證。可以肯定的是白肉血腸和滿族世世代代用豬祭祀還願的民俗是分不開的。

在各種白肉血腸中，那家館的白肉血腸可以算得上是首屈一指，聞名於白山黑水地區。相傳清同治年間，皇太極的親娘舅葉赫那拉氏阿什達爾罕的後裔（屬正白旗的一支）那吉有辭去朝廷官職，在位於今天瀋陽市的小河沿魁星樓附近開設了一家專門經營滿族風味菜餚的飯館，名為「吉興園」飯館。他根據東北民間及滿族人逢年過節殺豬吃白肉血腸的習俗，在原有溜肝尖、溜三樣等菜餚的基礎上增添了白肉血腸這一品種，並不斷加以改進提高，使「吉興園」的白肉血腸聲名遠颺，受到遠近顧客的一致讚譽。

1872 年，那吉有開設了一家專門經營白肉血腸的餐廳，正式掛起了「那家館」的金字牌匾。由於他選料精，製作細，一絲不苟，聲譽變得越來越高。他所使用的白肉，必須是用新宰殺的肥豬五花硬肋，並以白水加調料，用急火煮沸，移小火余透，這樣才能膘肥而不膩。他所使用的血腸，必須用新宰殺的豬血，加入適量清水和調料用新豬腸灌成，這樣才能味道鮮濃。白肉血腸蘸以蒜泥、韭菜花醬或辣椒油等調料食用，味留齒頰，經久不散。在嚴冬季節，如配以酸菜絲在一起余制，湯鮮菜脆，大有驅寒生暖之效。那家館白肉血腸漸漸馳名關內外。

民國初年，那吉有的大兒子那文貴開始經營「那家館」，將其擴建為一棟二層樓房，除了一直保留頗受顧客青睞的白肉血腸外，又增添了壇肉米飯、三套碗、六碗六碟、滿漢全席等菜餚，使那家館一躍成為當時奉天風靡一時的著名餐廳，達官顯宦經常出入其間。1931 年日寇侵佔瀋陽後，那氏兄弟為了保持祖業，將那家館遷到北京。

那家館白肉血腸的特點是：選料考究、製作精細、調料味美；白肉肥而不膩、肉爛醇香、血腸明亮、鮮美細嫩；配以韭菜花、腐乳、辣椒油、蒜泥等佐料，更加醇香鮮嫩，膾炙人口。

對於老瀋陽人而言，那家的白肉血腸跟中街的馬家燒麥一樣，都是揮之不去的兒時記憶。可能這種記憶都是奇香徹骨的吧。

唇齒留香的李連貴燻肉大餅

瀋陽地區有句順口溜：「李連貴的燻肉就大餅，越吃越有味；李連貴的大餅捲燻肉，越吃越沒夠。」位於瀋陽市中街廣生堂胡同的李連貴燻肉大餅可說是東北名特風味食品中的一絕。

「李連貴燻肉大餅」創始人李連貴，又名李廣忠，1887年（光緒十三年）出生，祖籍河北省灤縣柳莊，乳名連貴，取吉祥富貴之意。李堯，李連貴之養子，1904年（光緒三十年）生於梨樹縣。李堯從少年時代即隨養父學習製作大餅、燻肉的技藝，因其聰穎過人，勤學好問，深得養父寵愛，悉心傳授，使李堯成為「李連貴燻肉大餅」的第一代傳人。

李家父子即善於研究技藝，又頗諳經商之道。1936年至1940年，他們在通遼開業時，因蒙古族人口居多，喜歡牛羊肉，以豬肉為特點的燻肉大餅經營狀況不佳。李連貴帶李堯遍訪了通遼燒餅鋪，博採眾長，潛心研製，將各種燒餅的配料、製法均揉進自家精華，並增加麻餅、糖酥、佛手、火勻等花樣品種，色香味俱佳，成為通遼飲食業的搶手貨。

1941年李堯偕堂弟李英來到四平，在道東北市場開設李連貴燻肉大餅鋪，不賣炒菜，只賣燻肉、大餅、蔥醬、大米綠豆粥。食後，沏棗水供顧客飲用，因餅、肉獨具風味，服務熱情周到，開業不久即名聲大振，深受顧客的好評。

為使李連貴風味食品代代相傳，1950年，李堯的次子李春生到瀋陽中街廣生堂胡同開設李連貴大餅鋪，為保持「李連貴」的信譽，李春生採取定額出售的辦法，一旦薰制的肉、餅售盡，立即掛出「今日餅肉售完，請明天再吃」的牌子，絕不粗製濫造。結果，不到半年，好評如潮，李連貴燻肉大餅轟動了整個瀋陽城。

李連貴風味燻肉色澤棕紅、皮肉剔透、肥而不膩、瘦而不柴、熏香沁脾、日食夜嗝；大餅皮面金黃、圓如滿月、層層分離。外酥裡嫩、滋味濃香。其食用時輔以麵醬、蔥絲、再喝上一碗小米綠豆大棗粥更增食趣。其具有暖胃、

健脾壯胃、引氣、調中、消食、殺蟲等藥用功效，實為集美味藥膳於一體的不可多得的佳餚。

▋風味名品──楊家吊爐餅

　　說起小吃，它也是能反映民族飲食文化內涵，充分體現民族和民俗文化特點的食品了，一些較為有名的小吃，一般都有相對較長的流傳歷史和較高的知名度及獨特的風味。還有，小吃麵向的是大眾消費群體，有著「物美價廉」的特點的優勢。因此，小吃是具有悠久歷史、最廣大顧客群的食品。

　　伴隨著社會飲食生活的發展，城鎮市場飲食業的日益繁榮，人們需要的美食品種漸漸豐富多彩起來，各式各樣的小吃也不斷地在各城鎮開花結果，站穩了腳跟，諸如什麼北京的「驢打滾」、天律的「狗不理」、江蘇的「揚州炒飯」、山東的「刮煎餅」、河北的「邢臺道口雞」、新疆的「羊肉串」、青海的「鍋塌」、雲南的「過橋米線」等等，幾乎每座城市都有數百種風味獨特的小吃。瀋陽的小時吃種類繁多，但最有大眾口味、經濟實惠的當屬楊家吊滬餅。

　　楊家吊滬餅歷史悠久，自 1913 年由楊玉田在吉林省洮安縣創建至今已經歷近百年的歲月。楊家吊爐餅選料精良，製作精細。用溫水和麵，水的溫度和用鹽量隨著季節變化而增減。餅片擀好後，上炭爐烤制，上烤下烙，全透出爐。成品形圓面平，色澤金黃，層次分明，外焦裡嫩，香酥可口。用筷子挑起烙好的吊爐餅餅心，提起成條，落盤成餅。食時再佐以用肉末、海米、雞蛋、元蘑打鹵的雞蛋糕，別有滋味。

　　由於餅店生意興隆，經營規模不斷擴大。1950 年來沈後。為改進單一的經營品種餅店又增添了帶雞絲花帽的雞蛋糕。雞蛋糕用肉末、鮮蘑、木耳、海米烹製，添湯勾芡，澆於雞蛋糕上，呈花帽形，然後將雞肉撕成細絲置於上端，吃餅佐之，別有風味。鹵鮮糕嫩，清香醇厚，再佐以辣椒油、蒜泥食用，更是錦上添花，風味獨特。從此楊家吊爐餅、雞蛋糕楊名於東北各地。

該店 1988 年起就經營北京烤鴨至今，由特級烤鴨師主理，烤鴨色澤棗紅，皮酥裡嫩，肥而不膩，瘦而不柴，深受顧客喜愛。該店榮獲眾多稱號，被評為首屆瀋陽市地方「風味名店」、吊爐餅榮獲「風味名品」。

▌寶發園的「四絕菜」

座落於瀋陽市小什字街，門庭不是特別豪華，裝修卻很典雅、古樸，它就是瀋陽百年風味名店——寶發園名菜館。一提寶發園，首先得先提「四絕菜」，即「三溜一煎」。「三溜」指的是溜肝尖、溜腰花、溜黃菜，「一煎」指的是煎丸子。這「四絕菜」，那可真叫絕。何以如此，這話還得從頭說起……

寶發園名菜館是個風味老店，清宣統二年（1910 年）由河北籍的車喜玉在瀋陽創辦，當時設在小東城門的小津橋。為了能長久站住腳，菜館在菜的品質上狠下功夫。在選料上，專取當天屠宰的豬下雜。在烹飪上設法清除臟器的腥味，使溜腰花脆嫩鮮香，溜肝尖滑嫩味醇。此外，以雞蛋為主料的溜黃菜稠厚香嫩，鮮淨肉製作的煎丸子外焦裡嫩。

說到這裡，你可千萬別小瞧這寶發園的「四絕菜」，它可是大有來頭。據說，民國年間的一天早晨，飯店裡來一位年約 20 多歲，身穿乳白色西裝的男青年。跑堂的見狀，忙上前問道：「先生，您吃點什麼？」青年人笑道：「我是慕名而來，就請廚師做溜腰花、溜肝尖、溜黃菜、煎丸子吧。」車喜玉掌勺，菜做好後端上桌。青年人對每道菜都細細品嚐，頻頻點頭稱讚，「不錯！味好，色正，型美，真是四絕啊！」並請車喜玉到前堂來，把 10 塊銀元放在餐桌上，說「這錢是給你的。」說罷起身而去。見車喜玉站在那裡發愣，旁邊的兩位老顧客趕緊湊到近前說：「掌櫃的，別發呆了，你知道剛才走的是誰嗎？他是少帥張學良啊！」從此，寶發園「四絕菜」便名聞遐邇，享譽四方了。

真正的美食是平中見奇，常中見絕。簡單的平常大眾菜能做得別有一番滋味便是寶發園「四絕菜」的奧秘。

▌憑海臨風，把酒話海鮮

　　人有人的的智慧，魚兒有魚兒的睿智。深海動物（當然不只是魚類）在繁殖期內都會選擇水質肥美、潮流暢通、溫度適宜的淺海海域。位於渤海、黃海之間的大連，正是這樣一處百魚洄游之所。可謂一方水土養一方「魚」。正如吐魯番巨大的晝夜溫差成就了那裡的西瓜和葡萄一樣，在四季分明的氣候條件下，大連海鮮所含的營養成分遠遠高於其它海域的產品。

　　近年來，無論是中國遊客還是外國友人，來到大連，必選吃上一頓品種豐富、特色突出的海鮮「大餐」。「遊大連美景，吃大連海鮮」，已成為眾多遊客嚮往的一大快事。

　　到哪兒吃海鮮既衛生安全又能原汁原味呢？這是初來乍到、人生地不熟的遊客的一大問題。作為一名很喜歡吃的老大連人，加之陪外地來玩的同學或平時朋友小聚的經驗，我認為來大連吃海鮮，應根據不同遊客的特點和想法選擇不同的地點和吃法，特簡介如下：

　　大連人家（推薦）：外地人羨慕大連人的是，無論什麼季節，大連人家的餐桌上總能見到鮮活或冰鮮的海鮮。若是有朋自遠方來，那上桌的海鮮更是讓人看了就要流口水啊。黃魚、小偏口魚、黑魚，燜、炸、熬湯，甩上蔥花和香菜，清香宜人；花蓋蟹子、蝦爬子、蜆子，蒸、煮、辣炒，蘸上辣根或薑汁，口味鮮美；再加上酸菜豆腐海蠣子鍋，佐以老醋黃瓜拌蜇皮等爽口小菜，咕咚一口清爽的鮮啤酒，快「造吧」、「開逮」吧，那個鮮美的勁呀，不撐得你「仰歪了」絕不算完！

　　大連大中等飯店：這幾年，大連海鮮在全國有了較高的知名度，更創出了松鼠牙鮃魚、滑溜蝦餅、薑汁蠣蝗、蔥燒海參、桔子大蝦、燈籠海參、鮮貝原鮑、荷花魚翅、三鮮葫蘆蝦等菜餚，名震九州，且成為大連酒店常見的美味。「雙盛園」、「萬寶海鮮舫」等飯店，規模大、服務好，海鮮製作精心，口味正，價錢也公道。值得一提的是「小平島假日酒店」，市內幾家分店全在海邊，海鮮種類多，富有大連漁家特色，價格也相對較低。

大連小飯店（推薦）：多如牛毛，遍佈全市每個角落，菜價便宜實惠。有些當地人戲稱為「小吧吧館」。只要不是外地飯館，都有較多的各類海鮮。最方便的是，大連螃蟹、鮑魚、海膽、蝦、魚等海產品價格便宜且新鮮，你可以自己到超市或大的自由市場買你喜歡的海鮮，付給老闆幾塊錢，讓飯店為你加工，清蒸或水煮隨你自己的意。這樣的加工的海鮮口感清新，純正，野生味也十足。但各位朋友一定要仔細選擇，千萬要注意飯店的衛生條件呦！

大連小吃：大連街頭有許多燒烤的小店，比較正規，除肉類外，各色海鮮一應俱全。街頭的小攤亦多燒烤魷魚、鮮蝦、幹鱔魚之類的海產品。來到大連，坐在夜色下的烤攤點前，聞著空氣中飄起的淡淡香氣，吃著烤魷魚，就著烤得外焦裡嫩、香噴噴的玉米麵餅子，喝著清冽、地道的大連啤酒，不由得你不回味無限，意猶未盡。

▌「其色如金」的大連黃桃

中國是桃的故鄉，其栽培歷史至少在 3000 年以上。色美而味鮮的桃子，品種甚多。黃桃品種向以果肉金黃、香味濃郁而贏得人們的讚譽。古代傳說多把果肉果皮均為黃色的桃稱為「金桃」或「仙果」。《海錄碎事》說它「大如鵝卵，其色如金」。

大連黃桃近年來聲譽漸起，名揚中外。大連黃桃為中國古老的黃桃品種「早生黃金桃」後代中的佼佼者，是一個成員眾多的「大家族」。目前，已經廣為栽培的品種有「黃露」、「豐黃」、「露香」、「橙香」、「橙豔」等。豐產、耐寒、果大、形正、肉厚、味醇、耐貯、耐運，這 16 個字是專家們對大連黃桃綜合優良性狀的集中概括。

「黃露」是大連黃桃家族。這個 8 月中下旬成熟的品種，橢圓形的果實色澤橙黃，單果重 191 克。內質韌細、多汁，甜酸適口。鮮食味美，加工成罐頭更為適宜。

　　由大連黃桃加工製成的糖水黃桃罐頭，更以果塊整齊、汁液濃稠清晰、色香味俱佳著稱，在近年的廣州交易會上大出風頭。常常是它剛露面，立足未穩就被外商搶購一空

　　為了滿足中外市場不斷增長的需求，遼寧省已在遼東半島南部建起一批黃桃生產基地，其中尤以大連、營口等市加工黃桃的廠家數量眾多。

▌丹東風味小吃樣樣數

　　丹東是中國著名的滿族聚居區之一，飲食有濃重的滿族風味。滿族人過去以玉米、稗子、高粱、小米、蕎麥為主食，現在以小麥、大米為主食，日常主要食品有棗餑餑、煮餑餑（餃子）、豆乾飯、餄餎、豆擦糕、酸湯子等佳味黏食和甜味食品。

　　由於與朝鮮僅一江之隔，各式朝鮮風味、朝鮮料理、韓國燒烤在丹東也非常風靡，主要有糕餅、朝鮮冷面、醃菜、醬菜等。糕餅，俗稱「打糕」，以粘大米為原料，煮熟後在面板上用木擣打成膏狀，加豆沙面或紅豆泥，切塊製成。朝鮮冷面俗稱「高麗面」，多以蕎麥麵為料，製成條狀，煮熟投入涼水浸泡，食時撈出加辣椒粉、熟牛肉片及醋、鹽等佐料，澆湯冷食。醃菜俗稱「高麗鹹菜」，以酸辣為主味，主料是白菜，製法與內地的「泡菜」略同，佐以蘋果、梨片、雞牛肉湯等料。醬菜用蘿蔔梗、地瓜梗、小辣椒、蘇葉、牛肉、狗肉、小魚等多種原料加醬油入缸醃製而成。襟江臨海的丹東，盛產大黃魚、麵條魚、公魚（秋生魚）、鯧魚、對蝦、文蛤、海蟹等。沿江開發區有美食一條街，吃海鮮，吃燒烤，比大連要便宜三成多。

　　丹東甜辣黃瓜是五十年代初為支援抗美援朝戰爭而創製的，選用帶刺尚有花蒂的黃瓜，用鹽醃成鹹黃瓜坯，再將黃瓜切成 1 公分寬，3 至 4 公分長的條片，用水浸泡，使其吸水膨脹，然後擠去水分，只留下淡淡的鹹味，即裝入缸內，加上各種調料，經過浸泡，使調料飽和地進入瓜的內部。出缸後再拌入熟芝麻，即為成品。甜辣鮮香、脆嫩適口，極受人們歡迎。

丹東常見的風味小吃還有：小肉飯、龍鬥虎、白肉血湯、壇肉、豆泥酸菜湯、炸雞蛋醬、芥末墩兒、乏克（滿語，意為「包兒飯」或「菜包兒」）等。

丹東小城不大，但美味飄香的地方卻不少。吃過丹東美食的人，都有一個共同的感受——好吃又便宜。

百年貢酒——道光廿五

在中國，能夠與世界名酒路易十三媲美的恐怕真的只有道光廿五，從它的名字就可以知道其悠久的歷史與深厚的文化底蘊。而道光廿五這個名字的由來，亦曾引起了世界範圍內的轟動。

這還要回到 1996 年的夏天。當時，遼寧省錦州市凌川酒廠在改建老作坊時偶然發掘出穴藏於距地表 80 公分的四個木酒海，令人驚奇的是酒海內盛滿了陳年白酒，它們的年份經驗證是在 152 年前的清道光乙巳年（西元 1845年）。同年 12 月 8 日，經中國國家文物局組織的考古、釀酒專家鑒定，該木酒海貯酒實為道光廿五年封存穴藏，便命名為「道光廿五年貢酒」，並將其定為「世界罕見，珍奇國寶」。

道光廿五的作坊是「同盛金」燒鍋，始於清嘉慶六年（西元 1801 年），由錦州城北羅檯子屯滿人顯貴高士林創辦，是當時東北地區唯一為皇室釀酒的作坊，其產品被尊為宮廷宴酒。

1926 年，張學良將軍讚美凌川酒為「酒中仙」。1998 年 7 月，英國倫敦金氏世界紀錄總部頒發證書，認定道光廿五年貢酒是世界上目前發現的窖貯時間最長的穴藏貢酒，被列入世界金氏世界紀錄。2001 年 9 月，道光廿五與茅臺、瀘州、劍南春、雙溝、寶豐、酒鬼、孔府家、杜康、今世緣並列成為「中國十大文化名酒」。

道光廿五釀酒嚴格按照滿族傳統工藝，選用凌河之水，採用東北特產紅高粱、薏米、稗穀為原料，菌種為東北特產松花粉、參茸粉製曲，採用木製酒海穴藏，木酒海製作嚴格，內壁用鹿血、香油、宣紙裱糊，穴貯三年以上，溶合後產生親合、生化、脂化，並產生滋補營養基，增加酒中大分子蛋白質

含量，氣候極冷極熱時，產生棕色結晶或沉澱，經搖勻後飲用，具有色澤微黃，陳香突出、典雅、綿柔醇厚，香味諧調，後味悠長的滿族酒陳香風格。

　　道光廿五白酒現有道光、凌川、酒中仙三大系列 138 個品種。其中，道光廿五皇封酒之釀造工藝、觀感口味、包裝器型均與歷史資料所載毫無二致，是清朝道光年間朝廷貢酒之再現。其外包裝為香杉木精工雕刻五龍戲水鏤空罩匣；盛酒容器形狀依照傳國寶璽，其內胎為中國宜興紫砂，外以純金 4.5克包嵌，充分顯示出帝王至尊風範，同時又兼有木酒海之古樸大氣。

「名震塞外九百里，味壓江南十三樓」的錦州小菜

　　話說康熙初年，在錦州東南渤海灣有一座小漁村，名叫硝鹽鍋。村中有個青年漁民叫李大海，為人忠厚，身強力壯，腳踩一片木筏，手拿一把魚叉，常常漂波遊蕩在渤海灣裡。他從小在海邊長大，練就了一身好水性，踏水如走平地，潛水勝似龍遊，人們稱他渤海灣的二龍王。

　　李大海夫妻倆能吃苦持家，小日子過的倒挺紅火。有時趕上魚蝦旺季，魚蝦賣不出去，就扔在一口大缸裡用鹽滷泡上，天熱日曬，缸裡漂浮一層清亮細膩的白油，大海用手指蘸了點一嘗，味道特別鮮美，夫妻倆就給它起個名字叫鹵蝦油，鹵蝦油下面的渣子叫鹵蝦醬，這蝦油蝦醬積存多了，就拿到錦州市場上去賣，很受民眾們喜歡。時間長了，李大海的鹵蝦油、鹵蝦醬譽滿全錦州城。

　　康熙十九年（1680 年），李大海的上等蝦油、蝦醬，被錦州官府當作進京孝敬皇上的貢品，深受康熙皇上的誇獎。康熙不但愛吃蝦油，而且每餐必不可少，還把蝦抽、蝦醬推薦給皇宮大臣及皇妃宮女們品嚐，人人都說好吃，蝦油、蝦醬成為宮廷御宴上的上等美味。

　　後來，李大海夫妻用蝦油醃黃瓜、芹菜、油椒、豇豆角四樣小菜，味道清香可口，並辦起了李記醬菜園。從此，蝦油小菜取代了貢蝦油，年年進貢奉獻給朝廷。之後，李記醬菜園又把薑絲、地蕓、小茄子、苤蘭、杏仁等作為醬菜的主要原料，將原來的四樣小菜發展成八寶小菜，生意越來越紅火。

從乾隆到咸豐年間，在李記醬菜園的影響下，錦州小菜鋪已達二十多家，生產作坊遍佈城鄉。錦州小菜成為全國獨一無二的名牌產品，並遠銷到日本、新加坡、泰國、馬來西亞等國。從同治到宣統的 40 年來，李家後人李廣春、李棠等繼承祖業，在城內鼓樓開了「玉和成」小菜鋪，生意興隆，遠近聞名。

錦州什錦小菜主要以小黃瓜、油椒、豇豆、芹菜、苤藍、茄包、雲豆、地梨、薑絲、杏仁等 10 種鮮嫩蔬菜和蝦油配製醃成。對於各種原料都有嚴格的品質要求：在色澤上，小黃瓜、油椒、芹菜、豇豆、雲豆等要碧綠，薑絲正黃，杏仁潔白，苤藍塊紅黃色，地梨深褐色；味道上，鮮脆適口，無苦鹹、異邪味；外觀上，蔬菜鮮，無雜物，不粗不碎，加工精細，菜碼整齊，色澤碧綠，清脆爽口，食之解膩，氣味葷香，營養豐富。乾隆皇帝東巡祭祖途經錦州品嚐什錦小菜時讚不絕口，並揮筆寫下對聯：「名震塞外九百里，味壓江南十三樓」，橫批：「什錦小菜」。

▌萬里飄香的溝幫子燻雞

對於洪七公的的最愛叫花雞，錦州人多少會有些不屑。因為錦州有萬里飄香的溝幫子燻雞。

溝幫子燻雞始於清光緒年間。據說，創始人叫劉世忠，光緒二十五年（1899 年）從原籍安徽遷到遼寧北鎮縣溝幫子街，即現在的溝幫子鎮落戶。劉在安徽老家就是售賣燻雞的，到了溝幫子後仍重操舊業。為了使燻雞好吃，在當地老中醫的提示下他增加了調味藥品，又對加工工藝、配方下料進行了改進，製作出具有獨特風味的燻雞。「雞熏劉」之名漸漸傳遍遼西。1910 年，劉世忠去世後，其三子劉振生繼承父業，由於，不斷改進工藝，使燻雞的品質又大有提高，生意興隆，遠近聞名，成為當地一大著名風味。受其影響，到 1927 年前後，加工溝幫子燻雞的店鋪已增至十幾家，其中以杜、齊、孫、張、馬等家的燻雞最為著名。

溝幫子燻雞的特點是造型美觀，色澤明亮，味道芳香，香而不膩，肉質細嫩，爛而連絲，鹹淡適宜，營養豐富，食者讚不絕口。

溝幫子燻雞之所以好吃，主要在於選料精良，配料有方，製作精細。它選用一年生公雞。因為一年的公雞一則肉嫩，二則味鮮。母雞膛內脂肪太多，吃起來膩口。從選雞到燻成要經過十六道工序。雞經整形後，先置於加好調料的老湯中略加浸泡，然後入鍋慢火煮二小時，熟時放鹽，煮至爛而連絲時出鍋隨後趁熱燻烤，先刷上一層香油，再放入帶有鐵子的鍋中，鍋底燒至微紅時，投入白糖，將鍋蓋嚴，兩分鐘後將雞翻動一次再蓋嚴，經二、三分鐘即可燻好。

▌「脆韌嫩爽」的牛莊餡餅

在遼寧省，說起海城牛莊可能很多人並不知曉，可提起牛莊餡餅卻是聞名遐邇、讚譽不絕。很多人來到遼寧，都會慕名而至，享用牛莊餡餅的美味，久而久之，牛莊餡餅不僅走出了牛莊，更成為遼寧省著名的一道風味食品。

關於牛莊餡餅的起源，大致有兩種說法。一說牛莊餡餅起源於上個世紀20年代初的牛莊回民劉海春，另一種說法是牛莊餡餅是由牛莊人高曉山的父親高富臣首創，兩種說法在起源的時間上出入不大，均為20世紀初期。據說，劉海春的回族餡餅要比高富臣的漢族餡餅早幾年。

上個世紀初的牛莊已經是一個繁華的港口。據牛莊鎮志記載：咸豐八年（1858年），英政府迫使清政府簽訂《天津條約》後，牛莊成為國際商港。在港口一帶的商業街上，各種商號林立，鼎盛時期店鋪達幾百家，經營的商品種類繁多，琳瑯滿目。據說當時牛莊的集市上各種各樣的小吃，應有盡有，高富臣最初在集市上賣各種麵食，生意紅火，後來發明了餡餅。

牛莊餡餅雖然起源於上世紀20年代，但真正形成地方特色並廣為人知是在上世紀70年代。在牛莊餡餅的發展史上，有一個人舉足輕重，他不僅大膽地改良了原先做餡餅用的礬泡麵，而且其精湛的手藝使牛莊餡餅的牌子打響名號，他就是高富臣的兒子高曉山。

高曉山，1911年出生在牛莊，十幾歲時便和父親學習製作餡餅的手藝。牛莊解放前，高曉山與人合夥經營「恩記飯莊」。公私合營後，高曉山被調

到鎮政府食堂工作。到了 70 年代，高曉山的餡餅手藝已經達到爐火純青的地步。由於當時有不少領導人到牛莊吃過高曉山的餡餅後都讚不絕口，牛莊餡餅的美名便不脛而走。

在製作工藝上，牛莊餡餅用溫水和麵，選豬、牛肉為鴛鴦餡，將香料十餘種煮制，取汁喟餡培其味。蔬菜餡，隨季節變化，選豆牙、韭菜、黃瓜、青椒、南瓜、芹菜、白菜等配製，使餅餡葷素相配，濃淡相宜，高檔品還以魚翅、海三、大蝦、干貝、雞肉調餡，其味道更是鮮美無比。

正宗的牛莊餡餅成品具有形圓色黃，皮面脆韌，餡心嫩爽，鮮香四溢，肥而不膩的特點。食用時，配以蒜泥、辣椒油、芥茉糊等蘸食，口味更佳。若再以八寶粥佐之，清爽可口，風味別樣。

▋「爛而不碎，肥而不膩」的李記壇肉

壇肉，是東北地區別有風味的菜餚之一，它是在大燉肉、紅燒肉的基礎上發展起來的。東北各地壇肉館很多，但最有名的要數坐落在鐵嶺龍首山下的李記壇肉了。

李記壇肉至今已經四代將近百年。1918 年，天津人李學新因家境貧寒，生活艱難，逃荒來到鐵嶺。生活安頓下來後，他開始小本經營天津風味的燉肉館。因為是用鐵鍋燉肉，肉涼後有鐵腥味，吃起來很不可口，故生意慘澹。李學新後來改用罐子燉肉。這樣一來，燉出的肉不但沒有了腥味，而且肉的味道也非常獨特，深受顧客的歡迎。此後，一傳十，十傳百，燉肉館的名聲越傳越廣，生意亦越來越火爆起來。於是李學新將燉肉館改名為「李記壇肉館」。

由李記壇肉開創的壇肉飲食，為鐵嶺贏得了「壇肉城」的美稱。如今，李氏後代繼承祖傳技藝，在銀州區光榮街和柴河街開設了兩處李記壇肉館，繼續為人們奉獻美味佳餚。他們還根據顧客的需要，增加了傳統風味的骨架、醬菜、酥魚等小吃，使李記壇肉館更加贏得了人們的喜愛。

　　李記壇肉選料講究，注意刀功，製作精細，有一套獨特的製作方法。如選料只用豬的前槽和腰部，肉要切成六寸見方，製作時先用急火爆炒，拉上糖色，等到肉塊金黃透亮時，再放入各種調料；然後就先用急火，後用慢火，最後再用徵火燉熟等成菜色澤深紅，肉塊不碎，肥而不膩，香味濃郁。

　　根據現代營養學理論，對於健康的成年人，尤其是青少年，吃頓肥瘦兼有的豬肉，一般不多於 100 克，是有益無害的。偉人毛澤東之所以喜歡吃紅燒肉，就是同為它有補腦的作用。所以，你有機會到「大城市」鐵嶺來的時候，可千萬別忘了要品嚐一下這正宗的李記壇肉喔！

娛樂遼寧

遼寧，這塊土地，歷史的陳跡依然存留，古老的民俗生機盎然，現代的風姿大放異彩。

在遼寧，我們可以去瀋陽感受一下有深厚底蘊的清代民俗文化；去大連盡情體會絢麗服裝城和瘋狂足球城的魅力；去盤錦觀賞被稱為「世界奇觀」的紅海灘……

▌你見過成長於土地，舞動於土地的東北大秧歌嗎

大秧歌是流行在中國北方的群眾性集體舞蹈。在遼寧，不論男女老少都對扭大秧歌、看大秧歌情有獨鍾。到了大雪封山，江河封凍的冬季，也就到了農民「貓冬」的時候，隨著中華民族傳統節日——春節的日漸臨近，遼寧人便從臘月就開始張羅籌備扭大秧歌了，從過小年開始演練，一直把大秧歌扭到正月十五，這才算過完了「年」。

傳說秧歌的祖師爺是「瘋和尚」濟公，於是，早先在扭大秧歌之前，先得給濟公老祖上香。據說中濟公曾經帶領一幫人舞舞紮紮、喧喧囂囂，把鬼攆跑了，自己也乘風而去，卻留下了「大秧歌」這一好玩意兒。秧歌給二人轉打了底兒，到 19 世紀中葉，民間秧歌已相當紅火，尤以遼南的海城、營口等地最興盛。

遼寧人扭大秧歌穿紅掛綠，按角色特點化妝，一般男「白」女「紅」，都腰繫綵帶。秧歌頭身披彩掛高扭扇子「拉衫」，接下去的男女都右手扭扇子，左手舞綢子，喜笑顏開。白雪地上，色彩斑斕、活靈活現的秧歌隊一出現，鎖吶聲高亢嘹亮，鑼鼓聲激昂振奮，由遠及近，不管進村還是入鎮，秧歌隊都帶來一片流光溢彩，分外嬌繞。

秧歌隊裡扭、扮、唱、逗、雜耍隨處可見，跑旱船、踩高蹺、舞獅子特別引人注目。秧歌隊的主題多取材《西遊記》，《白蛇轉》，《梁祝》及神話故事和民間傳說等，豐富多彩，靈活多樣。秧歌隊還根據各村鎮道路廣場

不斷變化隊形，如「一字長蛇」，「二龍戲珠」，「四面鬥」，「編蒜瓣」，「八卦陣」，「挑花籃」多種形式，在構圖上大方、對稱、美觀。在人物扮相上秧歌隊因人而異，各展其長，誰能扮啥就伴啥，孫悟空耍金箍棒，豬八戒摔了耙子背上女妖精當媳婦，維妙維肖，讓人忍俊不禁。「醜角」還有「傻柱子」，只見他反穿棉襖，穿女人棉鞋，抹了黑臉，手拿酒壺，邊扭邊喝，把馬鈴鐺掛在脖子上，搖鬥晃腦，在秧歌隊裡前來後去，上竄下跳，使出全身「絕活」，滑稽透頂。

一年四季，只有冬季輕閒，所以歷代粗獷奔放，平時又缺少文化娛樂的遼寧農民，便以大秧歌為工具，在冬季裡自娛自樂。於是，這種從土地中來，紮根於土地，成長於土地，舞動於土地的「下里巴人」的「俗」文化便與「高山流水」的「雅」文化共存，廣泛流行於廣大群眾之中。遼寧的父老鄉親純樸憨厚，所以他們舞出的大秧歌也是樸實無華的，他們把這種根植於土地血脈中的民間舞蹈，化為一首精緻的頌詩，獻給勞動，獻給土地，獻給古老的華夏文明。

▋二人轉是怎樣的一種民間戲曲藝術形式

二人轉，早期稱「蹦蹦」，源於遼南的地秧歌，約有300多年的歷史，是東北地區獨特的民間戲曲藝術形式，表演時載歌載舞，以地道的「關東情、關東味兒」深受人們喜愛。在嚴寒氣候和辛勤勞作中頑強生存的關東人豪放樸實，非常喜愛火爆粗獷、通俗詼諧的「土玩意兒」，二人轉的演出形式正適合了這種需求和品味。

長期以來，各地文化的交流大大豐富了二人轉的內涵。在原來的東北秧歌、東北民歌的基礎上，二人轉又吸收了蓮花落、東北大鼓、太平鼓、霸王鞭、河北梆子、驢皮影以及民間笑話等多種藝術形式，逐漸演變成一種獨特的民間曲藝形式。在民間中有「寧捨一頓飯，不捨二人傳」的說法，可見「二人轉」在群眾中的影響之深。可以說，二人轉最能體現遼寧勞動人民對藝術美的追求。

　　二人轉來自民間，這一「出身」決定了許多事情的不確定性，關於二人轉的起源，就有不同說法。據二人轉研究專家王兆一、王肯介紹，關於二人轉起源的傳說，不下十幾種，其中最具代表性、流傳最廣的是莊王傳說。

　　傳說莊王發兵，見兵卒思念家鄉，不願意打仗，便想了個主意，叫兩個大臣給兵卒唱歌。唱歌的大臣背朝兵卒，不許看臉。後來，不論是蓮花落還是「蹦蹦」，演員出場時，也都背朝觀眾，據說這就是莊王留下的規矩。

　　同是莊王傳說，藝人王殿清講述的是另一個版本。傳說周國母生長子莊王時，因為難產，差點要了國母的命，所以她恨長子，偏向次子。老王駕崩後，應當莊王即位，可是國母偏叫次子攔王即位，管理國家大事。莊王一氣之下，和母親打手擊掌，說：「我們母子不到黃泉不見面！」後來，在大將子都的保護下莊王來到岐山，安營紮寨，招兵買馬，聚草囤糧，並收留了文武雙全的大將穎考叔。不久國母得病，想念莊王，攔王幾次差人去請莊王，都被莊王拒絕。穎考叔說：「我主為何不去探母？」莊王說：「愛卿，你不知道，我們母子曾打手擊掌，不到黃泉不相面。」穎考叔說：「這有何難？把平地挖五尺深坑，我主站在裡邊，國母來時，這不就是黃泉相見了。」莊王說：「那恐怕國母不能來。」穎考叔說：「能來，就說咱國出美女鮮花，請國母來觀花，派人去請國母準來。文武大臣穿紅掛綠，國母來時，母子黃泉相見，大家再一唱，國母的病準能好。」這次相見據說就成了第一個二人轉，並有群眾伴唱。

　　醜的藝術，是二人轉的寶中之寶。要使二人轉好看，就要在嘴皮子上較勁，說的比唱的好聽。有這樣一句藝諺：「唱醜唱醜必得說口，若不說口，不算唱醜。」醜的藝術是二人轉保持藝術生命力旺盛的一大支點。有老藝人說過這樣的「口」：「咱倆得讓鄉親們看出個勁頭來——老牛打架，看那個頂勁兒；老公雞鬥氣，看那個叼勁兒；老母豬溜馬鈴薯，看那個拱勁兒；老毛驢子踢人，看那個彈勁兒；麻花不吃，看那個擰勁兒；小二姐吃白菜，看那個掰扯勁兒；老更倌打麻繩，看那個搖勁兒；老太太吃蔥葉子，看那個擼扯勁兒；小媳婦洗衣裳，看那個揉搓勁兒；你二哥看你二嫂——小白菜地裡打單棵，看那個賤（間）勁兒！」

就像豫劇之於河南，黃梅戲之於安徽，二人轉就是遼寧的音樂文化代表，它從遼寧的田間、茶肆中走來，是一種與遼寧生活緊密相連的文藝形式，是特色鮮明、獨具魅力的地方藝術。「到現在為止，京劇才有一百多年的歷史，而具有東北文化特色的二人轉已經有三百多年的歷史了。」趙本山的這句話，已經足夠讓我們驕傲和自豪的了。聽著二人轉長大、唱著二人轉出名的趙本山一直沒有忘記二人轉，從 2001 年推出的「趙本山杯二人轉大賽」開始，到兩部《劉老根》的熱播，二人轉在遼寧乃至東北迅速走出低谷，呈現出前所未有的發展前景。

從前只能在炕頭、場院演出的劇種，現在堂而皇之地登上了省城的大舞臺，並且一直唱進了幾萬人的體育館。在瀋陽、鞍山、遼陽、錦州、鐵嶺等地的大劇場中，二人轉的演出幾乎場場爆滿，這在二人轉三百多年的歷史上不能不說是一個令人自豪的里程碑。尤其是《劉老根新傳》在央視一套黃金時間熱播後，越來越多的人關注起了二人轉，二人轉熱正在形成。二人轉歷史地迎來了脫胎換骨，最終將形成全國人民都喜歡的「金牌藝術」的最佳發展時機。

▌滿族有那些傳統競技活動

在遼寧境內的滿族先民曾以狩獵為生，素有重視競技的傳統，清朝也一直強調「國語騎射」，留下不少關於競技活動的記載，有些專案至今仍在民間流行。據不完全統計，各地挖掘出的滿族傳統競技專案已超過 100 多個。

東北地區氣候寒冷，千里冰封，萬里雪飄，為滿族人的冰上運動提供了不可多得的自然條件。滿族人最初的冰上運動，是用獸骨綁在腳下滑冰，後來演化為用鐵條鑲嵌在木底鞋上，這就是最早的「冰刀」。入關後，冰上運動繼續保持，被稱為「國俗」。每年冬季，清朝帝王都要在北京北海的冰面上檢閱八旗將士的滑冰技藝。這時候的滑冰刀有了根本性的改變和提高，分為單刀和雙刀，行駛速度加快，旋轉靈活，表演形式和技藝日趨完善。

除了比賽滑冰外，滿族人還喜愛冰上球類運動。踢形頭是滿族入關前後很盛行的一種冰上「足球」運動。形頭是用獸皮縫製而成的圓形物，裡面裝

著柔軟的東西，大小同現在的足球差不多。踢形頭，以形頭踢入對方防線內的數量來確定勝負。這種古老的運動源於滿族先人的狩獵活動，那時候經常將獵物的皮剝下來，縫成圓球來踢打或追逐，並角逐勝負。

後金天命十年（1625 年），清太祖努爾哈赤就曾在瀋陽南渾河冰面上，舉行過盛大的「踢形頭」競技比賽。比賽的方法是：雙方在冰上各劃三道橫線，兩方列隊站線上上，開球後雙方搶球，誰把球踢過對方人牆並且穿過三道線誰得分，得分多者獲勝。當年滿族旗人經常在蘇子河和渾河的冰上競技，在陸地上也「踢形頭」，以踢進對方「營房」的寨門為勝。在冰上或陸上「踢形頭」，當時稱為「蹴鞠之戲」。據說，這種競技活動在 20 世紀 20 年代仍存在。

珍珠球也是滿族傳統體育項目，俗稱「踢核」、「採核」、「扔核」。滿語「核」是「尼楚赫」的約簡音，意為「珍珠」。把扔小皮球的競技，叫「扔核」，喻為「投珍珠」。採珍珠是古代滿族傳統生產活動之一，後來這一競技活動演變成以投進攻，以網防守的投「珍珠球」項目。現行的場地長30 米，寬 15 米，中線兩側劃 3 條線，依次分為水區、限制區、封鎖區和得分區。比賽分為兩隊，每隊 6 人或 7 人。以 1 球為「珍珠」，每隊有 1 人執「漁網」，手持網兜於得分區內接球，另各出 2 人為「蚌」，手持蚌形球拍攔截對方投向「漁網」的球，餘者為「採珠人」，在中場（水區）爭奪「珍珠」，獲球後設法避開對方堵截，將球投入本隊網中，即可得分，得分多者為勝。

賽威呼也是滿族傳統的競技活動之一。「威呼」，漢文亦寫作「威弧」、「威忽」等，為滿語，漢譯為「獨木船」，以巨木刳制而成，兩端尖，底圓弦平。大者可容納五六人，小者二三人。一人持槳，左右划水，疾快如飛。賽威呼主要是比賽速度，快者，先到終點者為勝。

此外，滿族有趣的體育競技活動還有狩獵、夾獸跳、耍石鎖、摔跤、擊球、跳馬、跑駱駝、點順星接力等，這些活動都表現了滿族剽悍、機智、勇敢、靈活的民族風格。

你知道象徵著滿族八旗團結的八角鼓嗎

八角鼓，是廣泛流傳於北方民間的滿族最有特色的民間樂器。據傳，它由滿族八旗的8位首領各獻一塊最好的木料鑲嵌而成，象徵著滿族八旗的團結，因八木相拚而得八角，故名八角鼓。遼寧是以滿族為主體的清王朝的發端地，是大清朝的「龍興之地」，自然八角鼓在遼寧十分盛行。

八角鼓，顧名思義即有八個角、八面鼓牆，或謂象徵著清代正黃、正白、正紅、正藍、鑲黃、鑲白、鑲紅、鑲藍「八旗」；或謂象徵著「休、生、傷、杜、景、死、驚、開」八門。八面鼓牆，有七面在中央各雕有一個海棠花瓣形的長方孔，孔內銅柱上各串三個小銅鈸（兩個較大的中間夾一個較小的），代表三個固山。那沒開孔的一面安著一個直穿鼓內、錐形圓頂的銅釘，外有三個銅片以作固定，便也代替銅鈸象徵三個固山，總算起來就是滿、蒙、漢八旗的二十四個固山。錐形銅釘，名叫「籤子」，別名又叫「獨霸干戈」，為征戰勝利的象徵。也有稱「永罷干戈」的，取和平之意。在鼓牆外銅釘下掛有銅環，環上有兩條絲繩，下綴兩個穗子，象徵「穀秀雙穗」；二穗顏色不同，一個杏黃，一個鵝黃，象徵內八旗與外八旗；穗長三尺，暗合三才。一說原為黃、藍二穗，黃穗者為皇室所用，藍穗者為平民所用。

八角鼓的演奏方法主要有「彈、搖、碰、搓、拍」等。

彈：以左手持鼓，右手指彈擊鼓面，是八角鼓的基本演奏方法。分為「單指彈」、「雙指彈」、「聯彈」等。

搖：以左手持鼓搖晃，使鼓與小鈸碰撞發聲。

碰：以左手持鼓向右橫碰右手指而發聲。

搓：以右手大指從鼓面外沿邊逆轉向上搓圓圈至裡沿邊一週，由食指彈擊鼓面一次。因鼓面蟒皮刺朝下，故逆搓可使鼓皮震顫，進而使鼓框上的小鈸顛響。

拍：以左手持鼓，右手單拍鼓面，用於演奏完畢，以示結束。

明代中葉以後，八角鼓開始流傳於北京，乾隆年間（1736～1795），發展為坐唱形式的曲藝音樂，並有專業藝人演唱，盛行於北京、天津和東北各地。

滿戲即由滿族曲藝八角鼓發展而成，又名。滿族先民在騎射漁獵之暇在篝火旁邊說邊唱邊舞，並叩擊自製八角鼓相和，娛其情志，逐漸形成說、唱、舞相結合的藝術形式。清兵入關後，八角鼓和揚琴、琵琶、四弦、鑼鼓等配合，吸收諸宮調、雜劇及各地民歌、小曲，形成牌子曲劇，多演唱歷史和民間故事。1955年，在內蒙古第一屆民族民間音樂、舞蹈、戲劇觀摩會上，「八角鼓戲」被正式命名為滿戲。

▌你玩過別具一格的「嘎拉哈」遊戲嗎

「嘎拉哈」為滿語，指動物的後腿臏骨，就是連接腿骨和脛骨的那塊骨頭。「嘎拉哈」遊戲在滿族中十分普及，不分男女老幼都可參加。滿族玩「嘎拉哈」遊戲的歷史源遠流長，中間還有一段發人深省的故事。

傳說大金國開國皇帝完顏阿骨打的大兒子金兀朮從小任性淘氣，習文練武，一事無成。眼看金兀朮一天天長大，阿骨打心中十分著急。最後他決定讓金兀朮到松花江畔的深山老林中學藝。

臨行前，阿骨打給了兒子一張弓、一把腰刀、一桿紮槍。金兀朮向父親保證學不到本領決不回家。金兀朮先是跟著一群獵人在松花江上叉魚，沒幹幾天累得腰酸腿疼，於是放棄了學習叉魚。接著他又和一夥獵人一塊兒圍獵，時間不長又洩氣不幹了。正當金兀朮在森林中徘徊時，一位白髮蒼蒼的老太婆用一根小木棍打死了一隻「山跳子」送給他吃。金兀朮就把自己的苦衷傾訴給了這位老太婆。老太婆聽後對他說，如果你能夠追上一隻麠子（鹿的一種），取來它的嘎拉哈，我就讓你成為最靈巧的人；射死一隻野豬，取來嘎拉哈，就讓你成為最勇敢的人；射死一隻熊，拿來嘎拉哈，就讓你成為天底下最有力氣的人。

金兀朮聽後滿心歡喜，一口答應了老太婆的條件。歷盡千辛萬苦，遭遇無數的磨難危險後，金兀朮終於拿到了三種動物的嘎拉哈。可是，當他興致勃勃地找到老太婆時，老太婆卻說他已經成為最靈活、最勇敢、最有力氣的人了。說話之間老太婆就消失了，金兀朮知道這是神人點化，於是磕了三個頭後返回了家鄉。

後來，他在騎馬、射箭、比武、投槍的比賽中場場得勝，名聲大振。他的幾個兄弟請教成功的原因，金兀朮就把自己的經歷敘述了一遍。從此，這件事不脛而走，女真人各家為了使自己的孩子將來有出息，就把各種嘎拉哈收集起來，讓他們朝上扔著玩。「嘎拉哈」可臥可仰、可側可立，多枚以上還可形成不同的組合，產生花樣翻新的玩法。後來成人也參加了這一遊戲。於是「嘎拉哈」遊戲成為滿族傳統的體育和娛樂活動。

▌評劇如何在遼寧發展為「奉天落子」

評劇起源於河北東部的蓮花落子，是中國北方地區的一種地方戲，在華北、東北以至雲貴高原都廣為流行，是廣大群眾所喜聞樂見的劇種之一。20世紀初，評劇創始人成兆才組建落子吉慶班在唐山永盛茶園唱出了名，於是就有了「唐山落子」的名字。

1909 年，成兆才帶著自己辦的慶春班來到奉天，在全盛茶園一連演了三個多月，隨後又去鐵嶺等地演出。成兆才對遼寧的「蹦蹦」一旦一醜的歌舞戲形式進行改革，吸收了京、梆表演的精華，變成多人演出的人物戲，並吸收了河北梆子的全套樂器，給這個新劇種命名為「京東第一平腔梆子戲」，簡稱「平劇」，演唱時用本嗓。當時的主要演員有月明珠（任善峰）、金開芳等。

1919 年，瀋陽遭水災，張作霖把專演唐山落子的警世戲社接到瀋陽，為救災義演一個月，從此落子在瀋陽名正言順地火了起來。當時的主演有月明珠、金開芳、金開和、金開亮，演出《馬寡婦開店》《桃花庵》等。進入 20 年代後，直隸軍閥認為唐山落子「有傷大雅」和「傷風敗俗」，常常禁演，

而張作霖則支持落子演出，因此一些有影響的落子班社都來到瀋陽，使「唐山落子」在瀋陽地區迅速發展起來。

1928 年後，遼寧地區的落子藝人把東北小調等民間說唱藝術的精華吸收到自己的唱腔和表演裡，形成了具有地方風味的、新的藝術風格的「奉天落子」。它不同於京、津落子那樣細膩、舒緩，而是潑辣粗獷、熱情奔放、節奏明快，憑一氣貫通的大段唱取勝，所以又稱「大口落子」。「奉天落子」早期的代表人物是被稱為「評劇皇后」的李金順，她與郭子元組成元順社，在哈爾濱、瀋陽等地演出，唱腔清新悅耳，聲情並茂，別具風格。1929 年（民國 18 年）初瀋陽的《新民晚報》曾稱奉天落子為評萬里。從此，評劇之名（寓「評古論今」之意）得到社會承認。當時的女演員李金順、筱桂花、劉翠霞、芙蓉花被觀眾譽為評劇的「四大名旦」。

評劇的藝術特點是：以唱工見長，吐字清楚，唱詞淺顯易懂，演唱明白如話，生活氣息濃郁，具有親切的民間風味。它的形式也相當活潑自由，擅長於表現絢麗多彩的現實生活，為群眾所喜聞樂見。

目前，這個劇種除了華北，東北地區廣為流傳外，中南，西北西南的一些城市中也有不少評劇表演團體，無論在城市和農村，它都有廣泛的觀眾基礎。特別是其代表劇碼《秦香蓮》《劉巧兒》《花為媒》和《楊三姐告狀》等攝製成影片公映後，這個劇種亦為各地的廣大觀眾所熟悉與喜愛。

▌您聽說過瀋陽的秧歌節嗎

瀋陽人民酷愛秧歌的歷史久遠。清代中期詩人楊錫恆曾以「傾城鼎沸鬧秧歌」的詩句來描寫當時瀋陽秧歌的盛況。《王曾行程錄》記載，「渤海俗，每歲時聚會作樂，先命善歌舞者數輩先行，士女相隨，更相唱和」。這無疑是把瀋陽地區秧歌的歷史推到千多年之前。

瀋陽秧歌屬東北大秧歌範疇，分高蹺、地秧歌兩大類。「旱船」、「跑驢」、「斥頭人」等多個民間傳統項目，均在地秧歌中表演。「龍燈」、「耍獅子」、「打腰鼓」等，群眾也通稱它們為秧歌。東北大秧歌除具有北方秧

歌的共性外，因其地理、歷史之異，還具有紅火、熱烈、強勁、豪放、粗獷、令人振奮的藝術個性。

清末民初和解放後，曾兩度出現秧歌潮。到了改革開放的 80 年代，人們開始注重強健身體、尋求樂趣。1981 年春天，有幾位老太太，在公園裡扭起大秧歌。這一扭，成了星星之火，很快發展成一支秧歌隊，扭進了京城，扭進了亞運會，扭醒了人們的秧歌意識。從此，老年秧歌隊，青年秧歌隊如雨後春筍，全瀋陽城出現 300 餘支，參與人數超過 10 萬。形成瀋陽歷史上的第三次秧歌潮。

瀋陽市長為適應這種傳統文化複歸的潮流，引導發展這一群眾文化，幾經專家論證，又得到國家文化部、中國舞協、舞蹈研究所、國家旅遊局的大力支持，於 1991 年成功地舉辦了首屆瀋陽秧歌節，使其成為瀋陽人民和八方來客共同歡度的新興節日。

每屆秧歌節歷時 5～7 天，大體模式是：一個盛大的開幕式和大型文藝表演；一個大規模的秧歌隊表演；廣場民間舞蹈比賽；彩車巡遊表演；專題文藝晚會；秧歌藝術理論研討；豐富多彩的群眾文化活動；還有國際經濟技術合作洽談會、商品博覽等經貿活動。

每屆秧歌節都經專門人員精心設計，開幕式均以大型廣場文藝表演為開端，充分展示「瀋陽城——秧歌城」的風貌。中國外嘉賓無不為之激動，高潮時，情不自禁參與表演，常形成賓主共舞的感人場面。

如今，瀋陽的秧歌節，吸引了亞、美、歐、非等各國的民間舞蹈團體和旅遊者，是頗具規模的國際秧歌節。瀋陽秧歌節讓外國人更加瞭解了瀋陽與中國，同時，也讓中國和瀋陽進一步走向了世界。

▌您知道的遼南皮影戲嗎

遼南皮影，也叫燈影，由驢皮製成，始於明末清初，至今已有五六百年的歷史。現在我們常見的遼戲的前身是遼南戲，而遼南戲正是從遼南皮影轉

變而來的。皮影戲最盛行的時候是在清末、民國年間，那時幾乎遼寧的每個縣城都有自己的皮影劇團，蓋縣曾經一度是遼寧皮影戲的中心。

皮影戲的來歷，傳說較多，流傳最廣的一說是：漢武帝時，一方士為緩解武帝已故愛妃李夫人的思念之情，取海底神石，刻成李夫人模樣，置於輕紗縵中，燈光下宛如李夫人重現。皮影由此產生，至宋、金、元時期呈現出極其繁盛的趨勢，形成了異彩紛呈的地方藝術風格。

皮影戲以它獨特的表演風格和民俗韻味深受廣大群眾的喜愛。表演時，在觀眾前面立一塊長 2.5 米、高 0.8 米左右的白色臺布，在臺布後麵點上 5 個 100 度的燈泡或者兩排雙燈管的白熾燈，燈光照在緊貼臺布的影人和場景上，再配以鑼鼓絃樂和詞調，這樣就能達到唱影的效果。演出的劇碼大多是神話及歷史故事，比如《楊家將》《大隋唐》《封神榜》等。

在遼南皮影戲的發展過程中形成了兩個派別：一派為「翻書影」派，又稱「北派」皮影，主要分佈於遼南接近內地的北部地方；另一派為「本地影」派，又稱「南派」皮影，主要分佈於遼南南部及東部地區。遼南皮影劇碼表現的題材比較廣泛，「一口說盡千古愁，雙手對舞百萬兵」，多是描寫民間的歷史故事、家庭生活及反映社會生活中的道德倫理方面的內容。

儘管在全國其他地方也有皮影藝術的存在，但是相比於其他地區的皮影藝術，遼南皮影還是有自己的特色。比如遼南皮影戲與陝西皮影戲就有明顯的區別：在製作上，遼南皮影戲的刻畫注重形象，每個影人都要刻畫得細緻入微，而陝西皮影戲則比較抽象，濃妝重彩，以意傳情；在音樂上，遼南皮影戲運用本地的民間音樂，加入了遼南唱腔，而陝西皮影戲則吸取了陝西民歌的音樂風格。遼南皮影戲的另一個典型風格表現在它所運用的主奏樂器四胡上，在做法上遼南四胡有自己的創造，傳統四胡「蒙子」（用來發聲的部位）都是用蟒皮製成，而遼南四胡則是用梧桐皮製作，不僅聲音清脆，而且結實耐用，這種做法是全國獨有的。

在當代新科技和流行文娛形式的衝擊之下，人們的娛樂生活方式多元化，皮影戲面臨瀕危的處境，但遼南皮影藝人不斷改編劇本，創作新的影人形象，力求貼近生活，吸引更多的皮影觀眾。

▋為什麼海城被稱為高蹺藝術的發源地

歡樂鑼鼓敲起來，秧歌扭起來，高蹺跳起來，百姓年年樂開懷！

高蹺是中國古代百戲之一。據記載，早在西元前五百多年，高蹺就作為一種藝術在中國出現了。表演者不但可以踩著高蹺自由行走，還能跳躍和舞劍。高蹺分高蹺、中蹺和跑蹺三種，最高者一丈多。據說踩高蹺這種形式，原來是古代人為了採集樹上的野果為食，給自己的腿上綁兩根長棍而發展起來的一種蹺技活動。

海城高蹺又叫海城秧歌，到今天已經有 300 多年的歷史了。當初表演者身著紅綠綵衣，手執紗帕或彩扇，頭上紮著花環或彩條，上了年紀的人也描眉塗紅，扭起來喜氣洋洋，充滿朝氣。由於當時表演者兩足落地，所以人們稱它為「地秧歌」。150 多年前，海城人變地秧歌為高蹺，就是在木棒中部做一個支撐點，以便放腳，然後再用繩子繫於腿部。高蹺的高度一般在兩尺左右，表演者腳踩高蹺，邊扭邊唱，別有一番情趣。

海城高蹺以場面火爆，表演細膩，充滿濃郁的地方特色在遼南、東北乃至全國久負盛名。隨著時間的推移，海城的民間藝人不斷改進傳統的高蹺藝術，在表演形式上大膽創新，逐步形成了自己獨特的表演風格。海城高蹺的最大特點，就是把中國傳統的民間雜居、戲劇搬到了高蹺之上。正是由於這些創新賦予了高蹺藝術以無限的生命力，所以，海城被稱為高蹺藝術的發源地。同時，海城高蹺也以獨特的民族風格征服了國際藝壇，逐步走向世界。作為中國民間藝術的一朵奇葩，海城高蹺將越開越絢麗，越開越奪目。

▋蒙古劇為什麼在阜新誕生

遼寧省阜新蒙古族自治縣（亦稱蒙古貞）是蒙古劇的發祥地。蒙古劇沒有在廣袤無垠的內蒙古大草原上產生，卻誕生在遼西僅有 13 萬蒙古族同胞的阜新蒙古族自治縣，這是什麼緣故呢？

原來，歷史悠久的蒙古貞部落，於 17 世紀 30 年代從土默川分批遷徙到北票、阜新一帶。在寺廟文化的影響下，蒙古族民俗和文化都有濃厚的宗教

色彩和地方特色。如蒙古貞的短調敘事體民歌，經過歌手們自編、自唱不斷發展，各種藝術形式相繼興起，如安代舞、胡爾沁說書、好來寶、婚禮祝詞、獨具特色的各種民間樂曲、各類祭祀活動中的祝詞等，用這些藝術形式記錄歷史，弘揚人間正氣，構成了蒙古劇在阜新孕育誕生的基因。蒙古貞部落自古就有「歌的海洋」之美稱，傳說三人同行必有二人是「達古沁」（歌手），一人是「胡爾沁」（說書藝人），可見民族民間文化發展之一斑。這是蒙古劇產於蒙古貞的重要條件之一。

蒙古劇是蒙古族敘事體短調民歌的形象化、戲劇化體現，具有豐富的內容，獨成一體。蒙古劇有她獨特的藝術表演特點，即歌、舞、扮、詩、白的綜合藝術。在形體動作上採用蒙古民間舞蹈《安代舞》、《查瑪舞》、騎射以及其它蒙古舞的動作；在戲劇音樂方面多採用民歌、民間樂曲、胡爾沁曲等，並按戲劇情節和人物性格的需要千變萬化，形成了一個獨特的、民歌連綴的戲劇音樂體類；在語言表達方面多採用韻白、民間諺語、格言、成語、典故和歌謠等民間文學的優美詞彙，使其具有豐富的蒙古族的語言特點。在創作題材方面，蒙古劇在上世紀80年代有了很大發展，由敘事民歌題材、神話題材和歷史題材發展到了現代生活題材。

蒙古劇是一個新型的少數民族劇種，如同一株小樹，它雖然有肥沃的土地，但還需要陽光的照耀、雨露的滋潤、園丁的培養，才有可能成為參天大樹，自立於民族戲曲之林。

▌您聽說過胡爾沁說書嗎

幾百年前，阜新蒙古族自治縣所在地是一片茫無涯際的遼闊草原，逝者如斯，彈指間滄海變成桑田。如今的這片土地，早已沒有往日成群的牛羊，更不見連片的草原，但在這裡繁衍生息的蒙古民族，卻頑強地將獨具風格的民族藝術——胡爾沁說書傳了下來。歷經無數蒙古族民間藝人的口頭說唱與傳承，這一藝術瑰寶顯示出無窮的魅力。

「胡爾」是流行於中國北方少數民族地區的一種絃樂樂器，蒙古語稱之為「都日奔烏斯塔圖胡爾」或「都日奔其格泰胡爾」，漢譯為「四弦胡」或「四

耳胡」。「胡爾沁」就是指手持胡琴說書的藝人。所謂「胡爾沁說書」，是指在胡爾伴奏下說唱故事，以口頭文學和書面文學為內容，以胡爾沁為載體，以吟誦、說唱、拉擊、表演為表現手段的蒙古族曲藝形式。

　　追溯胡爾沁說書的最初起源，得從蒙古族的傳奇人物成吉思汗說起。據《蒙古秘史》記載，有一次，成吉思汗帶領幾名部下到克者惕部落赴宴。在酒宴中，一名部下酒酣耳熱，豪飲後失態。赴宴歸來後，勃然大怒的成吉思汗欲將這名丟醜臉的部下殺掉。這名部下急忙說道：「請讓我為您說一段故事，然後您再殺我吧。」於是，他拿起一把琴，邊彈奏邊說唱了一段降妖的故事。聽者如癡如醉，紛紛喝彩。愛惜人才的成吉思汗遂免去了部下的死罪。後來，成吉思汗經常帶著這名部下參加各部落的活動，只是不讓他再喝酒，而是讓他表演說唱，為大家助興。

　　這一記載說明早在 13 世紀初，胡爾沁說書就已經初具雛型，迄今已經有 800 年的歷史，而第一個胡爾沁，當出現於成吉思汗的軍中大帳。

　　胡爾沁說書藝術雖然成果累累，但仍然面臨瀕危局面。隨著時代的變遷和現代文化的衝擊，現在很多蒙古族青少年不懂蒙語，胡爾沁說書後繼無人，一些頗有造詣的藝人已經逐步退出舞臺，年輕的傳人從人數到水準都有侷限，有些絕技難以得到傳承。

▌你知道鐵嶺的「三個代表」嗎

　　鐵嶺，這塊人傑地靈的黑土地，具有深厚的文化底蘊和獨具特色的民間藝術，特別是被人們稱為代表鐵嶺文化現象的「三個代表」，在中國外具有較大的影響。

　　第一個代表：鐵嶺是小品藝術之鄉。鐵嶺先後培養出以趙本山、潘長江、範偉、崔凱、張超為代表的一大批著名小品、小戲、二人轉演員或編導。他們創作表演的作品，每年都會成為中央電視臺春節晚會固定的「文化大餐」，深受世界各地華人的喜愛。

　　第二個代表：鐵嶺是「紅樓」文化之鄉。享譽海內外，對中國的文學藝術產生深遠影響的中國古代文學巨著《紅樓夢》的作者曹雪芹，其關外祖籍即在鐵嶺。《紅樓夢》後 40 回的續寫者高鶚是鐵嶺人，著名紅學家端木蕻良也是鐵嶺人。2001 年，在鐵嶺市召開的中國《紅樓夢》文化研討會上，專家們有感而發地指出，鐵嶺與《紅樓夢》的聯繫實在是太密切了，可以說，沒有鐵嶺就沒有《紅樓夢》。

　　第三個代表：鐵嶺是體育冠軍之鄉。多年來，鐵嶺共為中國培養了 200 餘名體育人才，先後培養出 5 位世界冠軍，更讓人自豪的是鐵嶺有孫福明、陳躍玲兩名奧運會冠軍。臺灣奧會的主席以此非常感慨，他認為世界上至今還有許多國家沒有拿過世界冠軍，而鐵嶺這個人口不足 300 萬的經濟欠發達地區，能取得這麼傲人的體育成績實在令人費解。

　　鐵嶺的三個代表，不僅是鐵嶺人的驕傲，更是鐵嶺的資源和優勢，要精心打造，宣傳出去。為了展示鐵嶺改革開放、經濟和社會發展的成果、讓更多的人瞭解鐵嶺、熟悉鐵嶺，鐵嶺透過舉辦鐵嶺民間藝術節讓民眾了解鐵嶺。藝術節期間舉辦了賦有遼北特色的二人轉、小品、小戲專場演出、新工筆劃精品展覽、各種博覽會。召開了如「紅樓文化研討會」、「趙本山小品藝術研討會」等，而備受關注的「趙本山杯」小品大賽更是吸引了各界小品人才參賽，對於小品的發展、壯大造成了極大的推動作用。同時，名新特優產品展銷會和經貿洽談暨投資項目說明會和簽約會也取得了巨大成功。

購物遼寧

　　白山黑水間的遼寧物產豐富，人傑地靈。說它是購物的天堂難免會招來言過其實之說，但它不失為一個購物的好去處。其中的一些特產物品還真是天上難找，地上難尋。比如說撫順的煤晶雕刻，岫岩的美玉，文房之寶的遼硯，錦州的水膽瑪瑙都是難得的藝術珍品，而這僅僅是其中的一小部分。現在就要帶大家逛逛遼寧的大街小巷，刺激一下您的購物慾望。

▋暢銷海內外的瀋陽羽毛畫

　　羽毛畫是採用優質養殖家禽羽毛為原材料，經過人工剪、拼、疊、鑲等工藝手法，借助傳統的國畫構圖法及雕塑、木刻、裝飾工藝等的表現手段，以平貼、浮雕及圓雕等形式所表現的畫類藝術。畫面高貴典雅，色澤豐富鮮豔且永不褪色，給人以自然天成之美感，頗受人們青睞。

　　羽毛畫的生產與發展在中國歷史悠久，至今已有 2000 餘年。春秋戰國時期出現的羽毛貼畫，是一種簡單的表現形式，當是還雜以彩繪。到了漢代，羽毛貼畫絹的做工細緻，色彩鮮明，且有了一定的佈局與格調。在長沙發掘的西漢馬王堆墓中，就已發現有羽毛裝飾品。唐代的立女屏風使羽毛畫最終發展成為一個獨立的工藝美術品種。清代點翠松竹座屏的出現，使羽毛畫的表現形式、內容以及粘貼技藝都達到了至善盡美的程度。

　　瀋陽是羽毛畫之鄉，在瀋陽故宮大政殿就懸掛著一幅羽毛畫，不褪色，不變質，是宮廷御用的工藝品。

　　瀋陽羽毛畫題材廣泛，內容豐富，形式多樣，是十分珍貴的工藝品，其有很高的藝術和欣賞價值。種類有平貼的紗襯、捲軸、壁掛、冊頁；也有浮雕的掛屏、座屏、大型折頁屏、案頭立屏；還有立體的風光人物、籠鳥、魚蝦、飛禽、蝴蝶等。其中的古典人物畫和花鳥畫尤為巧奪天工，別具一格，富有濃郁的民族特色。例如取材於中國古典名著《紅樓夢》中的「寶黛含情談西

廂」，《西廂記》中的「崔鶯鶯月下聽琴」以及取材於神話傳說和歷史故事中的「天女散花」、「昭君出塞」等等，都惟妙惟肖，馳名中外。以花鳥為題材的羽毛畫更是姹紫嫣紅、絢麗多彩。例如富麗堂皇的牡丹、凌寒鬥雪的紅梅、爭芳奪豔的桃李、傲雪鬥霜的蘭竹等，再配以孔雀開屏、黃鸝對話、鴛鴦戲水、雄鷹展翅、白鶴沖霄等景物，令人賞心悅目，心曠神怡。

潘陽的羽毛工藝品在表現形式和藝術風格上也是豐富多彩，獨領風騷。它博采眾家之長，突出地方與民族特色，集欣賞、實用和收藏價值於一身，很受顧客歡迎。捲軸羽毛畫採取了中國水墨畫的傳統藝術形式，以綾絹裝裱，宜於懸掛觀賞。以蘇州雙面異色繡的形式製作的紗襯羽毛畫，相映成趣，可以同時觀賞兩種不同內容的畫。既有濃郁的裝飾情調，又有隔音、保溫、防潮等優點的羽毛壁掛，則採取了藝術掛毯的形式，將各種美麗的羽毛層層疊貼在帛緞上，既美觀大方，又十分實用。如今的羽毛畫已成為為殿堂點綴、家庭裝飾之上乘佳品。

▎您到過大連中國工藝品旅遊品交易市場嗎

工藝品、旅遊品大多是能工巧匠用他們那雙善於美化自然的手精心製作出來的，這些美侖美奐的物件總是讓人愛不釋手。於是逛逛工藝品市場、旅遊品商店便成了很多旅遊者的一大心願。如果您來大連旅遊，有個好去處您一定不能忘，那就是大連中國工藝品旅遊品交易市場，那可是中國北方最大的旅遊商品店呦！

大連中國工藝品旅遊品交易市場位於中山區人民路致富街九號（富麗華大酒店與香格里拉大飯店之間），這裡是大連市商業、金融、旅遊文化的中心區域，東依港灣橋廣場、大連港客運站，西望青泥窪橋商業區，南臨諸多國際酒店，環顧周圍，生意興隆、店面搶手。可謂風水寶地，寸土寸金，是商家首選之黃金地段。

市場建築面積 7600 平方米，為地上三層，內設中央空調，整體建築設計合理、功能完善，達到中國現代市場標準。市場內巧奪天工的禮品、藝術品琳瑯滿目；鬼斧神工的奇石異寶、古玩珍品，品種繁多，美不勝收！

　　這裡有出自紅木雕刻世家之手、豪華氣派的原宮廷用紅木傢俱，手工雕刻的玉中極品，傳統工藝景泰藍珍品及享譽海內外的景德鎮瓷器、四大名石、巴林石雕、象牙工藝、黃楊木工藝品等藝術精品。

　　市場中的古文化市場和書畫市場，彙聚了上下五千年的古玩及名人字畫、各式古玩擺件、宮廷飾品、明清傢俱、出土文物、文革遺物、傳世瑰寶等傳世珍品，以及各種新秀佳作、書法名品、現代油畫、印象畫作、抽象畫作等。三樓設有多功能大廳，長年承辦各種藝術品、書畫、古玩等展銷及拍賣活動，為欣賞藝術的遊客營造了良好的文化氛圍。自開業以來，成功舉辦了景德鎮名人瓷器展、國家一級美術師姜成楠「鷹」畫展、日本古董字畫藏品展、北京百年老店萃文齋落戶大連明清傢俱展等展覽和拍賣活動五十餘次，展示了市場風采，豐富了大連人民的文化生活。

▋獨具特色的大連貝雕工藝品

　　大連是個海濱城市，海岸線綿長，海產品非常豐富。這其中自然少不了豐富多彩、形態各異的貝類。尤其是大連的能工巧匠，竟用這些小小的貝殼做出了美麗的工藝品──貝雕。

　　早在宋元時期，中國民間就有用有色貝殼雕刻或鑲嵌成而的工藝品。大連貝雕是中國工藝美術百花園中的一朵奇葩，是遼寧首創的特種工藝品。大連貝雕畫形態逼真，栩栩如生，題材為花鳥、山水和人物三大類。

　　大連貝雕產品繼承和發揚了中國傳統工藝，巧用貝殼的天然色澤和紋理形狀，精心雕琢成多種工藝品。以構圖新穎、工藝精湛、色彩絢麗、寓意深刻而享譽中外。產品遠銷五大洲三十多個國家和地區。

　　大連貝雕工藝品現有八個系列近千種產品，主要包括彩繪玻璃燈、彩繪屏風、彩繪工藝品、玉石燈具、貝殼燈具、看盤、鑲嵌工藝品等。以花鳥、人物、山水、靜物為題材的貝雕工藝掛屏，規格齊全、形式多樣、具有鮮明的裝飾性和欣賞性，適用於各大賓館、客廳、會議廳及家庭和藝術裝飾。。

如果您來大連，記得要帶一件貝雕工藝品回家，它不僅是一件精美的旅遊紀念品更能美化您的家居環境。

美味多多的大連海珍品

每個來到大連的人，除了為它的美景癡迷，還會為了它的各色海鮮而延饞欲滴。說起大連的海鮮，可謂是數不勝數，在這裡我簡單的給大家介紹幾種。

首先，我們來聊一聊大連地區便宜又最常見的幾種海鮮。有種海鮮叫牡蠣，俗稱蠔，別名蠣黃、海蠣子。牡蠣屬貝類，世界上計有 100 多種，中國沿海產的約有 20 多種，現已人工養殖的主要有近江牡蠣、長牡蠣、褶牡蠣和太平洋牡蠣等。每年冬春是牡蠣收穫季節，中國民間有「冬至到清明，蠔肉肥晶晶」的俗諺，意思是說，從冬至開始到次年清明的牡蠣肉最為肥美，是最好吃的時候。牡蠣肉肥爽滑，味道鮮美，營養豐富，素有「海底牛奶」之美稱。據分析，幹牡蠣肉的蛋白質含量高達 45%-57%。此外，還含有多種維生素及牛磺酸和鈣、磷、鐵、鋅等營養成分。鈣含量接近牛奶的 1 倍，鐵含量為牛奶的 21 倍，是健膚美容和防治疾病的珍貴食物。

蜆子，又稱蛤，大連地區常見的有花蜆子、沙蜆子、文蛤、鳥蛤、青蛤等幾十種，煮食、涼拌、爆炒、做餡，味道均佳。

海紅又稱貽貝，味道鮮美，營養豐富，是大連人喜食的重要海味。

天鵝蛋學名紫石房蛤，屬海洋雙殼貝類，是中國北部沿海名貴海產品之一。一般生活在水流暢通、粗砂、礫石海底。屬冷水性貝類，耐寒性很強。個體較大，且蛤肉肥滿，味道極為鮮美，營養價值較高。

接下來，我介紹幾種名貴的海珍品。

九孔鮑，貝殼堅硬，螺旋部小，體螺層極大。殼面的左側有一列突起，約 20 餘個，前面有 7 ～ 9 個開口，其餘皆閉塞。殼口大，外層薄，內唇向內形成片狀邊緣。殼表面綠褐色，生長紋細密，生長紋與放射肋交錯使殼面呈布紋狀。殼內面銀白色，具珍珠光澤。口感好，是鮑魚中較好的品種。

　　三文魚即鮭魚，也叫大馬哈魚。它是淺海海洋中的洄游性魚種，每年隨著成長和生育遷移生活地點，秋天是捕撈的好時節，初冬時候的三文魚肉最為鮮美。三文魚含有大量不飽和脂肪酸，低膽固醇、低脂肪，對神經系統及視網膜生長極為有利，對小孩的腦部和眼睛發育有極大的幫助。

　　海參被列為「海產八珍」之一，性溫味甘，有補腎益精、養血潤燥的功效。海參的營養價值極高，膽固醇含量極微，為滋補珍品。常食海參對強身健體、延緩衰老、滋陰壯陽、美容護膚會有明顯效果。

　　紫海膽屬海珍品之一，營養價值之高，可與海參、鮑魚媲美，以精深加工的冰鮮海膽肉在國際市場上供不應求。海膽是營養極其豐富的海珍品之一，含有大量的蛋氨酸和不飽和脂肪酸。用其性腺為原料加工而成的鮮海膽黃、海膽醬不僅味道非常鮮美，還可美容，深受香港、日本等中國外客戶的歡迎。其殼入中藥可醫治頸淋巴結核、積痰不化、胸肋脹痛、胃及腸道潰瘍、甲溝炎等症，具有極高的經濟價值。

　　海鮮雖然好吃，但不可貪嘴的。順便告訴大家一條吃海鮮的禁忌，就是吃海鮮不能喝啤酒。

▌鑽石恆久遠，一顆永流傳

　　眾所周知，鑽石以其晶瑩剔透、璀璨奪目和堅硬無比的優秀品質被人們視作世界上最珍貴的寶石品種，被譽為「寶石之王」。但若問你中國什麼地方產的鑽石最多？也許你並不能馬上答出來。那麼就讓我來告訴你吧！大連瓦房店金剛石的儲量占全中國的54%，而且其白度高於南非生產的金剛石。

　　很多人都知道：金剛石又俗稱「金剛鑽」。金剛鑽一詞的由來如何呢？「金剛」是外來詞，隨佛教從印度傳入中國。明朝李時珍研究金剛石時發現，它不但可切割玉石，還能在玉器或瓷器上鑽眼，於是就稱它「金剛鑽」。《本草注》中說：「金剛石砂可鑽玉補瓷，故謂之鑽」。

　　其實，鑽石是指經過思索的金剛石。金剛石是一種天然礦物，是鑽石的原石，但有時人們對二者並不加細分。簡單地講，鑽石是在地球深部高壓、

高溫條件下形成的一種由碳元素組成的單質晶體。它是大自然賜予人類最美麗的，也是最昂貴的物質和財富。人類文明雖有幾千年的歷史，但人們發現和初步認識鑽石卻只有幾百年，而真正揭開鑽石內部奧秘的時間則更短。在此之前，伴隨它的只是神話般的傳說，具有宗教色彩的崇拜和畏懼，同時又把它視為勇敢、權力、地位和尊貴的象徵。如今，鑽石再也不是那麼神秘莫測，更不是只有皇室貴族才能享用的珍品，已成為百姓們都可擁有、佩戴的大眾寶石。鑽石的文化源遠流長，今天，人們更多地把它看成是愛情信物。

　　為什麼人們會選擇鑽戒作為愛情的信物呢？原來這裡面還有一段故事。奧地利的麥西米倫，對鑽石極為喜愛，並堅信它是勇敢、堅貞和愛情永恆的象徵。在 1477 年他和法國瑪利公主訂親時，曾差人給瑪利公主帶去一封信，內文稱：「訂親之日，公主須佩戴一枚鑲有鑽石的戒指。」從此，鑽戒成為戀人們訂情的信物，並一直廣泛流傳至今。

　　按基督教的習俗，鑽戒應戴在無名指上，據說是因為神父用戒指順序輕觸新人左手的三隻手指，並說「奉聖父、聖子、聖靈之名」，最後正好落在無名指上。另一個更具浪漫色彩的傳說是，埃及人認為，無名指的血脈是直接引進心房的愛情之脈，象徵愛情永恆不變。

　　金剛石是自然界中最硬的物質，是摩氏硬度 10 級的唯一的礦物，所以被譽為「硬度之玉」。它的抗摩硬度是剛玉的 140 倍，超過石英的 1100 倍，因而其無與倫比的硬度可想而知。應當指出，這裡說的金剛石硬度特別大，是指它抵抗外力刻劃的能力強；但它又具有脆性，怕重擊，重擊或跌撞後將會順其節理破碎。因此，佩戴鑽石首飾時，應特別注意保護呦！

▌四大玉王——遼寧岫玉

　　古人雲：「玉入其國則為國之重器，玉入其家則為傳世之寶」。岫岩玉，產於遼寧省岫岩，一個山清水秀、物產豐富、藏風聚氣的風水寶地。這裡，經過千萬年的自然演化，凝聚千萬年的日月山川之精華，蘊育產生了聞名於世的國寶珍品——岫岩玉。

　　岫玉的開採與使用歷史久遠。遠在舊石器時代，人類就以岫玉作工具使用。中國北方人類村落遺址（查海）出土的玉玦、玉匕，遼寧朝陽紅山文化遺址出土的「中華第一玉龍」以及西安馬王堆出土的漢代「金縷玉衣」上的玉飾，經專家驗定，都是由岫玉製成的。

　　關於岫岩玉的發現，當地流傳著一個美麗動人的傳說。古時候，岫岩縣北部住著母子二人。一天，兒子上山打柴，見山坡上落著一隻美麗的金翅長尾鳥，鳥見人後驚起，沖天飛去，頓時山頭上震光萬道，光彩照人。歸家後，他將這件事告訴了母親。母親說：那長尾鳥就是鳳凰啊！鳳凰不落無寶之地，那山裡一定有寶！於是，母子二人在鳳凰落腳處挖了整整 49 天，找到一塊晶瑩剔透的綠色寶石，這就是最先發現的岫岩玉。後來，一個姓邱的玉石匠人將那寶石雕成一支玉璽和一枚玉簪。相傳，這就是最早的岫岩玉雕了。

　　岫玉又稱柔佛巴魯玉，分為三種。一為「岫玉」，學名叫「蛇紋石」，產地在岫岩滿族自治縣哈達碑鄉。其質地緻密、溫潤，色彩鮮豔、明潔，有紅、黃、綠、青、藍、白、黑等七種顏色，以青綠色為主。鞍山玉佛苑重達 200 多噸的玉佛就是這種七色彩玉；現存於澳大利亞悉尼市的長 4.5 米，高 1.6 米的「御駕鳳輦」也是由「岫玉」做成的。二是「河磨玉」，多出於河溝、舊河床。由於其外表如大塊卵石，內部為玉，故稱「河磨玉」。價值連城的「和氏璧」就是由河磨玉製成的。第三種是「細玉」，當地人又稱為「老玉」。細玉和河磨玉都產自岫岩滿族自治縣偏嶺鄉，質地異常細膩、堅韌，微透明，多呈碧綠色。其深綠、湖綠、果綠者為佳，顏色深青如靛者為貴，色白如豬脂者為上品，色為鵝黃、質如翡翠者為珍品。

　　岫岩玉雕興於清末民初，更盛於當代。工藝多受北京、河北藝人影響，屬中國北方流派。以立體圓雕、浮雕為主，輔以線刻、鏤、透雕等技法。其造型簡練古樸，打磨光滑，氣韻生動傳神，素有古遼河紅山文化遺風。如獲全國工藝美術百花獎的「華夏靈光岫玉塔熏」、「蟈蟈簍」等作品就是岫岩玉雕的代表。岫岩玉雕產品可謂林林總總，應有盡有。就其用途而言，可分為祥瑞玉、用品玉、玩賞玉、觀瞻玉、保健玉、禮品玉。孔子說：「蓋天下堅潔精美之品無過於玉者」，得其一件足以陶性怡情，受益無窮。

　　由於現代人多居住在樓房內，現代建築的鋼筋混凝土把自然界的氣息和磁場給隔離開來，使人類與大自然的距離越來越遙遠。如果您能在家中擺放一塊質地優美的岫玉，不僅會造成賞心悅目的觀賞價值，而且也會給您的家宅帶來自然的氣息，補充室內的天然磁場，調節室內的風水氣候。「正氣記憶體，邪不可幹」，家中擁有美玉，邪氣不可入侵；身上佩帶一塊美玉，便會增添一份自然力量。所以來到岫岩，您帶上一塊美玉歸家吧！

▌馳名中外的煤精雕刻和琥珀工藝品

　　在這篇文章裡，我要給大家介紹一下撫順的特產。很多人聽聞撫順是因為它是遼寧的「媒都」，那麼撫順的特產自然是和煤聯繫在一起，首先介紹的是聞名遐邇的煤精雕刻。

　　煤精雕刻為一種民間雕刻工藝品，因用煤精作雕刻材料而得名。煤精是古代柞、樺、松、柏等硬木變成，又稱煤玉，也叫碳化木，夾雜於一般煤層中間，它的形成距今有 1.5 億年的歷史。煤精質地細密、堅韌，黝黑髮光，沒有紋路，比一般煤炭輕，適宜雕刻各種工藝品，是中國遼寧撫順特有的天然資源。

　　煤精工藝品歷史悠久，據考證，早在七千年前的瀋陽新樂人就用煤精飾品。目前，由於大量開採，煤精這種非再生資源已日漸枯竭。所以煤精工藝品已被視為即將絕世之寶，其價值日漸提高，中國外各界人士爭先收藏。中國的煤精雕刻藝人創作出人物、動物、花卉、煙具及筆筒等各種煤精工藝品，古樸自然、渾厚豪放，受到中外人士的青睞。煤精雕刻工藝品是馳名中外的撫順特種工藝品，是世界上獨一無二的工藝製品，也是撫順的最佳旅遊紀念品。

　　與煤精雕刻孿生的是琥珀工藝品。撫順琥珀工藝品是利用撫順露天煤礦的副產品——琥珀磨製而成的具有濃郁地方風格的工藝品。琥珀古稱「虎魄」，它古樸典雅，渾然天成，華麗瑰美，如意吉祥，既是珍貴的寶石飾物，又是祛邪消痛、鎮驚安神、保佑平安的良藥，亦是佛家七寶之一的佛家之聖物。琥珀工藝品透明如水晶，光潔賽玉石。撫順琥珀雕刻歷史悠久，藝人們

根據琥珀原料的大小、形狀和顏色等天然特徵，精心設計，巧手雕刻成各種琥珀工藝品，有領花、戒指、項鍊、煙嘴、袖扣、佛珠首飾等，它們晶瑩可愛，光潔照人。特別是在琥珀中還包含著天然的蕨草、樹葉、螞蟻、昆蟲等，非常稀有，如被鑲嵌在戒指、領扣上，則是名貴的裝飾品。

這樣獨特的工藝品不是誰都能擁有的，只有有幸來到遼寧撫順的您才有機會得到！

▌遼硯展光華

筆墨紙硯號稱中國的「文房四寶」，說起其中的名品，人們往往是言筆必推蒙溪，論硯必稱端徽。殊不知，以出產「東北之寶」著稱的遼寧亦有出色的文房之寶——遼硯。

遼硯，又稱橋頭石硯，系以本溪橋頭鎮附近所產的青紫雲石為原料雕制而成。青紫雲石兩色相間，青如碧而紫似檀，晶瑩明鑒，質地細膩堅韌，剛柔相濟。天然麗質又加上匠心之巧，雕工之精，更使得遼硯錦上添花。人們稱讚它造型美觀大方，文飾端莊古樸；滑潤而不流墨，滯澀卻不磨筆。據說在遼硯上研得的墨汁，蓋合之後能經月而不枯，故頗受丹青高手和書法名家的喜愛。

遼硯與端硯、徽硯並稱為中國三大名硯，興於遼金時代，距今有上千年的歷史。相傳遼硯深得蕭太后的厚愛，被封為禦硯。至清朝，這種神奇的青紫雲石已不只限於雕刻硯臺，還用來雕制屏風等欣賞和實用品。相傳清太祖努爾哈赤在一次遊獵時不小心迷了路，經過一個村子，見其用青紅相間的奇石鋪地，頗有一番世外桃源之感，甚是好奇，便令隨從請來當地一位知名的老者詢問，方知這就是流傳久遠的遼硯硯石。恰好此老者擅長雕刻，家藏有幾方寶硯，便送給了努爾哈赤。這位馬上皇帝愛不釋手。此後，遼硯一度傳開。在努爾哈赤的號令下，老者又雕琢了一座山水座屏，現藏於瀋陽故宮內。

1929 年，張學良將軍下令徵集遼硯，參加全國首屆西湖博覽會。當時遼硯名揚遐邇，與端硯齊名，並有「南為端硯，北為遼硯」的稱謂。張學良將軍與其蒙師白永幀合贊遼硯道：

關東山裡奇寶開，藍天紅霞凝石材，

能工巧匠雕遼硯，珍品獨秀四寶齋。

1998 年初，沉睡在瓦房店市地下五、六百年的一處明代貴族棺墓被髮掘出土。在大量的葬品中，最引人注目的是兩方雕飾精美的龍鳳硯。令人驚奇的是，揭開硯蓋，當年的墨汁依然能潤濕毛筆筆尖。硯底底款均刻有「白雲寨制硯」五個字，據專家考證，這個「白雲寨」即為今天本溪橋頭，屬明代時的舊稱。

為弘發掘和發展遼硯這一獨具特色的地方產品，本溪市遼硯廠精選上佳石料，廣集天下雕刻、設計人才，請專家指導，開始系列的遼硯雕刻，並在製作過程中將傳統手工藝與現代設計創意相結合，使雕、鏤、剔、透工藝精湛，即不失傳統美，又具有現代氣息，使遼硯這一中華瑰寶再度大放異彩！

▌柞蠶之鄉，絲綢之城

中國是絲綢的發源地，世界上 70% 的柞蠶絲產於中國，但卻很少有人知道，中國的柞蠶絲有 70% 是產於遼寧。遼寧的氣候最適宜發展柞蠶，柞蠶放養已有 800 多年的歷史。其中，丹東的柞蠶繭及絲綢製品的產量占全中國產量近 50%。丹東柞蠶絲綢，中外馳名，是中國紡織業的傳統出口產品。

早在 1920 年左右，丹東就有了機織柞綢，暢銷中國，並向日本、歐洲大量出口。60 年代，丹東絲綢工業已形成全國最大，也是最完整的生產體系，為世界上所獨有。如今，丹東柞綢出口品種達二百多個，花色、花型近千個。丹東柞綢工業總產值近 15 億元，占全市工業總產值的 11%，占全中國柞綢工業總產值的 49%。丹東向中國以外市場提供 13 億米絲綢，這足可把地球纏繞 27 圈，亦可把五分之三的祖國大地披上一層錦繡。丹東絲綢在世界享有盛譽，久銷不衰。粗獷豪放的鴨綠江綢、花紋精細的仙女牌染色綢，明亮

鮮豔的星海牌綢、耐磨而優雅的兔牌柞絹綢，都是珍品。為此，丹東贏得「絲綢之城」的美譽，成為世界柞蠶絲綢中心，與西子湖畔桑蠶絲綢之城杭州齊名天下。

近年來，隨著各種合成纖維的出現，柞蠶的開發利用亦更為廣泛。柞蠶絲產品也從穿在身上、戴在頭上，逐漸變成食品、保健品、化妝品，產品也更加有利於人們的身體健康。以柞蠶絲為原料的化妝品、保健內衣、工藝品、絲綿被等產品已經遠銷日本、法國、美國、南非、韓國等海外市場，國際市場的認知度也越來越高。作為旅遊產品，每年都有數以萬計的外商選購柞蠶絲產品。

為了與國際接軌，作為中國僅有的一家柞蠶絲研究機構，遼寧柞蠶絲綢科學研究院已申請了 ISO 國際品質體系認證。現在，研究院已經擁有了 16 項專利，項目包括內、外衣服裝、柞蠶絲蛋白精華素、柞蠶絲素肽化妝品等。就技術而論，像採用柞蠶絲素肽作為化妝品添加劑，不僅對皮膚有保護、滋養作用，還具有防紫外線、潤濕皮膚作用，在化妝品界可謂獨樹一幟。目前，瀋陽很多星級酒店都擺上了柞蠶化妝品，遼寧省政府也把它列為遼寧的特色產品進行推廣。

聽了我的介紹，熱愛生活又熱愛美麗的您，是不是有衝動為自己購置幾件霓裳，添置一些美容佳品呢？

▌您知道「遼五味」嗎

隨著社會發展對人的要求越來越高，人們的工作壓力也越來越大，於是旅遊成了人們擺脫壓力、放鬆心情的好方法。尤其是近些年，保健旅遊蔚然成風。在鬆筋活骨之餘，帶給家人一些保健品是個不錯的選擇！下面就向您介紹一種遼寧特產——遼五味。

五味子為木蘭科多年生落葉木質藤本的藥用植物，其皮肉甘酸，核仁辛苦，全果都有鹹味，可以說是五味俱全，故名「五味子」。五味子多生於山

林或採伐林的灌木叢中，長達七八米，雌雄同株、葉互生長柄、花乳白色、有香氣、果實熟時紅色，成串如葡萄。

五味子主產東北三省山區，其中遼寧所產五味子產量高、品質佳。遼寧東部山區的本溪、桓仁、鳳城、寬甸、新賓、清原、西豐等地產量居多。五味子全身都是寶，李時珍說：五味子酸鹹入肝而補腎，辛苦入心而補肺，甘入中宮益脾胃。五味子的果實常用為大宗名貴中藥材，對人體具有益氣、滋腎、斂肺、澀精、生津、止渴、益智、安神之功效。入藥主治肺虛喘咳、自汗、盜汗、慢性腹瀉、痢疾、遺精、神經衰弱、健忘、心悸、失眠、四肢無力、急慢性肝炎、視力減退等諸多疾病。特別是五味子含有五味醇，具有較好的降低轉氨酶作用，是治肝病的有效良藥。

遼寧省鳳城市大梨樹村是馳名中外的「遼五味」中藥材種植之鄉。大梨樹村群山環繞，是全國水土保持生態環境建設示範村，總面積 48 平方公里，雨量充沛，光照適中，具得天獨厚的氣候條件和優良的土質，是生長「遼五味」適宜之地。

▍「瓊漿玉液」──水膽瑪瑙

有「千種瑪瑙萬種玉」之美譽的錦州大凌河流域，盛產各種瑪瑙，色澤豐富，質地堅硬，形狀各異，種類繁多。其中有一種奇特的瑪瑙，在它形成的時候，中間是空的，內含一股清水，俗稱「水膽瑪瑙」，是一種極為難得的玉料。

1979 年，由工藝師楊春生設計，副工藝師曹幸福、李朝忠等製作的水膽瑪瑙「泉」，轟動一時。這件作品巧妙地以瑪瑙中的水為主題，旁邊思索出似在遠處聽到泉聲奔至而來的小鹿、攀枝嬉戲的小猴、跳躍的青蛙、飛舞的彩蝶，構成一幅生機盎然的畫面。瑪瑙雕刻是錦州市歷史悠久而又風貌獨特的傳統工藝品。要把水膽瑪瑙雕琢成工藝品，把「水」恰到好處地表現出來不是件容易的事，所以水膽瑪瑙在玉器中特別珍貴，用它雕成的精美工藝品可謂價值連城。

　　玉器雕琢工藝師們在挑選瑪瑙料石中，首先要確定其有「水」，再用切割機把瑪瑙切開，切開時又要恰到好處：切面離水膽遠了，看不見水；切得過近了，又容易把「膽」切破，破了「膽」的瑪瑙就失去了其雕琢的價值。要恰到好處、不近不遠，能看見水，而且知道「膽」的位置及大小。在此基礎上，大師們匠心獨具，精心構思，把水膽瑪瑙中的水富有像徵意義地表現出來。有的表現壽星抱桃，桃中有水；有的表現李白醉酒，酒缸中有水；有的表現司馬光砸缸，缸中有水；有的表現絲瓜葫蘆，葫蘆中有水；有的雕琢大肚佛，佛肚中有水；有的雕大象、水牛、鯉魚、蟹等動物，動物的肚、背中均有水。真是形態各異、絕無重複。為了表現水膽瑪瑙中的「水」，工藝大師們真是費盡心機，一件色澤亮麗、工藝精湛的水膽瑪瑙工藝品往往令人拍案叫絕。但如果雕琢時一不小心，將水膽雕破，就會前功盡棄。可見一件成功的水膽瑪瑙雕件其雕琢之難及其工藝價值之珍貴。

　　水膽瑪瑙工藝品與其他高檔玉器如翡翠、新疆白玉（及青玉、青白玉）、河南獨山玉等相比，如果說翡翠以其顏色豔麗、俏色配合見長，白玉以其玉質細膩、純淨無瑕見長，獨山玉以其白、黑、綠、綠紫等顏色巧雕見長，則水膽瑪瑙是以水的表現見長，是其他高檔玉器所不能比擬的。

　　水膽瑪瑙工藝品中，由於好的原料少，雕琢出有價值的工藝品很不容易，所以目前市場上往往有以假充真者，人們對水膽瑪瑙大有談「膽」色變之感，一說「水膽瑪瑙」，有人就會問：是真是假？有幾個比較簡便的辦法可以鑒別水膽瑪瑙的真假：細看工藝雕件是否無懈可擊，如果雕件連個縫都沒有很難說是假的；水膽內壁有腥（發黑）或有水晶結晶體，一般是天然的，這是水膽瑪瑙形成時留下的痕跡；用 10 倍放大鏡仔細觀察，對有疑問處用刀或針尖刻畫，因瑪瑙硬度為 7，刀子硬度為 5 ～ 5.5，作假部分如用膠水粘接硬度達不到 7，用刀子便能劃動。當然，有條件的話最好請專家鑒定，並具寶玉石鑒定證書。

宮廷貢品大山楂

山楂栽培歷史悠久，起於清朝康熙年間，已有 300 多年的歷史。山楂味道甘美，酸甜適口，營養豐富，所含維生素 C 是蘋果的 17 倍，在水果中名列第 3 位。含果膠最高，耐儲性強。

遼寧的山楂主要產於遼陽、開原、西豐、鐵嶺等地，尤其是遼陽山楂以其果實大、食肉率高、營養豐富、樹體大，結果多、連續結果能力強、經濟壽命長等特點而知名，而且它還曾經是宮廷貢品呢！說起來有一段故事哩！

傳說關東才子王爾烈在朝教皇學那時，一心一意想教少主成才，成天到晚沒空回家，常惦記家中妻兒老小。

一天，他接到一封萬金家書，得知夫人身懷有孕，特意請了皇假。臨走時，打發人在京城買來米醋、酸棗，留著給夫人開開胃口。

王爾烈回到遼陽翰林府，見夫人懷揣六甲，免不了想吃酸甜辣味，忙把從京城帶回來的米醋、酸棗捧給夫人。夫人一見飄飄下拜，說：「翰林，你不怕累贅，千里迢迢地帶東西，為妻這廂有禮了。」王爾烈忙湊前幾步，將夫人扶起說：「夫人請起，別傷了身子，你那裡面還有個小傢夥哪。」他扯著她的衣襟悄悄地說：「是個男孩吧？看，我給你帶回了酸棗呀！」夫人臊得滿臉通紅，不禁笑了，說：「你也懂酸兒辣女？區區小事何必捨近求遠？想咱遼陽東山就有燈籠一樣的紅果山楂，只是沒人拿進城來賣罷了。」夫人說完便央求丈夫要山楂吃。

王爾烈飽讀《五經》、《四書》，吟詩作畫，從未想到家鄉還有山楂這回事，聽夫人這麼一說，不覺一陣好笑。見夫人喜盈盈地望著自己，便說：「夫人想吃東山燈籠紅果，這事不難，等我修書一封，叫我的學生送來就是。」

沒幾日，一個書生從東山趕來，手裡拎著一筐山楂，站在翰林府前觀望。王爾烈得知，忙將來人迎進府內，倆人寒暄一番後將山楂送到夫人面前。夫人吃完幾個山楂樂得直吧嗒嘴兒，誇山裡的東西有味。

臨走時王爾烈翰林贈給學生錢物，學生百般推讓，說什麼也不拿。學生說：「恩師，千金萬金都沒有恩師的詩句金貴，拜望恩師以學生拿來的山楂為題，吟詩一首。」王爾烈不願讓學生空手而去，便一口應承下來：「這有何難，待我寫來。」家人捧來紙墨筆硯，只見王爾烈筆走龍蛇，刷刷點點寫出四句話：山上山楂山中寶，勝過酸梨大紅棗。入口健胃味絕妙，東山特產山楂好。

學生捧過詩沉默不語，看樣子煞有心思。王爾烈忙問：「你見了詩文為何不樂？這首山楂頌不中你的意？」學生哭喪著臉說：「恩師，你給偏僻小鄉的山楂寫了詩，山楂的身價自然高出百倍。怎奈咱鄉果樹景況不佳，眼看就要斷子絕孫。學生送來的這筐山楂，乃是收百家之果，孝敬師母的啊！」

送走了學生，王爾烈越尋思越是坐臥不安。心想：學生叫我寫詩，是怕家鄉山楂斷種。好！我自有道理。臨回京的時候，他特意給萬歲爺帶去五個紅山楂。

話說這天正趕上皇上御宴群臣，酒過三巡、菜過五味，見皇上懶得伸筷，王爾烈樂顛顛地獻上五個大紅山楂，請聖上嘗鮮。皇上口裡正膩得慌，吃了五個大紅山楂，樂得鬍子直顫，胃口大開，龍顏大悅，詩興大發，順嘴吟出一首詩：「酸味勝過隔年醋，清腸消膩果中王。」王爾烈看機會已到，接過話茬，笑呵呵地吟道：山楂好吃能稱王，只因樹少難品嚐。皇上別忘傳聖旨，盛產山楂在遼陽。

皇上一聽打哈哈取樂地說：「愛卿的果子有味，話裡更有趣啊！你是用五個山楂換朕的聖旨，對吧？」王爾烈說：「山楂的果形美如燈籠，皇上定會視為珍珠、瑪瑙一樣的喜愛！」皇上聽了美滋滋地說：「朕愛吃的東西比金子還貴重，愛卿放心吧！」

宴散人歸，這事放下了，只是說者無意，聽者有心。細心的大臣怕日後皇上興起要山楂吃，只好把山楂列為宮廷水果之一。宮廷裡收山楂，商販搶購山楂，山楂果變成了寶。栽植山楂有利可圖，人們的興趣就來了。幾年光景，遼陽東部山區的坡坡嶺嶺、溝溝岔岔都栽上了山楂樹，成為歷史上有名盛產山楂之鄉。

▌「大補神草」——鐵嶺人參

　　人參是一種名貴中藥，歷代醫學家均視其為滋補強心的貴重補藥，素有「大補神草」之稱。可補五臟六腑，安精神，定魂魄，止驚悸，除邪氣，明目，開心，益智，久服輕身，延年益壽，被稱為東北「三寶」之一。

　　要說遼寧的產參大戶，那可是非鐵嶺莫屬。鐵嶺人參培植主要分佈於東部山區的西豐縣。這裡氣候適宜，雨量充沛，土壤肥沃，具有發展人參生產的良好條件，所產人參不僅可製成高級滋補品，還具有醫治神經衰弱、幫助消化、促進血液迴圈的良效，近年來人參生產發展較快，還湧現出一批人參生產專業村、專業戶呢！

　　據記載，中國食用人參歷史已達 4000 年之久，但由於人參生態環境的破壞和人類的過度採挖，真正的野山參目前已很難尋覓，取而代之的是大面積人工種植的園參，人參加工產品已成為人參市場的主導產品。

　　人參加工產品種類繁多，有紅參、模壓紅參、生曬參、全鬚生曬參、保鮮參和活性參等。它們各具特色，品質差異較大，但您只要把握以下幾點就可以買到放心滿意的人參：首先，不要選擇抽溝嚴重、堅而不實的人參。無論紅參還是生曬參出現這種現像有二種可能：一是人參參齡短；二是加工過程中管理不當，造成脫漿，出現抽溝、萎縮現象。這樣的人參不僅營養價值大打折扣，而且在潮濕的環境中易吸潮變軟、發霉變質。其次，不要選擇參根破肚開裂，參根形體碎小，無光澤的人參。參根破肚開裂導致漿液外溢，營養成分流失，外生內熟、有生心，在潮濕的環境中易吸潮變軟，不利於保存。對紅參來說，營養價值取決於參根形狀的大小和色澤的好壞。因此，在購買時一定要選擇參根較大、參形完整、有光澤的人參。最後，要注意產品的包裝方式、標籤標識是否齊全。採用密封包裝或真空包裝的產品，由於其與外界隔絕好，可避免發生蟲蛀、發霉變質等情況。一般來說正規企業的產品其標籤標識都比較完整，可以放心購買。

　　人參的食用方法很講究，但無論是紅參或是生曬參在食用過程中一定要循序漸進，不可操之過急，過量服食。另外，一定要注意季節變化。一般來

說，秋冬季節天氣涼爽，進食比較好；而夏季天氣炎熱，則不宜食用。總之，合理的選購和食用人參可以使我們強身健體、益壽延年。

▋馳名中外的鐵嶺大榛子

榛子又叫榛、榛木，是樺木科榛屬的落葉灌木或小喬木，其褐色的堅果就是人們所食用的「榛子」，為國際市場上暢銷的名貴乾果。榛子因營養豐富被稱為「堅果之王」，含不飽和脂肪酸，並富含磷、鐵、鉀等礦物質以及維生素 A、B1、B2 等，常食有明目健腦之功效。榛樹的果實，分平榛、毛榛兩種。平榛扁圓形，皮厚，外表光滑，果仁香甜；毛榛為錐圓形，皮薄，有細微茸毛，果仁甘醇而香。

遼寧鐵嶺榛子以果大、皮薄、味美而享譽神州。據《鐵嶺縣誌》記載，榛子為「本境有名特產。邑東諸山皆有之，其仁光圓甲於他處，秋末成熟，味極香，前清作進呈貢品。」鐵嶺李千戶鄉所產的榛子從明朝萬曆年間開始作為貢品，至今已有 450 餘年的歷史。《開原縣誌》記載，盛產榛子的馬家寨鄉大紅石村和中固鎮梅家寨村在清光緒年間被劃為「禦榛園」，專為皇家提供優質榛子。如今，幾百年前為帝王所專有的美味榛子已成鐵嶺農民致富奔小康的一項重要產業，經營榛林，加工榛子，銷售榛果，環環相扣的榛子產業，為鐵嶺農民帶來了滾滾財源。

榛子作為鐵嶺的土特產，深受南方人的喜愛。北方的榛子同南方的錐栗（榛子）相比個大、殼薄、色澤光亮，這在南方地區是罕見的，並且價格也比其它地方便宜。不少南方客人來鐵嶺旅遊、探友，總少不了帶幾斤回去品味。別忘了，對於越來越崇尚綠色食品的現代人來說，榛子可是餽贈親友的時尚禮品。

▋您知道喀左紫砂壁畫嗎

提起紫砂藝術，人們自然會想到江南的宜興。經歷了一千多年的歷史演變，宜興紫砂壺以其得天獨厚的泥料，巧奪天工的製作技藝，符合科學的生產工藝，精美絕倫的器物造型，有口皆碑的實用功能，成為世界名陶。然而，

早 20 世紀 70 年代末期，遼寧省第三地質勘探大隊在朝陽喀喇沁左翼蒙古族自治縣境內發現紫砂礦源，探明儲量 3000 多萬噸，占全中國儲量的 1/3。

朝陽是「世界上第一隻鳥起飛的地方、第一朵花綻放的地方」，當然在制陶上也不甘落於人後。被人們稱為「北泥」的喀左紫砂陶器，以其穩定性好，色澤明快，立體感強等特點享譽中國外。

如今，在遼西的喀喇沁左翼蒙古族自治縣，紫砂藝術又躍進了一個新的境界，出現了一個新的藝術門類——紫砂壁畫。在該縣舉行的紫砂產品展示會上，喀左紫砂壁畫以得天獨厚的材質，獨特的藝術風格，極高的藝術價值受到行家們的高度評價，被譽為紫砂藝術的奇葩。

喀左紫砂壁畫融文學、書法、繪畫、金石、浮雕為一體，畫面古樸、色澤自然、線條蒼勁、風格典雅，一問世便受到行家們的普遍好評。喀左紫砂壁畫製作過程複雜，十幾道工序的製作過程全部手工完成，刻畫以陶版代紙來進行，手法有陽刻、陰刻、單刀刻、雙刀刻，也有寫意、工筆、淺浮雕及深浮雕等，壁畫表現內容也日漸豐富，有書法、人物、山水、花草、鳥獸等等。由於用料獨特，喀左紫砂壁畫給人一種全新的藝術感受。既能表現花香與鳥語之細膩，又能體現大鵬振翅之沉雄。既適用於收藏、家裝，又適用於大型公共場所配套裝飾使用，且永不褪色。與現有的金屬裝飾畫相比無金屬反光光澤，遠看更顯線條清晰，色澤明快。

遼寧喀左是中華民族紅山文化的搖籃。地球的演變，造就了其獨特的地理成因；世紀的更迭，蘊育了中華龍鳥，精湛的工藝，創造了紫砂精品。喀左，一片神奇的土地！

住宿遼寧

遼寧民居深沉厚重，適應了東北地區「千里冰封，萬里雪飄」的氣候特徵，人們運用靈活的營造手段和藝術手法，塑造出了形態樸實無華，極富地方個性的遼寧民居，室內的一格一局則反映出本土人民的勤勞與智慧。

▌遼寧的火炕為什麼叫「萬字炕」

南方人來到遼寧，特別是到滿族人家，進屋便會很驚訝，因為火炕佔據屋子的很大空間，一些擺設和傢俱也置於炕上。屋內的南、西、北三面相接的「轉圈炕」，一般稱之為「萬字炕」，民間俗稱為「彎子炕」，也有叫做「蔓枝炕」。

農家居室修的「萬字炕」，靠南的叫南炕，靠北的叫北炕，南北兩面炕的長度與房間相等，西炕與房間的寬度相等，稱為「連三大炕」。萬字炕和遼寧地區許多民間禮俗有著密切關係，三炕各有不同的使用習俗。在舊時老少幾代同居一室的大家庭中，南炕因向陽溫暖，是家中長輩和客人居住之處，其最熱乎的「炕頭兒」位置（靠近連炕鍋灶的一側），供家中輩份最高的主人或尊貴的客人寢臥，北炕冬季陽光不易直射，較為陰冷些，則是家中晚輩居住或作烘晾糧食之用。西炕一般不住人，在滿族人家則是特殊的地方，因為西牆正中是他們安供家中「祖宗板」（祭祀神位）之處，所以炕上只能擺設祭器供品，不許亂放雜物和隨意踩踏坐臥，否則便是對祖宗的大不敬，會褻瀆神靈，要遭到懲罰和報應。這也是典型的滿族居住風格。

遼寧的冬天很冷，全靠火炕保持室內溫度。於是滿族人就把這種「穿土為床，火其下」的火炕作為室內採暖的主要設施，但這就需要炕具有足夠的面積，於是南、西、北三面相連的「萬子炕」就成為普遍採用的方式。晚上，儘管屋裡比較冷，但身下火炕卻很熱，使人入睡很香熟。不只是夜晚就寢在炕上，每日三餐以至待客讀書宴飲等，也大多在炕上。

火炕最主要功能就是取暖。因為燒炕是透過做飯的鍋灶，所以只要吃飯、燒水，炕就是熱的。為了冬季禦寒，有的人家把室內地面下也修成煙道，稱

之為「火地」或「地炕」，在特別冷的季節加燒火地以提高室溫。儘管室外天寒地凍、滴水成冰，屋裡炕面、地面一起散發熱量，仍然是溫暖如春。火炕還有一種奇妙的療效，能治療風濕病和關節炎，睡火炕熱量傳遍全身，一直到天亮，舒筋活血，驅風去痛，使身體各個關節舒展開。

▋滿族人的「口袋房」是什麼樣的

　　滿族早期，經濟文化比較落後，居住條件簡陋，冬天居住「地窨子」，夏季居住「馬架子」。隨著經濟文化的發展和與各民族間交往的增多，滿族人逐漸形成自己的居住習俗，並極大地影響了東北絕大多數民族（包括漢族在內）的居室建築。

　　滿族傳統住宅具有豐厚的歷史積累和鮮明的民族特色。比較常見的滿族住宅一般是 3 間或 5 間，坐北朝南，房頂用草苫，圍牆多用土壘成。按照滿族傳統習俗，房門開在一側而不在中間，如南向正房三間則屋門開在東側一間，四間或五間則開在東側第二間，這樣就使住人的居室成為兩間或三間相連，這類偏向東側開門的房屋形似口袋，因而俗稱為「口袋房」或「筒子房」，是滿族早期社會中十分流行的一種形式，具有傳統的滿族風格。

　　「「口袋房」的開口為什麼要偏東而不偏西呢？

　　這首先與滿族的信仰習俗有關係。在滿族人中一直流行著一種觀念：家中所有的人在室內做任何事，都不應該對供在西牆上的「祖宗」有所隱瞞。為了便於祖宗時刻監督後世子孫的家居言行，有必要將室內設置得寬敞些。為了更好地在家中舉行薩滿活動，也需要有一個寬敞的舞臺。同時，女真人原始時代就有「拜日」的習俗，每天清晨要向東方升起的旭日虔誠行禮，故房門多向東，以後改向南開門也因傳統偏東而設。

　　其次，舊時滿族民間很講究「一大家子」在一起的和睦生活，兒子即使已經結婚生子，也往往和父母同住一室，要求分家搬出即會被視為不孝。因此，一個屋裡有時要住老少幾輩十幾口人，需要較大空間。「口袋房」的一

個優點就是屋內相互連通，「放大」了室內的使用面積，能夠滿足滿族人對居住空間的需要。

由此可見，「口袋房」的設施佈局，主要是為了擴大室內空間，滿足日常生活和祭祀典禮的需要。

滿族長期生活在白山黑水之間，氣候十分寒冷，在「胡天八月即飛雪」的塞外北國，這種建築具有明顯的優點。這就是防寒性能好，保溫度高，即使是冰凍三尺的嚴冬，室內也會十分溫暖。

▌滿族的煙囪為什麼安在山牆外

遼寧城鄉的滿族傳統民宅，無論青磚瓦房還是土坯草房，都有一個顯著的特徵，即煙筒不是建在山牆上方的屋頂，也不是從房頂中間伸出來，而是像一座小塔一樣立在房山之側或南窗之前，民間稱之為「跨海煙筒」、「落地煙筒」，滿語謂之「呼蘭」。

這種樣式的煙筒來源於山林中滿族人的住宅。由於其屋頂是用樺樹皮或茅草覆蓋，甚至牆壁也多是用樹幹加工後排列「砌」成，如果煙筒附在牆壁上或設在房頂上，很容易引起火災，所以就把煙筒設在距房三四尺遠的地面上，再透過一道矮牆內的煙道連通室內炕洞，達到排煙的效果。還有一個原因就是，房上如果修了煙囪，煙囪底部往往最易漏水、滲水，春天雪化的水也往往易從煙囪底下流入房裡，易爛房木，所以，煙囪安在山牆邊就減去了這些麻煩。

滿族走出山林後，這種煙囪也被帶到東北的漢族居住區，隨著建房材料的變化，逐漸改為用土坯和青磚砌築，但高逾房檐、下粗上細的風格依然如故。瀋陽故宮清寧宮西山牆之側，至今仍保留著滿族皇帝「帶」進宮來的高大磚砌「呼蘭」煙筒。

煙囪具體的安裝方法是在山牆上用土坯砌成一米高，一米半長的煙橋，連著屋裡的炕洞，在煙橋頭修起圓塔般的煙囪，高 3 米左右，這樣灶間的煙和燒炕的煙都從這裡出去。這種構造除了可以減少火災，還可以減小煙囪安

在房頂對房頂的壓力，同時，也節省了煙囪所占的室內面積。在民間，這種煙筒還有一些特殊的用途，比如有的地區冬天把雞窩搭在常有熱氣透過的「煙筒橋子」上，使雞也能住在「炕」上，冬季仍可產蛋。煙囪設在山牆外，整齊地坐落地房山頭，遠遠望去，十分美觀。這些獨立的煙囪，農民稱它們為「坐地煙囪」，像一座座小塔，配置在房屋邊上，顯出獨特的風格，使遼寧的村屯房舍錯落有致。

關於關東的煙囪還有一段神秘的傳說。據說，煙囪的底部是這家祖先亡靈的棲息之處。當老人故去七天，家人如想見其足跡，便取小灰撒於煙囪底部，並用大碗盛上水放置在煙囪通道上。第二天早上，其灰上若有老人的足跡，水也被老人喝去了一些，這表示老人想念家人，回來看望過了，於是，全家人都很高興。因而民間又把煙囪稱為「望鄉臺」。這個習俗雖然是人類對靈魂的一種恐懼心理的表現，是人類早期對靈魂不滅的一種認識的印跡，但也恰恰說明了「煙囪」在人類生存中的地位。人們把它視為人們生活與生存的標記，是人們生活興旺的象徵。

▊新賓滿族人為什麼要以「石」鎮宅

新賓滿族自治縣上夾河鎮腰站村是清皇室愛新覺羅氏肇氏家族聚居地。他們在建住宅時，房基四角要選擇較大的堅硬石板奠基，以此為柱礎石，今建磚瓦房無樑柱，即用此石作基。新房框架砌成後，主人要舉行上樑儀式。儀式中，司儀人要挑選五色石（大小如指蓋），拌上五穀雜糧在房屋內繞牆壁揚撒，剩餘部分撒於房屋內地中央。有的人家不用五色石而用砸碎的鏵鐵小塊拌五穀雜糧揚撒，也有的甚至用硬幣，不用石和鐵。新房建成後要套院牆設院門。如果牆院的大門朝向衝著街巷、公路、塔、廟宇、險山惡岩、怪樹以及鄰人屋脊或門戶等，就在大門口左側立一塊「石敢當」或「泰山石敢當」。這塊奠基石一般是 1 米多高，0.3 米左右寬，石上還拴條紅布條子。腰站肇氏滿族的這種用石鎮宅習俗，在新賓各地農村滿族住宅中較為普遍。

據清代筆記記載，清初康熙年間滿州將軍拜音達禮年因其宅與寺廟的寶塔相通，常常鬧鬼，而向龍虎山求救。途中，拜音達禮年遇一道士，道士說

他有辦法，於是索來筆紙，給將軍書寫了「泰山石敢當」五個漢字，讓將軍回家將這五個漢字刻於石，並立於門前左側，可保闔家平安。於是，此鎮宅驅邪之法在滿族人中傳而廣之，多有效仿。

「石敢當」的埋立不是隨便而為的，有一定規矩。從古至今，民間建住宅最講究的是大門的朝向，俗有「大門朝陽，子孫吉祥」、「大門朝南，福享不完」之諺。但是，如果因環境所限使大門不能朝南，就得將大門的一側縮半尺而使大門斜向。這樣就需要在門前立「石敢當」。「石敢當」一般要求高四尺八寸，寬一尺二寸，厚四寸，埋土八寸。據《魯班經》載，具體製做和豎立石敢當也有規定：「凡鑿石敢當，須擇冬至日後五龍日、五虎日」。五個龍日指甲辰日、丙辰日、戊辰日、庚辰日、壬辰日。五個虎日是指甲寅日、丙寅日、戊寅日、庚寅日、壬辰日。立石時，只許家人培土，不能讓外人看見，可見立石敢當具有神秘的色彩。

這種「埋石」鎮宅習俗，早在漢代即已風行。漢代淮南王劉安編寫的《淮南萬畢術》一書中就有「埋石四隅，家無鬼」的記載。而到了唐代，民眾與風水先生對質地堅硬的沉重石頭更是十分感興趣，認為它具有神性或魔法，所以用石頭來鎮宅，能鎮壓一切妖魔鬼怪和祛除災難禍事。敦煌民間奇異的「用石鎮宅法」的建築習俗，就是這種思想的產物。

▌滿族人家的庭院內為什麼設有影壁

滿族人家庭院內，一進大門，便可見一段牆形建築，叫影壁，或磚砌，或木柵。有的富貴人家，在影壁上畫有日出雲海、龍鳳呈祥等美麗的圖案。

本來，影壁是滿族先民居室門外掩體的演化，滿族古老的神話傳說，對此作了有趣的解釋：相傳，世上有一種戴假面具的怪獸，叫馬虎子，專門追攝人的真魂，只要戴上假面具，就可以避開馬虎子的追擾。而影壁就是居住在這屋裡一家人的假面具，所以，無論貧富，往昔滿族的院門內都設有影壁。

四合院常見的影壁有三種，第一種位於大門內側，呈一字形叫做一字影壁。大門內的一字山牆或隔壁的，稱為獨立影壁，如果在廂房的山牆上直接

砌出小牆帽併作出影壁形狀，使影壁與山牆連為一體，則稱為座山影壁。第二種是位於大門外面的影壁。這種影壁坐落在胡同對面，正對宅門，或單獨立於對面的宅院牆壁之間，或倚砌於對面宅院牆壁，主要用於遮擋對面房屋和不甚整齊的角簷頭，使經大門外出的人有整齊美觀愉悅的感受。還有一種影壁，位於大門的東西兩側，與大門簷口成一百二十度或一百三十五度夾角，平面呈「／＼」字形，稱作「反八字影壁」或「撇山影壁」。做這種反八字影壁時，大門要向裡退進二至四米，在門前形成一個小空間，可作為進出大門的緩衝之地。在反八字影壁的烘托陪襯下，宅門顯得更加深邃、開闊、富貴。

影壁是四合院大門內外的重要裝飾壁面，主要作用在於遮擋大門內外雜亂呆板的牆面和景物，美化大門的出入口。人們進出宅門時，迎面看到的首先是疊砌考究、雕飾精美的牆面和鑲嵌在上面的吉詞頌語。四合院宅門的影壁，絕大部分為磚料砌成。影壁分為上、中、下三部分，下為基座，中間為影壁中心部分，影壁上部為帽牆部分，彷彿一間房的屋頂和簷頭。影壁與大門有互相陪襯、互相烘托的關係，二者密不可分，它雖然是一座牆壁，但由於設計巧妙、施工精細，在四合院入口處起著烘雲托月、畫龍點睛的作用。

▌為什麼索羅竿是滿族宅院中的「聖物」

滿族人家的庭院，其南隅的地方，植一木桿，高9尺，滿族人稱其為神竿，也叫索羅竿。這根做竿子的「神木」，必須由本家主人親自從山林中砍來，否則就是心不誠，竿子也不會有「靈氣」。比較簡單的「神竿」，則可用樹枝、稭桿臨時捆紮製成。樹竿子的地點，一般在宅院東南方正對屋門的位置，比較寬敞的庭院，索羅竿位於院心的磚砌或木製影壁之前，因竿子較高，人們從院外就可以看到，成為滿族人家的標誌。清末曾在東北任職的劉兆禔在《吉林紀事詩》中有詩曰：「植立庭前木一根，祭天祀祖百神存。禳祈禍福憑義勇，切肉同餐俎上豚。」詩中所詠即舊時東北滿族宅院中所立的「索羅竿」。

滿族人立神竿實際上是祭天用的，即立竿祭天神阿布卡恩都裡。神竿是從高山上砍下來的挺拔筆直的樹，長九尺，代表九重天。通常每次大祭都要

更換新的索羅竿或重新立竿，並用竿尖蘸豬血，把豬的喉骨套在竿尖上，還要在竿頂的錫碗裡放豬內臟等碎肉，如用樹枝和稭稈作竿，則把肉捆縛在竿上。每逢這種祭天大典，操辦得都非常隆重，許多家族還有薩滿跳神儀式，參加的族人要分食祭肉和用小米加肉末做成的「小肉飯」（俗稱「達子粥」）。村裡的異姓人甚至路過的陌生人，只要在索羅竿前磕個頭，就可以進院吃肉，吃得越多，主人家越高興，而且臨走時不許向主人道謝，只向竿子叩頭即可。因為從觀念上講，這些肉和飯是「天神」所賜，應該謝神才對，表達了滿族傳統的信仰和純樸的風俗。

插神竿除祭天外，還有祭清太祖努爾哈赤的意思。相傳，清太祖年輕時，吃過很多苦，他在夏秋之際，進到茫茫的長白山原始森林，手持索羅竿，挖山參，頭頂北星，風餐露宿，不斷同野獸搏鬥，艱苦備嘗，創業不易。後來清太祖坐殿，得了江山，滿族後人就把他用過的索羅竿，立為神竿，每年都要祭祀。神竿上的小鬥裝五穀雜糧和豬雜碎，主要是餵烏鴉和喜鵲，因為他們救過努爾哈赤的命。其實這只是傳說而已，立竿祭天是源於滿族原始社會的古老風俗，早在努爾哈赤誕生前幾百年就已經存在了。

由於索羅竿是滿族宅院中的「聖物」，平時人們對它也很崇敬，不得往竿座前扔倒汙水汙物，不得踩、坐或用腳踢踹竿座，也不能在神竿下口出汙言穢語，否則便認為會被「天神」知道，遭受責罰。這一具有濃厚宗教色彩的標誌物，也成為東北滿族傳統民居的一大特色。

▌滿族的四合院有什麼特色

提起四合院，人們往往會想到北京胡同裡那精緻典雅的住宅群。其實，過去在遼寧，幾乎每處城鎮都能見到四合院，而且具有鮮明的滿族特色。所謂「四合院」，一般是指由東西南北四面圍合的青磚瓦房加院牆構成的獨立院落，但也可包括三面房舍和一面門樓的「三合院」，當然也是指磚木結構建築構成的，而不包括農村的土坯草房院落。

滿族人認為，「四世同堂」或「三世同堂」是件大喜事，同堂的輩行越多越光榮。因此，隨著人口的增加，除正房外，又建有東西廂房和南向而中

間留有門洞的門房，這種建築及佈局就是我們今天所稱道「四合院」。其特點是：院內靠門洞的地方建一矮牆，稱為「影壁」。影壁後豎一根八尺高左右、碗口粗的神桿，桿頂端掛有一錫製或木製的鬥子。兩廂南端是牲畜欄圈。正房後中間空地是菜圃，四周栽植果樹或花卉。房屋四周圍以橫牆，自成院落，大戶用磚石，小戶用木柵。這樣院連院，戶連戶，很自然地形成了堡子、營子和屯子。

　　遼寧城鎮四合院中王公貴戚、高官富商所住者最為氣派。南面三間屋宇式大門，正中一間是出入的「門洞」，旁邊兩間則是「倒座」的門房，供守門人或傭人居住。正對大門外的是高大的影壁牆，門前有上馬石和拴馬樁。院子多為兩進，中間或設二門或建院心影壁分隔內外院。外院兩側建小廂房，主人所居內院正房五間，東西廂房各三間，正房之北，有的還建供存放物品和僕人居住的後罩房，一般也是五間，房子的造型具穩重渾厚之感。小一點的四合院則是一進，有用磚砌的門樓或單間大門，院內空間寬敞的也設磚砌或木板影壁，還有因空間限制而從側面開院門的。

　　此外，民國年間，東北一些地處偏遠的村屯富家大戶的四合院，為防止「鬍子」（土匪）襲擊，不僅院牆高大，家裡養著看門護院的「炮手」，而且在院牆四角修有炮樓做「防禦工事」，即使有幾十人來進攻也能確保安然無事，可稱為「保壘式」四合院了。

　　東北四合院和北京四合院在結構上最顯著的區別是大門的位置。北京四合院如是坐北朝南則院門開在南面東側的角上，而東北的院門則設於南面正中。這一差別使兩地四合院給人的感覺有所不同，北京的四合院整體給人以封閉壓抑之感，遼寧的四合院則給人以樸實豪爽之感。

▋滿族的門窗有什麼特點

　　滿族民居的門窗很有特點，外面的門是獨扇的木板門，裡面的門是兩扇門，有木製的插銷。內室窗戶分上下兩層，上層糊紙，可向內吊起；下層為豎著的二三格，裝在窗框的榫槽，平時不開，但可隨時摘下。窗櫺格一般有方格型、梅花型、棱型等多種幾何圖案。

糊窗所用的窗紙是一種叫「豁山」的紙，滿語稱為「攤他哈花上」，漢譯為麻布紙或窗戶紙，是用破衣敗絮經水漚成毳絨，再在緻密的蘆簾上過瀝攤勻，經日曬而成的。這種紙堅韌如革，可用作寫牘，但最主要的是用於糊窗戶。「窗戶紙糊在外」，滿族人創造的這一歷史文明，曾被稱為「關東三大怪」之一。實際上並不「怪」，將窗戶紙「糊在外」有科學道理，它增大了窗紙的受光面積，窗戶朝外開，室內人順手推窗，接觸窗檔，不易損壞窗紙。同時，將這種紙糊在窗戶的外邊，一方面可以避免窗檔中積沙，另一方面可避免窗紙因冷熱不均而脫落。窗紙糊上後，還要淋以油，這樣，既可增加室內的亮度，又可以使窗紙堅久耐用。古時的門窗均背陰向陽，是為了取暖採光，也寓合了當時人們崇拜太陽和光明的宗教心理。

窗檔及門上亮子窗檔構成各種圖案，美觀牢固。外室廚房正壁上設有一空較小的窗戶，以備通放煙、氣，稱「馬窗」。更有在內室窗戶上方附設一套稱為「崖子哈」（滿語）的活動天窗，作為調劑空氣的通風設備。

▍滿族有哪些建房、居住習俗

掛紅賀喜慶。滿族蓋房，先立房架，後砌牆安門窗，親朋好友聞訊而來為之祝賀，所贈送的紅布、紅綢，披掛在房樑上。上最後一根大樑時，鞭炮齊放，房主往大樑上澆醴酒，祭天祭神，唱《上樑歌》：「澆梁頭，澆梁頭，祖祖輩輩出王侯；澆梁腰，澆梁腰，祖祖輩輩吃犒勞。」今天雖然《上樑歌》的內容更改了，但置房喜慶的風俗仍保留著。

占卜決吉地。在滿族的先民時代，遷房、蓋房都要請薩滿祭奠房架沖恩都裡增固，由薩滿占卜來決定遷房、建房的吉地。傳說，清朝的龍興之地赫圖阿拉就是薩滿用野雞占卜決定的地址。薩滿用羽繩把經過祭祀的野雞的膀根纏上，用骨針挑開雞冠。野雞飛到房主預定的地方，便為蓋房的吉地。此外，滿族忌諱在門前有水溝的地方建房。這一習俗來自後金由界凡城遷都薩爾滸時，二兒子代善私心比較嚴重，自己蓋的房子和所占宅基地比汗王的都大，用工也比汗王多。汗王很生氣，說：「你蓋的房子有毛病，你看迎門有一條河溝，這叫『迎面水』，這是『一直箭』，對你的後代很不利。」代善一聽，

害了怕，說死也不想要這裡的房子了。從此，滿族人建造房室時，從來不選擇有一條迎面水的地方。

西為貴，水為吉，山為富。滿族蓋房時，須先蓋西廂房，再蓋東廂房，落成的正房，也以西屋為大，稱為上屋，上屋內的西炕更是敬祭神祖的聖潔場所。在滿族早期的神話中，天穹主神是女神阿爾卡赫赫，她身邊有四位女神，看到人類辨不清方位，生活艱難，便來給人類指方向，因西方女神窪勒給走路一蹦三跳，先到人間，指明了那是西方，所以人類先敬奉她，第二個到人間的是東方女神德勒給。所以滿族人有先敬西、後敬東的風俗。實際上，遼金以前，滿族先民崇尚的是東方，這是太陽升起的地方，是廣熱的源頭，所以門往東開。遼金以後，女真人有了地面居室，往往選擇山的陽坡架木為室，西北風被山擋住，東北風卻擋不住，這樣東山房就比較冷。滿族敬老，暖和的西屋為長輩所居，祭禮也在西屋舉行，久而久之，形成了以西為貴的風尚。依山傍水本來就是人類居住的理想場所，滿族先民又有敬水、祭山之古風，所以有「近水為吉，近山為富」的民俗意識。

▎「土坯草房籬笆寨」為什麼是遼寧村屯住宅的一大特色

關東民間有一句俗語：「草坯房子籬笆寨，關東百姓人人愛。」過去的遼寧農村，最常見的是土壁草頂的房子，而且房屋的周圍通常都有用樹枝或稭稈編成的「障子」，所以有人把「土坯草房籬笆寨」視為關東村屯住宅的一大特色。

土坯是什麼呢？就是把草和泥合在一起，按在固定的模子中，做成一塊塊一尺長短的土磚，叫「坯」。其製造過程叫做「打坯」或「脫坯」。一般是選擇平整向陽而且取土取水方便的地方作坯場。脫坯時，先將坯土堆積在平地上，把土中的疙瘩和雜物挑出，把「羊角」（草的民間俗稱）層層放置於土中，澆上冷水，經過一天或半天時間的「悶」，使草和水都泡軟浸透，再「二尺鉤子」攪合，這樣，水、草、土完全粘合在一起了。之後，用木製的坯模子為輪廓，把泥填進去抹平，然後將模子上提拿掉，一塊土坯就做成

了。土坯是蓋房時砌牆和搭炕（俗稱「盤炕」）用的，房子的梁架是由梁、檀、椽組成的木構架，而房頂則要以草覆蓋。

土坯草房外表十分簡樸，連窗櫺也多是橫豎相交的簡單樣式，它能夠在東北鄉村長期存在，是由於其就地取材、蓋造方便的特點和厚牆厚頂、冬暖夏涼的實用性。土坯砌成的屋房，牆縫整齊，給人一種堅實和溫暖的感覺。由於土坯中有草，所以屋牆之中常有黃鼠狼和老鼠來做窩，它們在牆中間或牆根處掏了許多洞，在陽光暖和的日子裡，它們常常伸出小腦袋東張西望，引得孩子們哈哈大笑。

籬笆在關東十分普遍，民間有「窮夾樟子富打牆」之說。其實，夾樟子和打牆作用相同，只是材料不同而已。山裡產木頭，木樟子居多，有的人家乾脆以圓木為樟子。《欽定滿洲源流考》載：「夫餘有官室，倉庫，牢獄，作城柵皆圓」。

一般人家夾樟、修籬笆往往是為了安全和取暖。過去人煙稀少，地方荒涼，籬笆寨可以防止野獸進入，也便於家狗看家望門。另外，有的籬笆寨子修得離窗子很近，這樣就造成了遮擋風雪的作用，使屋子裡保持溫暖。

在用樟子圈起來的院子裡人們常常要打上一口水井，有的人家還要在院子裡建一座糧食樓子，放擺上醬缸什麼的，還可以種些青菜，院子給農家帶來了生活的歡樂。關東人家的屋子都比較窄小，院子卻很大。因此院子就成為辦紅白喜事的「道場」。

滿族的村屯有那些形式

氏族村，東北故土的滿族雖也編入八旗，但其職能或打牲、或採鋪、或農耕，生產職能的比例很大。原來漁獵生活中形成的古習俗保留較多。「聯柵而居」、「築城圈寨」的氏族雖已不多見了，但實際上，本氏族人聚居在一起仍是常見現象。民國初年，八旗制解體，關外的滿族又多族聚而居。有時，一個村落以幾個滿族姓氏的族人相居而成，形成了「兩家子」、「三家子」

等村名，在那裡，闔族祭祀、公選族長等習俗一直延續到現在。滿族的這種居住習俗，造成了今天滿族「大分散，小聚居」的居住局面。

八旗寨，清軍入關後，京師八旗的滿族按所屬旗籍的駐地居住，規定嚴格。《八旗通志分志・八旗方位》載：「鑲黃旗居安定門內，正黃旗居德勝門內，並在北方；正白旗居東直門內，鑲白旗居朝陽門內，並在東方；正紅旗居西直門內，鑲紅旗居阜成門內，並在西方；正藍旗居崇文門內，鑲藍旗居宣武門內，並在南方。」這是八旗的駐地，也是驍騎的訓煉基地。一些獨立的軍營，如前鋒營、護軍營、火器營、健銳營等都有指定的「滿城」或「滿營」。而且，儘量仿照京師八旗方位按左右翼分旗居住。關裡的滿族居地有明顯的軍事性質，原來氏族的因素就微小了，他們的遷居也完全聽命於朝廷的調定。

霍吞城，早期的滿族村屯多在山區谷地，常以家族（從原始氏族發展來的）聚居為主，家家設有圍柵，主要是防備猛獸對人畜的侵犯。有的滿族村屯還在屯子週邊築起木土夾層，厚實堅固的城牆，使村屯稱為了集軍事、生產於一體的城堡——「霍吞」，亦稱「霍通」。因而，當時的氏族、部落首領多稱為「城主」。遼東鳳凰城一帶滿族的村屯與住宅，其特點是村屯仍以柵相圍，其居依山傍水，房屋高大，庭院寬敞。

自然屯，隨著社會的發展，滿族的住宅，從金代比較簡陋的「納葛裡」，發展成高大寬敞的滿族老屋，其習俗仍和村屯關聯在一起。在八旗的統轄下，以戶為單位聚居叫做「屯」的居民點取代了古城堡式的村屯。每屯三十至八十戶人家，也有上百戶的大屯，屯的街道由一戶戶的住宅接連而自然形成。院連院，戶接戶，這樣很自然地形成了屯子，屯與屯之間一般相距幾十公里，交通主要靠騎馬和馬拉大車。

▎苞米樓是作什麼用的

遼寧農家院落裡，常可以看到一種「空中樓閣」，下以木樁支撐，上似一間木房，俗稱「苞米樓子」或「苞米倉子」，滿語稱之為「哈什」。其建造位置並沒有什麼嚴格的規定，有的是在東側房山頭（西側一般是建廁所的地方），有的在房前或東或西的一側，不過從院外看，總是處於很顯眼的位

置。倉裡裝滿金黃色的苞米棒，再襯以皚皚白雪覆蓋的屋頂和庭院，頗具關東農家的自然風貌。

這種苞米樓子建造不會太複雜，其材料大都是來自山林中的雜樹，先選出數根稍粗且直的做立柱，然後在距地一米多高的地方加橫撐鋪倉底，再層層向上加倉壁併作成一面坡或前後坡的頂蓋即成，蓋頂除木板外還可加樺樹皮或獸皮，以防漏雨。

東北稱玉米為「苞米」或「棒子」，它與高粱同是過去東北人的主要糧食作物，既供人食用，也可做牲畜飼料。秋天收穫之後，玉米連棒芯一起貯存，現吃現搓。在靠近東部和北部山區的地方，「苞米樓子」幾乎家家都有。其建造的式樣很有實用性。倉底離地面較高，可以防止老鼠和家畜家禽偷吃糟蹋糧食，又避免距地面太近使糧食受潮發霉。四面的倉壁留有很寬的縫隙，以利通風。有的地區苞米倉子只有四壁而沒有頂蓋，也是便於晾曬通風。還有一些地方把苞米樓子下部的空間也圍以木、石結構的牆，前留小門兒為存放雜物之處，成為上下兩層的樓子。

苞米樓子雖不是農家的重要建築物，但卻與本家的「外部形象」有著很重要的關係。樓子裡的苞米滿滿登登，說明這家起碼在幾個月內無斷炊之憂，日子過得吃穿不愁。如果倉子見底，空空蕩蕩，則要懷疑這戶人家是否能吃上飽飯了。在過年時，人們也透過苞米樓子寄託豐衣足食的願望，把「福」字和「五穀豐登」的紅色春條鄭重其事地貼在上面，而把對應的「六畜興旺」貼在豬圈和牲口棚，看起來才覺得喜興圓滿。東北舊俗，農曆正月二十五日為「填倉節」。這一天的活動之一就是祭「倉神」，在盛得滿滿的一碗米飯中間垂直插一雙筷子，擺在倉內並上香祭祀。供「倉神」時，既包括盛放米麵的倉房（俗稱「下屋」），也包括院裡的苞米樓子，其用意都是一個，祈求風調雨順，糧食滿倉。

▌瀋陽的胡同為什麼多以「牛錄」命名

當我們翻開老瀋陽的古地圖時，就會發現有眾多的以「牛錄」冠姓而命名的胡同，如散落在各關的三牛錄官廳胡同、施牛錄胡同、恆牛錄胡同、崔

牛錄胡同、達牛錄胡同等等。這些胡同為什麼要以「牛錄」命名，而這些鮮為人知的「牛錄」又怎麼解釋呢？

要想弄清楚什麼是「牛錄」，在這裡我們就要提一下清代的八旗制度，「牛錄」其實是八旗制度的最小單位。八旗，是努爾哈赤創立的「以旗統軍，以旗治民」的特殊軍隊。他以八旗制度為紐帶，把女真社會的軍事、政治、行政統一起來，從而使分散的女真各部聯結成一個組織嚴密的社會機體。

女真人原有的社會組織是族和寨的兩種形式。「族」滿語稱「穆昆」，是按血緣關係由親族本姓組成的群體。「寨」滿語為「嘎山」，是按地緣關係組成的社會群體。女真人原始狩獵時，不論人數多少都依族寨而行。為了便於管束，出獵以10人為一隊，每人各出1支箭，由牛錄額真（總領，意為「大箭之主」）統領，照指定方向行事。雖然這只是個臨時性的組織，但狩獵的需要，生存的需要，卻使這個古老的民族，形成了結成群體的傳統。努爾哈赤對這種傳統的組織形式進行了改造，變成了適應當時戰爭需要的一種全新的組織形式。

明萬曆十二年（1584年），努爾哈赤開始組織軍隊，每個牛錄由原來的10人，增編到300人。在全軍出動時，才有每牛錄300人，一般作戰，每牛錄只有幾十人。八旗的組成是滿洲八旗300牛錄，其中包括約100個已經滿族化的蒙古牛錄，純粹滿洲牛錄僅200個。蒙古八旗129牛錄和漢軍八旗167牛錄。牛錄也不再單純的是圍獵組織，開始以軍隊的面目出現。牛錄的改編，奠定了八旗的雛形，可見，八旗的組建是有基礎的。

上面所談到的冠以姓氏的「牛錄」胡同，即是以當年牛錄首領的姓氏駐地而命名的。如今，這些牛錄命名的街巷胡同早已成為歷史，但它的蹤跡仍可尋見，如新民市的法哈牛鄉，原名叫法哈牛錄堡，遼中縣的烏伯牛鄉，原名叫烏伯牛錄堡。這所謂的法哈牛錄、烏伯牛錄，實際就是指牛錄的首領法哈、烏伯曾在此地駐紮過。日久天長，當地的老百姓就習慣稱為法哈牛、烏伯牛，並一直沿用至今。

瀋陽為何有條「鬧海墳」胡同

在瀋陽大東區有條小胡同，名為「鬧海墳」，今名海興巷。老瀋陽周圍並沒有海，為啥叫「鬧海」呢？原來，這裡面還有段軼聞。

明末，老罕王努爾哈赤起兵攻打明朝的前哨重鎮撫順城，末克，被明軍團團圍住。努爾哈赤隻身殺出重圍。慌亂中向沈城方向奔命。明軍窮追不捨。當努爾哈赤跑到沈城東郊時，他的坐騎「大青」累死了，他也累得筋疲力盡，昏倒在地。

明軍見努爾哈赤仰面朝天躺在一處低窪草叢裡，都不敢上前捕捉。明將下令在其周圍架上柴草，放火燒死他。頓時濃煙滾滾、烈火沖天，明軍以為其定死無疑，便揚鞭策馬離去。努爾哈赤的獵犬見主人被火海包圍，急奔向附近的溝塘中，全身蘸滿泥水，反覆沖過火海，扒開努爾哈赤身邊的柴草，切斷了火源，才使主人得以不死，可獵犬卻被大火活活燒死了。努爾哈赤親眼見其愛犬捨身救主，大鬧火海而死，心情極為難過，便把獵犬安葬在他遇險的地方，築起一座墳塋，起名叫「鬧海墳」。後來，此地逐漸有人群居住形成街巷，其名即留存下來。

「火盆」為什麼會成為遼北重要的禦寒工具

火盆是東北民間的一種取暖工具，從前在嚴寒的冬季，遼北許多民間百姓家裡，由於室內取暖多靠火炕，屋內的熱度往往不易很快升高，有時就是把火炕燒得滾熱，也抵不住外邊的風雪嚴寒。這時，家裡的老人和孩子就將裡面盛上紅彤彤「小灰」的火盆，端到火炕上，滿屋頓時暖和起來。

火盆一般是用鐵器、瓷器製成的，也有的用泥或銅製成，形狀如臉盆一樣呈圓形，大小不一，有的還在盆邊刻上吉祥花圖。「小灰」是從炕洞或灶炕裡鏟出的「豆棵」、「穀草」、「茬子」等植物燃燒後的炭火。它們從炕洞或灶坑裡鏟出時一般只燃燒了 70% 左右，所以其餘熱仍很高。而在春節前後或正月裡，則多用木炭當「小灰」，保持熱度的時間會更長些。

火盆給遼北的民間百姓帶來了很多樂趣。每當嚴冬時節，戶外風雪呼嘯，全家人坐在熱炕頭上，講故事、剪窗花、納鞋底，一邊遊戲，一邊在火盆裡烤些小吃，如馬鈴薯、地瓜、黃豆粒、苞米粒等。邊烤邊吃，其樂融融。有時還把小倉子壁的粘豆包拿出來，埋在小灰裡烤，一股股的香味在屋子裡飄蕩。

火盆是家裡的老人天天守著的東西，小貓小狗也天天圍著火盆轉。老頭兒、老太太點煙對火，也從火盆裡取火種。愛喝酒的老漢，往往在吃飯前把酒壺往火盆上一放，轉眼間酒就熱乎了。孩子們的衣服涼了也要上火盆上烤一烤才穿，而當人入睡時，涼的被縟也要烤暖了才成。民間歌謠中把整天守著火盆的人形容成為有福之人：「老太太，小媳婦兒，一個一個有福人兒；不做飯，不淘米兒，坐在炕上烤火盆。」

家裡來了客人，主人往往就喊：「快脫鞋上炕，暖暖腳！來來來！」隨即就把火盆往客人跟前拉拉，客人或者說：「不冷，不冷！」或者就客隨主便了。要知道，火盆的溫暖是很難讓人拒絕的。

▌「張氏帥府」為什麼被列為近代優秀建築群

張氏帥府位於瀋陽市沈河區朝陽街少帥府巷 48 號，是原奉系軍閥張作霖和少帥張學良父子的官邸和私宅，又稱「大帥府」、「少帥府」。始建於 1914 年（民國三年），1933 年建成，總面積達 36000 多平方米，其中建築面積為 27000 平方米，分東、中、西三座院落，是中國近代優秀建築群之一。

帥府中院為青磚結構的三進四合院，是 1914 年張作霖剛當上北洋軍閥陸軍 27 師師長時開始興建的仿王府式建築。該院坐北朝南呈「目」字型，共有 11 棟 57 間，建築面積 1768 平方米。

四合院正門南側有一座起脊挑簷的影壁，刻有「鴻禧」大字的漢白玉板鑲嵌在影壁正中，正門兩側立有抱鼓石獅和上馬石。

一進院東廂房為內帳房，西廂房為承啟處；東耳房是廚房，西耳房為庫房；東西門房分別為電話室、傳達室和衛兵室。通往二進院的大門是一座雕

刻鏤花的門樓，稱垂花儀門。張作霖接待重要客人，就在此門舉行歡迎儀式，故稱儀門。

二進院正房中間為堂屋，東屋是張作霖在 1922 年以前的臥室和書房，西屋是辦公室和會客室。東廂房是秘書長宰和內差處，西廂房為秘書處。

三進院是內宅。西廂房是張學良和於鳳至結婚後的居室，其餘房間均為張作霖的幾位夫人的住室。正房東西兩側的耳房是僕人住室，二、三進院間有側門迴廊相連，並有角門通往東院帥府花園和大小青樓。

三進四合院是典型的中國傳統古典建築，又有東北遼南民俗風格，門廊柱的油飾彩繪獨具特色，窗下牆身的硯石浮雕堪稱一絕，牆上磚雕細膩生動，簷枋雀替木雕巧奪天工，是研究民族建築和民間習俗的珍貴藝術資料。

東院由大、小青樓和帥府花園等組成。小青樓建於 1918 年，為中西合璧式二層青磚小樓，曾是張作霖五夫人和子女居住的地方。1928 年張作霖被日本人炸傷，在此樓西屋去世。大青樓是帥府中心，1922 年最後建成的三層羅馬式青磚樓房，上有觀光平臺，下有地下室，建築面積 2561 平方米。一樓有東北政務委員會辦公處、會客廳、宴會廳、秘書廳等，其中，會客廳以陳放老虎標本而得名「老虎廳」，當年，楊宇霆、常蔭槐就是在這裡被處決的。二樓是張學良的辦公室和臥室。帥府花園建有假山、花壇、甬路、亭臺水榭、荷池和隧道。

西院的七座紅樓 1930 年由張學良規劃並築好地基，「九·一八」事變後建成的。此外，在帥府院外的東部和南部，還有趙四小姐樓、邊業銀行和帥府辦事處（俗稱 " 帥府舞廳 "）等建築。

整個張氏帥府內外組合成優美的建築和環境藝術體系，交相輝映，就其建築風格而言，既有中國傳統式又有中西合璧式、北歐式、東洋式等等；就雕刻藝術而言，有磚雕、石雕、木雕以及繪畫等多種藝術形式，堪稱是彙集近代建築藝術之大成，是研究建築藝術難得的實例。上個世紀後期，「張氏帥府」被國家列為全國優秀近代建築群。

▌大連的街道上為什麼有許多日式民居

大連的日本房究竟是怎麼來的？說起來還有一段歷史。

大連原先只是個名叫青泥窪的小漁村，因為地理位置的重要，這裡相繼發生了兩次戰爭。後來，小漁村成為一座城市，俄國人和日本人先後在此統治了將近半個世紀。那時候，日本人「崇洋媚外」，認為歐洲的東西就是好的。所以，在把俄國人趕走之後，日本人把樓房造得比俄國還俄國，比歐洲還歐洲。

據說，當時大連的南山區是日本富人的居住區，其它地方則是日本平民的居住區。雖然二者在樓層、房間大小方面有些差別，但其室內佈局的總體思路是一致的。標準的二層日本房是這樣的：推開大門，是一間小廳，進到廳裡，往左或往右，是一間餐廳，小廳的前方是一棟小木質樓梯，樓梯旁有一通道，可以進到衛生間，通道的一側下幾步臺階，可進到廚房。若是順著小樓梯爬上去，便到了二層臥室區，一般是兩個臥室。其中一間臥室的上方有一個木頭蓋，打開木頭蓋就到了儲藏室，其實儲藏室就是日式房的三角屋頂內的空間。南山附近的日本房面積較大，一層還有工人、保姆間，甚至有設備間，二層的臥室較多些。走在日式房內的地板上，咯吱咯吱地響，因為木質地板的下面是空的，下面佈滿了電線，與一大堆保溫材料混雜在一起。日式房內木質的東西實在是很多，幾乎除了生火的爐子和灶臺，剩下的如地板、窗戶格、樓梯等都是木頭的。如果按照現在的眼光，日式小樓內的動靜分區做得最好，一層包括廚房、設備間、餐廳等，二層則是純居住用的。

大連被日本統治了多年，一些經典的日式民居已被很好地保存了起來，利用和欣賞這些建築的同時也將提醒我們不要忘記歷史，共創中華民族美好的未來。

▌「彭公館」為什麼是四合院建築的傑作

彭公館位於遼陽市東四道街中心路二號，原是奉系軍閥統治時期東三省官銀號總辦彭賢於 1921 年所建的私人官邸，為一座三進一廳、兩圍式的仿

清代四合院建築，共有房舍49間、占地8004平方米，建築面積1880平方米，現為遼陽市博物館。

　　彭公館是遼陽地區現存最完整的四合院式建築，分為住宅、花園、果園三個部分。

　　東部住宅區，街門東向，有硬山式門房三間，門前裝有一對上馬石和石獅子。厚厚的門板上裝有銅鋪首和鐵鉚釘，兩側的餘塞板上繪有山水花鳥。門內南側是一座青磚八字形照壁，中間雕一「福」字，西面牆上長方形影壁雕「迎祥」二字。北面是帶前廊的正房，中間為進入小院的門道，門道兩側及廊心裝飾著用瓷磚鑲嵌的風俗畫和山水畫。小院用青磚筒瓦牆隔成東西兩個跨院，各有平房三間。從前院向北，過垂花門，進入正方形的中院。院內十字形的甬道連接南北垂花門牌號、五間正房、東西對稱的五間廂房。這十五間房均為硬山式，簷前裝木楣子和蓮花垂柱，形成迴廊。

　　過西角門便是花園，園內建一座捲棚頂花廳，中間連接著一個鉤連搭的抱廈，是賞花品茗之處。再向西便是彭公館的果園，這座占地近萬平方米的大果園現已被民居和單位佔用。

交通遼寧

通則興，不通則衰。在繁榮興盛的新時代，遼寧人用自己的智慧和勇氣創造了便捷、暢通、安全的交通環境，鑄就了一條條通往幸福、文明的康莊大道。這不僅為旅遊提供了不可或缺的仲介條件，而且為遼寧豐富多樣的旅遊資源畫圈添上了濃重而又精彩的一筆。遼寧之所以被賦予旅遊強省的稱號，與暢通發達的「水、路、空」交通條件密不可分。

▌為什麼說遼寧擁有全中國密度最高的鐵路網

遼寧省鐵路的發端在全國來說是較早的，是中國第二個擁有幹線鐵路的省份。舊中國的鐵路是帝國主義侵略中國的產物，帶有明顯的侵略性和掠奪性，是帝國主義掠奪東北財富，統治和侵略中國人民的工具。日本帝國主義投降後，由於國共內戰對鐵路破壞，到解放前期，留給下一個鐵路爛攤子，全省鐵路共有 2400 多千米，但可通車的卻不足 30%。

隨著國民經濟的迅速發展，遼寧省的鐵路獲得了長足發展。現有鐵路通車里程達 4000 多公里，鐵路密度居全國首位，形成了以瀋陽為中心，呈放射狀向東西南北延伸的鐵路幹線、支線縱橫交錯鐵路網。

遼寧境內現有長大、沈山、沈吉、沈丹、大鄭、錦承等 6 條中央管轄的鐵路幹線和城莊、北保、海岫、高天、丹大等 5 條地方鐵路，這些鐵路是溝通東北三省和內蒙古及關內的紐帶和橋樑。如此密集的鐵路交通網，構成了遼寧省經濟騰飛的命脈，也成了海外商家來遼寧投資的新亮點。據調查結果顯示，鐵路運輸的方便、快捷程度是外商投資企業在遼寧省投資的主要原因之一。

▌遼寧公路知多少

遼寧公路的起源可以追溯到清朝中葉，那時，以瀋陽為中心的古道幹線網已基本形成。到了近代，帝國主義為了適應殖民掠奪的需要，在遼寧大修公路幹道，至解放前，遼寧省的公路里程已達 7900 多公里，但品質較差。

在遼寧的公路發展史上，沈大（瀋陽至大連）高速公路的建成通車，是遼寧人的驕傲。它是中國第一條里程最長的高速公路，全長 375 公里，連接瀋陽、遼陽、鞍山、營口、大連，1990 年全線通車。

▌遼河為什麼被稱為「遼寧的母親河」

如果說黃河是我們中華民族的母親河的話，那麼遼河就是我們遼寧的母親河，它位於中國東北地區南部，流經河北、內蒙、吉林、遼寧四省，是中國的七大河之一，為遼寧省的第一大河，在遼寧境內長 480 公里，流域面積 69200 平方公里。遼河以雨後易澇得名，歷史上曾有遼水、大遼水、巨流河諸名，現名始於遼代。

遼河有東、西遼河之分，東遼河發源於吉林省哈林嶺；西遼河有兩源，其北源為西拉木倫河，發源於內蒙古克什克騰旗百岔山，其南源是老哈河，發源於河北省七老圖山脈光頭山。西拉木倫河與老哈河在河北省北部匯合，稱為西遼河。西遼河流經吉林省進入遼寧省北部，流至遼寧省昌圖縣長髮鄉福德店村附近，與東遼河匯合，這便是我們一般所稱的遼河了。進入遼寧後，遼河一分為二，一支為外遼河，一支為雙檯子河，兩條和就如母親的兩肢臂膀一樣，將遼寧大地擁入懷中。外遼河匯合渾河、太子河後稱為大遼河，在營口市注入渤海，全長 1430 公里。雙檯子河在盤山縣匯合繞陽河注入遼東灣，全長 1390 公里。

遼河水運在古道運輸中佔有重要地位。盛唐以來，由於航海技術的進步，中原與遼東的水陸交通日趨頻繁，遼、金、元、明都記載了遼河航運的盛況。清代初期，為防東南沿海明朝殘餘勢力東山再起，實行了海禁，促使遼河河運一度受到影響。到 1670 年，海禁打破之後，天津、福建、浙江、山東大

批貨船都經海上透過遼河運到盛京，最大的船隻可載貨 450 噸。遼河上游的鄭家屯是農副產品的集散地，載重 20 噸的木帆船可經遼中、新民直達營口，每年來往船隻大約 20000 艘。盛京地方物產豐富，有糧、豆、麥、藥材、人參貂皮等運往中國南方各地，沿海來船則載運布匹、茶葉等南貨。在長大鐵路未修通之前，遼河是遼寧省的主要運輸動脈。1931 年前後遼河航運進入全盛時期，木船從營口可上溯至內蒙古的通遼。鄭家屯以下內河航運更為發達，經常有許多貨船往來，年貨運量達百餘萬噸，營口港成為當時重要商港，5000 噸輪船可以出入。雖然當時遼河含沙量很多，但靠東西導流堤和挖泥船的不斷工作，船隻仍可正常通行。

遼河沿岸有瀋陽、鐵嶺、盤錦等大中城市，農田面積 50 萬平方千米，人口 1000 多萬。沈山、長大、高新、溝海等鐵路都從這裡透過，並有鐵法、瀋陽煤礦和遼河油田、遼河化肥廠等大型企業以及東北輸油管線、中國外通信幹線等重要基礎設施，是遼寧省重要的商品糧基地、工業基地和能源基地，在全國的經濟建設中也佔有重要地位。千百年來，遼河像母親一樣用甘甜的「乳汁」，哺育著遼寧的兒女。

盛京通往北京的必經之路——永安石橋

清初乾隆年間的一個叫常紀的官員，曾經寫過一首題為《曉過大石橋》的詩：

夕行落圓照，曉行晨星多。

霜華積野草，秋水增寒波。

架言度石橋，石橋多峨峨。

愧非馬相如，今日複來過。

詩中所寫的石橋就是今位於瀋陽市西郊蒲河上的大石橋，也叫永安石橋，建於清代，設計和建造者為任朝貴。據《盛京通志》記載：永安橋是在崇德六年（西元 1641 年）奉皇帝詔令修建的。清太祖努爾哈赤定都瀋陽後，由於西邊道路泥濘難行，就命人修建了二十里長的道路。到了太宗皇太極時，

又建了這座橋。如今在橋的東南面仍豎有刻著「寬溫仁聖皇帝大赦建永安橋」石碑一簡。

永安石橋全長 37 米，寬 14.5 米，是遼寧省境內保存比較完好的一座古代拱橋。它設計科學，造型美觀，建築考究，為東西方向，通體磚石結構，所用石材堅硬，不易風化。

橋身下有三個拱形橋洞，又稱為三券孔，券臉雕刻著二龍戲珠，券孔之間的橋基部位有分水石，券孔的外壁、橋身的兩側，分別鑲嵌一對石雕龍。龍頭朝北迎水，龍頭朝南順水，無論水有多麼湍急，都會把水為三股均勻的水流，從券孔流過。

橋面兩側建有石雕欄杆、抱鼓石、石獅子、石望柱等。欄板上浮雕柿蒂形花紋，抱鼓石上刻有鹿、虎、羊、麒麟、牛、盆景貓蝶等等，姿態各異，栩栩如生。橋的兩端還各有石獅一對，造形精巧、美觀，十分惹人喜愛。

永安石橋建築，大大便利了瀋陽西邊的交通，它是當時及以後相當長的一段時期內瀋陽通往北京的必經之路。由於清朝皇帝每次東巡來東北都要經過此橋，故永安石橋成為京師人即將到達盛京的標誌。

三百多年來，雖然受地震的影響，永安石橋已一定程度的損壞，但在瀋陽市政府的妥善保護和修繕下，它將煥發出新的生機，繼續為人民造福。

▌「青泥窪橋」哪去了

「青泥窪橋」是大連市著名的商業中心，地處大連黃金地帶，北起大連火車站，東起中山廣場，南至勞動公園，在大連的地位就相當於北京的王府井和上海的南京路。但凡是來大連的人都會有個疑問，即「青泥窪橋」的橋在那呢？

瞭解青泥窪的橋，還要從青泥窪開始。青泥窪是大連市在清代時的名稱，當時因西青泥窪河（勞動公園通黑嘴子灣）入海口處，地勢低窪，排水不暢，每逢雨季積水連片，分佈了大片淤泥海灘，從海上向陸地看呈烏色，故稱「青泥窪」。

1898 年，沙皇俄國強迫清政府簽訂《旅大租地條約》，強行租借旅大地區。沙皇尼古拉二世任命薩哈囉夫為總工程師，在大連灣西南岸青泥窪地區徵用土地，分兩期開始著手進行大連港口和市區規劃建設。西青泥窪河由於河道較寬，成為運送港口及市區建設材料物資的瓶頸，因此沙俄於 1899 年根據市區及道路規劃設計，修建了一座橫跨西青泥窪河主河道的木橋。橋連接著市區東西要道（即今天的中山路），橋長 10 米，寬 12 米，由 4 座木架支撐。1905 年，日本侵佔大連後，稱之為「青泥窪橋」，後改稱「常盤橋」。1907 年，這座木橋改建為鋼筋混凝土結構。1922 年又加寬橋面，在原橋兩側加築混凝土拱橋，並建有四墩仙鶴飾柱，橋的造型為單孔曲拱歐式路橋，擴建後，橋長 11 米，寬 17 米。20 世紀 30 年代，城市改造，此橋被拆除。作為地名的「青泥窪橋」始於 1946 年 6 月。當時，大連市政府發佈文告將「常盤橋」更名為「青泥窪橋」。

西青泥窪河上的橋，其實遠不止上文提到的這一座。據資料記載，日俄統治時期曾在西青泥窪河建了多處橋樑，約有六七座，可考的就有鐵路橋（今「宏孚橋」）、「達路尼」橋、常盤橋、虎溪橋。

時光荏苒，西青泥窪河後來由自然河道被整修成洩洪溝渠，其河名也逐漸被人們淡忘，上面的橋也大都不復存在。故而出現了今日有名卻不見橋的現象。現在的青泥窪橋則專指原青泥窪橋周圍的商業區。近幾年，隨著青泥窪橋遺址的發現，深受大連市政府和市民關注的青泥窪橋博物館建設正緊鑼密鼓的進行。博物館將保留和再現老橋遺址及當時的生活原貌，透過對城市橋的追述，幫助參觀者瞭解大連的歷史，追溯城市的文化和老大連的生活習俗。

▌別樣的情懷──大連有軌電車

大連是一個充滿現代時尚又有著較深厚近現代歷史文化底蘊的城市。翻開大連百年的歷史，有軌電車自然是不可缺少的一部分，它是大連歷史和文化的重要特徵和代表，是大連百年發展的歷史見證。

　　1907 年日本南滿洲鐵道株式會社發起籌建城市「電氣鐵道」，1908 年首先開始鋪設動物園到碼頭的有軌電車線路，全長 2.45 公里。大連有軌電車真正得到發展是在新中國成立後，在建國後相當長的一段時期內，有軌電車成為大連市市內交通的主要運輸工具，大大地促進大連城市經濟和社會的發展。

　　改革開放以來，隨著汽車工業的迅速發展，有軌電車逐漸失去了公交老大的地位，在許多城市悄悄退出了歷史舞臺。在目前的中國，僅有香港、大連、長春與鞍山，還保留著有軌電車線路，但線路保留最多、經營最完善，將電車做得充滿貴族味道的卻只有大連。

　　有軌電車最大的優勢是幾乎不會堵車，專線專用路軌就在路中央，而其他機動車的上下道在其兩旁，互不干涉。大連現有的有軌電車共有三條線路——201 路、202 路、203 路，東起寺爾溝，西至黑石礁，共計 20 公里，三條線路幾乎是首尾相接，從東到西貫穿大連老城區市中心。三條線路都是絕佳的旅遊線路。

　　1998 年，大連市政府為了將有軌電車作為大連城市的永久性旅遊資源，斥鉅資更新所有有軌電車。現在我們所乘的就是這些大連有軌電車廠生產的寬體有軌電車，車廂窗明几淨，座位寬敞，很有旅遊城市的風範。

　　坐在有軌電車上，沿途能細細欣賞大連市容，路兩旁的景觀也能讓初次到此的旅遊者大飽眼福，從一個接一個的廣場，到各種風格的歐式建築，從舊式低矮的廠房，到高樓林立的城市新貌，一路上，在和諧的轟鳴聲中，一輛輛有軌電車從遙遠的年代駛來，與大路兩旁高大的建築形成強烈的反差，好像一位資深的導遊員在給遊人講述這座城市的百年變遷，也能目睹大連今天的成就，來大連不去坐坐有軌電車不能不說是一種遺憾。留心的話你會發現所有駕駛有軌電車的都是「巾幗」，配前後兩位司機，並兼檢票工作。看來，在大連有軌電車上，「婦女能頂整個天」。

　　有軌電車被當作一種環保交通工具被很好地保留下來，對大連來說不能不說是一件幸事，但它的作用遠不止於此。如今，有軌電車已經成為大連市的一個特色旅遊資源，是大連這座北方明珠城市的新的亮點。

老鐵山燈塔為何亮了一百多年

老鐵山位於遼東半島的最南端，系天山山脈的餘脈，與山東半島隔海相望，其間的老鐵山水道是中國最兇險、最湍急的水道。老鐵山燈塔，就位於老鐵山西南一個海拔 86.7 米的岬角的坡地上，三面環海，一面靠山。

1880 年，清廷決定在旅順口大興土木，建造中國一流的海防設施，除了在旅順口軍港內外建造了一批炮臺及附屬設施外，為保障北洋水師的航行安全，他們還請英國人幫助勘測，在老鐵山西南隔海邊建造一座燈塔。燈塔高約 14 餘，呈圓柱形，採用優質石料和水泥築就，燈塔內部構件由法國人設計製造，光源採用油燈，轉動部分採用機械傳動。1892 年，老鐵山燈塔正式建成並投入使用，不但大大方便了北洋水師的出海巡邏、航行，也方便了從這裡進出渤海的各國商船、沿海打魚的漁船和往返山東、遼寧之間的運輸船隻。

1894 年，旅順口被日軍佔領後，老鐵山燈塔也變成日軍的戰利品，後被俄軍管理。日俄戰爭後，燈塔又被日本當局利用，直到 1945 年 8 月歸蘇軍接管。人民政府接管燈塔後，將其照明部分改為電力，燈塔內部得到重修，燈塔生活區也被美化得如同花園一般。每逢行船航行在燈塔前的黃渤海分界線的時候，人們都會看到燈塔上下夏日繁花似錦，四季整潔有序。在老鐵山燈塔下方，是險峻的懸崖峭壁，它與山東蓬萊的理論對角線即為黃、渤海兩海分界線。

老鐵山燈塔雖歷經了 1894 年的中日甲午海戰和 1904 年的日俄戰爭，但仍保存完好。長期以來，燈塔為過往商船、兵艦、漁船指引航向，對黃、渤海的海上航行造成了重要作用，成為遼寧、山東兩省的海上守護神。

老鐵山燈塔高高聳立在藍天白雲下，海邊清新的空氣、遠處界限分明的黃、渤海交界處都讓人心曠神怡。

丹東──中國海岸線最北端的「海上大通道」

丹東，原名安東，為「安定東方」之意。丹東位於遼寧省的東南部，地處鴨綠江畔，黃海之濱是中國最大的邊境城市，也是是中中國地海岸線北段的起點。作為一座著名的「三沿」（沿江、沿邊、沿海）城市，丹東無論其規模、面積、人口、還是經濟實力方面都是其他邊境城市所無法比擬的，有「中國邊境第一城」之譽。

丹東港是中國大陸海岸線最北端的國際貿易商港和環渤海經濟區的重要對外開放口岸，處溫帶濕潤地區，颱風影響甚少，是中國優良的天然不凍港。從國際經濟區域看，丹東港處於中國與東北亞經濟圈相聯繫的有利位置和中心地帶，是連接歐亞大陸與朝鮮半島的主要陸路通道。它水上距大連港 157 海里，距韓國仁川港 232 海里，距朝鮮南浦港 119 海里，距日本神戶、長崎、大阪港也在 581 ～ 866 海里之間，是遼東半島港口群中距離朝鮮半島和日本列島最近的港口，也是東北東部經濟區通向韓國、朝鮮和日本最為便捷的出海口。

丹東港歷史悠久，自 1903 年，清政府與美國簽訂「通商行船續約」後丹東正式闢為商埠起，經過 100 多年的發展，現轄大東（海港）和浪頭（河港）兩個港區，共有生產性泊位 13 個，總設計吞吐能力 711 萬噸 / 年。目前，丹東港已同日本、韓國、朝鮮、馬來西亞、新加坡、俄羅斯、美國、香港等三十多個國家和地區的七十多個港口開闢了散雜貨、集裝箱和客運航線，是東北地區僅次於大連港的第二個集國際貨運、客運、集裝箱運輸業務於一體的功能齊全的港口，在構築東北東部地區新的出海通道以及振興東北老工業基地的大業中發揮著重大作用。

營口港為什麼被稱為「東方貿易良港」

營口市地處大遼河匯入渤海的入海口，營口老城依大遼河而建，在河流與城市結合部的大遼河東岸和南岸，分佈著這座城市曾經最引以為榮的營口港碼頭。歷史上，營口就是由建港起家的，營口老港區從 1864 年建成通航，

至今已有 140 年的歷史了,是東北地區最早的通商口岸,曾以「東方貿易良港」而聞名中外。

營口港位於遼東半島中部,大遼河入海口左岸,西臨渤海、遼東灣,與錦州港隔海相望,以遼寧中部城市群為依託,背負東北三省及內蒙古東部廣闊的經濟腹地,是東北三省最近的出海口和第二大開放港口。

營口港有悠久的運輸歷史,從三國一直到兩晉、遼金、明清都有運輸的記載。康熙年間,為支援抗擊沙俄的雅克薩戰役,關內的軍糧就從營口溯遼河而上至三江口再轉入松花江。

在以往的國外航海圖上,營口港一直被稱作牛莊港。這其中的原因又是什麼呢?牛莊港地處營口上游,遠自漢唐、近及明清都是北方漁業、商貿活動場所。1858 年 6 月,第二次鴉片戰爭後清政府被迫與英法簽訂了《天津條約》,準許開放牛莊等處為通商口岸。從此,在世界航海圖上赫然出現了一個新的港口——中國牛莊港。英國派來一個領事到營口後,又坐船到了牛莊,因河水窄大船進不來,故提出以營口代替牛莊。1861 年 5 月 23 日營口港正式開埠。所以今天的一些外國學者看歷史材料,就分不清牛莊港和營口港是什麼關係了。

營口港自開埠以來,遼河水運十分興旺、貿易量大增,輻射面涵蓋東三省以及內蒙古地區,直至俄國的西伯利亞。

鄉俗遼寧

一方水土養一方人。

四千多萬人的脾性構建了遼寧的靈魂和筋骨，那種堅毅和豪爽順著遼河滔滔的流水滲透在遼寧人的傳說和血液裡。生活在遼寧的各民族人民，因為絲絲縷縷的靈犀相通，因為遼河的質樸和寬容，漸漸地彼此相知，不肯相舍。

▎遼寧戲法中有那些奧秘

在遼寧，與雜技同樣有吸引力的是戲法，現在叫魔術。雜技主要靠的是驚險，而戲法主要是以神秘莫測來贏得觀眾的。由於雜技的驚險容易讓一些人恐懼，因此戲法的神秘就更能吊起人們的胃口。

在遼寧集市、廟會等人群集中的地方常有變戲法的藝人在地面上畫一個圓圈，敲著鑼，賣「溜口」聚眾獻藝。他們所變的戲法與現在舞臺上的魔術不同，不能憑藉燈光音響等效果，要全仗手腳利索，技藝嫻熟使周圍的觀眾看不出破綻。

戲法這一行的祖師爺據說是八仙之一的呂洞賓。相傳呂洞賓雲遊天下，一次見幾個大漢在追趕一個小孩，小孩邊跑邊呼喊著救命，呂洞賓見狀，從袖口中掏出幾粒黃豆用力撒向空中，只見黃豆落地，頓時變成一群武士，把大漢打跑了。這小孩跪倒便拜，並非要學這撒豆成兵之術，呂祖看他機靈可愛，就送他一本天書，裡面儘是些稀奇古怪的法門，這小孩也聰明了得，很快就將裡面的訣竅參透，掌握了一手變戲法的絕活。從此，戲法便流傳開來。

戲法藝術的專利性極強，技藝也非常保密，尤其是「門子」（戲法中的秘密機關）更要封閉。尤其是以下這八個門子，戲法藝人更是絕不外泄。

粘：身上夾帶的各種道具。

擺：在身上掛著的各種物品。

合：身上掛物品所用的鉤子。

過：身上夾帶道具所用的布帶子。

月：身上夾帶水碗所用的布帶子。

別：身上掛道具起插銷作用的小工具。

捧：助手要求主演交待長袍或脫掉。

開：演員變鴿、兔等動物時特製的一種能控制動物不能亂動亂叫的工具。

這「八大奧秘」可是絕對保密的，要想掌握好這「八大奧秘」可得經過長時間的訓練，所以即使將在集市、廟會等街頭獻藝的變戲法者稱為「戲法藝人」，應該一點也不為過。

▌遼寧人餵雞時為什麼喊「姑姑」

在遼寧農村，喚雞吃食的聲音都一樣，那就是口喊「咕，咕，咕——」。但是，為什麼一定是這麼個叫法呢？或許，下面的一則民間傳說會給這個問題以一個獨特的「民間解讀」。

相傳，很早很早以前，有兄妹二人，從小便失去了雙親，兄妹倆相依為命。哥哥叫王壯，當長工，妹妹叫小娟，在家織布。兄妹倆兒省吃儉用，總算攢下了一些積蓄。

時間過得飛快，轉眼，兄妹二人都長成了大小夥子和大姑娘了。一天，哥哥把妹妹叫到眼前說：「妹妹不小了，到出嫁的年紀了，家裡留的錢就給你做嫁妝吧。」妹妹一聽，臉羞的通紅，說：「哥哥你也老大不小了，還是先留著給你娶個媳婦吧。」二人互相推來讓去的，最後還是聽妹妹的，哥哥先娶了媳婦。婚後，小倆口互敬互愛，日子過得非常融洽，過了一年媳婦就生了一個小男孩。小娟看著高興，伺候得非常周到，一家人都很高興。哥哥看著妹妹的年紀越來越大，就張羅給妹妹找婆家。不幸的是，小娟不久得了一場大病就死了。

小娟死後，哥嫂就給她蓋個土墳，逢年過節就去燒香上供。幾年以後，小孩也長大了。這一年清明節，王壯夫妻帶孩子給小娟上墳去。小孩指著墳

丘問：「爸爸，這裡邊是什麼？燒紙幹啥？」王壯說：「這裡邊是你姑姑，你給你姑磕頭。」小孩磕了頭就圍著墳丘跑著玩。他在小石碑後面挑選了兩個圓東西，問他爸是什麼？王壯也不認識，就說：「這是你姑姑的東西，拿回去留著。」回家後，就把兩個圓東西放箱子裡了。過了些日子，就聽見箱子裡有動靜。好像什麼東西嘰嘰叫，打開一看，是兩隻小雞。小孩就抓小米餵雞，他一邊餵一邊叫：「姑姑，姑姑。」

從那以後，養雞的人越來越多，只要人們一喊「姑姑、姑姑」，雞就來了。漸漸地，餵雞時喚「咕咕，咕咕」就成了遼寧農村的習俗。

■ 女孩為何被稱為「千金」

女孩，常常被稱為「千金」，這是為什麼呢？古往今來，各地流傳著許多的傳說和掌故。在遼寧，也有一則民間傳說。

相傳，很早以前，一個村子裡住著一家大財主。這年，財主的老婆生了一個女兒，兩口子一見就傻眼了：這孩子大腦門子，小眼睛，翻鼻孔子，大厚嘴唇。唉！簡直就是個醜八怪，可是沒辦法，總不能把她掐死吧！

說來也怪，這個孩子可懂事了，就像知道爹媽不喜歡她似的，吃飽了就玩，一點兒也不鬧。一晃，姑娘長到了該嫁人的年紀了。人們都說女大十八變，越變越好看。可這姑娘卻變得更醜了。她爹媽好說歹說，才托著媒人把醜姑娘許配給了鄰村的一個財主家。

成親那天，屋裡屋外來了很多看熱鬧的人。新娘子可不在乎自己醜不醜的，一下轎嫌走道不得勁兒，抬手就把紅蓋頭摘下來了。這一「亮相」不打緊，把看熱鬧的人都給嚇愣了。走了沒幾步，正好過街門口的一個小獨木橋，說來也怪，這橋上不知走過多少人也沒出事，今天竟被新娘子「哼叽」一聲給踩斷了。財主見狀，硬說這是不吉利的兆頭。於是找到媒婆，說甚麼也不娶這個姑娘做媳婦了。媒婆一聽，慌了手腳，趕緊去告訴姑娘媽。姑娘媽說「我們可是把她嫁了出去，人家不要，我們也不要。你願意把她嫁給誰，就嫁給誰，反正她別想回家了。」媒婆一聽，為難了，心想這可怎麼辦呢？

突然，媒婆看到看熱鬧的人群中有一個穿得很破的小夥子，便把他叫到一邊，問他願不願意討這個姑娘做老婆？那小夥子說願意，媒婆又問姑娘，姑娘也願意，於是轎子又抬到了小夥子的家。也巧，進他家也要過一個小木頭橋，姑娘又給踩斷了。可小夥子沒在意，兩人結婚了，夫妻倆還很和氣呢！

一天，小夥子對姑娘說：「我們找塊木頭，把小橋換了。」姑娘高興地一起和他去換橋。當他倆一搬開被踩斷的木橋時，都愣住了，金閃閃的，底下那麼大一堆金條，一數整整是一千兩。兩口子可高興了，他們拿這金子買了房子和家當，還賙濟附近的窮人。這件事被財主知道後，趕緊跑到自家的斷橋底下，見底下有一個紅布包，打開一看空空的，再一細看，橋底下奔著小夥子家方向有一道溝，敢情那金子就順著這條溝滾過去的。老財主這個悔啊！

後來，人們都說：「木橋所以被踩斷，是因為她帶著一千兩金子。」於是人們叫她「千金小姐」。慢慢地，「千金」就成了女孩的代名詞了。

■「青磚」為什麼總和「白灰」搭配

在遼寧，有一段青標和靈玉的傳說，說的是為什麼工匠們每用一塊青磚，都要在磚上抹些白灰的故事。

相傳，秦始皇急著要修長城，可灰窯裡還沒有燒出白灰，磚窯裡也沒有燒出青磚。眼看要延誤工期，這可急壞了總監工蒙恬，他一怒之下，殺死了上百個燒窯的工匠。

在離長城不遠的一個小莊子的東頭，住著一個叫孟萬升的燒磚人。他有一個兒子叫青標，因全身都是青色，人稱「青面郎」。莊西頭住著個叫孫千鬥的燒灰人，有個女兒叫靈玉。這靈玉生下來全身皮膚白嫩，又喜歡穿白色衣服，人稱「白衣玉女」。孟孫兩家一直相處得很好，兩個小孩也兩小無猜，經常一起玩耍，兩家大人就商量著先把他倆的婚事定下了。

有一天，青標砍柴回來，一進門看見母親哭成了淚人，沒過門的媳婦靈玉和她的母親也都陪著抹眼淚。青標一問才知道，原來兩位老人被抓去燒青磚和燒白灰去了，恐怕凶多吉少。

夜裡，青標怎麼也睡不著，迷迷糊糊中聽見院子裡有腳步聲，跑到院子裡一看，只見進來一個白鬍子老頭，衣服破爛，光著腳，手裡拄根木杖，凍得直打哆嗦。青標急忙把老人讓進屋裡。見老人已經變成一位老道士，青標忙請教燒出青磚白灰的方法，好救出兩家老人。

老道手捏鬍鬚，微微一笑說：「辦法倒有一個，就看你怕不怕死。」青標忙說：「如能燒出青磚白灰，保全二位老人不死，就是上刀山，下火海，我也心甘情願。」老道說：「孩子，你說對了，我就是要你下火海。只要在點火時你走進磚窯，讓那靈玉走進灰窯就能燒出青磚白灰。」青標聽後連連稱謝。只見老道用手使勁推了青標一把，說道：「孩子，快去吧，晚了，你爹他們就沒命了。」青標從夢中醒來，猜想這是仙人指點，急忙想去找靈玉商量商量。

他剛要出門，靈玉就推門走了進來。原來，靈玉也做了同樣的夢。二人商量了一陣，決定把他倆的想法和決心告訴母親。

二人見了各自的母親，把晚上做夢的事一說，兩位母親都不同意。二人只好跪下央求，老人的心終於被說動了，流著眼淚，把他倆兒送出了村子。

青標和靈玉來到了窯場，正趕上監工的兵將押著五花大綁的孟萬升、孫千鬥和別的工匠要殺頭。青磚和靈玉拉著手說：「我倆永遠在一塊，我倆永遠在長城上。」說完話，二人一個走進磚窯，一個走進灰窯。

大火點著了，磚窯上頓時冒出滾滾黑煙，灰窯裡升起一團團的白氣，一眨眼的工夫，又變成了黑雲白雲。忽然間，黑雲變成清油油的磚堆，白雲變成雪白雪白的白灰，灑落在地上。只見那青磚青似鐵，白灰白如玉，孟萬升、孫千鬥和工匠們都得救了。可是兩個年輕人卻再不能回來了。

　　為了懷念兩個孩子，工匠們每用一塊青磚，都要在磚上抹些白灰，讓青標和靈玉永遠在一起。直到今天，人們還在這樣做，或許是想讓青標和白玉永遠都能相依在一起吧。

▌遼西為什麼要給孩子睡「搖車」

　　東北有給孩子睡悠車的民間風俗。悠車也叫郵車子、腰車子、晃車子等，其實就是搖籃。悠車的種類較多，不同地區、不同民族，在選擇和使用悠車上也各有特色。遼寧西部民間百姓家，給孩子主要是睡「搖車」。

　　搖車最早產生在中國東北狩獵民族中。據《東蒙風俗志》記載，蒙古族、滿族、赫哲族、錫伯族、鄂倫春族、達斡爾族的先民們外出狩獵時，就把用獸皮做成的搖車吊在大樹上，讓自己的孩子在裡面睡覺，以防止野獸的侵襲。蒙古族等遊牧民族走出森林，來到草原，把原來吊起來的搖車改為左右搖晃的搖車了。

　　遼寧西部使用的是木製搖車，選料非常講究，一般選用結籽多的數目為料，如榆樹、松樹等。不過，也有專用柳木做搖車的，因為「柳」與「留」的音相近，希望孩子平安長大，留在世上。還有人用雷擊木做搖車，據說雷擊過的東西，惡魔不存，這樣的搖車可以避邪，孩子能夠平安長壽。

　　搖車一般用一塊整木做成，長約三尺。寬約一尺左右，厚一寸多，正面較平，背面為「凸」型，這樣左右搖晃省力。搖車的頂部上面是半圓柱形的擋風布，用細木支撐，兩端插入木板裡。擋風布多為紅布，上面掛有古銅錢、小鏡子或其它像徵吉祥之物。木板兩邊鑽有四五個木洞，用來穿布帶固定孩子。

　　搖車上面要放「炕口袋」，炕口袋起褥子的作用。它的大小與搖車大致相同，裡面裝有蕎麥皮或其他穀物殼等。蕎麥皮做的炕口袋吸水性強，透氣性好，易保暖，方便實用，頗受歡迎。在炕口袋的上面放一塊尿布，將嬰兒放在上面，把嬰兒的手臂、腿、膝蓋和腳脖子用布帶子捆綁起來，即可搖晃嬰兒入睡了，嬰兒也會睡得很安穩。

西部民間還流傳著借搖車的風俗。某家有了嬰兒，沒有搖車使用，往往向日子過得「紅火」或子女雙全、孩子長得俊俏人家借搖車。有時還會出現兩家嬰兒合用一個搖車的現象。

嬰兒在繈褓期一般都睡搖車，長輩們認為：睡搖車的嬰兒睡得舒坦，有安全感，長大膽子大；搖車一晃動，蒼蠅、蚊蟲就會飛開，孩子受罪少。另外，睡搖車的嬰兒，不易出現大後腦勺，更少有「O」型腿。所以，遼寧西部女人常說：「睡搖車的孩子，長大了漂亮，結實！」

▌您知道滿人的旗袍嗎

旗袍是現代流行服飾之一，在國際服裝界，享有很高的盛譽。

旗袍是從滿族古老的服裝演變而來的，是滿族最有特色的傳統服裝，滿語為「衣介」，即長袍。過去，滿族人無論男女老少，一年四季都穿著它。清太祖努爾哈赤在創建後金國的過程中，為了適應建立政權和組建軍隊的需要，把所有的滿族人都編在旗內。清入關以後，雖停止了編旗，但皇太極將維持滿族傳統的生活方式和傳統習慣，特別是滿族傳統的服飾制度，視為固國之本。於是，便著手制定和完善清朝的衣冠制，不許親王大臣學漢人穿褒衣博帶、寬袍大袖等，要求在宮廷裡的侍女奴僕都著滿族服裝，漢人成年男子衣著髮式亦必須遵從滿族的習慣，只有在死後入殮殯葬時方可用漢人衣冠。於是，這些舊有的旗人便形成了一個特殊的階層，他們所穿的長袍被稱為「旗袍」。「旗袍」之名由此誕生。

旗袍的樣式和結構既簡單美觀，又穿著方便。清初衣袍式樣有幾大特點：無領、箭袖、左衽、四開衩、束腰。箭袖，是窄袖口，上加一塊半圓形袖頭，形似馬蹄，又稱「馬蹄袖」。馬蹄袖平日縮起，出獵作戰時則放下，覆蓋手背，冬季可禦寒。四開衩，即袍下擺前後左右，開衩至膝。左衽和束腰，緊身保暖，腰帶一束，行獵時，可將乾糧、用具裝進前襟。男子的長袍多為藍、灰、青色，女子的旗裝則多為白色。這種衣服是為了適應馬上騎射而逐漸形成的。滿族旗袍還有一個特點，就是在旗袍外套上坎肩。坎肩有對襟、撚襟、琵琶襟、一字襟等。穿上坎肩騎馬馳聘顯得十分精幹俐落。

過去，滿族婦女的旗袍很講究裝飾，往往在衣襟、領口、袖子邊上，鑲嵌上幾道花條或女彩牙兒，鑲嵌得越多，就被認為越美。清軍入關之後，北京甚至流行著「十八鑲」，即最多的要鑲嵌上十八道花條或彩牙兒。

旗袍的樣式，隨著社會的發展，也在逐漸地演變，比如，開襟從四面變成了兩面，下擺由寬大而逐漸收斂，袖口由窄變肥，又由肥變窄等等。還有一種便服，不開衩的袍，俗稱「一裹圓」。在滿族南遷遼瀋、入中原後，受漢族「大領大袖」服飾的影響，箭袖漸漸變成了喇叭袖，四開衩演變為左右開衩。20 世紀 40 年代後，在中國外新潮服飾的衝擊下，滿族男性旗袍被廢棄，女性旗袍則由寬袖變窄袖，直筒變緊身貼腰，臀部略大，下擺回收，長及踝，逐漸形成今日各色各樣，講究色彩裝飾和人體線條美的旗袍樣式。

由於旗袍非常適合中國婦女的體形和賢淑的個性、民族的氣質，後來這一源於滿族的傳統服裝漸漸成為中華民族文化寶庫中的一朵苕葩，受到中國外婦女的青睞和讚賞。

▌滿族人為什麼要供奉「佛托媽媽」

滿族人家家都供奉「佛托媽媽」。「佛托媽媽」也叫「奶媽」，其實就是一個用布做的小口袋，袋內裝五色線，滿族人叫「子孫繩」，也叫「鎖繩」，意思是把孩子鎖住，好養活。

據說，「佛托媽媽」是滿族先人的奶母，對滿族人有養育之恩，所以家家戶戶供奉佛托媽媽，一以報恩，二為祈禱子孫興旺。如此，世代相傳，只是後來人們漸漸地把佛托媽媽當成傳門保護嬰兒的神仙——奶奶神了。

這裡邊還有一段傳說。相傳，萬曆年間，皇宮裡有人夜觀天象，見東北方出了個真龍天子。這還了得！皇上一聽，急忙傳聖旨給遼東總兵李成梁，令其火速緝拿。李成梁得到聖旨後，正要發兵緝拿，沒想到，發現他的一個叫「小罕子」的小馬童，腳掌上生了 7 個紅痦子。那時候認為，一個紅痦子便是一顆星星，7 個紅痦子當然是 7 顆星星了。腳踏 7 顆星星，必是真龍天子無疑。李成梁正想把自己的小馬童捉拿歸案，押送京都交差。不成想，李

成梁的愛妾喜蘭見小罕子聰明伶俐，十分可愛，便動了惻隱之心，在半夜裡偷偷打開後花園的小角門，讓小罕子騎上一匹大青馬逃跑了。李成梁得知真情之後，將愛妾喜蘭打得皮開肉綻，最後被活活地打死了。可憐那喜蘭死時赤身裸體，一絲不掛，早已沒了人形。小罕子得救之後，在外面招兵買馬，積草囤糧，便扯旗造了反。原來，那小罕子就是後來的青太祖努爾哈赤。

滿族後代為了紀念喜蘭媽媽對小罕子的救命之恩，便尊稱喜蘭為佛托媽媽，每年年終歲首，供奉祭祀。喜蘭慘死於萬曆年間，所以滿族人也稱「佛托媽媽」為「萬曆媽媽」。又因為喜蘭死時一絲不掛，赤身裸體，所以祭祀「佛托媽媽」的時候都在晚間，好讓喜蘭媽媽能下來享用供品。

「佛托媽媽」的紅色線（俗稱子孫繩）上，系一些小弓箭、小簍、小筐、小紅布條等等，平時不打開，裝在布袋裡供著。等婦女生小孩時，將布袋打開扯出子孫繩，懸掛在屋裡。如果生的是男孩，則在子孫繩上系一個小弓箭、小筐、小簍，意思是要讓男孩長大成人之後，不忘祖上的武功。如果生女孩，則在子孫繩上繫上一條紅布條，表示吉祥如意，期望女孩子長大後賢淑、溫柔。直到小孩滿月之後，才能將子孫繩收起，重新裝進布袋裡，放回原處供奉起來，讓其繼續享受人間香火。

▌滿族人的姓名與漢族人有什麼不同

滿族人的姓名非常複雜，人們大都稱索尼為索大人，那索尼果真是姓索名尼嗎？其實不是，那索尼、明珠等都是名，而不是姓，因為滿族人平時一般只稱名不稱姓，也就是姓和名不連寫，這和漢人有很大區別。

「姓氏」一詞在滿語中被稱為「哈拉」，滿族人的姓氏只有在書寫正式履歷時才註明，即便是註明也把哈拉寫在名字的後面，同時寫明旗名。如康熙時平定三藩的功臣圖海，書寫時就是：「圖海，馬佳氏，正黃旗滿洲。」滿族人都有姓氏，與漢族不同的是，漢族人的姓氏多為單音節，而滿族人姓氏有很多是多音節的。據《清朝通志・氏族略》稱，滿族共有姓氏 647 個，其中 3／10 是見於《金史》的女真姓氏，還有一部分是以地名命名的，另

有一部分滿族姓氏則是漢姓。蒙古族降後金之後，一些蒙族姓氏也成為滿洲姓氏中的一部分。

　　滿族姓氏為什麼變成漢姓了呢？原來，雍正年間，國家勵精圖治，滿族人和漢族人已經能夠和睦地相處了。由於漢姓的簡短和單一性較滿族姓氏更利於各民族之間的文化交流，於是滿族人從八旗貴冑開始率先流行改漢姓，漢族名字風行的程度超呼想像。雍正皇帝在位期間曾多次意欲阻撓滿洲大臣以及貴族改滿姓為漢姓，但是屢禁不止，後來只好暫停限制，默許滿族人改姓漢姓。

　　現在幾乎沒有滿族人使用滿族姓氏了，因為絕大多數的人已經不再知道自己的身份和家族的姓氏了，這對民族學的研究會造成阻礙作用，對滿族人自己來說也是極大的遺憾。

　　當然，聽了我的介紹後，您不會認為滿人鰲拜是姓鰲名拜了吧！

▌滿族文字書法知多少

　　滿族古稱肅慎、靺鞨、女真，長期以來，有語言，沒有文字。

　　滿族先民自古繁衍生息在長白山大森林中，在沒有符號和文字之前，人們的交往全靠口授心傳，世代因襲。最早的符號文化大約在原始社會晚期產生，刻在山石、大樹及木板上。史載，靺鞨人建立的渤海國曾用原始象形文字致書唐朝。因滿朝文武無人能識，唐玄宗大怒：「堂堂天朝，濟濟高官，如何一紙番書，竟無人能識，怎生批答？豈不被小邦恥笑耶！限三日內，若無人能識，在朝官員，無論大小，一概免職！」第二天，朝中大臣賀知章推薦詩人李白進宮，並由宮中太監大總管高力士脫靴，當朝宰相、國舅楊國忠硯墨，才破解了渤海國的「蕃書」。

　　金代一度出現模仿契丹文和漢字偏旁部首製成的金文（女真文）。蒙古滅金後，其文字也隨著消亡。1599 年，努爾哈赤命額爾德尼等人借用蒙古字創造出老滿文。後金天命八年（1623 年），達海對老滿文進行了關鍵性改革，使之臻於完善，也就是有圈點的滿文。有一句順口流形容滿族文字說：「當

間一根棍，兩邊都是刺，加上圈和點，就是滿文字。」滿文使用了二百多年，對滿族文化造成了很大的作用。但到了滿族問鼎中原，統一全國之後，滿文逐漸被漢字所代替。

滿族人在入主中原之後，逐漸學習漢族的語言、文字，並對漢族的書法藝術青睞有加，湧現出一大批滿族書畫愛好者。到康乾盛世，直至嘉慶年間，滿族上層社會書法家以群體規模登上文壇，影響甚大。後經辛亥革命、新中國建立至今，滿族書法作為中國多民族大家庭文化的一部分，長盛不衰。

瀋陽滿族民俗村的石碑林中保存著大量的清代、近現代滿族書法名家作品，如：清乾隆年間四大書法名家劉墉、鐵保、翁方綱、成親王永惺的書法大作；遼東才子王爾烈的「得天獨厚」碑；清代鐵嶺著名指頭畫家、書法家高其佩的書法作品和當代滿族書法名家啟功、佟鑄的書法精品。

由當代著名滿族作家馬加、滿族高級記者邱巨集所做「石碑林記」說的好：

石碑林記

滿族先民　洪荒初起
肅慎女真　能騎善射
白山黑水　天穹育精
象形文字　繩結石刻
星漢垂象　擷英聲清
借鑒蒙古　滿文出脫
入主中原　漢風拙樸
書法繪畫　并蓄兼得
遼北巨石　渾然天成
精雕細刻　萬古評說

滿族的婚禮有哪些習俗

滿族的婚禮，頗具民族特色。一般說來，婚禮的當天，迎親的隊伍都要在天沒亮的時候就出發，一路上吹吹打打，好讓所有的人都知道新郎出去迎親。在新郎出發迎親的同時，新娘在家也要做好充分的準備，最主要的是由新娘長輩和「全福人（指配偶健在的人）」給她進行梳妝打扮。同時，還有一個很重要的內容就是把脖子上帶的吉祥鎖解下來還給娘家。生命伊始便掛

在脖子上的吉祥鎖，是父母對子女健康成長的祝福，如今要出嫁的女兒留下這鎖表達了女兒的戀戀不捨之情和對父母養育之恩的無限感激。解下這把鎖，也標誌著女孩子從此長大成人，預示著新生活的開始。

迎親隊伍到後，頭戴紅蓋頭的新娘子要由哥哥或者是叔叔背上花轎，並護送到男方家裡。

下轎之前，新郎要把轎上掛的弓和箭取下，搭上箭對著花轎連射三箭，以驅趕一路上帶來的邪氣，這反映了滿族作為一個騎射民族的古老的習俗。新娘下轎之後，在左右攙扶下要腳踩紅氈，象徵著新人一生一路永遠走鴻運。

這時新郎要用秤桿將新娘的蓋頭揭開，然後拋到屋頂上去，一樁稱心如意的婚姻就這樣上達天神了。撫一撫新娘的發，再摸摸自己的頭，白頭偕老永遠是人類對美好婚姻的祈盼。拜天地自然少不了，將自己的終身大事告之天地，祈求天地的認可。

拜完天地進入洞房之前，要跨過一個火盆，寓意將來的日子紅紅火火；還要跨過一副馬鞍，以示全家老老小小平平安安。進入洞房之後，便是要坐帳，也叫「坐福」，所謂「坐福」實際上是「坐斧」，將一把新斧子置於被縟之下，新人坐在上面，寓意坐享幸福。小孩子們在一旁會把花生、大棗、栗子等乾果撒在炕上，大棗加栗子表示早生貴子，花生則是希望新娘子日後生男又生女，生女又生男。

洞房中還有一項重要的內容，就是行「合巹禮」，所謂「合巹禮」就是要行兩性之好，天地作合。在行「合巹禮」中很重要的內容就是喝交杯酒，此外，還要吃一些食物，有的吃麵條，象徵長壽；有的吃餃子，象徵早生貴子；還有的吃用豆、肉、米做的飯，象徵家庭興旺、家族興旺。

婚禮漸入高潮時，德高望重的族老在庭院當中為新人唱《阿察布密歌》，也就是《合婚歌》，人們把酒和食物拋向空中祭告上天，祝願新郎、新娘合合美美，祝願整個家族興旺延綿。

滿族人為什麼不吃狗肉

關於滿族人不吃狗肉的習俗，有一段動人的傳說。據說當年罕王爺領著八旗人馬，在薩爾滸打了勝仗以後，軍威大振，名聲也大了，有許多部落歸順到他的部下。

罕王爺有個叔叔叫龍敦，龍敦這個人性情兇惡陰險，又有萬夫不當之勇，平時仗著是罕王爺的叔叔，在營中橫衝直撞，連罕王爺都不放在眼裡。他看到罕王爺的勢力越來越大，心裡很不服氣，就想害死罕王爺，篡權奪位。

一天，罕王爺為了鼓舞士氣，慶祝薩爾滸一仗的勝利，就擺下慶功酒宴，請手下的貝勒、貝子、章京等到大帳來喝酒，論功行賞。士兵們也都在各自的營中喝酒。龍敦聽說後，心裡就生出一條奸計，酒席宴前，龍敦一改平時的驕橫神態，與他手下的一幫親信向罕王爺大獻殷勤，輪番向罕王爺敬酒。罕王爺不知是計，就接杯暢飲，工夫不大，就被灌得酩酊大醉。眾人一看罕王爺醉了，就把他扶到後帳去休息。

酒席宴前少了罕王爺，沒有了約束了，那些貝勒、貝子們就開始呼五喝六地痛飲起來，一個個喝得東倒西歪。龍敦見狀，抽身悄悄地離開宴席，在大營中轉了一圈，看到守護後帳的親兵也都喝酒去了，只有罕王爺一個人在帳中沉沉大睡，認為時機到了，就拔出腰刀朝帳中奔來。

這時，罕王爺領的那條大黃狗正趴在帳外，看到有人手握鋼刀而來，就跑到罕王爺的眼前狂吠起來。可是罕王爺沒醒，大黃狗就用嘴叼住罕王爺的衣襟往下拽。因為罕王爺喝得實在是太多了，翻了個身又睡著了。這時龍敦已經來到了帳門口，大黃狗看到龍敦滿臉殺氣，一著急，就伸嘴在罕王爺的小腿上狠狠地咬了一口。因為咬得太狠，把罕王爺的腿都咬破了，罕王爺疼醒了。大黃狗看到罕王爺醒了，轉過身就向龍敦撲去，龍敦照著大黃狗的腦袋就是一刀，大黃狗一躲，龍敦的刀劈空了，大黃狗沒等龍敦的刀抽回去，使勁往上一躥，兩爪就搭在了龍敦的肩上，衝著龍敦的脖子就要下口。這一下把龍敦的冷汗都嚇出來了，急忙一閃，大黃狗沒咬著，龍敦揮手就是一刀，

砍死了大黃狗。可是大黃狗的爪子已經勾進龍敦的衣甲縫裡，屍體就掛在龍敦的胸前。

龍敦做賊心虛，見罕王爺醒了，在慌亂中怎麼也扯不下掛在身上的狗屍。剛才的場面罕王爺看得清清楚楚，這才知道大黃狗咬他的用意，也明白了剛才在酒席宴前龍敦和那幾個章京用酒灌他的用心。他趁龍敦在手忙腳亂地往下摘狗屍的功夫，便拔刀上前。龍敦急忙橫刀相迎，他雖有萬夫不當之勇，但是胸前掛著狗屍，有勁也使不上，幾個回合，就被罕王爺殺死了。

平定了這次叛亂之後，罕王爺厚葬了大黃狗，又吩咐部下：「山中有的是山貓野獸，盡可以打來吃用，但是今後不準再吃狗肉、穿戴狗皮，狗死了要把它埋葬了。因為狗通人性，能救主，是義畜。」

滿族人不吃狗肉的習俗，就是罕王爺在那時候立下的規矩。現在的滿族人當中，還有遵章不吃狗肉的呢！

▌滿族婦女為什麼有「枕頭頂刺繡」的習俗

枕頭，可謂歷史悠久，遠在戰國時代就有「高枕而臥，國必無憂」之說，當時中原出現了布枕、木枕、磁枕、竹枕等。

由於天氣嚴寒，生活於遼寧的滿族人要住火炕，蓋棉被，起禦寒作用的枕頭自然少不了，於是就產生了各種用棉布縫製的枕頭，如方枕、對枕、扁枕、空枕、涼枕、二人枕等。為了裝飾這種布枕，婦女們就在兩個堵頭繡花納朵，最終產生了枕頭頂刺繡藝術。枕頭頂刺繡形式多樣、題材廣泛，多為滿族所崇尚的祖先神和動物神。遼寧地區的枕頭頂刺繡流傳十分廣泛，至今遺存尚多，這和滿族獨特的婚嫁習俗密切相關。

滿族從前的婚俗是：姑娘結婚時，十分看重娘家的「陪送」，其中重要的一項就是枕頭頂刺繡。那時的女孩，無論貧富，從小就開始學習刺繡，替樣、描稿、納紗、穿錦等要樣樣精通，並且還要親自繡嫁妝，包括繡花鞋、花衣、幔軸穗、被格搭等，而以繡枕頭頂為最重要。鄰里、姊妹往往結伴刺繡，互相學習，還常常一邊繡，一邊哼唱民歌小調：

小針紥，裹青麻，

青麻裡面藏點啥？

青麻白，青麻新，

青麻裡邊插花針。

……

至結婚前要繡十幾對、幾十對甚至上百對枕頭頂。結婚時，枕頭頂要繃在一個大苫單上，稱為「枕頭簾子」，掛在洞房中的顯眼之處。結婚這天，來「趕禮」的「紅男綠女鹹來瞻仰，不誇刺繡好，只稱活計高」（《海龍縣誌》），並以此來品評新媳婦的勤勉與靈巧，甚至對確定她在夫家未來的地位起著奠基的作用。對婆家的至親密友，新娘要贈送一對枕頭頂作為「見面禮」，妯娌之間，還要互相串換枕頭頂，以作紀念，這小小的刺繡又成了親朋間溝通感情的橋樑。

新婚後，炕琴之上整齊的被格，紅紅綠綠；兩側一邊四個枕頭擺起來，枕頭頂向外，五光十色，滿室生輝。餘下的若干枕頭頂則珍藏起來，作為新娘的紀念之物。有的在將來兒女長大成親時，作為家珍相贈；有的則在年老臨終時將枕頭頂隨葬或一起火化。由此可見，枕頭頂刺繡在滿族婦女的一生中所佔有的重要位置。所以，滿人結婚洞房裡的繡花枕頭可是必不可少的。

這一具有濃郁鄉土氣和民族特色的婚俗，使滿族的枕頭頂刺繡藝術不斷繁榮和發展，並為今天留下了豐富的藝術遺產。

▌朝鮮族女子為什麼喜歡「蕩鞦韆」

蕩鞦韆可算得上是朝鮮族青年女子最喜歡的一項傳統遊戲了。在遼寧，每逢節日聚會，人們便會看到成群結隊的朝鮮族婦女，聚集在參天的大樹下，或高聳的鞦韆架旁，參加蕩鞦韆比賽。只見，身著彩色長裙的朝鮮婦女，踏上鞦韆板，憑著腰部、臂部的力量向前後擺盪，越蕩越高，如紫燕凌空，自由自在；又如仙女騰雲，優美飄逸。圍觀者和其他參賽者不斷髮出陣陣喝彩，歡聲笑語不絕於耳，場面熱鬧非凡。

　　鞦韆架高為 12～13 米，在兩架桿的頂端架起一根橫木，橫木上繫上兩根約 8～9 米的鞦韆繩索，在下垂的兩根繩索底部栓著 30 公分左右的踏腳板，蕩鞦韆時，還要繫上安全帶。朝鮮族婦女蕩的鞦韆，不僅高，而且還很飄，有的鞦韆幾乎都蕩平了，真可謂是觸目驚心。

　　蕩鞦韆比賽分為單人和雙人兩種。比賽優勝者的評比方法，有的是以樹梢或樹花為目標，看誰能咬到或踢到；有的是在高處掛一個銅鈴，看誰能碰響。具體的比賽方法各地也不盡相同，但有個共同點，那就是都以高度作為決定勝負的標準。現在有些地方在鞦韆蹬板下系一個標有尺寸的繩子，以此來測量高度，決定勝負。

　　除了普通鞦韆外，還有以下幾種特殊的鞦韆：

　　「胡悠」，也叫木驢。其做法是：主桿上端有個鐵軸，軸頭頂在橫樑的正中間。橫樑兩頭各吊一個小鞦韆。人或站或坐在兩頭的鞦韆上，邊悠蕩邊轉圈。

　　「過梁悠」，這是一種比較複雜的鞦韆。在牢固的木架上架一個方形大木輪，輪子四角各吊一副小鞦韆，四個人坐在踏板上，由其他人搖動搖盤，使大木輪轉起來。鞦韆上的人隨著大木輪子的轉動，或高或低，自在悠蕩，煞是愜意。

　　「板不煞」，就是「摔不死」。搭法是：在鞦韆架的橫樑上穿一個轆轤頭，上面繞一條粗繩（只繞一遭），兩頭垂下，其中一個繩頭上固定一根腳踏棍。開始耍時，兩隻腳踏在踏腳棍上，兩腿夾繩，兩手緊拽另一個繩頭，使繩子這頭往下轉，那頭帶著人往上升。鞦韆橫樑上頭的半圓形荊條吊著花生、糖果、香煙、酒等賞品。誰能升到上頭，牢穩地固定在轆轤頭上，再伸手向上去摸賞品，誰就是好樣的。摸著哪一種獎品，就獎給這個人。一般人往往上不去就摔下來，或者上去了沒把緊轆轤頭，又滑溜下來或摔下來，故名「板不煞」。由於鞦韆架下墊著鬆軟的沙土或柴草，不會出危險，又稱「摔不死」。

現在，蕩鞦韆已經不單是一種娛樂項目了，而且轉變成了體育競賽項目。蕩鞦韆不但顯示了朝鮮族婦女勇敢向上的精神風貌，而且顯示了她們的健康體魄和對生活的熱愛與追求，同時也為生活增添了歡樂幸福的色彩。

▍為什麼朝鮮族人家裡會出現「秋夜擣衣聲」

朝鮮族愛乾淨舉世聞名。歷史上的朝鮮族人愛穿白衣，素有「白衣民族」之稱。現在，在朝鮮族的家裡，被縟、大人孩子穿的衣服，也總是清潔整齊，這和女主人辛勤勞作息息相關的。

到了秋天，在清澈歡快的小河旁，三三兩兩的朝鮮族婦女，拖著飄逸的長裙，頭頂著洗衣盆，手拿著棒槌，來到河邊，漂洗衣服。朝鮮族婦女有頭頂物的習慣，在頭上放一個頂圈，這是圓圈形的物體，一般用稻草或布製作成。婦女們善於用頭頂的方式搬運物品，頂圈可以使物體放置平穩，並能緩衝物體對頭部的直接壓力。

仲秋時節，這樣的洗衣的婦女便更多了起來，原來這是朝鮮族的一個風俗，每到秋高氣爽的時候，家庭主婦們都要拆洗被縟和衣服，晾曬噴漿，等到半幹的時候，疊成長方形放到砧子上捶打，這就是「擣衣」。透過棒槌的反覆錘打後，衣服光滑、平整；放到河水裡再次沖洗時，很容易去掉灰垢，因為噴漿後進行錘打，一般油垢浮到表面滲不進纖維裡，這樣洗出的衣服和被縟乾淨、挺括。

擣衣用的砧板有木製和石製兩種，長 50 公分，寬 22 公分，厚 17 公分，砧板表面經過多年的使用非常光滑潔淨。為了減輕砧板的重量，方便來往搬運，在砧板底部橫豎挖出款槽。朝鮮族婦女使用的棒槌由硬木做成，旋得十分光滑，形狀很像洗衣棒，頂部略呈尖形，中間鼓肚，下半部呈圓形，便於把握。

擣衣的形式有各式各樣，有拿一個棒槌，也有使雙棒槌的。兩個人對坐交叉捶打，也有一個人雙棒捶打。兩位少婦、少女對坐捶打時，很講究捶打藝術，或快或慢，或輕或重，棒槌不停地上下翻動，均勻地捶打著衣被，濺

出的水珠，緩緩地飛動。她們的搗衣之聲，如鼓手擊鼓，節奏鮮明。在捶衣時，婦女們有說有笑，有歌有調，顯得輕鬆舒心。

秋天的夜晚，朝鮮族村莊裡一片安謐，唯獨韻律悠揚的搗衣聲，從村底飛出，飛向豐收的田野裡。村莊一片月，戶戶搗衣聲。這就是為什麼朝鮮族人家裡會出現「秋夜搗衣聲」的原因。

▍錫伯族為什麼供奉「喜利媽媽」和「海爾堪」

錫伯族是一個人數少，但勤勞勇敢的民族。古代的錫伯族信仰多種神靈，以求得神的庇佑，「喜利媽媽」是錫伯簇保佑家庭人口興旺平安的女神，「海爾堪」是錫伯族保護牲畜之神，這兩種神都是錫伯族信奉的諸多神祇中最原始而重要的神。

喜利媽媽，俗稱娘娘神，「喜利」為錫伯語，意為「延續」，「媽媽」即奶奶。每逢正月初一，錫伯族家家戶戶都要供奉「喜利媽媽」，求她保佑全家平安、人財興旺。為什麼稱為「喜利媽媽」呢？這與昔日錫伯族先民所處的社會發展階段和經濟形態有關。當時，男人經常外出打魚狩獵，婦女在家操持家務，養育並照顧子女。製作和供奉「喜利」之事當然也是由婦女來主持。久而久之，婦女和掛在屋裡的「喜利」一起被認為是保佑家宅平安的神靈，所以被稱為「喜利媽媽」，並加以供奉。

「喜利媽媽」的神位供於上房西屋的西北角。在一條兩丈多長的紅絲繩上，掛著小弓箭、紅綠布條、羊髀骨、吊籃、靴鞋、木鍁、銅錢等物，五彩繽紛，煞是好看，這就是喜利媽媽。平時，上房西層的西北牆角釘有一塊木板，上放紙袋，將「喜利媽媽」（紅絲繩）供奉在紙袋內。每逢春節除夕便將紅繩取出，由西北牆角拉向東南牆角掛上，家人為之焚香叩頭，頂禮膜拜。到了農曆二月初二日，再將「喜利媽媽」裝入袋內，供奉在原處。

「喜利媽媽」上掛的每一件東西都有一番講究和來歷：掛一張小弓箭，表示生了一個男孩，祝願他繼承先輩傳統，長大成為騎馬射箭的能手；掛一條彩色布條，表示生了一個女孩，希望她日後精通女紅，成為賢妻良母；掛

一個小吊籃象徵娶了一個兒媳，盼望她傳宗接代早生貴子；掛小靴小鞋，是祈求子孫眾多，香火鼎盛；掛木鍬，為祈禱風調順，五穀豐登；掛銅錢，寄希望於發財致富，家道興隆；掛一塊髀骨，表示新一輩的開始。在兩個髀骨之間的小弓箭、彩布條和吊籃數目，即是該輩男子、女子和兒媳的數目。如果分家，則必須另立喜利媽媽。供奉喜利媽媽，對錫伯人來說，是件莊重聖潔的大事。其所需之物件必須到人丁興旺的大家庭去祈求賜予、由年高德重、子孫滿堂的老人代圖，以求吉利、靈驗。

在古代，牲畜在錫伯族生活中佔有重要地位，他們關心牲畜的安全和繁殖，專門供有保護牲畜的神——「海爾堪」。「海爾堪」原為男祖神，後在錫伯族中發展演化成保護牲畜的祖神，並稱馬神。「海爾堪」的神位在正房西間外面西南牆角的屋簷下。在牆上釘兩根木橛，上面安放木板，擺上香爐，牆內掏成一個一尺左右高，一尺半深的神龕，放著裝有「海爾堪」木雕神像的木盒，即是「海爾堪」瑪法神堂。祭「海爾堪」時，也由薩滿率族眾唱誦神歌，殺豬羊致祭。主人往往把自己最心愛的駿馬獻給「海爾堪」騎用，並且要專門舉行獻馬儀式，即在所獻駿馬的尾上繫上羽毛或紅布條。

▍是「沈羊」，還是「瀋陽」

春秋戰國時期，瀋陽成為燕國的屬地，為歸順的肅慎氏所有。西漢時期，漢王朝在今瀋陽一帶置侯縣城，東漢時改屬玄菟郡。從東漢中葉起，瀋陽被作為玄菟郡郡治，稱高句麗縣。今天，我們在瀋陽市博物館裡看到的漢代遺存物，是從距市區東南 10 公里左右的渾河南岸出上的，據推測這裡可能就是前漢侯城縣治及後漢宮菟郡治所在。

至東晉中後期，玄菟郡為後燕所有，郡治徙置今朝鮮的咸興，瀋陽仍稱高句麗縣。西元 407 年，北燕滅後燕政權，瀋陽又為北燕所據，高句麗縣廢。此後，瀋陽又曾先後歸屬北魏和隋、唐政權。唐睿宗景雲年間（710—711），渤海國在今瀋陽一帶置沈州。唐末，沈州為新崛起的契丹族人所占。遼太祖神冊六年（921），遼兵將在沈水北岸置三河縣。後改為樂郊縣，成

為沈州興遼軍及昭德軍的治所，其址就在今瀋陽附近。金代，瀋陽為沈州顯德軍治所。元初仍稱沈州，後因沈州地居沈水之北，故更沈州為瀋陽路。

關於「瀋陽」的來歷，有一個古老的傳說。相傳在沈水北岸的石嘴頭山（今天柱山）下、住著一個小夥子沈哥。這年，沈水突然平地起浪，洪水肆虐，原來是沈水的龍王三頭蛟在興風作浪。沈哥發誓要找到三頭蛟，為民除害。恰好東海龍王的三公主羊妹聽說父母要將自己許配於表哥沈水龍王三頭蛟，就背著父母跑到沈水龍宮來，想親自觀察一下表哥的人品，不料三頭蛟正在大擺「童男宴」，羊妹一看，肺都氣炸了，決心幫助沈哥除掉三頭蛟。她脫下龍衣給沈哥穿上，說：「穿上龍衣，你就可以飛上天了，你要到火海裡去把太陽哥哥搬來，只有太陽哥哥的火才能燒死三頭蛟」。沈哥闖進火海，太陽烤得沈哥都冒煙了，但是沈哥還是咬緊牙關，扛起太陽就跑。回到沈水，三頭蛟正在拚命地把羊妹往水裡拖，沈哥連忙將太陽扔了過去。三頭蛟被太陽哥哥燒成灰，但是沈哥自己也支持不住，掉進了河裡。羊妹見狀。萬分著急，喊了聲：「沈哥——」便跳進河裡想去救他。可是她忘了她的龍衣已經脫給沈哥了。

鄉親們找遍了沈水也沒有找到沈哥和羊妹的屍體，就在沈水北岸立了塊碑，上刻「沈羊」二字。後來，以這塊石碑為中心修建了村落、城池，這地方就叫沈羊，因為正好又在沈水的陽面，後人不知道沈哥羊妹鬥蚊龍的故事，就誤以「沈羊」為「瀋陽」了。

▋為什麼說「先有廣生堂，後有瀋陽城」

廣生堂是一所歷史悠久而又享有盛名的中藥店鋪，初創建於明朝萬曆年間。後金天命十年（1625 年），努爾哈赤攻佔瀋陽後要改建城址作為都城時，廣生堂中藥店就已經開業多年了。早先在盛京城內有一條廣生堂胡同，即因廣生堂中藥店鋪而得名。因此，在老瀋陽人中流傳著「先有廣生堂，後有瀋陽城」的說法。

「廣生」乃「廣濟眾生」之意。廣生堂雖然經過漫長的時代興衰變遷，店東屢易其主，但舊有的招幌字型大小仍沿用不改，其主要原因在於經營者承襲了廣生堂這一老字型大小一貫的聲譽和在人們心目中形成的良好形象。

話說，乾隆四年（1739 年），祖籍山東巨野縣的商人卜涿如，正尋機找地方要開設箇中藥店鋪，為此來到盛京城內，正巧老廣生堂的店主要棄業，出兌該藥鋪，蔔涿如當即以白銀 18000 兩買下了位於城內通天街的老廣生堂房產，重整門面，仍以廣生堂的招牌幌子，利用老字型大小繼續經營這家中藥店鋪。當時他擁有平房 12 間，其中門市房 4 間、診室 2 間、存放藥材庫房二處，另外還有專門製作中藥飲片、成藥生產的「外棧」，僱用的櫃夥就有 30 多人。由於其佔有地利優勢，資金雄厚，而且藥材質優，經營有方，所以廣生堂中藥店在盛京城內逐年發展，生意興隆。

到了乾隆十年（1745 年），蔔氏家族又在盛京開設了寶和堂中藥店。在此後的八十多年間，瀋陽的中藥業已發展到五十餘家，其中老字型大小的廣生堂、寶和堂和嘉慶二年（1797 年）開業的萬育堂中藥店以及道光四年（1824年）開業的天益堂中藥店，憑藉其規模較大、業務精通、藥品齊全，在人們心目中信譽較高，均位居沈城同行業之首，成為瀋陽四大名藥店，在全城五六十家藥鋪中領袖群雄。

「廣生堂」雖然只是一家藥鋪，但在可以查到的記載中，它應該算瀋陽商業的「老大」了。當然，隨著時代的發展，新的商家也在層出不窮，而廣生堂卻淹沒在歷史的塵埃中。在進入 20 世紀後，瀋陽的商業發生了翻天覆地的變化，但「廣生堂」在瀋陽商業史上和民間流傳中，仍然具有不可替代的開關先河的作用，正所謂「廣生堂首開先河，盛京城商賈雲集」。

▋您聽說過遼陽「千年華表鶴」的傳說嗎

當年康熙皇帝巡幸遼陽，在一首詩中寫道「欲問襄平舊郛郭，千年華表鶴飛翔」。後來，乾隆帝來遼陽時，也在一首詩中寫道「只有千年華表鶴，時看往來白雲中」。為什麼兩位皇帝都對遼陽的「千年華表鶴」這麼感興趣？原來其中有一段神秘的丁令威駕鶴升仙的傳說。

據傳，丁令威是遼陽鶴野（今亮甲附近）人，原是一位州官。他為政廉潔，愛民如子，一懷明月，兩袖清風。為官之餘，他的最大樂趣就是養鶴。丁令威任職時期，適逢大旱，地裡野菜挖盡，樹皮扒光，地旱三尺，河水斷流，百姓四處逃荒，怨聲載道。丁令威目睹此悲慘情景，徹夜不眠，多次呈書京都，盼禦旨下，好開倉濟民。等呀等，到頭來仍是音訊杳無。無奈之餘，丁令威只好私自下令，打開官倉賑濟災民。老百姓分到糧食，大街小巷笑語盈門，一片歡騰景象。

然而，丁令威的大禍來臨了。開倉放糧一事像生了雙翅，傳入京城，激怒了皇上。皇上當即派欽差大臣到遼陽視察。那時，私開官倉屬不赦之例，丁令威也就難免殺頭之禍了。

當把丁令威綁赴法場時，監斬官問丁令威還有什麼要求。丁令威仰天長歎一聲，說：「我生平最喜歡鶴，親自養了兩隻，三年前飛走一隻，現在家裡還有一隻，在我臨死之前，我要再親手餵牠一口食。」監斬官聽後，便差人從他家裡把那只白鶴牽到法場。

丁令威親自堆肉餵這只鶴。往常這只鶴見到主人，總是展開翅膀翩翩起舞，可是，此時卻兩眼垂淚，不住地對空長鳴。就在這時兒，只聽半空中也傳來一聲鶴鳴，接著又有一隻白鶴凌空而下。丁令威一看，正是三年前飛走的那只。兩隻鶴像久別的好友重逢，互相敘述著什麼，丁令威看到此番情景，加上自己的不幸遭遇，不禁老淚縱橫……

這時監斬官不耐煩了，大發雷霆地喊到：「丁令威，不要不知好歹，拖延時間，黃泉路你是走定了！」隨即命令刀斧手開斬。說時遲，那時快，只見兩隻鶴展開了雙翅交叉在一起形成一板平雲，丁令威不知不覺地穩坐在了上面。霎時間，法場上狂風四起，飛砂走石，天昏地暗，還沒等劊子手刀落，丁令威早已乘著兩隻白鶴騰空而去。

百姓們為了紀念這位開倉濟民的清官，給丁令威的家立了一個兩丈有餘的華表，上刻「丁令威華表仙莊」七個大字，以表千古追思。

多年以後，有一隻雪白的仙鶴從凌虛出飛到遼陽，落在鼓樓東邊的華表柱上，久久凝望著這座飽經滄桑的古城。有一位少年看見了，覺得蹊蹺，拿起弓，搭上箭，就要射那鶴。這時，白鶴飛起，一邊低空盤旋，一邊作人語吟誦道：「有鳥有鳥丁令威，離家千年今始歸，城郭如故人民非，何不學仙塚纍纍。」然後，沖天而去。

據傳，原來遼陽城東門外的升仙橋，旗倉附近的華表仙椿，還有城東七十里外的華表山都是丁令威留下的仙跡。

▌旅順漁民為什麼每年要舉行「放海燈」活動

「放海燈」即給海神娘娘送燈，是旅順龍塘鎮的沿海漁民祈求海神娘娘保佑漁民家家平安幸福、歲歲魚蝦滿艙、永遠一帆風順的一種祭祀活動。

關於「放海燈」的來歷，傳說海神娘娘原本只是一個普通的漁家女，一次她的丈夫出海打魚遇上暴風雨再也沒有回來，漁家女不相信自己丈夫已死，夜夜在海邊為丈夫點燃一盞明燈盼夫歸來。就這樣日復一日年復一年，她的誠心感動了上天，她變成了造福漁人的海神娘娘，夜夜點著一盞明燈為出海的人們照亮回家的路……

正因為這個美麗的傳說，每年正月十三，旅順龍王塘沿海一帶漁民都會到海邊放海燈祭祀海神娘娘，向大海祈福，為家人求平安，表達期望生活越過越好的心願。

這天夜裡，星空點點，漁民都穿上節日的盛裝，家家把紮好的「彩船」、「綵燈」扛在肩上來到人山人海的海邊。「海燈節」由村中德高望重的人主持，在一片鑼鼓、禮花、鞭炮聲中，隆重的海燈節開始了。村民們陸續把點上蠟燭或安上燈泡的彩船、綵燈放入水中，海面上呈現出星星點點的美麗景象，非常漂亮。海燈上寫著「魚兒滿倉」、「幸福似海」等吉祥的話語，他們還比哪家的船和燈紮得有風采。有的人還在岸邊搞些祭祠活動，以這種純樸的方式為「海神娘娘」送燈。海燈緩緩地向大海遊去，照耀得海面一片通紅。與此同時，海岸上鑼鼓震天，鞭炮齊鳴，漁民們伴著悠揚的樂曲，翩翩起舞，

扭起歡快的大秧歌，盡情地狂歡，盛況宛如除夕之夜。漁民們在那被海風吹拂的臉上滌盪著生活的富足，熱鬧和喜悅的場面一直延續到天亮。

年年歲歲花相似，歲歲年年人不同，不變的是人們心中濃郁的民俗風情，旅順沿海的漁民以海為生，他們對大海和海神娘娘有著深厚的感情，世世代代將這個習俗傳承下來，每年都舉辦熱鬧的放海燈儀式，祈求海神娘娘的保佑。如今，龍王塘鎮的海燈節已經成為當地漁民的風俗節慶活動之一。作為專項旅遊活動，由於具有極強的地方特色和參與性，因此深受旅遊者的喜愛。

▌旅順沿海漁民為什麼要過「海龍王生日」節

每年的農曆六月十三日，大連旅順口區北海鎮和雙島鎮等地的沿海漁民，都有一個習俗，即給「海龍王過生日」。

傳說，農曆六月十三日是海龍王的誕生日。漁民們為了祈求海龍王保佑其出海平安、一帆風順、魚蝦滿倉和生活美滿幸福，從這一天早晨起，未出海的漁民們便早早地起床，舉家身著節日的盛裝，歡聚到海灘上，在嗩吶和鑼鼓聲中載歌載舞盡情歡悅。同時，漁民們把家裡的羊和豬，作為龍王爺生日貢品——「全羊」和「全豬」也抬到海邊，並在海邊放好的桌上擺上饅頭、餃子、雞蛋、粉條、白菜等，在司儀的主持和組織下，開始進行隆重的祭祀活動。

而出海的漁民，從農曆六月十三日的清晨開始，在海上燃放鞭炮。中午，全家人在船艙的甲板上大擺筵席，虔誠的祈禱。

祭祀儀式結束後，船上的男女老幼都開始飲酒和吃肉，共同享用作為海龍王的貢品。這項漁民的自發活動，起源於秦漢以前，目前該習俗仍舊保留，並吸引了大批旅遊者的參與。

▌為什麼遼東的赤松王被老百姓尊為「神樹」

在撫順市新賓縣木奇鎮神樹溝風景區內有一顆赤松樹，被稱為「遼東赤松王」。該樹高 23 米，胸徑 1.5 米，樹冠直徑 31 米，蔭地面積 750 多平方米。

人說樹齡有 500 餘年，雖經百年風吹雨打，但仍枝葉繁茂。全樹呈赤黃色，光潔如洗，一年四季綠樹蔥蔥，堪稱遼東林中之奇觀。一樹占山為王，自成風景，在遼東實屬山中奇異，被老百姓尊為「神樹」。

關於這棵神樹，有一段美麗的民間傳說，流傳至今。

傳說努爾哈赤有一次外出打獵，行至穆喜一帶，忽見叢林中竄出一隻梅花鹿，立刻尾隨上去。來到一個山谷，不見了獵物，只見山坡上一棵百年赤松巍然屹立，狀如碧傘，並發出隆隆奇響。見此奇景，努爾哈赤激動不已，覺得這並非樹的聲音，分明是真切的人語，立刻下馬跪拜樹前，脫口道：「真乃神樹也！」不久，薩爾滸大戰拉開帷幕，努爾哈赤統率將士們一起再次拜了神樹，官兵見此樹奇特異常，士氣大振，一舉奪得大戰全勝。

另外相傳，當年崇禎皇帝吊死在北京景山的歪脖樹上時，千里之外的這棵「神樹」，曾經濤聲大作；而傅儀宣詔退位時，永陵的古榆曾發出悲涼之聲，惟這棵「神樹」沉靜如常，細心人發現如大傘一樣的樹冠間，偶爾也雜生著幾根虯枝。還有傳說，凡某個朝代出現昏君，樹幹必有枯枝，如此說來「神樹」真的神了。

新賓老城的煙草為什麼叫黃煙

撫順最有名的黃煙是新賓滿族自治縣永陵的黃煙，而永陵境內的老城所產黃煙尤其出名，有「瀋陽青、遼陽紅，要抽好煙回老城」之說。外地來此出差的人，臨走時都要帶幾斤黃煙，或為己用，或用來餽贈親朋。那麼老城的煙草為什麼叫黃煙呢？

相傳，很早以前，老城村有個青年名叫安守仁，他和撫順新賓城北黃旗村黃葉仙姑娘成了親，小倆口恩恩愛愛。小安子為了照顧老丈母娘，就搬到黃旗村住。這兩口子可勤快了，春種秋收，勤勞耕作。到秋頭子，小安子還上山挖「棒槌」，他媳婦黃葉仙也上山采木耳，日子過得很紅火。

有一天，黃葉仙和鄰居三妹子上山撿蘑菇，順著老林子越走越遠，不料遇到了三隻狼。黃葉仙小時候跟爸爸學過點武術，她便勇敢地挺身迎著狼群，

揮動著鐮刀與狼打了起來。三妹子則退到左山坡，哈腰撿起石頭就往狼群打去，一連扔了十幾塊石頭。黃葉仙揮動鐮刀，時間長了感到筋疲力盡，動作緩慢下來，狼趁機一齊撲了上去。黃葉仙往旁一跳，卻一腳登空，掉下山崖，摔死了。

從那以後，小安子茶不思，飯不想，天天坐在他媳婦的墳旁流淚。一看到墳前有草他就拔，長出一棵拔一棵，他把墳地拔得光光溜溜，想讓媳婦安安靜靜睡在那裡。

一天，他不知不覺靠著墓碑睡著了。夢見黃葉仙向他走來，說：「墳前的草，把葉子寬的那種留下，到秋後把葉子曬乾，幹活累了或想念我時，點著抽上一口，就會看到我」。小安子醒後，按著媳婦的說法，把大葉子草留下，到秋天把葉子蔭幹，用紙捲起點燃，抽一口冒出了一股煙，他媳婦就站在煙霧裡向他微笑，煙消了他媳婦就不見了。小安子又捲起第二隻，點著一冒煙，他媳婦又站在煙霧中和他邊笑邊嘮家常。

從此以後，小安子高興起來，幹起活來也更起勁了。他把從黃旗村帶回的寬葉子草籽，在老城種了兩畝地。後來人們就把這種「煙」就叫做黃煙。

▌您瞭解醫巫閭山的滿族民間剪紙嗎

醫巫閭山歷史上曾是遊牧民族和山林民族聚居的地方。流傳於遊牧民族、山林民族之間的薩滿文化，是醫巫閭山文化的根基。而以動植物圖騰和女始祖神「嬤嬤人」為主要內容的醫巫閭山地區滿族民間剪紙，正是發源於這種自然神崇拜和祖先神崇拜的薩滿文化。

在生產力低下的生活環境中，他們不斷地向被認為具有神力的動植物圖騰和祖先神祈禱。祈禱的神像則是隨身攜帶的神偶，這種神偶是用樹皮、獸皮剪刻的，也有的是用木頭雕刻的。當醫巫閭山人定居下來後，這種神偶的造型就被用剪紙藝術傳承保護下來。

　　滿族人的遷入帶來了最本源的滿族山林薩滿文化，融合了中原地區的農耕文化和農業社會習俗，為醫巫閭山地區滿族民間剪紙藝術增添了豐富的內容。

　　北方民族的山林崇拜，為醫巫閭山保存了茂密的原始森林。民間剪紙藝術一個重要的內容就是祭祀守護這片山林的自然神——生命樹。「媳婦人兒」是山民用剪紙記錄下來的遠古時期的女始祖神像。剪嬤嬤人是滿族女孩最早學會的手工，用剪出來的嬤嬤人擺家家、做遊戲，是她們對日後生活的演練。此外，「打太平鼓」、「跑旱船」等剪紙作品，記錄了醫巫閭山傳統的節慶習俗，而「回娘家」、「坐福」、「見面禮」等剪紙作品記錄的則是醫巫閭山人的婚俗和人際交往的禮節。

　　醫巫閭山的剪紙形成了鮮明的多民族文化融合的藝術形式，不僅在內容上融合了多民族的文化，在藝術形式上也是多民族藝術特色的完美結合。它以以風俗畫的佈局、大寫意的手法、神偶雕刻常用的陰刻工藝創作的剪紙作品，形式凝重、洗練、古樸、粗獷，作品氣勢恢弘、意蘊深厚；既有薩滿文化肅穆簡潔的神秘色彩，又有農耕文化靈動、飽滿的生活情趣。

　　醫巫閭山地區滿族民間剪紙以自然神、祖先神崇拜為內容，源於醫巫閭山特殊的地理位置和民族構成，這反映了北方民族曾有過的與自然界的動植物有著共同的祖先、相依共存的生命狀態和文化形態，具有極其珍貴的人類文化學、民族學、民俗性和宗教學的史料價值。

名人遼寧

遼寧擁有眾多清王朝史蹟，統一滿族、入主中原的風流人物，指點江山的賢臣才子，以及各種風物傳說。這些都是遼寧豐厚的旅遊資源，並由此形成遼寧旅遊「滿韻清風」這一鮮明特色。遼寧近現代經歷了滄桑巨變，湧現了許多傑出的人物，他們為實現民族獨立，國家統一貢獻了力量甚至做過驚天動地的大事。

清太祖努爾哈赤

努爾哈赤（1559－1626）出生在明朝建州女真的貴族世家，其先世歷來受明朝政府的冊封，為明朝的臣民。史載：「太祖生鳳眼大耳，面如冠玉，身體高聳，骨骼雄偉，言詞明爽，聲音響亮」，「龍行虎步，舉止威嚴，其心性中實剛果」，「意志闊大，沉幾內蘊」，「延攬大度」，心胸寬闊，睹記不忘。

努爾哈赤青少年時代歷經坎坷。十歲那年，生母喜塔喇氏病故，繼母對努爾哈赤兄弟二人「撫育寡恩」。十五歲時，努爾哈赤和弟弟哈齊不忍繼母的虐待，離家出走寄居於外祖父王杲的家裡。王杲的精明強幹，勇於爭戰，工於心計，富於韜略以及深厚的漢文化修養對努爾哈赤產生了極大的影響。當年明兵襲擊其外祖父時，努爾哈赤兄弟二人被抓，他見機行事，立即跪在李成梁的馬首前，痛哭流涕，請求一死。李成梁見他機靈可憐，就赦他不死，收在帳下，充作幼丁。李成梁很看重他，總把他帶在身邊，他跟隨李成梁東征西討，每戰必衝鋒陷陣，戰功赫赫。

努爾哈赤青少年時坎坷豐富的經歷，形成了他大智大勇、擅於思索、沉著應變的性格。相傳努爾哈赤起兵後第二年的一天黑夜，有賊偷襲，他聽到動靜後，將子女藏好，「令後故意如廁」，用夫人身體作掩護，藏於暗處，抓住賊人。家人洛漢說把賊殺了，而努爾哈赤想，賊一定奉人指使來殺我，我要是把他殺了，他的主人一定以殺人為藉口對我用兵，而我現在是兵少難敵，還是少樹敵為好。於是對那賊人佯言道：「你一定是來偷牛的。」那賊

馬上說就是來偷牛的，並沒有其他不良用意。努爾哈赤藉故就將這人放了。同年五月，一天深夜一個叫義蘇的人欲行不軌，努爾哈赤佯裝入廁，藏於暗處，見賊逼近，射中此人，將其擒住，但出於同樣的考慮又將此人放了。

努爾哈赤英勇善戰，善於謀略。萬曆年十二年（1584 年），率兵攻打翁鄂洛城，他身先士卒，被敵兵鄂爾果尼射中頭部，鮮血直流，他忍痛將箭鏃拔出，又將箭反射回去。另一個敵兵又射中他的頸部，那箭頭如鉤狀，拔出時帶出兩塊血肉來。眾兵見狀，要上去攙扶，努爾哈赤說：「爾等勿得近前，恐敵知覺，待我從容自下。」破城後，這二人都被活捉了，部下要求處決了這兩人。而努爾哈赤卻認為這兩個人英勇善戰，是不可多得的人才，不但沒有治他們的罪，反而授予他們牛錄額真頭。薩爾滸一戰中，明朝以號稱 47 萬的大軍，兵分四路大舉進攻赫圖阿拉。努爾哈赤集結八旗兵力 6 萬餘人，採取「憑爾幾路來，我只一路去」戰略方針，集中優勢兵力，各個擊破，大破四部聯軍，取得以少勝多的傲人戰績。自此，努爾哈赤對明廷由戰略防禦轉入戰略進攻。

雖然寧遠之戰損兵折將，自已也為袁崇煥紅衣大砲所傷，鬱鬱寡歡而病死，但努爾哈赤功不可沒。自十三副遺甲起兵以來，努爾哈赤馳騁沙場四十餘載，銳不可擋，為滿族的統一、興起和發展做出了傑出的貢獻。他的後繼者在他開創的後金政權的基礎上入主中原，君臨天下，統治中國長達 268 年，對中華髮族的歷史發展產生了深遠的影響。

■多爾袞為何讓江山

清崇德八年（1643）年 8 月 9 日，皇太極中風病死。大清又面臨著改主易帥的關健時期。皇太極事先未指定繼承人，又事發突然，諸王貝勒一點準備都沒有。於是一場激烈的爭奪皇位的鬥爭開始了。當時最有實力奪得皇位的當屬肅親王豪格和睿親王多爾袞。

豪格是皇太極的長子，正值壯年，一表人才又有智謀，在戰場中屢立戰功。鄭親王濟爾哈朗和皇太極生前親自掌握的鑲黃、正黃二旗的大臣擁護豪格即位。而豪格最大的競爭者就是多爾袞，多爾袞是太祖努爾哈赤的第十四

子，皇太極的弟弟。多爾袞的親兄弟英親王阿濟格、豫親王多鐸屬鑲白旗和正白旗，都支持多爾袞。多爾袞曾多次統軍出征，攻城必克，屢立大功。此時多爾袞 32 歲，手握重兵。

8 月 14 日多爾袞召眾人議立皇帝，雙方的鬥爭達到了白熱化，甚至到了劍拔弩張的程度。在這種情勢下，多爾袞權衡利弊，如果自己強行奪位，勢必引起兩白旗和兩黃旗刀刃相接，後果肯定是兩敗俱傷，弄不好，太祖太宗的基業將毀於一旦。要是讓豪格即位，又怎能甘心呢？說不定日後還要遭到豪格的報復，落得個屍首搬家。為免遭內訌，緩和矛盾，多爾袞採取折衷方案，讓既是皇子又不是豪格的福臨繼位。16 日，代善之子貝子碩托、孫郡王雜阿達禮，圖謀推翻成議，擁立多爾袞。當天，多爾袞下令依法把這二位給殺了，帝位之爭才算塵埃落定。就這樣六歲的福臨登上了皇帝的寶座，由睿親王多爾袞和鄭親王濟爾哈朗輔政。

又有傳說，多爾袞放棄帝位之爭，擁立福臨，乃是因為愛美人不愛江山。據說白玉兒，也就是莊妃，在當年多爾袞去科爾沁草原時就與他一見鍾情，私定終身。無奈皇太極奪走了美麗的大玉兒。皇太極死後，多爾袞認為有機可乘，可舊情複燃。作為交換條件，莊妃下嫁，福臨登極。所以有人說是莊妃拯救了大清，避免了內訌。當然，這種說法可能不盡客觀，莊妃下嫁本就是清史一大謎案。多爾袞擁立福臨自有自己的謀略，既可避免內訌，又可打擊豪格；而福臨又小，自己又可攝政，當個沒有名分的假皇帝。

▌孝莊文皇后如何說降洪承疇

孝莊文皇后是蒙古科爾沁部勒寨桑的女兒，名博爾濟吉特氏，小名白玉兒。天命十年嫁於皇太極，封永福宮莊妃。莊妃天生麗質，聰穎過人，在眾多的妃子中皇太極最看重的就是莊妃。

莊妃的一生極富傳奇色彩，輔佐兩代幼主。皇太極在 52 歲盛年之際猝然辭世，經過一番紛爭，最後是歷史的命運將福臨推上皇座。福臨登極，年方 6 歲，是清代歷史上有名的少年天子。莊妃則做了皇太后，此時莊妃剛滿 30 週歲，他帶著 6 歲的皇帝在皇宮中的權力鬥爭中周旋實屬不易，然而命運

又將她推向風口浪尖。福臨在他最心愛鍾情的董鄂妃死後，痛不欲生，無盡的哀思使他追隨愛妃而去。國不可一日無君，玄燁登極，他就是開康乾盛世的康熙大帝。康熙登極時才 8 歲，也是兒童皇帝，康熙深受祖母教誨，朝政國事，必先告而後行，也是在她的幫助下，少年康熙智擒鰲拜，剷除禍害。

在清朝入關之前，莊妃最具傳奇的傳說就是勸降了曾誓死不降的明朝薊遼總督洪承疇。洪承疇是福建南安人，字彥演，號亨九。深受明廷重用，後遼東一帶告急，被調任薊遼總督，抵禦清兵。雖然他指揮得當，但明朝宦官當道，部下多貪生怕死，最終十三萬大軍全軍覆沒，洪承疇被俘，關押在三關廟裡。

皇太極一心想入主中原，但是祖大壽、袁崇煥橫刀立馬擋在山海關，尤其是袁崇煥，就是他當年把太祖轟於馬下。皇太級一心想招降洪承疇，而他絕食不降，皇太極就讓范文程去勸降，洪承疇罵不絕口，堅決不降。

千軍易得，一將難尋，皇太極一籌莫展。莊妃主動請纓，要以女人特有的魅力說降洪承疇。夜深人靜時，絕食抗爭的洪承疇閉目仰臥，往事歷歷在目，自己就要為國捐軀了，不免悲慟思痛。忽然遠處傳來牧蕭聲，那聲音越來越近，待這女子來到跟前，只見那女子端莊秀麗，此人正是喬裝改扮的白玉兒。洪承疇的心不由得顫動了一下，不禁思念起遠方的妻妾兒女。白玉兒表達了對洪將軍忠心耿耿於大明的欽佩之情。洪承疇感歎地說，我是將死之人，能聽到姑娘美妙的歌聲，真是上蒼對我的恩賜啊！聰明的白玉兒料定他已死心動搖，開始留戀生活了。白玉兒又趁機給他唱起牧歌來，並送上隨身帶來的灑，聽著美妙唱歌，不知不覺一壺美酒下肚。那歌詞是讚美人生，留戀生活之類的，聽得洪承疇是淚花閃耀，仰首長歎。他突然一愣，警覺道：「你是誰，也是來勸降的嗎？我已絕食多日，還是死了這份心吧。」白玉兒說：「你死不了的，你剛才喝下的灑可是千年參泡製的灑，還是好好的想想吧。」

後來，皇太極又親自探望，並解下貂裘為他披上，洪承疇終於叩頭請降。後來洪承疇在清軍入主中原，蕩平江南的戰爭中立下了汗馬功勞。

少年天子的遺憾

清世祖愛新覺羅福臨是皇太極的第九子，生於崇德三年（1638），崇德八年（1643）在瀋陽即位，改元「順治」，順，意順利；治，意治理，就是順利治國，華夏一統的意思。順治帝，在位18年，卒於順治十八年（1661），年僅24歲，是清代歷史上有名的少年天子。

順治6歲登基，由叔父多爾袞輔政。順治七年，多爾袞出塞射獵，死於塞外，13歲的福臨提前親政。順治帝天資聰穎，讀書勤奮，他吸收先進的漢文化，審時度勢，對成法祖制有所更張，且不顧滿洲親貴大臣的反對，倚重漢官。為了使新興的統治基業長治久安，他以明之興亡為借鑑，警惕宦官朋黨為禍，重視整飭吏治，注意與民休息，取之有節。但他少年氣盛，剛愎自用，急躁易怒，當他寵愛的董妃去世後，轉而消極厭世，終於匆匆走完了短暫的人生歷程，英年早逝。

在他短暫的一生中，他勵精圖治，但是卻遭遇了太多的遺憾。

他想迅速統一，南明永曆政權卻跟他血戰不止，耗得兵力和國庫頻頻告急。他醉心漢族文化，在滿族內部熱心普及，卻遭到了親貴中保守派的嘲弄和抵制。他下決心廢掉了皇后，母親卻又給他安排了一個他不喜歡的皇后，想廢也廢不掉了。他愛上了弟弟的老婆，給弟弟加官進爵，弟弟卻上吊自殺了，引起軒然大波。他寵愛了值得寵愛的女人，卻使整個後宮的女人充滿怨恨，處處都是陷阱。他喜歡皇四子，打算日後立為太子，卻有人把這個活潑可愛的孩子暗害了。他考核官吏，想撤掉無能昏庸之輩，卻發現混日子的笨蛋越來越多了。他渴望風調雨順，百姓富足，旱災水災地震卻連綿不斷，鬧得民不聊生。他殺了受賄的大太監，血跡未乾，後宮裡又冒出了淫亂的小太監。他親近傳教士湯若望，尊重基督教，最後卻迷上了佛教，讓虔誠的洋人大失所望。他號召上朝的眾官暢所欲言，聽了刺耳的話卻忍不住封人家的嘴，拐著彎兒懲處。他心地善良，待人寬厚，卻極其敏感，一遇挫折便暴跳如雷，像換了一個人。他希望與所愛的人心心相印，卻陰差陽錯，頻頻產生誤會，使雙方大受折磨。他渴望逃避嚴酷的現實，在愛情中得到解脫，他所愛的人

卻死了，讓他萬念俱灰。他夢想在佛教中繼續解脫，卻萬萬沒有料到，自己也死了，徹底解脫了。

▍范文程為何得到三位皇帝的倚重

范文程是清朝開國名臣，字憲鬥，號輝岳，瀋陽人。他官至內秘書院大學士、議政大臣，以「范章京」、「老秘書」聞名於世，號稱「文臣班首」。范文程經歷四代皇帝，曆侍清太祖、太宗、世祖三朝。

范文程是宋代名臣范仲淹的後裔，他原是明朝的士人，薩爾滸之戰，撫順城破，他也跟著成了俘虜。范文程身高八尺，魁梧高大，引起了努爾哈赤的注意，當得知他是名臣後人又能識字，努爾哈赤極為高興。於是，他才沒有被編為奴，成了後金的一名官員。

為幫助皇太極入主中原，范文程使盡渾身解數，充分施展了政治才華和軍事謀略。天聰三年（1629 年），皇太極率軍從喜峰口入關，繞過袁崇煥，直逼燕京。誰知袁崇煥兵從天降，回京救駕。為了搬開清軍入關的最後一塊大石頭，范文程給皇太極策劃了離間計，使一代忠心耿耿的抗金名將袁崇煥冤死在崇禎皇帝多疑的性格之下。崇德七年（1642 年），洪承疇兵敗被俘，皇太極深知收降洪承疇的重要作用，可是洪誓死不降。范文程善言安撫，前去勸降，恰逢房梁有塵土落至洪之襟袖，洪數次拂去。范文程見狀，對皇太極說：「可再勸降，如此惜衣，何況命乎？」後來，洪果真投降，為清朝效力。天聰五年（1631 年），在圍攻大凌河時，明軍依據險要地形，後金難以攻下。范文程單身匹馬，不畏艱險，深入敵穴，以三寸不爛之舌，說服明將率兵歸降，兵不血刃，即獲小勝。

皇太極極其器重和信賴范文程，經常召他密談，而且時間都很長，有時剛回去又被召進宮。每次朝議政事，如果范文程因故不在場，皇太極一定要問：「范章京知道吧？」對於議而不決的事，就說：「把范章京找來，看看他是什麼意見？」如果大臣們說范文程也是這樣認為的，皇太極才表示贊同。當時朝中的檔，大多是由范文程主持起草的，開始皇太極還審閱一下，後來連看都不看了，說有范章京參加起草的一定不會有錯的。

范文程很孝順，將父親範楠接來贍養。有一回，他進宮陪侍皇太極用餐，飯菜很豐盛，面對著珍饈佳餚，范文程想到父親從未嘗過這些好菜的味道，思來想去沒下筷子。皇太極明白了他的心思後，馬上命人將這一桌美味佳餚撤下來，派人送到范文程家裡，請他的老父親嘗一嘗。

順治元年（1644 年）四月初四，范文程上書輔政大臣多爾袞等人，闡明天下大勢，敦促清統治者務必抓住明王朝內亂這一千載難逢的重大歷史機遇，迅速出師，進取中原。並闡明此次入關，必須嚴明軍紀，對老百姓秋毫不犯，才能爭取人民心。進京後又建議為崇禎發喪三日，並提出「官來歸者複其官，民來歸者複其業」，很快便使反清情緒大減。定鼎北京後又輕徭薄賦、廢除三餉，興屯田、招撫流民，恢復科舉考試制度。

范文程為清朝統治者平定大江南北、一統華夏江山，傾注了智慧和心血。清太祖、太宗從不直呼范文程的名字，一直叫他范章京，這表示對他一種特殊的寵遇。甚至在他告病之後，康熙對人提起他時，也總是說范章京如何如何。

順治十一年（1654 年），范文程的身體衰弱不堪，多次要求告病還家，順治帝最終同意他辭官休養。康熙五年（1666 年）八月范文程病故，終年 75 歲。

康熙五十二年（1713 年），康熙親自為范文程提祠字：「元輔高風」。

▌關東才子王爾烈為何能文壓三江

王爾烈，字仲方，一字君武，號遙峰。清雍正三年（1725 年）出生於遼陽縣賈家堡子（今蘭家鄉風水溝村），卒於嘉慶六年（1801），享年 76 歲。他歷任翰林院修、順天府丞、陝西道監察禦史、內閣侍讀學士。

王爾烈天資聰穎，自幼受到良好的家庭教育。16 歲時，詩文、書法就蜚聲遐邇。28 歲參加全州的童試，考中秀才。41 歲中乙酉舉人，文名大噪。45 歲時，乾隆為給母親祝壽開辛卯恩科黃軒榜，王爾烈中二甲一名進士。據說，那年他本可考中頭名狀元，只因乾隆私下考場，一比高低，而名列第四，

主考官便把他同乾隆對換一下名次。後乾隆見王爾烈文卷甚佳,即拜王爾烈為「侍讀」,留宮中教授太子顒琰,故有「老主同場少主師」之說。

　　王爾烈才華橫溢,有「關東第一才子」之美譽。在東北各地,流傳著他的許多詩對故事。據說乾隆年間江南科考,乾隆命王爾烈到江南主考。舉子聽說主考官是個北方人,想奚落他,居然在王爾烈的館驛門旁貼出一個上聯:「江南千山千水千才子。」王爾烈提筆續寫下聯:「塞北一天一地一聖人。」眾舉子不由折服:多少才子也抵不過一個聖人哪!一個舉子恭敬地問道:「王大人學識如此淵博,敢問尊師大名?」王爾烈笑道:「天下文章數三江,三江文章數吾鄉,吾鄉文章數吾弟,吾為吾弟改文章。」又傳,一次他進京趕考,路遇一樵夫,老夫出一拆字聯:此木為柴山山出。王爾烈略思片刻對曰:因火成煙夕夕多。據說山海關附近的孟姜女廟的對聯「海水朝朝朝朝朝朝朝落,浮雲長長長長長長長消」,這一千古名句也出自他手。

　　俗話說「三年清知府,十萬雪花銀」。王爾烈74歲告老還鄉,按照大清朝慣例,朝廷派了十輛馬車拉著十個大櫃,浩浩蕩蕩從京城向山海關前進。遠遠望去,黃塵古道上,十輛大車魚貫而來。響鈴咣咣,馬鼻噗噗,車轍深陷。旁人竊竊私語,都說王爾烈雙肩明月,兩袖清風,不過是掩人耳目,他自己早撈足了。山海關總兵田某本是和珅的門婿,見此光景,非要拆封驗看,王爾烈不允,他就奏請皇帝定奪。這事還真讓嘉慶皇帝為難,無奈只好擬旨應允。田總兵啟封開鎖,不由得目瞪口呆,裡面全是青磚瓦塊,哪有什麼金銀珠寶。原來,王爾烈是運這些磚瓦回老家蓋房子。嘉慶聞聽頓生感慨,便差人以皇帝的名義在遼陽城內為他的老師建了一座翰林院,並親手題寫「翰林院」三字。

　　遼陽人以王爾烈這位才子而驕傲,紀念王爾烈,在遼陽西關路南翰林府舊址的基礎上重建王爾烈紀念館,仿清磚瓦房,共有房屋32間。館內展出各類文物史料圖片,供人瞻仰。故居陳列室一進門處有劉墉題的對聯匾聯:「骨氣乃有老松格,聲名須共古人期」。

▋道教大師葛月潭

凡是到千山的遊人，總要先觀賞被稱為「千山道觀之首」的無量觀。它是道教在千山最早的建築，地處交通方便的北部景區，廟宇成群，景點繁多，各種景觀達五十餘處，「走進無量觀，景點連成片，石、塔、松、洞、天，處處惹人戀。欲要細觀賞，至少一天半。」

一代道教大師葛仙師就安葬在由他親自挑選的無量觀的葛公塔下。

葛仙師原名葛月潭，道號明新，1854 年出生於山東省邱縣，幼年家境中落後闖關東來到瀋陽，年僅 6 歲便被父母寄食於鬥姥宮。葛月潭聰明伶俐，博聞強記，深得道士們喜歡。在這裡，他受到較好的教育，琴棋書畫無所不能。1867 年，他出家修道，1874 年到太清宮修道。1875 年，葛月潭赴北京白雲觀，任客堂知賓，專門負責接待來上香的各界名流，這使他有機會接觸更多的社會上層人士。他勤奮好學，喜歡吟詩作畫，其隸書學《南海神廟碑》，行楷學王羲之各帖，草書臨懷素兼摹《書譜》。畫家周棠見他很有天分，畫又畫的好，就收他為徒。受到大師指點，葛月潭如魚得水，進步很快，不久就小有名氣，人稱「能書能畫更能詩，文采風流冠一時」。

後來，葛月潭返回瀋陽太清宮，被選為太清宮監院。因其在宗教、藝術方面卓有成就，1914 年，被推為太清宮方丈，成為龍門派第 20 代傳戒方丈。

葛月潭積極參與社會活動，關心黎民百姓，曾在瀋陽創立初等學堂，專招貧困子弟免費入學讀書，還創立宗教粹通學堂，培養道教人才，並時常接濟貧苦百姓。民國 9、10 兩年（1920 年、1921 年）山東河北大旱，民國 19 年（1930 年）遼西水患，葛月潭夜以繼日作畫千餘幅，派弟子出售，將賣畫所得全部賑濟災區。

就自己而言，葛月潭是作畫不賣畫。因其畫遠近聞名，很多人前來求他作畫，他有求必應，從不收潤筆費。開源縣文化館高澄鮮老人藏有他的 2 幅蘭草畫，一幅是朋友贈送的，另一幅是自己親自求葛老道畫的。

葛月潭一身正氣。據說當時號稱東北王的張作霖還向他討過畫。迫於無奈，他就用腳畫了一幅「金蟾撲蠅」。張作霖如獲珍寶，將那幅畫掛在客廳。1916 年，蔡鍔、黃興兩位英雄的追悼會上，葛月潭送來一幅輓聯：

國士無雙雙國士，完人難二二完人。

1935 年，81 歲的葛月潭於彌留之際讓弟子展開宣紙退出室外，他提筆劃了最後一幅蘭花圖，題曰：

一花一世界，一葉一仙槎。

揮霍東冥去，雲天到處家。

下署：「月潭絕筆」。

之後，安然辭世。弟子按其先前遺願將其葬於無量觀，與白雲青山為伴。

▌函可為何被奉為遼瀋佛教的開山鼻祖

慈恩寺是瀋陽最大的佛教寺院，坐西朝東，左有萬泉河，右有萬泉塘。慈恩寺一度香火冷落，後因一位和尚的到來，香火漸漸旺盛起來，這個和尚就是自號千山剩人的函可。

函可本是廣東博羅人，原為江南名士，名韓宗騋，字祖心，出家後法名函可。函可出身名門，又喜歡弄文吟詩，以文會友，關心時局，在當時小有名氣。29 歲時，由於對社會腐敗風氣日益不滿，加上父親去世，函可便出家當了和尚。後來到南京，目睹南京抗清諸臣的壯烈事蹟和南京陷落的經過，就寫了一本揭露時政的書《再變記》，被清軍查出，嚴加審訊，刑木都打斷了好幾根。後來又交給洪承疇審問，但是他仍然口中講經說道不止，不肯連累其他人，沒辦法，只好押回北京。順治四年，函可被流放到瀋陽慈恩寺為僧。一個人被流放到東北，思念遠在南方的親朋好友，而又無力回天，他感到自己是一個被遺棄在千山的世上多餘的人，所以自號「千山剩人」。

以前慈恩寺裡的和尚大多不識字，就連主持也只能吟誦一篇金剛金。第一次來了個有學問的和尚，人們都很尊重敬仰他。每當他講經時，聽者如雲，

無論是兇暴之徒還是愚鈍之輩都願意聆聽他的教誨，至於來請他排憂解難的更是絡繹不絕。他先後收了六七百個徒弟，其中有平民百姓，也有文人謫臣。後來，他被奉為遼瀋地區佛教開山之祖，這在慈恩寺和千山都曾留有碑記。

除布經傳道外，函可和尚還創作詩歌，甚至感到流放生涯是詩歌創作的源泉，主張「無罪還應出塞來」。他的詩作「莫笑孤僧老更狂，平生奇遇一天霜。不因李白重遭謫，那得題詩到夜郎」就表達了這種思想。他還組織了一個「冰天詩」詩社，大大地活躍了遼瀋文壇的氣氛。盛京城裡的一些文人名士也紛紛慕名來訪，函可同他們吟詩論文，互相唱和，有時如癡如醉，四更不寐，一時傳為佳話。函可雖語不離禪，可反清複明思想從未改變，常借詩言志，慷慨悲歌。寄情山水之後，函可每年都去千山幾次，遊覽大小寺廟，足跡遍及丘壑林泉，寫下詩篇百餘首。

函可和尚關心百姓疾苦，素以慈悲為懷。一年春天，盛京乾旱無雨，城內城外瘟疫四起，許多人頭痛腹脹，畏冷發熱，上吐下瀉，死了很多人。他親率全寺的和尚去東山嘴子一帶採集馬齒莧、藿香草等草藥，挨家施送。遇到信巫不信醫的，函可便採取借佛的辦法，托口「觀世音菩薩送來的救命草」勸人飲服，還到患者家中代煎湯藥，使許多人轉危為安。

順治十六年（1660 年），函可死於瀋陽，享年 49 歲。眾弟子感其對千山的深情，將其遺體安葬在千山瓔珞峰西麓雙峰寺內，並修建了函可禪師塔。清政府特別擔心函可在百姓中的深刻影響，百年之後，乾隆皇帝還特別下令給奉天府尹搜查銷毀函可的著作及有關他的記載，從而使有關函可和尚的碑記等遺物都蕩然無存，只有小部分詩文保存下來。

▌張作霖是一個什麼樣的人

張作霖（1875-1928），字雨亭，遼寧海城人，1875 年（清光緒元年）3 月 19 日，出生於今盤錦市大窪縣東風鎮葉家村張家窩棚屯。

　　他幼年家貧，14 歲時其父張有財故去，兄妹 4 人隨母遷到鎮安縣（今黑山縣）二道溝外祖父家。賣過包子，當過貨郎，學過木匠，後又跟繼父學過獸醫，相馬，後流浪到營口。

　　1894 年爆發甲午戰爭，張作霖經人介紹到清兵宋慶部當差，後又調到馬玉昆部當騎兵，從此開始了戎馬生涯。後北走廣寧，投身綠林。不久，返回趙家廟村，糾集 20 餘名青壯年，建立一支聯村保安隊，成立了自己的武裝，雄霸一方。張作霖也知道身為綠林是沒有前途的，後來又想方設法招降，他的武裝被收為清軍，用以在遼西剿匪。1911 年 10 月 10 日，辛亥革命爆發，清廷東三省總督趙爾巽任其為「奉天國民保安會」軍事部副部長進盛京護城。從此，張作霖一路攀升，最終成了名副其實的「東北王」。

　　千古江山，風流總被雨打風吹去，亂世梟雄張作霖何許人也？他霸道，匪氣，會鑽營，鎮壓過革命，殺害了同盟會東北地區負責人張榕和共產黨人李大釗。因此有人說他是帝國主義的忠實走狗，反動軍閥。他興辦教育，發展東北的民族工業，他不買日本人的帳，罵過日本人，抵制二十一條，並最終被日本人炸死。於是有人說他具有崇高的民族氣節，堪稱民族英雄。但不管怎麼說，張作霖在日本侵略者面前不妥協的精神還是值得肯定的。

　　野史傳說，一次，張作霖應邀出席日本人的酒會。酒過三巡，一個日本名流力請他當眾提字，這顯然是想出他的醜，因為他本不識幾個字。誰知張作霖竟不推辭，提筆就寫一個斗大的「虎」字，然後題款，在眾人的鼓掌叫好聲中擲筆回席。那個東洋名流見落款「張作霖手黑」，頓時滿臉木然！隨從連忙提醒道：「大帥，您寫的『墨』字下面少了個『土』，成『黑』了。」誰知，張作霖兩眼一瞪，笑罵道：「媽了個巴子！俺還不知道『墨』字怎麼寫？對付日本人，手不黑，行嗎？這叫『寸土不讓』！」在場的中國人恍然大悟並會心而笑，而日本名流和關東軍的高官們則目瞪口呆！

　　民國十七年（1928 年）5 月 17 日，日本駐華公使芳澤謙吉求見張作霖。張作霖故意將其晾在客廳，自己在另一間屋裡大聲嚷著說：「日本人不講交情，來乘機要脅，我豁出這個臭皮囊不要了，也不能出賣國家的權利，讓人家罵我是賣國賊，叫後輩兒孫都跟著挨罵，那辦不到！」此前，他甚至當著

這位日本公使的面，怒不可遏地摔了自己的旱煙袋，那個名貴的翡翠煙嘴竟被摔成了兩瓣兒！

由此看來，梟雄自由梟雄的機智與氣節，張作霖畢竟是張作霖！

▌張學良為何被譽為千古功臣

張學良，字漢卿，遼寧海城人，1901 年 6 月 3 日出生於今遼寧省臺安縣桑林子鄉詹家窩堡，為奉系軍閥張作霖的長子。

1928 年，張作霖被日本人炸死後，張學良主政東北，人稱少帥。張學良早就對日本不滿，身負家仇國恨，決定響應蔣介石「南北統一」的號召，排除內外阻撓，毅然「易幟」，服從南京政府的統治。東北易幟是中國現代史上的一個重大事件，粉碎了日本帝國主義分裂中國的陰謀，捍衛了國家領土和主權的完整，宣告了中國自清末以來分裂、割據、混亂局面的結束。雖然這次統一是表面的、暫時的，但它畢竟結束了多年軍閥混戰的歷史，符合廣大人民群眾盼望和平，實現統一的願望。

張學良主政東北期間，大力宣導「東北新建設」。整軍經武，振興實業，修築鐵路，建築港口，提倡教育，推廣體育，發展科技，開墾農業，在諸多方面，卓有建樹。「九‧一八」事變後，張學良雖然執行蔣介石「不抵抗」的命令使東三省迅即失守，備受非議，但他的主導思想是抗戰的。在困境中，張學良做了大量的局部抗日戰爭工作，他是東北抗日義勇軍的創議者、支持者，更是東北軍抗戰的領導者和指揮者。

1936 年 4 月，中國共產黨提出了「停止內戰、共同抗日」的主張。10 月，毛澤東、周恩來致書張學良，請他向蔣介石轉達互派代表談判，停止內戰，共同抗日。張學良多次勸蔣介石聯共抗日，並請纓抗戰，均被拒絕。為逼蔣抗日，12 月 12 日，張學良、楊虎城借蔣介石到西安督戰之機，發動了著名的「西安事變」，扣留蔣介石，通電全國，提出抗日八項主張，同時邀請中共代表周恩來赴西安商討事變善後事宜。在全國各界的調停下，「西安事變」得到和平解決。「西安事變」深刻地影響了中國歷史的發展進程，它迫使蔣

介石改變了「攘外必先安內」的政策，停止內戰，一致抗日，促使抗日民族統一戰線的形成，為抗戰的勝利打下了基礎。

然而，作為「西安事變」的主要發起人，張學良卻因此步入了人生苦旅。事變和平解決後，張學良送蔣回南京。不久，便被逮捕軟禁起來。從此，叱吒風雲的少帥張學良便在當時的政治舞臺上消失了。

1988 年，蔣經國逝世後，張學良逐漸獲得人身自由。1995 年離臺，僑居美國。2001 年 10 月 15 日，在美國夏威夷首府檀香山史特勞比醫院病逝，享年 101 歲。

▋老百姓為何喜歡趙本山

趙本山 1958 年 10 月生於鐵嶺開原縣蓮花鄉石嘴村，是莊稼院長大的民間演藝奇才。他 6 歲時成為孤兒，幼時跟二叔（盲人）學藝。拉二胡、吹嗩吶、拋手絹、打手玉子、唱小曲、二人轉小帽等樣樣精通，尤其是三弦功底尤為突出。

為使趙本山學會民間戲曲，掌握藝術真諦，二叔趙德明在對趙本山言傳身教的同時，更注意讓他採集百家之長，虛心向其他民間藝術團體和民間藝人學習。蓮花鄉地處遼北偏遠山區，為了使趙本山深入瞭解民族藝術，學到更多的表演技巧，凡在方圓五六十里的範圍內，不管哪個鄉鎮和村屯，只要有劇團演出，趙德明都要帶上趙本山去看戲。趙德明的眼睛看不到，便坐在臺前認真地聽，熟記每一種戲曲的曲調、唱詞和唱腔，把握每一種戲曲的演唱演奏要領，而小本山的任務是看舞臺上如何表演，掌握舞臺動作。叔侄二人分工明確，回家後，互補短長。二叔拉琴，本山演唱，直到二叔審核唱腔完全到位為止。苦難的童年成了趙本山一生最大的財富，為其日後的小品、演藝生涯奠定了堅實的基礎。

這位東北笑星根植於北方民俗文化的土壤，以其超乎尋常的個人魅力，在中國文藝舞臺上獨領風騷。趙本山透過春節聯歡晚會這個舞臺走進了全國人民的心中，他往那一站，一句詞沒有說你就樂了！趙本山的春節晚會小品

主要有《相親》《小九老樂》《我想有個家》《老拜年》《牛大叔「提幹」》《三鞭子》《紅高粱模特隊》《拜年》《昨天、今天、明天》《賣拐》《賣車》《小崔說事》。這些小品大家都已耳熟能詳，其中，很多經典臺詞經常被人們拿來調侃生活。

趙本山進入春節晚會還有一段故事。1987年，趙本山以《摔三弦》《瞎子觀燈》《1＋1＝？》風風火火紅透了瀋陽城。一個忠實的觀眾，曾帶領全家跟蹤趙本山三個劇場，連看12場演出竟不倒胃口。就在這年，姜昆帶領中央說唱團到鐵嶺演出，熱情的觀眾聞風而至。演了第一場，姜昆發覺鐵嶺市的觀眾有點兒不對勁兒，臉上一點笑模樣都沒有；演了第二場，仍是如此，姜昆著急了。這時有人說：「姜老師，跟您直說了吧，看你們的演出，還不如看俺們鐵嶺團的趙本山呢！」姜昆一聽，吃驚不小，就把鐵鈴劇團找來，坐在體育館的觀眾席上看趙本山等人的演出。剛開始，20多位北京藝術家坐在座位上喝茶的喝茶，喝水的喝水，毫不在意，可後來全笑得情不自禁。姜昆問趙本山：「你這些東西是從哪討弄來的，真絕透了，咱可誰也整不了。」

姜昆到底是個真正搞藝術的人，愛才如命。回到北京把鐵嶺之行跟中央電視臺的導演袁德旺講了，說有個叫趙本山的如何如何厲害！從此，趙本山就和春節晚會結下了不解之緣。

國家圖書館出版品預行編目（CIP）資料

從遼寧開始的清代盛世 / 吳興坤 著 . -- 第一版 .
-- 臺北市：崧博出版：崧燁文化發行 , 2019.07
　面；　公分
POD 版

ISBN 978-957-735-900-1(平裝)

1. 旅遊 2. 人文地理 3. 遼寧省

674.16　　　　　　　　　　　　　　　108010014

書　　名：從遼寧開始的清代盛世
作　　者：吳興坤 著
發 行 人：黃振庭
出 版 者：崧博出版事業有限公司
發 行 者：崧燁文化事業有限公司
E - m a i l：sonbookservice@gmail.com
粉 絲 頁：　　　　　　網 址：
地　　址：台北市中正區重慶南路一段六十一號八樓 815 室
8F.-815, No.61, Sec. 1, Chongqing S. Rd., Zhongzheng

Dist., Taipei City 100, Taiwan (R.O.C.)

電　　話：(02)2370-3310 傳　真：(02) 2370-3210
總 經 銷：紅螞蟻圖書有限公司
地　　址：台北市內湖區舊宗路二段 121 巷 19 號
電　　話:02-2795-3656 傳真 :02-2795-4100　　網址：
印　　刷：京峯彩色印刷有限公司（京峰數位）
　　本書版權為旅遊教育出版社所有授權崧博出版事業股份有限公司獨家發行電子
　　書及繁體書繁體字版。若有其他相關權利及授權需求請與本公司聯繫。
定　　價：450 元
發行日期：2019 年 07 月第一版
◎ 本書以 POD 印製發行